本书的出版得到中山大学"争创一流"

人文社会科学出版资助

ZHONGGUO ZHIZAO DE TENGFEI

中国制造的腾飞
——珠三角产业转型升级的实证研究

丘海雄　于永慧　编著

人民出版社

目　　录

导　　论

近年来,尤其是 2008 年金融危机以后产业升级成为学术界日益关注的论题。产业升级的概念最初是由研究发展中国家经济发展的西方学者提出的。格里夫(Gereffi)、汉弗利(Hamphrey)和史密斯(Schmitz)等人认为随着西方发达国家生产成本的增加、劳动人口的减少和生产技术的标准化使之有需要和有可能将生产过程中的附加值比较低的制造环节转移到发展中国家,将附加值比较高的研发设计和品牌营销保留在发达国家,形成全球价值链和生产网络。欧盟 2000 年提出的《里斯本战略》声称只要发达国家的企业牢牢掌握全球价值链两端附加值高的环节的资源,便可坐享增长和繁荣。对发展中国家而言,发达国家制造环节的转移虽然为经济增长带来机会,但是长期处于附加值低的制造环节获利甚微,而且要付出耗费资源、污染环境的代价,因此渴望从低端的制造环节攀升到两边高端的研发设计和品牌营销的环节。格里夫等人发现,如果假以时日,发展中国家的企业在发达国家贴牌生产的过程中逐渐学习、掌握了发达国家的生产技术和管理经验以及研发设计和品牌营销的知识,甚至掌握了销售渠道和网络,便有机会取而代之,实现向全球价值链高端攀升,梦想成真。这便是产业升级最初的含义。

但是产业升级的概念并没有这么简单。我们接触到的相关理论学术文献中对产业升级的界定五花八门。即使是上述概念的提出者,在他们的全球价值论理论中从原来的价值链的低端向两边的高端攀升只是产业升级的四种路径中的一种功能升级。在我国学术界不少研究在使用这个概念时,增加了"转型"两个字,成为产业转型升级。尤其是在东南沿海对外加工贸易经济发达的地区,产业转型升级增加了经济增长方式从投资带动转为创新驱动,市场结构从过度依靠国外市场转为国内外市场并重的含义。过往产业升级理论暗含理性的经济效率最大化的假设,将经济效益作为产业升级至高无上的目标。现在无论是西方还是我国,都主张产业升级应同时以经济增长以及可持续发展、提高社会福祉为宗旨。因此如何在前人研究的基础上澄清和界定产业转型升级的概念,并且使之适合我国现阶段产业转型升级是本研究理论分析的初始任务。为了做好本项研究,我们花了不少时间进行理论回顾和经验总结。美国芝加哥大学、杜克大学的学者为我们推荐了最新的英文文献。我们发现产业转型升级研究涉及经济学、管理学、社会学、经济地理等多个学科,是跨学科的研究领域。主流经济学对产业转型升级关注不多,反而经济社会学对此领域的贡献颇丰。较早提出产业升级概念和全球价值链理论,在中国产业转型升级研究中被引用次数最多的是美国杜克大学的社会学教授格里夫。产业转型升级理论比较复杂,早期的相关理论虽然未必使用产业转型升级的概念或没有明确将产业转型升级作为分析目标,但是都不同程度地指涉经济增长。

目前比较流行的全球价值链与生产网络理论、创新能力与技术学习理论,以及产业集群与创新体系理论分别从产业转型升级的目标、路径、动力、环境或条件等方面阐述产业转型升级的过程和机制。理论虽多,但是比较零散,缺乏系统性。本研究的第二项任务便是对现有理论进行梳理,澄清每种理论的预设或前提、侧重的目标和解释的向度、有效解释的条件或情景,进而将之整合和系统化,在此基础上力图进行理论创新。在前期的理论准备过程中,我们感觉到可以将上述理论归纳为三种"理想型"的理论方式。我们做了一个比喻,将经济行动主体,主要是微观的企业比喻为一辆汽车,这辆汽车欲驶往某一理想的目的地(获得更高的经济社会效益或更强的竞争力)。全球价值链和生产网络范式好比导航仪,可以指导企业辨认目前所处的位置,明确阶段性或最终的目标是什么,在什么条件下应选择什么路线,是从 OEM 到 ODM 再到 OBM,还是从 OEM 直接奔向 OBM,全球价值链和生产网络本身就是可供选择的路线图。创新能力和技术学习好比动力系统,它解决的是转型升级的动力来源问题,可以指导企业这辆汽车在目标路线既定的情况下,配置什么变速箱、发动机,如何换挡和踏油门才最有功效。产业集群和创新体系理论好比服务区,它为进入其中的企业这辆汽车提供检测维修、加油等相关的配套服务,指导产业集群的相关行动者或推动者——企业、地方政府、行会/商会等如何建设基础设施,完善相关配套和政策法规,建构区域创新体系,积累社会资本,使产业集群成为"五星级"的服务区。

本项研究试图整合上述的三个理论范式,将之作为本项研究的理论预设和研究框架搭建的主要依据。此外,本项研究也试图结合国家、市场与社会的分析视角。经济发展有赖于国家治理、市场治理和社会治理。成功的产业转型升级更有赖于代表国家的地方政府,作为市场主体的企业和代表经济领域社会力量的行业协会和商会以及传媒等的分工与通力合作。我们在实证研究中设计了相关的题项反映三者的作用。最后,作为一个经济社会学者,本人承继经济行为嵌入社会结构的基本命题,特别有兴趣从社会学的角度分析社会因素对产业转型升级的影响。这部分的分析没有放在资料和数据分析陈述的篇章,而是在结论和讨论中直接展示结果。

理论的解释力要通过实证研究进行检验,理论的创新依赖在实证研究中触发灵感和顿悟,对实证资料进行概括、抽象和提炼。因此,本研究倾注大量的资源和精力进行产业转型升级的实证研究。由于研究资源的限制,研究难以在全国范围内展开,我们选择了珠三角地区作为研究的重点,同时也在某些方面与长三角、亚洲"四小龙"进行比较。我们选择珠三角地区除了便利性、可能性以外,更重要的是珠三角经济发展已达到一定水平,产业转型升级已被提上议事日程,2008 年金融危机导致的国际需求疲软形成了对珠三角的外加工贸易的经济的转型升级的倒逼机制。其实珠三角 20 世纪 90 年代末已有产业转型升级的压力和意识。

珠江三角洲(以下简称"珠三角")地处广东省的东南部,北回归线以南,是珠江在广东省中部入海处冲击而成的三角洲,毗邻港澳,海陆交通便利,是中国的"南大门"。珠三角在行政区划上包括广州、深圳、珠海、佛山、江门、中山、东莞、惠州和肇庆九个地级市;总面积 54733 平方公里,占全省总面积的 30.4%;常住人口 5715 万,占全省总人口的 53.7%。改革开放以来,珠三角取得举世瞩目的经济成就,在 1980 年至 1996 年间的经济起飞阶段创造了 GDP 年均增长 17.8%的经济奇迹,远高于全国 9.7%的同期平均水平,也高于亚洲"四小龙"经济起飞阶段的平均增长速度。2013 年珠三角 GDP 总量达 53060 亿元,人均 93114 元,超过全省和全国的人均水平。

珠三角的经济奇迹源于具有悠久的商业和产业传统,务实、创新和包容的岭南文化以及广泛的海外联系,30 年前凭借改革开放的东风,受益于欧美全球化的战略需求和亚洲"四小龙"的产业升级和转移,把握劳动密集型产业转移的契机,迅速成为世界加工制造业的重镇。遍布世界的"中国制造"产品相当一部分产自珠三角。

过往 30 年,珠三角的经济增长主要靠投资带动和出口带动。投资方面,以东莞、深圳等地为代表的珠三角东岸主要是港台和外商投资;以佛山、中山等地为代表的珠三角西岸主要是民营投资和公有企业的转型。市场方面,东岸主要是出口带动,"三来一补"(即来料加工、来样加工、来件装配和补偿贸易)成为加工贸易的主要形式;西岸出口和内销两者兼有,更多地得益于从计划到市场转型释放的内需。在产业类型上,珠三角东、西两岸都以服装和鞋帽、电子信息、家具、家电、五金、建材等传统的劳动密集型产业为主。在产业形态上,珠三角东、西两岸都形成了大量规模庞大、配套齐全和专业化程度高的产业集群。

珠三角的发展模式虽然成就了 30 年的辉煌,但是也埋下了隐患。粗放型投资耗费了土地和自然资源,污染了环境。广东省单位 GDP 能耗是世界平均水平的 1.9 倍,化学需氧量和二氧化硫排放量都高于国家下达的控制指标。"三来一补",代工、贴牌的对外加工贸易不但处于"微笑曲线"的低端,附加值低,而且形成过高的对外依存度。大部分企业通过低成本扩张而非核心技术创新能力和自主品牌建设创造价值。近年来,珠三角经营环境的压力日益增大。外部环境方面,2008 年国际金融危机爆发,国际需求疲软,订单骤减,欧美国家开始"再制造化"和东南亚等地一些欠发达国家的成本优势,加上人民币不断升值,使珠三角的"中国制造"备受外部压力。内部环境方面,土地和各种生产资源日渐短缺,原材料价格上升,新劳动合同法生效导致用工成本和风险增大,刘易斯拐点的来临使劳动力红利日益渐小,出口退税政策调整使依赖补贴的低端加工贸易难以为继。内外压力形成了倒逼机制,珠三角的"中国制造"必须另谋出路,产业转型升级迫在眉睫。

广东省委、省政府早在 20 世纪 90 年代末就已经意识到珠三角产业发展潜在的问题,相继出台了不少政策措施促进经济发展方式的转变。近年来,产业转型升级作为区域发展的重要思路受到高度重视,广东省委第十届八次全会确定将"加快转型升级、建设幸福广东"作为核心任务,产业转型升级的基本政策框架逐步成型。各地方政府也认识到转型升级的重要性和迫切性,陆续出台多项配套措施和政策推动地方产业升级转型。

　　第一作者20世纪90年代末就开始在中山大学从事以为省政府服务为宗旨的跨学科研究的组织协调工作,先后任职于中山大学广东发展研究院和珠三角改革发展研究院,组织、参与了大量广东省,尤其是珠三角经济社会发展的研究课题。回想起来,首先正式启动和持续至今的产业转型升级项目是省科技厅90年代末开始推动的专业镇技术创新中心项目。当时广东的学者和科技厅的官员发现广东省,尤其是珠三角一村一品、一镇一品的专业化生产方式十分普遍,从事专业化生产的企业在空间上大多都集中在镇域范围内,因此称之为"专业镇"。专业镇在珠三角星罗棋布,到目前为止,被科技厅认定的专业镇已超过300个。这些专业镇大多数是传统劳动密集型产业,中小企业为主,珠江东岸以外源型为主,珠江西岸以内源型为主。由于专业化程度高、产业规模大,容易形成外部规模效应和集体行动,成为"中国制造"在珠三角主要的而且有竞争力的生产方式。

　　但是这些专业镇发展到一定阶段后开始遇到许多问题,包括产品质量、档次低和同质性高,工艺和设备落后,最重要的是由于中小企业占多数,中小企业缺乏技术创新的观念和能力。科技厅结合自身的职能,推出"专业镇技术创新中心"项目,号召有发展基础的专业镇向省科技厅申报,科技厅组织专家考察评审,符合条件者科技厅给予30万元的启动经费,资助专业镇建立创新中心,附加条件是专业镇所在的镇、区(县)、市政府层层给予经费配套。创新中心引入外部资源,强调官、产、学研相结合,为专业镇内、外的企业提供研发、信息、培训、咨询和知识产权保护等服务,实质演变为功能多元化的生产力促进中心。第一作者曾作为专家参与了该项目的考察评审。中山大学广东发展研究院设立了"专业产品区研究中心",组织经济、管理、社会学和经济地理的师生进行了长达十多年的追踪研究,还曾组织科技厅的官员和专业镇的镇长赴意大利考察当地产业集群的发展经验。专业镇实质是产业集群,产业集群升级是产业升级的其中一种类型。产业集群升级强调产业内包括工艺流程、产品和功能的升级,一般不会弃旧图新进行产业链跨越。

2000年以后,广东省对专业镇的发展越来越重视。2005年省政府由经贸委牵头,组成由13个职能部门构成的联席会议,联手推动"产业集群示范区"项目。第一、第二作者承担了编制评价、考核产业集群示范区的任务。项目核心是发挥政府在产业集群升级中"三大抓手"的作用。"三大抓手"包括公共服务平台建设,区域品牌建议和园区建设。根据指标体系,选出"三大抓手"建设有基础、某一方面特别突出、有典型推广价值的产业集群作为示范区,给予政策和项目经费支持,发挥产业集群升级的示范引领作用,先后选出三批六十多个产业集群升级示范区。

如果说专业镇创新中心项目和产业集群升级示范区项目是珠三角集群化的传统产业升级的第一个里程的话,"产业转移"可谓是第二个里程。站在省政府的角度看问题,一方面珠三角土地资源越来越紧缺,劳动力等生产要素成本越来越高,环境保护压力越来越大,部分传统产业有迁出的必要;另一方面粤东、西、北的经济发展滞后,需要珠三角的辐射带动,接受珠三角传统产业的转移可以加速工业化的进程。珠三角传统产业向粤东、西、北,而不向中国西部欠发达地区转移,可谓"肥水不流外人田"。因此广东省政府认为有必要推动一部分占地面积大、能源消耗多、环境污染严重和成本压力大的传统产业迁出珠三角,到粤东、西、北落户,将在珠三角腾出的空间用来发展资金或技术、知识密集型的产业。这种产业转移在广东俗称为"腾笼换鸟",意为在原来的空间里,放飞传统产业这只"旧鸟",引进资本密集和技术、知识密集产业的"新鸟",实质是产业转型升级指涉的价值链跨越或链条间升级。

"腾笼换鸟"首先始于2004年广东省经贸委主导的"点对点"的产业转型项目。该项目要求珠三角发达地区的地级市(肇庆、惠州、江门除外),必须与粤东、西、北合作,在粤东、西、北地区起码建立两个对口扶持的产业转移园区,动员珠三角对口地区的传统产业向产业转移园区转移。对批准立项的"联姻"项目,省政府将拨款4000万支持产业转移园区的基础设施建设。如果珠三角发达地区的地级市不能完成任务或任务完成不理想,会被问责。已经立项的产业转移园区有二十多个。

2007年时任省委书记考察了清远的建筑陶瓷产业转移园区后,提出广东省的产业转移应该集中资源、加大力度并发挥产业集群的优势,实行"多点对一点"的产业转移,指示广东省发改委编制广东省产业转移的空间布局规划。我们应邀参与该规划编写,主要负责归纳总结国外产业转移的理论和政府如何推动产业转移的经验。规划对转入地的选择主要考虑产业基础、土地容量、交通距离、是否水源上游等因素,最终选择了粤西的阳江市作为第一个"多点对一点"的转入地,因为阳江有五金产业基础(阳江有刀具产业集群),土地储备较丰富,离珠三角只有两个多小时车程,位于江河的出海口而非上游。珠三角有多个五金产业集群,如中山小榄镇、佛山南海金沙镇等,可作为转出地。

　　有意思的是,我们能找到不少国际产业转移的理论,但是找不到国际产业转移过程中政府如何推动的经验。很可能发达国家的产业转移主要靠市场的无形之手调节,政府无可能,也无必要出手。此外,我们参与了建陶、服装、家具等十个传统产业的企业和行业协会代表的十场有关产业转移的座谈会。结果是只有建陶行业的代表表示十年前他们已在山东、四川和江西投资设厂,但是没有撤销原来在珠三角的工厂。异地投资主要不是规避珠三角的成本压力,而是要靠近市场和原材料产地,因为建陶的材料和产品运输费用高,更重要的是进行产业战略布局,上述三个地方是建陶的兵家必争之地。除建陶行业外,其他九个传统产业代表几乎一致表示,产业转移的时机尚未成熟,他们离不开珠三角的产业配套和制度环境,希望广东省政府"放他们一马",不要过分强调"腾笼换鸟",最好着力改善珠三角的经营环境,帮助他们就地升级。就地升级被反对"腾笼换鸟"的人称为"改笼育鸟"。

　　如果说产业集群升级和产业转移两个产业转型升级里程的主要着眼点都是传统产业的话,那么第三个里程的着眼点则是针对战略性新兴产业的培育和现代产业体系的建构。2008年以后广东省政府强调大力培育战略性新兴产业。中山大学承接了广东省"十二五"重点专项规划"战略性新兴产业发展规划"的研究任务。第一作者是项目召集、统筹人,我们参与了规划编制的组织和研究工作。广东省成立以省长为组长的战略性新兴产业发展领导小组,连续三年每年拨20亿元的专项经费扶持战略性新兴产业的发展。根据规划,以高端电子信息、LED和新能汽车作为重中之重,近期优先发展的产业。此外还有太阳能光伏、节能环保、生物制药等若干个积极发展或长远布局的产业。

我们在调查中发现广东省发展战略性新兴产业具有国际化程度高、资金雄厚、产业配套完整、贴近市场和市场触角敏锐等优势。但是相关产业的产业层次较低,例如广东省电子信息产业占了全国半壁江山,但是属于新型显示、云计算、物联网等领域的比例很小。LED虽然产值占全国七成多,但是集中在附加值低的中端的封装环节,外延片、芯片和装备等附加值高的上游环节薄弱。与北京、长三角等地相比,广东省的高校和科研机构少,技术储备不多。更重要的是广东省缺乏培育战略性新兴产业急需的高层次人才。高层次人才缺乏的重要原因是广东省的产业引人,但环境不留人。改革开放30年广东省以传统产业为主的工业化带动了城市化,但是城市的发展水平不高,公共服务不够完善,交通和自然环境不尽如人意,不少经济发达地区被誉为最富的村庄、最糟的城市。因此珠三角战略性新兴产业的发展一定是长远追求的目标,却不一定是近期倾力投入的选项。一般认为战略性新兴产业技术和知识含量以及附加值都比传统产业高,因此大力发展战略性新兴产业等同于产业转型升级中的价值链跨越或链条升级。

在广东省政府主张大力培育战略性新兴产业的同时,国家发改委为珠三角制定了改革发展规划纲要。纲要要求珠三角建构现代产业体系,现代产业体系建设包括优先发展现代服务业及加快发展先进制造业,大力发展高技术产业,改造提升优势传统产业,积极发展现代农业以及提升企业整体竞争力。建构现代产业体系反映了中央政府为珠三角产业转型升级制定了整体性的蓝图,广东省政府和各地级市政府必须多管齐下地实行产业转型升级,任重道远。产业转型升级的重点是产业结构高度化,理论上产业结构高度化的首要维度是一、二、三产业比例结构的依次增大。优先发展现代服务体现了政府把三产结构的调整放在产业转型升级的首要位置。先进制造业和高技术产业是生产要素中资本密集或技术密集的产业。"劳动密集型→资本密集型→技术(知识)密集型"的演进通常被认为是产业结构高度化的第二个维度,"加快"和"大力"体现了政府对产业结构高度化第二个维度的重视。改造提升优势传统产业实质是产业内的升级,被排在第三位。

以上回顾了2000年以来广东省政府不同阶段实施的推进产业转型升级

的举措和重点。从强调技术创新的专业镇的传统产业集群升级,以"三大抓手"创建示范区的传统产业集群升级,到强调产业转移"腾笼换鸟"的链条升级,再到强调培育战略性新兴产业,产业链跨越的产业转型升级,以及多管齐下,以产业结构高度化为核心,以新兴产业培育为主,也包括原有产业内提升的产业转型升级。

那么产业转型升级的目标是什么呢? 这是本研究在实证研究层面要回答的第一个问题。广东省政府已经提出了产业转型升级是手段,建设幸福广东是目标。这个定位反映了广东省政府发展理念的变化。改革开放之初,国家强调让一部分人先富起来,发展(主要是经济发展)才是硬道理。改革开放的前三十年虽然期望经济和社会同步发展,但是实际上是经济发展优先,经济效益至上,社会发展相对而言被忽略。现在强调以幸福建设为目标意味着强调经济和社会必须同步发展,不只生活要日益富裕,而且社会要和谐、环境要优美,老百姓主观上才会感到幸福。事实上这种转变几年前已悄然发生。我们完成的一项教育部社会基金课题的研究发现,东莞市政府每年考核镇政府的指标中,社会指标的数量和权重已超过经济指标,而且有些社会指标是"一票否决",指挥棒已经转向。镇政府财政在社会发展上的投入已超过经济发展的投入,对社会福利、环境治理和外来工的权益保护日益重视,实现从偏重地区经营者到地区经营者和社会管理者并重的角色转型。我们预设产业转型升级的目标是经济和社会效益的双提升,在研究设计中将经济和社会效益作为研究框架中的因变量。

提到产业转型升级,许多人首先想到的是向"微笑曲线"两端的攀升,认为自主设计和自主品牌一定比制造赚钱,甚至将实现自主设计和自主品牌作为产业转型升级的主要目标,手段被异化为目标。有鉴于此,本项研究明确将产业转型升级定位为手段,经济和社会效益的提升为目标。用变项分析的术语表达则是,产业转型升级是自变量,经济和社会效益是因变量。因此本研究要回答的第二个问题是产业转型升级的手段是什么,什么样的手段能提升经济和社会效益。

产业转型升级是手段,那么哪些因素会影响手段的实施呢? 我们假设企业家对市场政策环境的感知、对企业发展的愿景和心智;他们拥有的内部资源和利用外部资源的能力；企业所处的环境，包括市场需求、生产要素的供给和成本以及产业配套都是可能影响企业家是否实施转型升级或以何种手段转型升级。在政府供给方面，基础设施的建设、公共服务的提供、行政体制的完善、官员的公正廉洁以及产业政策是否有效，包括政策的标的、工具、过程和评估是否科学都会影响产业转型升级手段的实施。上述因素我们统称为影响产业转型升级的条件（环境）。用变量分析的术语表达，条件（环境）是前置变量。因此本项要回答的第三个问题是在现实当中，哪些条件（环境）会影响产业转型升级手段的实施。

将上述三个问题合起来，可以表述为产业转型升级的前因和后果是什么，联结起来便是本项研究的逻辑主线：

条件/环境（前置变量）→手段（自变量）→经济/社会效益（因变量）

上述逻辑主线的阐述分析是本书第三至五章的内容。要回答上述问题，区分产业转型升级的分析层次是十分重要的。十多年在珠三角的调查经验让我们感到各级政府与企业所想、所为经常是不一致的。例如，近年来省政府强调产业转移、优先发展现代服务业、培育战略性新兴产业或大力发展高科技产业，地级市政府与省政府的口径比较一致，但是基层政府，尤其是镇/街政府的立场与省、市政府的差异比较明显。我们发现专业镇的镇长最担心的是传统优势产业迁移造成产业空洞化。他们不愿意实行高风险的"腾笼换鸟"，更期望实行低风险的"改笼育鸟"。东莞清溪镇的书记对我们说，我们清溪镇从一个贫穷的客家山村发展为电脑配件生产专业镇，有两百多家台商在清溪投资。我最担心的是当年来我们这里取经的江苏昆山政府将台商拉去昆山投资，对清溪来说，能留住台商便"阿弥陀佛"了。他要求我们为清溪镇做一个如何通过改善投资环境以延伸产生链的"IT扎根战略"。镇一级的官员通常都把改造传统优势产业摆在转型升级的首位。

企业层面的差异更大。我们访问台商，问他们如何转型升级，他们无一表示要转行从事新兴产业，也甚少提及打品牌。他们认为他们的优势在制造环节，大多数表示如果看好在大陆发展的前景，第一时间要做的是用自动化设备替代人工，因为工资成本上升快，劳动雇佣风险大。同时面对金融危机，眼前风险最小的转型升级是降低不良品率和生产成本，整顿生产秩序。他们实际进行的主要是工艺流程升级。一位民营的手机生产商对打品牌的看法是,打死我我也不打品牌,培育一个淑女起码要三代,打品牌没那么容易。他说他转型升级的路子是向上游延伸,因为手机零部件越来越贵,延伸做零部件可以节约成本,多余的卖给其他生产商。也有港商开始拥有自主品牌,但是不是"打出来",而是买回来。东莞台商也拓展大陆内销市场,但是他们不是单打独斗地铺设销售网络和打品牌,而是联合起来成立贸易性质的"大麦客",以超市的形式在大陆推销台商在大陆生产的产品,并且有一部产品共用"大麦客"的集体商标。

因此,我们深深地感到不同层级的政府、不同的行动主体对产业转型升级的理解是不一样的,他们追求的目标,采取的行动策略和最终形成的后果存在差异,产业转型升级的研究必须进行层面的区分。我们将研究区分为宏观区域、中观产业/集群和微观企业三个层面,三个层面的界定详见第一章第一节产业转型升级的概念。

本项研究的理论重点是将直接与产业转型升级有关的理论归纳为三个范式:全球价值链和生产网络范式、创新能力和技术学习范式、产业集群和创新体系范式。我们概述每种范式赋予产业转型升级的含义和强调的重点,所主张的升级的过程、路径、机制和环境,及所倡导的产业升级的政策。三种范式的划分是人为的,是"理想型"的。

在研究方法上,本项研究定性和定量相结合,以定量为主。定性方法主要包括对各层级政府官员的访谈,对产业转型升级政策文件和工作总结的文本分析。定量方法主要包括宏观区域产业转型升级指标体系的建构和以九个地级市为分析单位的 2008 年以来指标数据的统计分析;中观层面的研究主要是以专业镇为单位的产业集群调查以及对传统/新兴两个产业的比较和珠江东/西岸的比较。微观层面的研究主要是包括代表珠江东、西两岸的四个地级市,共 2400 多个样本,400 多个题项的大规模问卷调查。具体的研究方法介绍详见第二章的研究设计。

如上所述,我们实际从 20 世纪 90 年代末广东省启动产业转型升级之初便开始这个领域的研究,但是正式投入时间和精力大规模开展研究则始于2011 年承担广东省政府委托珠三角改革发展研究院实施的专项课题"珠三角产业转型升级研究"。珠三角改革发展研究院是广东省政府为了落实珠三角改革发展规划纲要,在中山大学建立的研究机构。产业转型升级是落实规划纲要的重要任务,省政府拨款 20 万元资助本项目的研究,并将之作为省社科基金重大专项研究项目立项。本项研究调查的重点和难点是企业的问卷调查,我们有幸获得广东省国家调查队的全力支持,帮我们完成了四个地级市2400 多个样本的问卷调查。四个地级市的落实规划纲要领导小组也给了我们的调查以极大的支持。没有他们的支持,调查也不可能完成。

由于我们尝试建立一个比较全面的、多层次的,既有理论价值,又有实践意义的产业转型升级的研究框架,希望这个研究框架不但为我所用,而且抛砖引玉,让同行、同志者批评并提出建议。框架比较庞大,本次研究虽然大部分已经实施,但是部分调查尚未完成。例如宏观区域指标体系中,有些主观指标要做一手的访问才能获得,访问还未来得及做,有些客观指标也找不齐。中观层面产业的研究应该做产业链的调查,沿着特定产业的企业的上下游追踪访问,但是目前仅做了少量的访问。产业政策分析只做了顺德的案例,9 个地级市的产业政策文件分析还处于搭建框架和文件收集、入库阶段。因此可以说是一项进行中,尚未完成的调查。而且已经收集的资料也没有来得及充分消化,分析还比较粗疏,甚至书稿的文字还未理顺。

我们投入那么多的时间和精力做珠三角产业转型升级的调查研究,与一个二十多年前埋下的心愿有关。20 世纪 90 年代与法国学者合作进行中国的国有企业的研究,得知欧盟资助的一个研究项目是收集 100 家中国国有企业改革的资料,但是不要求作任何分析,只要求封存起来让后人研究,理由是当代人对当代的变革未必看得透。当时就觉得西方人对中国变革的历史记录比我们上心。改革开放三十多年,珠三角发生翻天覆地的变化,取得骄人的经济成就。如果我们不将这段历史尽可能记录下来,对不起祖先和后代。况且珠三角的转型升级有特殊的意义,一是危机中的升级,与亚洲"四小龙"不同,他们是在经济发展过程中渐进式的升级,并没有遇到 2008 年这样的国际性的金融危机。二是与许多发达国家产业转型升级举步维艰、成效甚微不同,珠三角的产业转型升级已曙光初现。2013 年 6 月我们在中山大学组织召开了一次产业转型升级的国际研讨会,我们向参加会议的德国、我国台湾、我国香港、墨西哥、阿根廷等学者请教他们国家或地区转型升级的经验,他们几乎不约而同地说,我们成功的经验不多,教训一大堆,真正成功的经验很可能来自珠三角,要靠你们自己去总结。听他们一席话,我们格外振奋,我们相信研究珠三角产业转型升级有特殊的历史意义。我们的调查可能不全面,判断可能有偏差,分析可能欠深入,但是将特定阶段珠三角产业转型升级的历史记录下来留给后人,也不枉此生。

本书的章节结构安排如下:

第一章是产业转型升级的相关理论。首先澄清产业转型升级的概念,简述七个相关的理论,提炼与产业转型升级直接相关的三个理论范式,此外,介绍了亚洲"四小龙"产业转型升级的经验。

第二章是产业转型升级的研究设计和方法,提出了产业转型升级的研究思路,建构了研究的框架,明确了变量间的关系,介绍了资料收集和分析的过程。

第三章是微观企业的产业转型升级,运用2400多个样本的企业调查资料,首先分述产业转型升级的内外条件(环境)、企业采取的转型升级的举措和实施的力度,以及产业转型升级取得的经济和社会效益,然后分别分析产业转型升级的举措和力度与经济和社会效益的关系,以及产业转型升级的条件(环境)与举措和力度的关系,并且作了初步的多元分析。

第四章是中观产业转型升级。这一章主要有两个部分,前一部分是利用企业调查的资料分别分析传统与新兴产业转型升级的情况,并对两个类型的产业进行比较;以及分别分析珠江东岸与西岸转型升级的情况,并对两个地区、两种模式进行比较。后一部分是利用专业镇调查的资料分析产业集群升级的情况。

第五章是宏观区域的产业转型升级。介绍以整个珠三角为分析单位的区域产业转型升级的成效、问题和省政府最新的导向。进行宏观区域产业转型升级指标体系的建构和运用部分统计数据分析2008年至2011年珠三角产业转型升级的情况,并对珠三角三个圈层之间和珠三角与长三角之间的差异进行了比较。

第六章是产业转型升级的政策评估,首先介绍政策评估的主要思路和分析框架,运用企业调查和集群调查中涉及政策的量表的测量结果进行政策的定量的 SWTO 分析。然后以广东省佛山市顺德区作为案例,运用在顺德召开的产业政策座谈会和行业协会/商会、创新平台的访谈资料以及七十多份产业政策文本,综合分析产业政策的制定、实施、评估的特征和影响产业政策成效的相关因素。最后根据上述的分析,提出改善珠三角产业转型升级政策的建议。

第七章是总结与讨论,主要梳理、归纳上述章节的分析结构,对相关的理论和实践问题展开讨论。

在附件部分,我们提供了微观企业调查的问卷和数据分析报告;产业集群调查的 A、B 问卷;台湾和香港学者执笔撰写的研究台商和港商产业转型升级的文章①。

---

① 作者与台湾学者张维安教授和香港学者吕大乐教授共同访问了一些台资和港资企业,并且请他们协助对微观企业调查中台商和港商样本的统计结果进行分析。

第一章　产业转型升级的相关理论

第一节　产业转型升级的概念

"转型"和"升级"是两个既有关联又有差别的概念,所对应的英文分别为 transformation 和 upgrading。首先描述转型升级的概念。表 1.1 列举了国内外学者给出的产业转型的定义。

表 1.1　产业转型的定义

学者/年代	定义
Levy & Merry (1984)	企业转型通常指组织为了解决无法像以前一样继续运作的问题,在每一个构面上逻辑的重大改变,包括组织的使命、结构及企业文化,即"第二次变革",是多层面的、多层次的、不连续的、逻辑跳跃式的组织变革
Adams(1984)	在思考和行为上彻底且完全的改变,以创造出一个不可回复,与先前不连续的系统
Kilmann & Covin (1988)	组织检查本身过去是什么、现在是什么以及将来要做什么,如何去完成一切必要的改变过程
Shaheen(1994)	整个组织在价值、形态、态度、技巧及行为上的转移,使组织更有弹性,能及时反映环境各种变化。转型的主要目的是企业在经历一段时间的努力之后,能大幅度改善竞争绩效,并持续维持企业竞争力
Joyce & Tim (1995)	一个企业无法自己转型,除非它改变本身的思考方式。组织中的思考意指组织中的心智活动、观念开发、学习及技巧改进、信息交换、策略方向改进、计划、沟通、市场调查、问题解决与过程改善等,这些构成了组织的整体知识活动
Jonathan D.Day (2000)	当大环境的气压越来越低,正是企业进行转型的好时机。当一家公司面临危机,它就必须以更快的速度改变自我。处在这种危机情景,企业必须断然切断与过去的牵扯,以飞快的步调进行改变,是为转型

学者/年代	定义
李为仁(1990)	转型是组织对环境、技术、竞争变化下一种基本的、大规模的改变,是组织对旧有的不满足而创造出适应未来的新模式,且是一种持续进行、无止境的管理方式
吴江林(1990)	企业一方面对外部环境的变化,一方面又面对本身生命周期发展与经营优势及劣势的改变,而采取的对策
陈明璋(1994)	当企业经营环境发生变化时,为求生存、突破瓶颈,通过调整目标策略,改变结构形态,创造出适应未来的新模式
许文志(1995)	企业转型乃企业为生存发展突破经营瓶颈,改变产业结构形态的一种策略

根据韦伯字典解释,转型是指事物在形态、结果和本质上的改变。转型属于类别变量,是指从一种状态向另一种状态的改变,包括微观企业在不同产业之间的转换和不同发展模式之间的转变,即企业转型。上述列举的企业转型定义大多数基于微观层面的企业组织的视角,强调企业在外在环境发生改变、经济管理遇到瓶颈或发生危机时,企业的心智、价值、目标发生变化,对组织形态、经营管理方式等作出调整的过程。转型的结果可能是经济增长、保持原状或者倒退,取决于转型的条件和机遇。转型也指涉中观产业和宏观区域的产业转型。转型的概念在广东省有特定的含义。广东改革开放前30年经济持续快速增长,但是增长依靠的主要是粗放型的投资带动和对外加工贸易占重要地位的国外市场带动。粗放型的投资带动导致资源大量耗费、环境严重污染的负面结果。2008年的国际金融危机、海外市场萎缩,迫使广东省政府反思增长方式,提出从投资和外需带动转变为创新和内需带动的转型方向。

"升级"在不同学科视角和分析维度中有不同的定义,但基本上都认同升级是等级变量,指向更好的状态转变。梅丽霞(2005)总结了国内外学者从不同的学科视角和分析维度对产业或企业升级的不同定义和解释(见表1.2)。

表 1.2　产业升级的定义

代表学者	定义
Gereffi (1994,1999,2005)	产业升级是 OEM—ODM—OBM 的线性改进和提升过程,通过这种过程,经济行为主体——国家、企业和工人,都能够从全球价值链的低附加值环节攀升到高附加值环节。跨国领先企业对升级有决定性作用,发展中国家的中小供应商企业升级的机会取决于全球价值链治理结构,尤其是全球领先企业的网络权力
Humphrey & Schmit (2002); Kaplinsky & Morris (2001)	从产业价值链的低附加值环节攀升到高附加值环节。升级是一种学习与创新的过程,目的是获得"熊彼特组"
Giuliani.ect.(2005); Pietrobell & Rabellotti (2007)	企业通过创新来获取更多附加值。升级可以分为四种产业部门来分析:传统制造业部门、资源依赖性部门、复杂产品部门、专门化供应商部门
Bair & Gereffi (2003)	升级是一种角色转变的过程,从出口加工到集成制造,再到贴牌生产和自主品牌,渐次提高出口竞争力。强调产业升级过程包含全球供应链上的组织能力,使企业和地方能够提升其在国际贸易和生产网络中的竞争力。升级过程不仅包含物质资本和人力资本的投资,也包括社会资本——相关网络的投资,并且保持在特定的商品链之内,包括前向联系和后向联系
Ernst (2001,2002)	升级的实质就是专业化与一体化。升级可以分为产业之间的升级、要素之间的升级、需求的升级、功能活动的升级,以及从商品生产到知识密集型的服务的等级结构转变
Lall (2000)	一国出口结构优化和技术密集度提升的动态过程:从初级产品到资源型产品、低技术产品、中技术产品,到高技术产品。出口的结构比例渐次优化。强调国家层面的产业结构优化与演进,尤其是出口产业部门
Farfan (2005)	产业的升级意味着转向更加多元化和包含更高的技术含量、技能结构、创新内涵的产品结构。 快速的技术变迁使发展中国家与发达国家的技术差距越来越大,对技术创新的路径依赖更为严重,因此发展中国家产业升级的主要障碍是怎样通过产品多元化,进入那些技术密集型的或技能丰富型的产业
Schmit & Stranmbach (2008)	通过设计、品牌、营销以及网络之间的协调等知识密集型活动来强化和提升本土产业的竞争力,强调从资本和劳动密集型向技术和知识密集型活动的转变,尤其是在设计、品牌、营销、协调等高附加值环节方面的提高
魏江和朱海燕 (2007)	通过知识密集型企业的多元化桥梁作用,促进集群内部新知识的产生、转移和扩散,强调设计与知识密集型服务业和相关的技术创新活动在提升产业集群竞争力中的作用

代表学者	定义
刘志彪 （2007）	从生产能力的扩展转向创新能力的扩张,在全球价值链中寻求建立新的均衡网络,使本土企业能够参与能力分享,集中开发新产品和新工艺,提升其战略和创新能力

备注:表1.2转引自梅丽霞(2005),略有调整。

上述升级的定义强调经济体,尤其是从事对外加工贸易的发展中国家的经济体为了摆脱处于价值链低端的困境,从低附加值的制造环节向高附加值的设计和品牌环节挺进;从使用低水平的生产要素向使用高水平的生产要素提升的过程,同时涉及微观企业、中观产业和宏观区域三个层面,企业层面的升级是基础,产业区域的升级主要是通过企业升级实现的。

参考上述国内外学者的论述,结合2008年金融危机后我国的实践经验,本项研究将产业转型升级初步界定为产业由低技术水平、低附加价值、高能耗和高污染状态向高技术水平、高附加价值、低能耗和低污染状态演变的过程。终极目标是提高经济和社会效益。我们认为,产业转型升级可以分为三个相互联系的分析层面:宏观区域层面、中观产业/集群层面和微观企业层面。不同的分析层面指涉的范畴、目标、升级形式和内容以及政策导向会有所差别。

在宏观层面,对于一个区域而言,产业转型升级主要是指通过优化产业结构提高区域经济竞争力和社会效益。包括:(1)区域传统三产结构的合理化:一产业比重降低,二、三产业比重提高;(2)生产要素结构优化:区域产业所使用的生产要素结构沿着"劳动密集型→ 资本密集型 → 技术(知识)密集型"的趋势发展;(3)区域制造业内部结构的高度化:轻重工业比例合理化,从低加工度、低技术含量、低附加值制造业向高加工度、高技术含量、高附加值制造业占主导地位的方向演进,工业发展对原材料的依赖逐步相对下降;(4)区域服务业内部结构的高度化:由传统服务业向为社会提供高附加值、高层次、知识性生产服务和生活服务的现代服务业趋势发展。区域层面的产业转型升级除了关注由产业结构层次优化所带来的直接经济效益以外,还关注产业发展对资源利用、环境保护、生活水平等间接社会环境效益的影响。

中观层面的分析主要涉及区域重点产业的转型升级,主要关注区域的重点产业/集群的转型升级,通过价值链位置的提升提高产业的综合竞争力,通过集群政策解决产业/集群转型升级的系统失灵问题。强调集群产业升级主要通过相关行动者集群行动效率的提高、集群创新体系的完善、产业组织的优化、相关制度的适应性调整、社会资本因素的积累和提升来实现。

对于珠三角区域而言,面临转型升级挑战最大的是包括服装、纺织、五金、灯具、电子等的传统制造业。珠三角地方传统制造业集群化程度高,因而转型升级主要是地方产业集群升级。无论是地方传统产业还是地方产业集群的升级,目标都是通过价值链位置的提升提高产业的综合竞争力,包括工艺流程升级、产品升级和功能升级。根据全球价值链理论,工艺流程升级是指实施生产制造系统的改造升级、更新换代,产业逐步具备先进制造能力并掌握生产环节中的关键核心技术,实现从低级、辅助环节向较高附加值生产环节的转化,从而大幅度提高生产效率、降低生产成本。产品升级是通过开发新产品或者提高产品质量达到提高产品档次和等级的目的。功能升级是指从产业价值链中间低端制造环节向两端附加值较高的研发设计、营销、品牌和服务等环节延伸。由某一特定产业的企业大量集聚于某个区域所形成的产业升级与非集群化的产业升级相比,前者更强调产业集群各相关行动者的合作与协调,以提高集体行动效率,更加关注如何通过集群创新体系的完善、产业组织的优化(如:网络化程度提升、行业协会作用增强)、相关制度的适应性调整以及与集群成长密切相关的社会资本的积累和提升等方式,利用专业化以及分工紧密的优势沿着价值阶梯逐步提升。

微观层次的分析主要涉及企业的转型升级。企业的转型升级是指企业迈向更具获利能力的领域,维持和提高企业竞争力的过程,其中涉及企业在行业间转换和在行业内转型升级两个方面。企业转行包括主业不变进入新行业;进入新的行业,但仍保留原行业;退出原行业、完全进入新行业等。企业在行业内转型升级,与全球价值链视角下产业层面的转型升级相对应,即企业在价值链上沿着原始设备装备(OEA)到原始设备制造(OEM)到自主设计制造(ODM)到自主品牌制造(OBM)的提升。企业竞争力的提升主要强调各种形式的创新,包括组织、管理、营销、产品、工艺等方面的创新,实现产品技术含量的提升、自主品牌的建立和声誉的提升、市场营销能力增强、产品市场结构的优化。

最后需要指出的是,产业转型升级的概念是建构性的,其外延和内涵会随着时间和空间而改变:不同经济发展阶段、不同产业发展阶段、不同企业发展阶段,产业转型升级的近期目标和长远目标具有差异性;对于不同区域、不同产业类型、不同企业类型,产业转型升级的意义也是有区别的。此外,相关行动主体,包括各级党委、政府以及职能部门、各类型社会组织(如行业协会/商会、教育培训机构、金融服务机构、咨询管理机构、社会服务组织、大众媒体等)和各类型企业,对其所在地域或者产业转型升级的认知、态度和战略目标也会有差别。

第二节　产业转型升级的相关理论

产业转型升级的研究主要来自创新经济学、进化经济学、经济社会学、经济地理学、管理学、政策科学等交叉学科,这些学科难以为正统经济学理论所容纳,而且处于全球价值链低端的劳动密集型产业转型升级的成功经验并不多,以至于对产业转型升级的学术研究长期以来处于分散零乱的状况。早期的相关理论虽然未必使用转型升级的概念或没有明确将转型升级作为分析目标,但是都不同程度地以经济增长或发展作为解释的目标。以下简述七个相关的理论:

一、经济增长理论学派

产业升级是经济可持续增长的动力(Lin and Chang,2009)。前后几代经济增长理论尽管并非全部明确提到"产业升级",但是从不同角度强调了产业升级对于经济增长的重要性。古典经济增长理论的代表哈罗德—多马模型强调资本形成与产出增长之间的关系,重视物质资本的作用。战后的新古典经济增长理论的代表索洛—斯旺模型强调技术因素对经济增长的关键作用。

20世纪末以来的经济增长模型中,罗默强调内生技术变化(Romer,1990),舒尔茨、卢卡斯强调人力资本积累,诺斯强调制度变迁,杨小凯强调劳动分工演进。不同派别的新经济增长理论(杨小凯、张永生,1999)其实和前两代经济增长理论一样,都把经济增长的动力定位在使用生产要素的模式上。例如制造业包括基础性研发、适应性设计、复杂部件生产、简单部件生产以及装配等环节,它们有不同的要素投入要求,表现为不同的资本和技术密集度。三代经济增长理论,从不同程度强调了经济增长源于从使用较低级的生产要素(劳动力、土地、自然资源)到使用较高级的生产要素(物质资本、技术、人力资本),或是现有要素使用模式的优化,这两种模式都可以纳入产业升级的范畴。

二、国际贸易与外国直接投资学派

经济增长理论并未特别考虑经济全球化带来商品、资金与技术的跨国流动。专门处理这个问题的是国际贸易理论与外国直接投资(FDI)理论。随着以出口导向为特点的东亚模式在20世纪后半期成为世界瞩目的奇迹,一国的显著增长可能主要倚重国际贸易使国际贸易理论成为一种经济增长理论。

林毅夫把大卫·李嘉图早在19世纪初就提出的为自由贸易辩护的"比较优势"原理用于解释东亚奇迹,强调后发国家不必重复整个技术创新过程,而可以采取"追随"战略直接学习消化发达国家的技术成果,把技术进步的成本降到最低,同时充分利用廉价劳动力优势,使自己在有比较优势的劳动密集型产业和资本、知识密集型产业中劳动密集的部分有利可图,实现资本和技术的积累,在劳动力优势逐步减弱、资本和技术不再是劣势而成为新的比较优势时移向产业阶梯的高一级。在此处,"比较优势"超出国际贸易领域,成为后进国实现经济发展和减少贫困的国家战略(Lin,2011)。东亚奇迹使产业升级成为国际贸易理论的新重点。Hausmann等人的一篇文章(Hausmann,Hwang,and Rodrik,2006)的题目《出口什么》揭示了现在国际贸易理论关注的已经不是一国"出口多少",而是"出口什么"即出口的技术含量。技术含量的提高是产业升级的重要标志。

由于20世纪80年代以来新自由主义盛行,大多数国家资本账户开放,加上运输和信息成本的降低,跨国直接投资成为能与传统国际贸易相匹敌的跨国经济活动形式,发达国家的资本流入到发展中国家设厂以寻求更低的劳动力成本以及抢占市场,为缺乏资本的后进国家提供了资金。同时,在后进国家设厂的来自先进国家的跨国公司为确保生产的顺利进行,必须转移必要的技术,并且为保证自己品牌产品的质量,必须对技术上落后的国家的工厂或子公司进行技术和管理上的监督辅导,不仅能直接提高后进国的技术和管理水平,而且后进国通过学习效应可以引发更多的技术改进,Coe and Helpman(1995)的一篇15年来被引用3000余次的经典论文论证了国际技术扩散效应是开放经济中技术进步的重要推力。另外,外国直接投资还通过在本地采购的行为,间接地刺激提高整个供应链的生产能力和技术能力(国内市场和国内采购网络的作用可参考 Brandt and Thun,2010)。

三、柔性专业化学派

新产业区的研究最早起源于20世纪70年代末,意大利的社会学家别卡提尼(Becattini)把意大利的东北部和中部地区(又称"第三意大利")称作"马歇尔式"的产业区,认为这些产业区与当年马歇尔时代的"产业区"很相似,产业区发展得益于本地劳动分工基础上实现的经济外部性,以及当地社会文化背景支持下企业之间的相互协同作用。对新产业区的研究有两个来源:一是新古典经济学基于马歇尔的外部性的概念通过集聚提升交易效率的论证思路(Marshall,1920);二是格兰诺维特的嵌入性概念(Grannovetter,1985),即成功的产业发展需要企业嵌入当地的社会文化背景。这两个方面的整合形成了新产业区学派,也称柔性专业化学派。"第三意大利"是中小企业在柔性专业化基础上形成的集聚。皮奥尔和萨贝以大批量生产方式转向柔性生产方式的变化来解释为什么"第三意大利"中小企业能够集聚并有竞争力(Piore and Sabel,1984)。论证的逻辑是在技术变化趋势的影响下,产业组织模式发生了变化,具有嵌入性或植根性(embeddedness)以及柔性专业化特征的本地中小企业形成的新产业区能够实现外部性,并能提升竞争优势,降低锁定风险。将地方的特征与具有普适性的产业技术变化联系起来解释,是具有强大的论证逻辑和影响力的。产业技术变化主要强调了计算机辅助设计和制造、柔性加工系统等技术变化之后的大企业垂直分离,中小企业重要性增加,中小企业各自专业化,相互合作,可以小批量定制以应对市场变化和个性消费的需求。

四、加利福尼亚学派

柔性专业化学派与加利福尼亚学派分别代表了欧洲传统和美洲传统对新产业区的不同理解。加利福尼亚学派也被称为"新的产业空间"学派。在20世纪80年代,当代资本主义生产组织形式发生变化,北美和西欧生产体系中福特制面临着重要转型,福特制大规模生产重要性的相对下降,基于更多适应性和灵活性的技术与制度结构的生产活动相对增加(Scott,1988)。由于市场不确定性增加和技术变化,内部规模经济被削弱,原先在企业内垂直联系的生产活动发生分离,呈现生产外部化,从而有更大的能力满足不同的需求,对市场有更大的适应。也就是说,市场的不确定性增加和技术的变化使得产业的垂直分离成为不可避免的趋势。垂直分离带来的直接后果就是增加了交易的环节以及协调的难度。而应对垂直分离的空间组织方式便是产业集群。加利福尼亚学派强调的是以产业集聚获得外部性并减少交易成本,而不是本地的根植性。为应对柔性专业化学派对中小企业的过分强调,斯科特以南加利福尼亚州的高技术产业为例,证明大企业在促进产业区发展方面具有重要性(Scott,1992)。

五、"粘性地方"学派

"粘性地方"学派是在反思柔性专业化学派中形成的(苗长虹,2006;Markusen,1999)。"粘性地方"学派不拘泥于已有的新产业区研究,重新对全球能够吸引资本和劳动力的"粘性地方"进行考察。这一学派认为拘泥于由中小企业构成的具有地方根植性的区域产业类型——如"第三意大利",它源于生产方式的柔性专业化——不足以在全球推广(Markusen,1996)。该学派重点考虑的是在全球化资本快速循环的背景下,全球之内能够留住资本与劳动力的区域具有怎样的特征。该学派对关于新产业区的争论进行分析,认为柔性专业化与大批量生产两种方式尽管互有消长,但并未到了完全相互替代的时候;而在全球化的条件下,"嵌入"也未必就只发生在本地,实际上有可能发生在外部的联系中。这一学派大大推进了新产业区的研究,开辟了新的理论天地。

马库森提出产业区是"流动的空间中黏滞的地点"的观点,并对产业集群的基本组织形态进行了分类：马歇尔式产业区、轮轴式产业区和卫星式产业区。克罗林加和梅尔-斯默（Knorringa，Meyer-Stamer，1999）针对发展中国家的产业集群发展实践，进一步丰富了马库森的产业区分类及特点，他的贡献见表1.3：

表1.3 产业区的分类和特点

特点	马歇尔式集群	卫星式集群	轮轴式集群
主要特征	以中小企业为主；专业性强；地方竞争激烈；形成合作网络；培育本地信任关系	以中小企业为主；依赖外部企业；基于廉价的劳动力成本	大规模的地方龙头企业；企业之间存在明显的等级制度
优点	弹性专精；产品质量高；企业创新潜力大	成本优势；劳动力技能；本地化的隐性知识	成本优势；柔性化；大企业的作用十分关键
缺点	路径依赖；对经济环境和技术突变的适应性缓慢	市场销售和资本投入依赖于外部参与者；有限的诀窍影响了创新扩散和集群的竞争优势	整个集群依赖于少数大企业的市场绩效
典型发展轨迹	停滞/衰退；内部劳动分工的变化；部分活动外包；逐渐出现以大企业为主的轮轴式结构	产业升级；前向和后向工序的整合，提供客户全套产品或服务	停滞/衰退（尤其是如果大企业出现问题）；产业升级；内部分工发生变化

六、新经济地理学派

克鲁格曼所代表的新经济地理学派的影响是深远的。在克鲁格曼的理论中，外部规模经济与运输成本的相互作用是解释区域产业集中、区域中心和外围格局的关键（李小建、李庆春，1999）。规模经济促成生产集中，而运输成本则具有阻止生产活动在远离消费地集中的作用。在各国经济格局的形成过程中，偶然性、路径依赖、历史和特殊事件在开始时起关键作用。一旦早期的区位优势形成以后，通过前向和后向联系，可以产生积累效应。这种分布特点在规模收益递增作用下，具有一定的"锁定"效应。

七、战略管理学派

战略管理学派关注的核心问题是具有全球性竞争力的区域产业（即拥有国家竞争优势的产业）何以能够有持续的竞争力（包括生产率与创新等方面）。设问前提是具有国家竞争优势的产业是通过高度本地化过程创造和发展起来的。这种本地化的竞争优势是通过钻石模型所描述的四个方面（要素条件、需求条件、相关支撑产业以及厂商之间的竞争结构）在政府及机遇的影响和互动下获得的（Porter，1990）。这四个方面的条件具有完备性，即可作为描述企业在区域内发展的最主要及最重要的维度。具有竞争力的产业往往呈现地理集中的特点，这就意味着，钻石模型的四个条件与互动必然在产业集聚的地方发生。竞争优势在本质上属于并依托于产业集聚的区域，即具有地方的特点。集群由于钻石模型条件的互动，特别是在同行业企业、消费者、供应商共同集聚的情况下，具有推动企业创新及升级的强大动力。波特将互动的钻石模型的整体称为本地商业环境。区域产业竞争的本质就在于通过本地商业环境的高质量、高竞争去促进企业的高生产率、高创新及衍生（Porter，1998）。本地商业环境的质量对企业的深刻影响是企业竞争的精髓之所在。

第三节　产业转型升级的理论范式

上述回顾的七个学派从内在的物质和人力资本、技术、制度等生产要素的使用模式，外部的国际贸易和外国投资对经济增长的影响，空间区位、产业聚集形成的竞争优势等角度解释经济增长和发展，为后来产业升级的理论奠定基础，而且有些理论与我们下文提出的分析范式的关系十分密切。但是这些理论对产业转型升级的论述并非直接，而且比较零散，缺乏系统性。因此本项研究试图在前人研究的基础上，将产业转型升级理论归纳为三种范式，分别是全球价值链与生产网络范式、创新能力与技术学习范式以及产业集群与创新体系范式。我们将概述每种范式赋予的产业转型升级的含义和强调的重点；主张的产业升级的过程、路径、机制环境；以及倡议的产业转型升级的政策。应该承认文献中三种范式互相混杂，难分你我。例如全球价值链分析常与地方产业集群分析结合在一起,技术学习与全球价值链和生产网络紧密相关,产业集群与技术学习也常混合使用,技术学习与创新体系论更是如出一辙。因此三种范式的划分是人为的,是"理想型"的。

为了通俗化,我们做了一个不算很恰当,但是比较形象的比喻。我们将经济体,尤其是微观的企业比喻为一辆汽车,这辆汽车欲驶往某一理想的目的地(获得更强的竞争力)。全球价值链和生产网络范式好比导航仪,可以指导企业辨认目前所处的位置,明确阶段性或最终的目标是什么,在什么条件下应选择什么路线。全球价值链和生产网络本身就是可供前进选择的路线图。创新能力和技术学习好比动力系统,它解决的转型升级的动力来源问题,可以指导企业这辆汽车在目标和路线既定的情况下,配置什么变速箱和发动机,如何换挡和踏油门才最有功效。产业集群和创新体系好比服务区,它为进入其中的企业这辆汽车提供检测维修、加油等相关的配套服务,指导产业集群的相关行动者或推动者——企业、地方政府、行会/商会等如何建设基础设施、完善相关配套和政策法规,建构区域创新体系,使产业集群成为"五星级"的服务区。

一、全球价值链与生产网络范式

目前对产业升级研究最多和最为系统的当属全球价值链理论。该理论十分强调发展中经济体的企业或产业与发达经济体市场的相互作用,给出了关于"产业升级"的明确定义,提出产业转型升级的核心是产业结构的优化和企业和在全球价值链中卷入更高附加值创造的活动。波特(1985)曾辨认出价值链中的五项基本活动(进货物流、制造、出货物流、营销与销售、所有能增加和保持产品价值的服务)和四项支持活动(支持性基础设施、人力资源管理、科技研发和采购)。波特(1990)曾特别强调企业活动在价值链上的纵深发展,并将此视为产业升级的重要标志。如果再概括一些,将价值链划分为科技活动环节、生产制造环节和营销服务环节,则会发现当今世界之趋势乃是生产制造环节的活动愈发标准化,因而被大量从发达国家转移到低成本的发展中国家中进行,发达国家保留价值链中的科技活动和营销服务活动。生产制造环节所分得的附加价值极低,利润主要分配给了另外两个环节,这就是所谓价值链的全球化,或全球价值链。

Susanne Berger(2005)通过对全球 500 个经历价值链全球化的大企业的研究,发现组织全球化价值链的方式五花八门,从高度一体化到高度分散化什么都有,但是都殊途同归地创造出更高的附加值。另外,不是每个发展中国家都有机会承接价值链中生产制造环节,承接主要集中在以中国、印度为首的"新兴经济体"。究其原因,Berger 指出掌握跨国价值链全球布局的公司决策是基于总成本,而非单纯以劳动力成本为标准。总成本中除了劳力,还包括了相关服务成本、物流供应链优化成本、分包管理成本、质控成本甚至通关成本、社会氛围的成本等其他成本因素。中国吸引了全球的加工环节,恰在其于总成本最低,非劳动力最便宜。

在理论层面上,Gereffi(1992,1995,2001)及随后的 Hamphrey,Schmitz,Sturgeon(2002)等人分辨出两种类型的全球价值链:由传统型制造业跨国公司推动形成的全球价值链,称为"生产者驱动的全球价值链",以及由现代零售分销业跨国公司推动形成的"买家驱动的全球价值链"。当今世界的全球价值链以零售分销业跨国公司为主导,他们与发展中国家的制造企业形成代工生产的合同关系,结果造成产业外包生产盛行全球和低收入经济向高收入经济的制造业出口大量增加。

买家驱动价值链造就了今天的全球化,人们认为对发达经济体而言,产业外移也没什么大不了的,因为制造加工环节附加值低,要开展创新活动,需要强大科技支持,贴近市场以充分了解用户和消费者的需求,西方的企业掌握着这两个与高附加值环节有关的资源。欧盟于 2000 年通过的《里斯本战略》声称只要发达经济体牢牢抓住全球价值链两端就可坐享繁荣与增长。然而事情并非那么简单。Gereffi(1994)等人发现,若假以时日,发展中国家的出口加工制造业将经历从低水平制造到高水平生产的过程。产业升级的概念便由此而生,它指的是产业或企业从全球产业链中的低附加值活动攀升到高附加值活动的过程。Gereffi 等(2005)进一步将这个过程划分为几个阶段:(1)初级商品出口;(2)出口加工装配;(3)部件生产承包;(4)原始设备制造;(5)自主品牌制造(4、5 阶段中间后来加入自主设计制造)。其中,从 OAM 到 OEM 出口的转变是在全球价值链中的主要产业升级行动,它需要特定的能力包括样品制作、满足加工或生产所需的投入,对成品包装和运输承担责任。这个过程涉及多种类型的升级手段,如表1.4所示。企业使用新技术、新设备和新的知识提高效率,其结果被称为"生产工艺流程升级"。当企业发展出自己设计的新产品或改进了产品质量,就被认为进行了"产品升级"。出口生产从OEM到OBM的升级是更大的进步,即公司开发出自主品牌。如果自己的品牌产品在市场上获得成长,产品的设计可作为工业标准获得认证,公司将提升营销能力,在市场上建立消费者对品牌的忠诚度和品牌形象。这一结果被称为"功能升级"。如果企业转移到附加值更高的行业,放弃以前低附加值的活动,则是"链条间的升级"。表1.4总结了各种升级类型可能产生的绩效和指标,可见无论进行何种类型的升级都有可能提高绩效。

表1.4　升级与创新指标的示例:实践和绩效

升级手段	升级类型	实践	绩效
提高生产流程效率(生产工艺流程升级)	在产业链之内	研发;物流与产品质量的改进;引进新机械设备	更低成本;产品质量和配送表现增强;产品推向市场耗时缩短;盈利能力提升;专利活动增强
	在产业链之间	研发;供应链管理程序;电子商务能力;促进供应链学习	更低的终端产品成本;终端产品的品质提升;产品推向市场耗时缩短;整体价值链的盈利能力提升;专利活动增强
引进新产品或者改进现有产品(产品升级)	在产业链之内	设计与市场部门的扩展;通过跨部门团队合作,促进新产品发展	来自于新产品(如过去1年、2年、3年中引进的新产品)的销售百分比;来自于品牌产品的销售百分比
	在产业链之间	在新产品发展同步工程中实现与供应商和客户之间的合作	专利品牌数量;在不牺牲市场份额前提下的单位产品价格相对上涨
活动组合的变化(功能升级)	在产业链之内	吸取位于产业链其他环节的更高附加值的特定新功能或者低附加值活动的外包	产业链分工在产业链中各个环节承担的关键功能的强化;更高盈利率;技能及工资的增加
	在产业链之间	进入产业链之中的新环节或者是退出既有链接环节	
链条间的升级	进入新价值链	退出某一价值链的生产并进入另一新价值链;增加在新价值链的活动	更高盈利率;来自于新的或不同的领域产品的销售比率

来源:A HANDBOOK FOR VALUE CHAIN RESEARCH,Prepared for the IDRC by Raphael Kaplinsky and Mike Morris,113 pages.

全球价值链理论强调在全球生产和分销活动中的企业之间的跨境联系对本地企业的提升作用。加入全球价值链,锁定国际大买家,通过两个途径可以促进产业升级:(1)向美国和欧洲买家学习,从 OEA 到 OEM 到 ODM 最后到 OBM,见图 1.1 中路线 B;(2)面临着生产成本上升和原产地配额限制等外来冲击,本地企业可以建立自己的国际生产网络,从而变成中间商和转包商。见图 1.1 中路线 A,从 OEM 工艺升级创新起步,通过全球的物流承包开发拓展市场,向世界许多地方提供产品,最后达到 OBM 的目的。全球物流承包源自 20 世纪 70 年代和 80 年代的东亚公司,其本质是全球买家把他们的订单发给他们过去采购过的厂家,再由这些厂家部分或全部外包给低工资国家(如中国和印度尼西亚)的附属离岸工厂,按要求生产,成品直接运到海外买家的指定地点,形成三角形生产网络。这个三角形的跨国制造改变了 OEM 厂商的地位,从给发达国家的零售商和设计师当供应商转变为物流和管理能力强的中间商,并可以在买方驱动的全球价值链上同时包括多达 50 至 60 个出口国,使价值链变成全球生产供货网络。

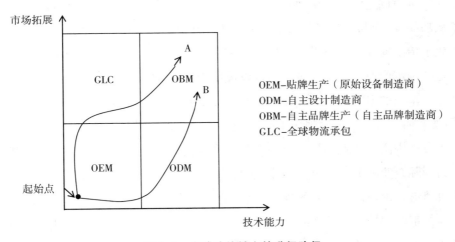

图 1.1 全球价值链上的升级路径

来源:Mathews, J. A. and D. S. Cho(2000), *Tiger Technology: the Creation of Semiconductor Industry in East Asia*, Cambridge University Press, MA.

全球价值链影响产业升级的另一个因素是价值链的治理结构。治理结构指价值链上的各企业之间的关系,尤其是价值链的驱动方如何通过对市场通道和技术标准、产品设计、知识产权等无形资产的掌握,控制价值创造和分配的权力安排。价值链内部的非市场化的协作关系对新知识的产生,转移和扩散非常重要。越来越多的研究发现价值链中升级往往受到局限,已有的全球价值链治理结构能促进本地企业生产能力的快速获得(如生产、成本控制、质量和交货时间),也可能对本地企业获得其他能力如设计和市场营销能力构成障碍(Humphrey & Schmitz,2004)。对此,Gibbon(2001)持不同意见,他指出治理结构在价值链上的协调作用一方面是构成了高附加值活动进入壁垒,但更重要的作用是让价值链上受托的代理人采取措施降低成本和交易风险,同时增加供应产品的速度和可靠性,从而增加最终销售。这意味着价值链上的升级虽然通常都有利于驱动全球价值链的买家,但并不意味着它对卖方和买方就一定是一个零和游戏,买卖双方可以共同升级和获利。

全球价值链理论对产业升级问题的贡献主要有两点:一是指出了全球化及与国外公司特别是国际买家的合作是发展中国家工业快速增长的一条途径,甚至是最重要的途径。全球价值链理论把新兴经济体的企业定位于全球布局的价值创造活动之中,特别是集中于加工、生产和制造环节,明确地提出了从功能、产品和工艺流程入手来衡量产业升级的具有操作性的定义,突破和细化了传统的发展经济学对发展中国家一、二、三产业进行结构调整的思维。二是在制定产业升级的政策方面可以被用于设计升级的政策目标。这个理论好比是车载的 GPS 系统,能够帮助确定现在所处的位置,如果能有一个全景图(如产业链地图)的话,则更便于确定意欲达到的目的地在哪里。

发展中国家依赖国际买家和发包生产来提升产业水平可能会受到限制,因为国际企业间关系不仅有合作,还有竞争。但是政策启示也正源于此。全球价值链理论指出国际间的规则,包括地区间贸易协议,出口配额限制,产品标准等都对本地企业的产品、工艺流程和功能升级有影响,因此政府应积极通过政治外交层面的努力为本地企业升级创造良好外部条件。政策上此理论提倡更加开放的贸易和投资,引进技术,开通信息流和新思路,主张吸引外国投资者和合作伙伴,特别是在高新技术产业,需要有利的营商环境,低的业务交易成本,流畅的进出口手续和良好的政府治理。全球价值链的理论侧重于不同的治理模式如何可能加强或阻碍不同类型的产业升级,而升级也是企业自己的学习和创新活动的结果。部分学者（Bell & Albu，1999；Schmitz，2004）也承认，全球价值链理论最不明确的，就是全球化的过程中，升级是如何发生在企业层面的，即升级的先决条件、动力机制、投资战略等究竟是什么并不明确。

企业层面上的产品，工艺流程和功能如何升级的微观过程及机制可从企业能力与技术学习理论中寻找答案。继续用我们的比喻，全球价值链理论仅指出了企业目前所处的位置和提供了可供选择的路线和目的地，并未告诉车主怎样才能到达目的地。而企业能力和技术学习理论则告诉我们车子应使用什么样的引擎、应采取怎样的驾驶方法、应具备什么技巧方能到达目的地。

二、创新能力与技术学习范式

"产业升级"这一概念较少出现于有关企业能力和技术学习的文献之中，因为这方面的理论几乎全都基于熊彼特主义的进化经济学和基于资源的战略管理理论。但是能力和学习的概念本身就具有内涵升级进化的意义。Lall（1990，1992，2001）以及 Bell 和 Pavitt（1995）将企业的技术能力划分为三种："生产的"能力、"投资的"能力和"联动的"能力。生产能力，包括对工厂与技术的有效运作所必需的技能，它会随着时间的推移而改善。工艺、产品和工业工程能力是这种能力的一部分。投资能力指在投资之前和期间所需的技能。联动能力是企业与服务供应商以及与科学和技术机构之间建立技术联系与交流所需要的特殊技能。产业升级在微观上就是企业具有越来越复杂的技术能力。Dutrenit（2000）指出发展中国家的大企业要从简单的生产能力过渡到投资能力和较复杂的联动能力，关键是企业经理人员要形成综合性的战略技巧或企业家精神。

Cohen 和 Levinthal（1989，1990）则另辟蹊径，提出"吸收能力"的概念。"吸收能力"指如果企业在 R&D 上投资可能有创新的成果，同时也开发了识别、吸收和利用从多个外部渠道获得知识的学习能力，这样的学习能力久而久之会在某一天服务于公司的研究开发，带来意想不到的成效。研发之所以重要不仅在于项目本身会产生新的知识和新的产品，而且有利于企业的吸收能力培养。吸收能力是通过研发的投资或培训的投资诞下的副产品。公司的投资可以成为一个自我强化的循环，即有一个具体的投资方向，随着时间的推移会产生在这个方向上的重复模式。具有吸收能力的公司投资创新项目会使公司学会利用外部竞争对手的技术,扩展对未来的选择,诱使更多的 R&D 投入。创新具有高度的不确定性和偶发性,这种吸收或学习能力相当关键。后发企业能成功升级者如日韩的公司,通常具有较强的吸收能力。但是许多人将吸收能力误读为研发能力。实际上,具有吸收能力的公司是在投资研发的名义下,大量运用非常规和非正式的渠道获得先进科技,从而赶上发达经济的公司的。在此意义上的吸收能力,对日韩竞争力的获得功不可没。

吸收能力也被认为是对技术的学习能力和解决问题的能力。Kim(1997,1998)认为,学习的能力是模仿吸收知识的能力,解决问题的能力则是运用创造新知识进行创新的能力。Hobday(1994)定义"技术学习"为:"公司建立和补充他们有关技术、产品和工艺的知识基础的方式,以及公司发展和改善他们广泛的劳动和工作技能以应用在其他行业和部门的方式。"这个定义已经相当接近微观层次上的产业升级概念。企业层面的升级可以通过多种技术学习的方式,如通过搜索和 R&D 来学习(Sahal,1981;Nelson & Winter,1982;Dosi,1988),通过生产和使用设备来学习(Rosenberg,1976),通过与供应商互动来学习(Lundvall,1992),通过与用户互动来学习(Hipper,1988)。Stiglitz(1988)强调了学习能力(他称之为学会学习)积累的重要性,将之称为"本地化的学习"。

Rigas 等(2011)发现,工厂层面的技术学习主要包括如下活动:(1)寻找有关替代技术的信息;(2)在谈判中取得技术;(3)通过对零部件和设备的调整适应来改良技术;(4)开发新产品;(5)产品设计或新工艺的改进。他强调,技术学习的发生在时间上是不均匀的,如在要大幅提高生产能力的时候,在生产工厂搬迁到其他地方的时刻,或在订单突然增加的时刻,会加剧技术学习的力度和成效。Arash 和 Wagner(2011)指出从技术学习的角度来看,产业升级过程中的技术学习有三个特点:(1)通过重复加强学习,反复练习有助于更充分地了解生产工艺,并开发出更有效的企业操作流程。(2)公司首先学习基本的生产工艺,逐渐掌握其他步骤。操作流程往往是简单要素的一些组合,但却是基础,必须首先学会。(3)学习的速度控制对成效是重要的。学得太慢,经验可能会被忘掉;学得太快,最终只学到最后一招。

在经验层面,如何通过技术学习实现产业升级,最有趣的是关于韩国经验的研究。1960 年韩国还是一个刚刚兴起的经济体,它为美国生产的主要是附件产品和进行外包产品生产,产业局限于中间产品的生产,如钢铁。渐渐地,韩国凭借产业链上的纵深发展在造船工业中取得突破,成为一个世界领先的造船强国。在汽车工业上,韩国从最初的对日本和西方汽车的翻版变成世界上可靠产品的标杆。近几十年的韩国电子工业也从小打小闹升至产品创新。在微型处理器市场,三星占据主导地位。制造商乐喜金星成为电子巨头 LG,三星现在敢和苹果竞争。在核工业领域韩国现已成为领先的供应商。总之,韩国经验表明,凭借主动的产业升级企业可以成功打入成熟的市场。韩国的汽车和钢铁的出口现在已超过法国。无怪乎克鲁格曼建议广东应以韩国企业为榜样爬到价值链的高端上去。

克鲁格曼并非第一个发现韩国工业潜力之人。二十多年前,Amsden(1989)在《亚洲的下一个巨人:韩国和后起工业化》中便讨论了韩国作为工业化的后来者如何用借来的技术改变生产结构,提高国民收入。韩国技术学习的成功是通过制度的建设而取得,特别是通过使用相关的产业政策。韩国竞争力的获得最初也通过低工资和国家补贴或其他形式的政府支持,但逐步过渡到通过提高生产现有产品的质量和效率。在以借来的技术作为竞争的基础时,企业的车间才是真正的"战略重点"。数年以后,金麟洙(1998)在《从模仿到创新——韩国技术学习的动力》中披露了更多的韩国如何从仿制到创新过渡的细节。他的案例研究表明,韩国企业渴望获得自有的技术能力源于一些非常具体的需求,尤其是当外国公司开始拒绝与韩国分享他们的技术时。例如,三菱曾供应现代汽车的核心技术,在 20 世纪 80 年代中期,当韩国汽车的 Excel 车型成功打入北美市场时,三菱突然拒绝续签合同。在 20 世纪 70 年代中期 LG 电子也发现,没有外国的彩电制造商愿意授权给韩国厂商以帮助他们渗入美国市场。只有当这些外部危机发生时,韩国企业才开始认真考虑投资于自身的 R&D。

一旦企业努力自主创新,在其模仿和创新阶段之间便没有了明确的分界线。自主研发的结果之一是在与外国谈判专利授权时更有筹码。获得外国技术许可能使企业建立内部技术能力模仿导致创新,吸收能力在这个过程中发挥作用。据金麟洙的分析,即使是模仿也可以从简单的重复性模仿发展到更有创造性的活动,最后接近于创新,这是个连续过程。简单的重复模仿包括:(1)逆向工程(检测市场的潜在需求,找到知识或产品,满足市场需求,并把技术与市场这两个知识要素投入到开发项目中);(2)假冒或非法仿制(借被仿产品的品牌出售产品,往往质量较低);(3)仿制或克隆(合法产品,有自己的产权,复制领先的但没有专利、版权、商标的产品,销售自己的品牌但价格远远低于被仿产品。克隆往往会超过原来产品的质量)。创造性的模仿包括:(1)设计的模仿(模仿创新的风格或设计,但带有自己的品牌和独特的工程规格);(2)创意改编适应(灵感来自于现有的创新产品,但不同于它们);(3)技术跨越(模仿时采用更新一代的技术,并更准确针对不断增长的新市场,对新技术的应用超过了原始的创新产品);(4)行业跨越(把在一个行业中的创新应用在另一个行业或领域)。

　　金麟洙的研究虽细,却略欠综合归纳。真正将我国台湾、韩国、我国香港和新加坡等国家或地区公司的 OEM 到 ODM 再到 OBM 的升级路径,与这些"后来者"的技术获取战略结合起来分析的是 Hobday(1995)。在《东亚的创新:日本的挑战》一书中,他发现东亚地区的企业在使用各种机制来获得外国技术的同时也创造了接触国外市场的机会,如合资,授权,模仿,分判,国外采购商,贴牌生产,以非正式的手段获取技术,收购外国公司,建立战略合作伙伴关系等。这些细节十分重要,反映了东亚工业获得技术的独特之处,即技术获得渠道多样且混杂市场联结。实际上,东亚的公司一直都在寻找扩大他们的客户群和签下形式多样的合同。Ernst 和 Kim(2001)曾得出结论:"东亚企业建立的国际联系包括了与销售、制造和支持外国公司分支机构的工程服务等各种关系。将东亚公司纳入美国和日本电子公司的全球生产网络也有不同的形式。台商通常都依赖于同步的知识外包,企业一般同时寻求各种不同的与外国公司合作的方法,而不是只集中在某种特定的联系上。"Hobday(1995)还认为,虽然宏观因素,如稳定的宏观经济,出口导向型/外向的发展方向,低通货膨胀,高储蓄率及营商的可预见的环境等对东亚的竞争力、成长和创新均作出了重要贡献,但是企业和产业集群才是东亚产业升级的动力和独特的力量依托。一系列详细的案例研究表明,国外采购商/制造商是生产集成和技术转移的关键(无论通过分包合同还是外国直接投资的方式)。企业的活动从使用廉价劳工组装简单的产品到后来生产高科技产品。在此过程中,公司并没有什么大幅"跨越",但却一直努力掌握基本的生产技能。技术能力的累积使得创新最初发生在制造环节,后来进展到研发活动的后台创新,产业升级水到渠成。

表1.5　我国台湾与韩国的OEM演进——从OEM到ODM再到OBM

生产经营模式	技术转变	市场转变
20世纪60—70年代 OEM 原始设备制造商	当地公司学习标准的、简单产品的装配工艺	跨国公司(TNC)/客户持有设计、品牌及分配权/获得产品的非生产性附加值
20世纪80年代 ODM 自主设计制造商	当地公司学习工艺流程及详细的产品设计技术	正如OEM一般,跨国企业予以采购,持有品牌及分配权。跨国企业获得产品的非生产性附加值
20世纪90年代及之后 OBM 自主品牌制造商	当地公司处理生产、新产品设计以及新产品研发	当地公司拥有自己的品牌,组织配销,享有全部附加值

来源:Hobday,M.G.,*Innovation in East Asia:The Challenge to Japan*,Edward Elgar,London,1995.

作为技术学习论者,Ernst(1998,2001,2002,2008,2011,2012)明确地提倡研究发展中国家的产业升级问题,并试图与他所称的全球生产网络结合在一起考虑,他强调产业升级主要是实现专业化,这将导致企业生产、产业市场结构和企业升级潜力的不同(见表1.6)。Ernst曾于1998年批评韩国的技术追赶太过于追求扩张产能和在大众化产品市场上的国际份额,在快速增长的差异化市场区隔上和向高端产品的升级方面做得不够。Ernst强调企业层面上的产业升级,认为产业升级包含了生产的专业化、生产率的提高和附加值创造活动的增多。在产业层次上,则是产业上下游之间的联系增强和被打通。他特别强调专业化,认为这是产业升级最核心的过程。而企业之所以专业化,则主要是由于受到所加入的全球生产网络中具有领导地位的企业的牵引和要求所致。

专业化可以分为两个方面:一是产品生产专业化,二是生产工艺专业化。产品生产的专业化是指企业从生产同质性的大众化商品到生产具有差异化的产品。生产工艺的专业化指企业从常规的大规模生产方式及标准化的组件生产工艺,发展到灵活定制的生产方式及对模块化的部件进行集成的生产工艺。企业在产品或工艺专业化的结果是迫使自己不得不学习更高阶的技术能力,并且不得不与产业的上游或下游打交道,从而产生产业中前向或后向联系。只有当专业化能推动企业学习更高技术能力和使企业所处产业的上下游联系产生时,产业才有升级的可能性。所以,Ernst 又把由专业化导致的企业技术学习动力和产业前后向联系称为是"产业升级的潜力"。循此思路,Ernst 指出韩国企业虽然经历专业化,但是专业化并未大幅提高企业的技术能力,特别是未促进产业上下游之间的联系,所以"产业升级的潜力"低下,被称为"粘性的专业化"。韩国经历了专业化却未产生高的"产业升级的潜力",Ernst 认为是因为韩国企业当时所处的本地知识环境和创新体系基础未能给予企业的技术学习以强力的支持,全靠加入全球生产网络的单个企业所提供的牵引力。在产业层次上,Ernst 认为韩国的金融体制造成了企业的高负债率及韩国产业政策偏重于让大型公司独霸重型工业,使产业间及产业内的联系空间受到制约。虽然产生"升级潜力"的宏观环境对韩国企业要负一定责任,但企业内部也有吸收能力不足的问题。从能力与技术学习观看来,要从基本的生产能力跃升至创新能力,一个企业吸收能力的培养与提高是关键。为此,企业本身必须不断地投资于培训、设备、设施。最主要的是要及时和勇敢地进入研发领域。

表1.6　产品专业化与产业升级的潜力

变量	低度专业化	高度专业化
生产专业化	同质性(产品)	异质性
	技术成熟	新技术
	既定的设计	流动设计
	容易复制	难以复制
	需求及技术上的变化可以预见	变化的不可预测性
	与消费者的互动很有限、进入门槛低	与顾客有密切互动

续表

变量	低度专业化	高度专业化
市场结构	进入门槛低	进入门槛高
	价格竞争 加速进入市场	质量竞争(消费者需求;综合解决方案)
	周期性产能过量与价格战	溢价标价
	低边际利润	高利润空间
升级潜力	很少的学习机会	很多的学习机会
	能力要求有限	能力要求较高
	低附加值	高附加值
	有限的前后连接(联系)	广泛的前后连接(联系)

　　企业能力和技术学习理论对产业升级的洞察始于企业层面,其中许多见解精细独到,如吸收能力的概念,创新能力与模仿本质上难以区分的观点,以及技术学习的成功大多取决于多渠道和非正式的手段,研发活动虽不能收到立竿见影之效,但企业升级则一定要走这一步等,皆给人启示。人们谈论产业升级常忽略细节,此派观点发掘了藏于细节中之精髓。对于产业升级中的企业这辆汽车,能力与学习观指导驾驶员如何精确地操控离合器,使马力与速度最佳匹配。在政策领域,此派的观点简单明了:政策重点是帮助企业建立和强化技术能力。此派观点承认全球价值链或全球生产网络和产业集群及创新体系都会对企业的技术能力发展有作用,但强调企业本身的学习努力及战略选择才是产业升级的必要条件(Lall,2001)。因而政府所做的一切皆应利于企业的学习提高,无论是亲力亲为打造企业的技术能力,抑或放开管制使市场充分竞争,或者对研发投资进行抵税减免和鼓励创新投资,促进企业间的合作及企业与其他机构的合作,等等。其他更加具体的政策措施建议,包括促进本地公司聘用海外人员进行研发;发展本地的金融产业和基础设施(含 VC,IPO等)为创新项目融资;直接支持本地供应商企业发展和投资于能产生吸收能力的研发项目;设立技术标准并加以推广;吸引跨国公司落户进行本土化研发,等等。

上述政策的实施,企业能力的提高有赖于良好的环境,完善的服务。要进行这两方面的进一步研究则要采纳产业集群与创新体系范式。

三、产业集群与创新体系范式

全球价值链网络和生产理论为产业升级提供了"GPS",企业能力与技术学习理论为产业升级详解动力系统,产业集群与创新体系理论则阐述了车辆远行时所需的当地补给、车库、修理站、加油站等基础设施。当遇天气恶劣(国际市场需求下降)、道路崎岖(技术封锁,新产品标准,许可证限制等)、车辆破旧(企业内成本上升,设备老化,效率递减)之时,此等设施尤显重要。过往创新体系理论的一大缺陷,是研究者将"集群"等视为一封闭盒子,专注于盒子之内的各种机关,忘记本地公司一旦加入全球化,则必受盒子之外的力量影响。新近的研究者将集群与体系都作为"开放盒子",开始关注盒子内各部件与盒子外的关系。

Porter(1990)提出产业集群概念之初,便非常看重集群的跨国联系,故有"集群国际竞争力"之说。他分辨出产业集群与发展阶段有关的三种类型,分别为要素驱动型集群、投资驱动型集群及创新驱动型集群。这种划分使产业集群升级跃然纸上。

波特认为,产业集群并非单纯的企业在地域上之集中,而是"地理上相关联公司,专门供应商,服务提供商,在相关行业的企业,及相关机构(如大学,标准机构,行业协会)等,在某一特定领域中的竞争与合作"。虽然企业的竞争力取决于自身的行动,但是竞争力的提升依赖当地的环境,包括生产结构、技术基础设施和其他外部因素构成的创新体系。企业可以利用所有这些创新体系的元素在全球价值链上进行升级。他指出最终推动企业的成长和升级的是四个相互关联因素共同组成的环境质量,可以画成一个钻石图形加以说明:(1)生产要素(投入)的条件;(2)公司的战略选择和公司间的竞争程度;(3)需求条件;(4)相关的和配套的产业(Porter,1990)。

波特还强调集群中各种机构和企业之间在地理上接近的重要性,这是集群成熟的一个先决条件。靠近有利于企业和各机构间形成网络的关系和充分合作以及知识交流。企业之间的竞争与合作关系的组合搭配能诱发更好的技术学习和创新扩散使集群中的企业和行业更具竞争力。集群整体可以对位于集群内单个企业的竞争力产生积极的影响。Schmitz(1995)指出这种积极作用来自当地的外部经济性和联合行动的"集体效率"。集群的集体效率对企业(中小企业)的好处在于:它们能共同产生外部经济性,可能会影响(外溢)其他企业(非自愿性的效应——被动地参与了集群),它们也可能开展联合行动(自愿的效应——积极参与集群)。中小企业间的外部经济性和联合行动都能促进集群升级的进程。这种升级路线被称为集体协作行动。集群升级的第二条路线是大企业的出现使集群内部产生了科层化的关系,许多小企业为当地几大龙头企业提供产品和服务。集群中的大型企业可以在内部通过并购重组产生,也可能从外面进入集群,但都能协调当地企业间的劳动分工,被视为更具竞争力的产业组织形式。这种升级路线被称为龙头统领。产业集群无论采取集体协作行动还是龙头统领的方式,都可以增加在生产和市场营销活动上的投资并提高活动的效率,从而造就集群中企业的产业深化。表 1.7 显示了两种方式与升级的关系。

表 1.7 集群治理与升级

集群治理形式	生产的升级	市场的升级
集体协作行动	例如,地方的技术机构提供研发服务	例如,中小企业联合出口
龙头统领	例如,由地方龙头企业带头研发	例如,由地方龙头企业开拓新市场

来源:Humphrey,J.,and H.Schmitz,*Governance and Upgrading:Linking Industrial Cluster and Global Value Chain Research*,IDS Working Paper,No.120,Institute of Development Studies,Brighton:University of Sussex,2000.

同样,如果集群中的生产要素供给条件发生改善,也能造成集群中企业能力的提升。例如,集群中的生产活动原来依靠自然禀赋资源,后来主要依靠机器设备甚至无形资产;集群原有的劳动力素质低下,后来因为劳动力市场发展和培训普及而产生高素质专业化劳动力;集群逐渐创造出各种各样的高级资本,除金融资本外,还有人力及社会资本等,均是集群升级的表现。

企业要面对的需求条件也十分重要。发展中国家的本国市场对集群企业升级的影响有两面性,一方面,发展中国家市场对高端的工艺过程和产品标准的要求较低,集群产业升级缺乏动力。另一方面,本国的市场需求比发达市场简单,这反倒可以帮助供应商利用学会的技术,针对他们的本土新客户的需求,在本土市场发展高回报的活动,如产品开发,设计,品牌和营销,发展中国家有在低收入市场上进行产品设计和制造的优势,因为他们理解了这些市场和消费者倾向于选择什么是"足够好"的质量,以合理的价格出售,而不是采取尖端技术溢价的定价策略。发达国家认为不够好的产品,可能在发展中国家市场上却是"刚刚好"。但是必须强调,发达国家对产品质量、技术标准的苛刻要求,可以促进发展中国家集群不断研发创新,以满足高端客户要求。

发展中国家的集群发展并不是一个自动的过程,因此政府要采取行动进行干预,以支持集群的发展和升级。集群发展不能简单地依靠私人联合行动,公共机构应发挥催化剂和调解人的作用。升级可以被理解为产业集群中的技术、管理和组织能力建设,使集群中的参与方能获取知识和技术,并且技术能力提高的速度比同类的集群和产业的步伐更快。政府在培育集群的发展条件方面是很重要的,如创造一个熟练的劳动力队伍和配套的创新激励机制,以及选择某些类型的创新和升级项目等。政府可以帮助让企业的创新活动和各相关机构的知识创造活动相辅相成。在后来的研究中,Porter(1990)和 Stern(2001)扩展了钻石框架,明确提出产业集群本身也需要一个共同的基础设施才能发展,这个设施包括:(1)国家投入基础研究和技术进步的整体人力和财力资源;(2)国家颁布的长期的产业和创新政策承诺;(3)推动经济整体技术走向尖端。很明显的,这里的重点是越来越强调集群的要素供给方面,也越来越接近于创新体系的概念。

创新体系理论更加系统地阐述了支持集群升级的政府政策。集群升级常被视为主要是由企业和当地各种机构所带动。产业集群升级中特别重要的是企业和各种机构间持续频密的互动,并且互动关系超越一般的市场交易关系,否则难以创新。当地的法律、法规、社会规则和规范、技术标准和文化习惯构成了企业与各种机构相互作用的体制环境。这些制度与机构统称为创新体系,它可以促进或阻碍对产业升级至关重要的企业的学习过程。创新系统的研究丰富了全球价值链理论。Chaminade 和 Vang(2008)认为,当环境能支持处于全球价值链上的企业与本地机构之间进行互动学习和创新时,企业在全球价值链中升级到更高价值的活动就更有可能成功。当具备这样的环境时,人们可以给集群环境贴上区域创新体系的标签。

第四节　亚洲"四小龙"和日本产业转型升级的经验

第二次世界大战后,各殖民地国家(地区)纷纷取得独立,开始走向了谋求经济发展的轨道。然而,不同国家(地区)选择了不同的经济发展道路,有些陷入了困境,而有些则走上了繁荣富强之路。其中中国台湾、中国香港、新加坡和韩国等地区和国家抓住了全球化浪潮带来的机会,结合自身的特点,经济从 20 世纪 60 年代开始起飞,进入持续高速增长期,迅速摆脱了贫穷,其人均收入纷纷赶上了美国、日本等发达国家的水平。这些地区和国家因其在经济上的巨大成功而被誉为亚洲"四小龙"。

香港发展成世界最具活力和自由度的经济中心之一,高度发达的自由贸易,为中西方的经济文化交流作出了巨大贡献。台湾地区同时运用政府计划这只"看得见的手"和市场这只"看不见的手",两手的巧妙运用为自身的发展作出了正确的决策,最终成为东亚最具经济活力的地区之一。新加坡充分抓住自身的地理区位优势,利用自身处于印度洋和太平洋枢纽的地位,大力发展对外贸易,石化加工等经济业务,迅速实现了经济的腾飞。韩国凭借政府的力量主导经济的崛起,也大力发展外向型经济,大力招商引资,积极参与经济的全球化分工,使得自身在短时间内在世界经济格局当中占有一席之地。

亚洲"四小龙"和日本在技术创新方面走在了其他发展中国家的前面,取得了突出的成绩。其科技投入占国民生产总值中的比例已较大,韩国在1981—1995 年为 2.8%,新加坡为 1.1%;高技术出口占工业制成品中的比例较大,1996 年香港为 27%,韩国为 39%,新加坡为 71%。它们成功推动产业技术创新的经验很值得正加紧进行产业转型升级的中国制造业学习。

一、注重转变经济发展战略与增长方式

20 世纪 50—70 年代是资本主义发展的黄金时代,也是科学技术革命突

飞猛进的时代。亚洲"四小龙"抓住承接发达国家产业转移的机遇,以国际化和工业化带动现代化。闭关锁国不可能发展,积极参与国际产业分工,发挥自身的比较优势,才有可能实现现代化。当以欧美为主体的发达国家正处于由工业化向后工业化转型的结构调整阶段,大力发展技术和资本密集产业,转移劳动密集产业之时,拥有充沛劳动力资源优势的亚洲"四小龙"敏锐地捕捉到发达国家产业转移的历史机遇,开启了自身由农业经济向工业经济转型的初次现代化进程,并相继迈入工业国家(地区)行列。

核心的转变是从生产要素投入为主的传统增长模式转变为以技术进步和生产效率的提高为基础的经济增长方式,其核心是以提高效率为根本目的的技术创新和制度创新。经济发展方式转变的要点在于提高技术、知识、信息在整个经济增长中的地位与作用。从日本与亚洲"四小龙"的经验看,产业结构转型升级经历了轻工业(劳动密集型)→重化工业(资本密集型)→技术与知识密集型产业三个发展阶段。日本和亚洲"四小龙"遵循这一发展规律,利用合理的产业政策进行社会资源的科学配置,使亟须发展的重要产业得到集中配置,充分发挥后发优势,实现压缩型发展,成功地实现了从低成本优势战略向技术创新战略转型①。

日本在20世纪70年代以后、亚洲"四小龙"在90年代以后经济增长方式发生了明显转变,经济增长要素的投入结构明显变化,劳动生产率和禀赋结构(资本劳动比)不断提高,全要素生产率(简称TFP)对经济增长的贡献率不断上升。在由技术吸收转变为产品创新阶段后,新加坡、韩国、中国台湾地区的TFP对GDP增长的贡献率超过40%,TFP水平达到美国的40%—50%。日本进入全球领先水平的路径创新阶段后,TFP水平则达到美国的70%。东亚经济体通过发展方式的转型,成功摆脱低成本优势战略,转换到创新优势战略,通过技术吸收培育自主创新能力,使其高科技制造业在全球占据重要地位,从而为避免陷入中等收入陷阱奠定了坚实基础②。

---

① Wade, R., "Review of Anis Chowdhury and Lyanatul Islam, The Newly Industrialising Economies of East Asia", in *The Economic Journal*, 1993, pp.1024–1025.

② Rao, V.V.B., "East Asian economies: Growth within an international context", in *Economic and Political Weekly*, 1998, pp. 291–296.

二、注重实现经济结构高度化

20 世纪 60 年代亚洲"四小龙"能够创造经济奇迹,很大程度上是利用了自身廉价的劳动力资源,承接了欧美发达国家的产业转移,大力发展加工制造业,发展对外贸易。这一经济发展轨迹其实质是参与全球经济分工:欧美发达国家掌握一流技术设计,亚洲"四小龙"发展加工制造和对外贸易,这大大缓解了欧美地区的劳动力成本危机,从整体上提高了资源配置效率,为世界经济发展作出了重要贡献。根据钱纳里等人的理论,经济增长的过程就是经济结构转变的过程,经济结构的转变推动经济发展[①]。创新能力的提高,在市场条件下表现为生产率水平的提高引起产业结构的变动。技术变迁的结果是,生产率提高较快的产业在产业结构中的比重趋于上升,而生产率增长较慢的产业的比重则有所下降,消耗实物资源少的产业比重增加,消耗实物资源多的、增加值小的产业比重减少,最终表现为产业升级。

东亚国家和地区几乎每隔十年就实现一次产业结构的重大变革,推动经济持续发展和国民收入水平的不断提高。东亚国家和地区的产业升级与追赶过程是通过其独特的产业政策来实现的,即政府为促进比较优势的快速升级,通过各种保护与优惠政策来促进战略产业的技术进步与快速成长[②]。

日本在第二次世界大战后初期将煤炭、钢铁、化肥、有色金属、石油、纺织和印染等部门作为优先部门,采取倾斜投资方式,促进其迅速恢复与发展。1949 年 9 月开始推行产业合理化政策,陆续制定和颁布了促进产业合理化的各项法律,促进企业组织创新和战略产业的发展。为了赶超发达国家,日本 20 世纪 60 年代将钢铁工业、一般机械制造业、电气机械制造业、化学工业、汽车制造业以及交通运输业作为战略产业加以扶持。到 1970 年以钢铁、石油化工、汽车、造船、家用电器等为主的重化工业在工业产值中的比重迅速增加到92.3%。70 年代严重的环境污染与两次石油危机迫使日本进行新的产业结构调整,逐步淘汰污染严重的资源能耗型工业,集中发展节能型技术和知识密

---

①　[美]钱纳里:《发展的形式:1950—1970》,经济科学出版社 1988 年版。

②　Crafts N.," East Asian Growth before and after the Crisis ", *IMF Staff Papers*, 1999, pp. 139–166.

集型产业,选择微电子产业、机械电子装置产业、光学机械产业、生物工程、新材料产业等知识密集和节能环保型产业作为战略产业加以发展。1985 年日元升值后,为了应对贸易摩擦与生产成本上升的压力,日本决定重点发展创造性的知识密集型制造业和现代服务业,将失去比较优势的产业向海外转移。

亚洲"四小龙"进口替代工业化始于 20 世纪 50 年代,在完成工业化初期向中期阶段转变时,东亚国家充分利用国内劳动力资源丰富的优势和欧美国家产业转移的有利时机,开始实施出口替代工业化战略,将劳动密集型产品打入国际市场。60 年代重点发展纺织服装、橡胶塑料、食品、电子钟表、家用电器等劳动密集型出口产业。70 年代,利用国际产业转移的机会,重点选择纤维、塑料、机械、钢铁、造船、汽车、石油化工、交通运输设备制造业等重化工业作为主导产业加以扶持。80 年代以后,它们又提出科技升级和工业多元化发展战略。如 1990 年台湾地区出台《促进产业升级条例》,将发展的重点转向微电子产业、光电产业、生物工程、信息咨询等技术知识密集型产业①。

三、发挥政府的主导作用

亚洲"四小龙"政府指导产业发展,制定符合本国本地区情况的发展规划、科技创新,坚持体制创新,大力发展教育,开拓和培育新市场,吸引世界一流大企业投资或建立地区总部,利用领先优势培育本地产业集群,大力发展支柱产业,培育战略产业,并增加科技创新投入。政府积极分担难度大、风险高、周期长等新领域的创业风险②。在创新体系中,亚洲"四小龙"各成员国的创新主体相互合作,发挥着重要作用。科研院校不仅为知识经济相关的新兴职业有针对性地培养专业人才,而且在和企业及其他科研机构合作的过程中发挥重大作用。政府鼓励企业委托大学进行课题研究,甚至提供资金支持大学科研工作者利用自己的专利成果成立公司,促进科技成果尽快转化为实际生产力③。另外,政府通过制定产业发展的中长期规划,充分发挥政府对产业的

---

①　全毅:《跨越"中等收入陷阱":东亚的经验及启示》,《世界经济研究》2012 年第 2 期。

②　佟磊:《亚洲"四小龙"与长三角地区产业转型升级对比研究》,2012 年第 12 期。

③　Amsden, Alice, H., *Asia's Next Giant: South Korea and Late Industrialization*, New York: Oxford University Press, 1989.

引导职能,同时加强企业、研究机构、高校等创新参与者之间的协调和联系;政府鼓励高校和研究机构就某一领域课题组成联盟或开展项目合作;政府通过市政拨款、私人赞助等方式,鼓励各学术研究机构结盟①。

亚洲"四小龙"政府在促进经济发展方式转变的过程中发挥着巨大作用。例如,台湾当局产业政策以规划和推动新兴重要策略性产业为主,以新兴重要策略性产业的特定项目、特定企业为对象,实行直接补助和租税优惠。这虽然容易造成一些特定产业、特定企业享有双重优惠措施,但是这种措施确实对于建立新兴产业在替跨国公司进行代工(制造领域)颇具效果。

亚洲"四小龙"政府在创意产业的发展过程中同样起着重要的作用。韩国的网络游戏产业是典型的政府主导型模式,通过政府的支持与投入,提升产业文化氛围、培育文化创意人才,无形中为网络游戏产业的持续性发展提供了相当坚实的市场基础和充足的人才储备②。新加坡政府是东亚政府管制模式的典型代表。为了推进创意产业的发展,新加坡政府专门成立创意工作小组,跟踪国际创意产业发展趋势,规划本国发展方向。与韩国政府相同的是,新加坡政府的支持与投入也集中在提高民众对创意产业的了解上,并且通过政府搭台,向全球营销本国的创意产业。另外值得一提的是,新加坡政府对传媒行业的管制模式也逐渐从先前的严格控制向放松管制方向发展,允许新加坡报业控股、新传媒集团互相进入对方的业务领域,共同迎接全球媒体集团化、规模化和多媒体融合发展趋势的挑战③。香港特别行政区政府对创意产业的管理和扶持机制比较放松,政府只提供必不可少的法治基础和商业环境,尽量使创意产品实现自由生产和流通;政府的管理体制深受"分权"理念的影响,表现为文化行政的决策、执行和监督机构分别设置,由香港文化委员会、艺术发展局、民政事务局下属康乐及文化事务署各行其职,并设立不同层次的专家决策咨询机构或委员会,从而使决策更加民主和科学。从政府管制角度而言,台

---

① Eggleston, K., "The Sustainability of East Asian growth", *ASEAN Economic Bulletin*, 1997, pp. 14–31.

② Florida, R., The Rise of the Creative Class and How It's Transforming Work, Leisure, Community and Everyday Life(Paperback Ed.), 2004.

③ 刘东、王雅梅:《创业产业:新加坡的举国战略》,载于中宣部文化体制改革和发展办公室、文化部对外文化联络局:《国际文化发展报告》,商务印书馆 2005 年版,第 98—103 页。

湾当局的管制介于韩国、新加坡式的严格管制和香港的自由模式之间,属于温和型的管制。通过成立"文化创意产业推动小组办公室",进行跨部门、跨领域的领导和管理;在宣传方面,台湾地区和香港都把重心放在全球营销上,在激发民众对创意产品或产业的关注度方面还有待加强①。

四、通过技术学习或模仿逐步实现技术创新

亚洲"四小龙"与发达国家相比是技术后来者(late comer),同发达国家存在着很大的技术差距,技术学习是亚洲"四小龙"重要的创新基础,通过学习获得和掌握世界上已有技术知识,逐步发展出自己的创新能力。Kim(1997)②总结韩国工业企业能成功升级的经验,关键是在模仿的基础上进行技术学习,即在投资研发的名义下大量运用非常规和非正式的渠道获得先进科技,从简单的重复性模仿发展到更有创造性的活动,最终提升自主创新的能力,这是个连续过程。Hobday(1995)③总结了东亚从技术学习到技术创新经历的五个阶段,这个过程是循序渐进的,从简单到复杂,从低级到高级。他发现东亚工业获得技术的独特之处在于东亚地区的企业创造了更多与国外市场上的采购商/制造商接触的机会,把发展外向型经济作为技术学习的渠道。这些渠道包括:外国直接投资(FDI)、兴办合资企业、签订许可协议、OEM 原件制造、ODM 自主设计和制造、分包(Sub-contracting)、与外国及当地买主建立业务关系、赴海外培训及雇用回归者、海外收购/证券投资、与外国企业建立战略伙伴关系如战略联盟、发展出口。

有学者专门总结了韩国通过技术学习实现技术创新和产业升级的具体实践经验。金麟洙(1998)在他的著作《从模仿到创新——韩国技术学习的动力》中披露了更多的韩国如何从仿制到创新的过渡细节(金麟洙的分析详见本章第三节)。

---

① 王鹏:《香港文化创意产业的发展历程、经验与启示》,《改革与开放》2007 年第 8 期。
② Kim, Linsu., *Imitation to Innovation: The Dynamics of Korea's Technological Learning*, Harvard Business School Press, 1997.
③ Hobday, M., *Innovation in East Asia: The Challenge to Japan*, Cheltenham: Edward Elgar, 1995.

由此不难看出,东亚国家和地区在选择一条"引进资本与技术→发展扩大出口加工业→创汇还债和促进自主经济发展"道路的同时,技术进步也选择了"技术引进→模仿创新→自主创新"的技术发展路径,不仅节约了大量原始开发成本,而且在高起点上进行赶超①。东亚国家和地区从 20 世纪 60 年代到 1980 年的技术政策目标是引进和消化国外先进技术,研究开发放在其次;20世纪 80 年代后,随着本国(地区)技术水平和创新能力的不断增强,技术政策开始转向以增强自主研究开发实力为主。为此而采取的主要政策措施有:(1)确立技术立国战略,构建以民间企业为主,政府与大学实验室为辅的科研体制;(2)制定知识产权保护与发展战略,为技术创新提供制度支撑;(3)大幅增加基础研究与技术开发的投入,为技术创新提供财政与人才支撑。日本和韩国在 80年代确立"技术立国"路线后,R&D 经费投入强度不断增加。以韩国为例,2006年韩国向国际《专利合作条约》机构申请的国际专利的数量使其成为仅次于美国与德国的世界第三专利大国,完成了从技术引进大国到技术创新大国的跨越,而韩国专利申请量居前 3 位的是通信、半导体和视听技术,主要集中于韩国的出口产业②。这表明韩国专利申请在很大程度上受到国内产业发展和升级的引导和促进,而不是受到某些特定产业全球专利申请趋势的影响。

日本企业并不是将这些引进的技术一般性地应用到生产中去制造产品,而是吸收与创新相结合,通过对引进技术进行深层次开发,在技术成果转为商品的过程中,融入新的思想,追加创造性的劳动,也就是对引进外国产品、设备进行全面的解剖和分析,研究其结构造型、功能原理、工艺材料及有关参数等,并通过现代的科学测试、测绘方法,了解掌握其关键性的技术问题,然后从本国的生产条件和生产能力的实际情况出发进行改进乃至创新,研制出具有本国特色的产品和设备。日本技术引进给我们带来的启示就是,进口的技术之所以能够转化为工业增长的力量,是因为它同本国的改革创新相结合,引入技术是本国研究和开发的补充物,而不是替代物。

---

①　李东华:《韩国科技发展模式与经验——从引进到创新的跨越》,社会科学文献出版社2009 年版,第 5 页。

②　Lee,T.J.,"Teehnologieal learning by national R&D",in *the Case of Korea in CANDU-type Nuelear Fuel*,Teehnovation,2004,24,pp.287–297.

五、建立依托产业集群的区域创新体系

我国台湾的制造业也是从模仿和代工开始的。20 世纪 80 年代台湾是世界著名的"代工厂",后来台湾科技创新在两方面实现了突破——台湾的农业生物科技和台湾的信息产业技术。台湾的科技创新飞跃是和台湾的区域创新体系分不开的。

台湾真正意义的区域创新体系建设,是从 20 世纪 90 年代开始的,它以《科学技术基本法》的颁布为标志,旨在加快发展高科技产业体系,把台湾建成亚太地区的"科技岛"。台湾的这种区域创新体系同时也是以科技园区为载体的集群式创新体制。科技园区是台湾产业群聚的载体,也是台湾构建区域创新体系的实际依托。目前台湾拥有 20 多个不同类型的科技园区,科技园区进一步发展成集群式研发创新聚落。台湾已形成一个比较完善的、高效率的区域创新体系,并取得了引人注目的成效。

台湾区域创新体系可以分为四个子系统:知识创新子系统、技术创新子系统、中介服务子系统和宏观管理子系统。

(一)知识创新子系统。该子系统是承担知识和相关技术生产、传播与扩散的网络系统,其行为主体是高等院校和科研机构。

(二)技术创新子系统。技术创新是指与新技术、新产品、新工艺的研究、开发、生产和商品化应用有关的经济技术活动。技术创新子系统中,技术创新的主体是企业,知识应用、技术开发、产品生产、营销以及经济价值创造都是由企业实现的。

(三)中介服务子系统。中介服务子系统是各创新主体之间互相联系的桥梁和纽带,其主要任务是面向社会从事包括资源配置、创业辅导、信息传递、成果转让、科技评估、资金融通、决策咨询、管理辅导、市场开拓等方面的社会化服务。

(四)宏观管理子系统。该子系统功能是推动和监理区域创新体系。台湾科技创新宏观管理子系统由行政管理机构、决策咨询机构和计划评估体系组成。科技研发计划的实施过程及实施绩效由科技评估体系跟踪考核,由此形成一个完整的科技创新管理和评估制度。

区域创新体系的运行体制是以协调发展为特征的开放型系统。台湾区域创新体系是一个互相联系、互为依托、运作有序、协调运行的开放系统。在这个系统中,无论是微观行为主体或是整个组织体系彼此都是开放的。在微观层面,区域创新体系为企业、大学、科研机构和管理机构提供一个互相对接的公共平台,企业的创新活动不再是只依赖自身的力量进行的封闭式行为,而是通过"官、产、学、研"结合的良性互动来重塑各创新主体的关系,协同开发新技术、新产品,充分发挥体系的整体功能;在宏观层面,区域创新体系的开放功能为岛内各地区以及岛内与岛外的创新活动提供沟通的管道,建立广泛的基于市场机制的创新合作关系,通过技术引进、吸收、消化和二次创新,迅速提升区域竞争力。

区域创新体系的发展模式有三种类型:一是以科技研发推动产业发展的正向创新模式;二是由产业应用带动科技研发的逆向创新模式;三是以知识为中心,强调知识创新和高效应用双向联动的创新模式。台湾根据其中小企业众多的实际情况,其创新体系是由当局主导的以中小企业和公共研发机构为主组成的"逆向型"创新模式,首先根据市场需求确定开发方向,拟定开发专案计划,然后组织进行相应的研究开发活动,并支持学术研发机构建立技术商品化平台。这种创新模式对于缺乏资金和人才的中小企业来说具有雪中送炭的效果,它对快速提升台湾企业创新能力和地区综合竞争力起了重要作用。

六、致力于科技创新能力和机制建设

发展中国家持续提高收入的挑战并不在于掌握现有的标准化技术,而在于构建国内创新能力和机制,这些能力和机制是无法从国外购买或照搬的。正确的科技发展战略与良好的教育培训制度是最低条件。东亚国家和地区全要素劳动生产率的提高集中体现在人力资源的开发上。

东亚技术进步比多数发展中国家更快,得益于其良好的教育和培训体制,东亚教育注重从实际出发,根据经济发展的需要,确定教育事业的中心任务。例如,为了能很好地贯彻国家教育的理念,在 20 世纪 70—80 年代,新加坡政府就在教育管理上进行统筹安排,以便适应国家教育发展之需①。新加坡建立了教育研究所替代了先前的新加坡大学教育学院、教师培训学校和教育部下属的研究所的功能,将新加坡大学和南洋大学合并成立新加坡国立大学,其中的微生物细胞研究所为培养微生物技术研发人才设立了重要的菌种基地。

21世纪来临之际,新加坡政治精英为新加坡的教育重新确定了发展的方向。1997年,吴作栋总理宣布"重思考的学校,爱学习的国家是新加坡教育所努力的目标"。"重思考的学校"是能让学生具备技能、知识、价值观和直觉来面对未来的挑战。"爱学习的国家"则要营造学生离开学校后仍然不断学习的风气。为了达到这个目标,政府制定了以下几个主要发展的方向:首先,为青年人培养具有批判性和创造性的思维技能:教育部促请学校把重点放在培养学生的思考过程和做专题作业,这能协助学生成为一个有头脑和有创新意识的人;其次,推出"资讯科技教育"五年计划。1997年4月,新加坡教育部在中小学推出"资讯科技教育"五年计划,是为学校发展资讯科技教育描绘一个更容易接近资讯科技环境的总蓝图。30%以上的课程时间,学生需要使用电脑,应用电子资讯;最后,推进"国民教育",目标是在年轻人之间建立紧密的联系,同时也培养他们对家庭、对社会、对国家的义务感,以及求生的本能和信心。经过30多年外向型经济的发展,到20世纪末期,新加坡已步入高收入国家行列,被经合组织(OECD)称为"较先进的发展中国家"。

日本的教育事业同样对人才培养有着卓越的功效。1947年日本处于战后经济恢复时期,企业对劳动力的需求有限,因此,将义务教育的年限由6年延长至9年,提高劳动者的文化素质。当经济进入高速增长期后,为了促进技术进步以及工业结构与企业经营的现代化,日本将教育的重点放在中等技术人才的培养上,着重对中等和高等教育采取一系列改革措施,加强职业技术教育。20世纪70年代日本由"贸易立国"、"战略转向"、"技术立国"战略,进行了第三次教育改革,将教育经费支出和改革重点放在高等教育和深化中等职业教育方面,重点培养技术创新人才。亚洲"四小龙"在70年代以前的标准

---

① Raymond Le Blanc,*Singapore:The Socio-Economic Development of a City-State:1960-1980*,The Netherlands:Cranendonck Coaching,2008,p.66.

化产品生产阶段将教育的重点放在初、中等教育和职业技术教育方面,到 80 年代以后的工业升级阶段则将重点转向高等教育,90 年代基本普及了高等教育,并将教育的重点转向创新教育①。然而,亚洲"四小龙"对教育干预选择的方向不同,导致了人力资本供给差异。韩国注重特殊高级技能人力资源的培育,以提供重化工业和高技术产业发展所需要的人力资源。台湾地区则在工程教育与职业培训方面做得比较出色,因而为技能性工业的发展提供了丰富的人力资源。香港政府由于不愿意促进培训并对新工业提供有选择的支持,因而受过技术培训的劳动力较少,缺乏形成新的制造业比较优势所需要的技能基础和技术能力。在新技术体系中,教育与研究开发这样的无形资本投资急剧增长,为总生产率增长作出了很大贡献。

在员工再培训和再教育方面,日本和亚洲"四小龙"的成功经验同样值得我们学习与借鉴。自 20 世纪 60 年代以来,日本和亚洲"四小龙"对企业人才培养采取积极的扶持措施,特别注重对在职人才的深造、再培训计划,从内部提升企业员工的人力资本。例如,日本政府为中、小型企业(占企业 99.4%)专门成立中、小型企业大学和进修班。在韩国,1967 年颁布了《职业培训法》,规定企业每年至少培训 10% 的员工,有能力的企业必须建立自己的培训中心,无能力者则向政府缴纳培训税,以便将员工送培训机构学习。大企业内部教育中日本 NEC 公司闻名于世,其人才培养方向分为:经营能力开发、专门能力开发、科技能力开发、适应能力训练、国际教育、组织人才开发、自学支持 7 个方面。NEC 从 1979 年起先后设立了技术研修所和日本电气工业短期大学,其教育成效在国际上产生了深刻影响,至今已有 10 个国家派人前往学习。商学结合培养是企业人才培养的另一类重要方式,目前已在国外得到广泛发展。日本企业培训的主要特点就是学校、科研实验室与企业紧密合作。例如,日本 NEC 公司与美国麻省理工学院、贝尔实验室关系密切,建立了"生产效率中心",加速对新工艺的学习、掌握与消化。公司资助对方一些科研项目,并每年派 30 人到国外进修一年②。

---

① 全毅:《跨越"中等收入陷阱":东亚的经验及启示》,《世界经济研究》2012 年第 2 期。
② 郑永彪等:《世界主要发达国家吸引海外人才的政策及启示》,《科学研究》2013 年第 2 期。

除了教育培训和人才政策外,亚洲"四小龙"在知识产权、投资融资、基础设施等配套设施方面都做得比较完善,又各具特色。在知识产权方面,新加坡政府通过设立比较完备的立法体系、推介体系和市场运作体系,在 2009 年至 2010 年全球竞争力报告中被推选为最佳知识产权保护国家。比如在立法上,自 1995 年以来,新加坡政府先后出台了《专利法》、《商标法》、《设计注册法》、《版权法》、《集成电路设计保护法》、《属地品牌保护法》、《植物品种保护法》等,改变创意产业的任意仿制、随意复制的混乱局面。在投资融资方面,台湾当局规定由经济部和发展基金管理会在 2009—2013 年期间投入 6.47 亿新台币,建立文化创意产业融资机制(具体包括数字内容及文化创意产业优惠贷款、促进产业研究发展贷款)、建立文化创意产业投资机制、协助推动无形资产评价机制。在基础设施方面,香港政府为了配合香港创意企业逐渐向珠三角地区拓展的趋势,在 2006 年 4 月与深圳高新科技园共同建立"深港创新圈",开通从深圳高新科技园到香港科学园的直通车,帮助大量入驻的设计公司将有关 IP 基础架构的研发放在香港,应用方面的研发工作放在深圳,这样既能很好地保护 IP,又能降低研发成本;同时,帮助香港企业减少土地和劳动力的高价格带来的束缚,增加创意产品和服务的需求空间①。

七、建立以大学和科研机构为核心的产学研创新体系

日本和韩国的产学研合作比较成功,成为产业创新的重要驱动机制。日本是世界上最早提出"产学官"合作研发并且发挥得最好的国家。日本在确立产(企业)、学(大学)、官(政府)合作体制的过程中,十分注重突出民间企业,特别是大企业的主体地位,同时改组"学"、"官"的研究体制以使之更好地发挥支援民间企业加强基础性技术研究的服务功能。1998 年颁布了《大学等技术转移促进法》,进一步推进大学和企业之间的技术合作。主要的合作方式包括:受托研究制度、共同研究制度、受托研究员制度、奖学捐赠金制度、捐赠讲座和捐赠研究部门制度、共同研究中心、在研究基金项目下的开发研究等。日本的产学研合作在 20 世纪五六十年代初具规模,到了 70 年代末 80 年

---

① 陈颖:《亚洲"四小龙"创意产业发展的实践及启示》,《亚太经济》2011 年第 6 期。

代初随着日本科技立国战略的提出,日本的产学研联合在政府鼓励下,通过学习和借鉴美国经验,加强国立大学与企业的合作,得到迅速发展,逐步形成了独具特色的合作方式。合作方式主要有以下几种①:(1)受托研究制度。即高校接受来自民间企业和中央其他政府部门委托的课题项目,按照委托者的要求,双方就研究的范围、期限、经费、专利和版权所有、保密责任等签订合同,通过合同的形式实施委托研究,向企业等部门提供研究成果,以此协助民间企业等部门的研究开发,根据研究成果由委托者支付报酬。(2)共同研究制度。该制度创立于 1983 年,其主要方式是国立大学接受企业的研究经费,并把企业的研究人员请到高校的研究所、理工科教研室和专门设置的研究开发中心等地,与高校的研究人员一起平等地进行同一课题的共同研究,以获得高水平的研究成果。共同研究所产生的发明专利权等研究成果归研究各方共有,而产方在一定期限内可以优先实施。(3)受托研究员制度。即企业聘请高校的研究人员对企业的技术研究人员进行指导,帮助企业提高其研究、开发能力,以及技术人员的技术水平。(4)奖学捐赠金制度。日本产业界资助高校的教学和科研活动,是自日本产学研结合出现以来就一直存在的较为普遍的产学研结合形式之一。(5)捐赠讲座和捐赠研究部门制度。这一制度制定于 1987 年,是指国立大学可利用民间企业捐赠在国立大学开设"捐赠讲座"或"捐赠研究部门"。(6)共同研究中心。为促进高校(科研院所)与企业开展共同研究,日本文部省自 1987年起对那些重要的大学研究机构、国立大学附设研究所等配备大型的研究设备和大量的研究资料,建成更适宜进行大型化、综合化研究,面向国内及国际开放的共同研究中心。(7)在研究基金项目下的开发研究。即文部省利用科学研究基金设立了一项研究奖励项目——"实验研究",旨在鼓励具有实际应用潜力的实验研究,通常由大学研究人员和企业研究人员合作完成②。

韩国的产学研创新体系是进入 20 世纪八九十年代才得到大力推进的。此时韩国进入工业化中后期阶段,知识技术密集型产业快速增长,韩国开始大

---

① 张利华:《对日本"产学官"合作的科研体制考察》,《科技政策与发展战略》2000 年第 6 期。

② Teece D. J., Competition, Cooperation, and Innovation: Organizational Arrangements for Regimes of Rapid Technological Progress,Journal of Economic Behavior & Organization,1992,18(1), pp.1-25.

规模建设国家科研机构,在广泛吸收各国先进技术的基础上,把培养和增强自主创新能力作为国家的基本政策,包括推进大型国家研究开发事业、有效利用大学科研能力、加大对中小企业的支持力度、建立科技园、构建产业技术信息流通体系等,并为产学研合作研究制定了一系列支持政策,包括:1986 年的《产业技术研究组合培育法》,1991 年的《科学技术振兴法》;1993 年的《协同研究开发促进法》;1994 年的《关于建立工业及能源技术基础的法律》;1997年的《科学技术创新特别法》。

在推进韩国产学研创新体系的过程中,政府的作用凸显①。政府通过共同研究开发事业积极推动产学研结合。1987 年实施的"先导技术计划"就是一个产学研各方广泛参与的高技术研究与发展计划。2000 年"特定研发计划"的 1900 多个课题中,85% 为合作研究。韩国促进产学研合作研究的共同研究项目 2009 年投入总规模为 15420 亿韩元,其中政府出资占全部项目出资的 50%—75%,民间投入占 10%—20%,支持的对象主要是企业、大学和研究所。产学研联盟事业主要支持中小企业的技术开发,由产学研共同技术开发事业、企业下属研究所事业、产学研合作室事业三项构成。2009 年,这三项事业支持资金总规模为 977 亿韩元,项目支持比率为 75%,其中产学研共同技术开发事业预算为 597 亿韩元,目标是支持课题 1200 项。除政府推动的共同研究事业外,企业研究所也采取与政府研究机构联手攻关及委托研究等多种方式开发新技术。委托研究由于紧密结合了企业对关键技术的需求,被认为是产学研结合的一种有效方式。

一个具体的产学研合作技术创新实例是,韩国政府组织的开发应用于System 半导体的 RFCMOS 技术,也是采用联合开发的体制。韩国半导体研发主要集中在内存领域,而 System 半导体相对薄弱。为提高 RFCMOS 技术能力,韩国政府提出了研究课题,邀请行业专家组成项目计划委员会,提出项目设想和研究路线,并提供 50% 的资金,形成 RFCMOS 技术的开发推进体系。其中项目主管企业由(株)东部 HjTek 半导体承担,主要负责工程开发及构建

---

① Technology, Learning, and Innovation: Experiences of Newly Industrializing Economies, Cambridge University Press, 2000.

设计环境；参与企业为 Radiopulse 公司，主要负责开发 Transceiver Chip，对工程进行验证；委托机构为高丽大学、首尔大学、成均馆大学等，主要负责元件建模及设计 IP 开发。其最终目标是在国内设计企业中推广使用 RFSystem 半导体工程，通过代工服务公司，使生产企业、大学、半导体设计企业有机结合，建立起新的生态系统。

目前，韩国促进产学研合作研究的共同研究项目主要包括产业源头技术开发事业和产学研联盟事业。产业源头技术开发事业支持的对象主要是企业、大学和研究所。产学研联盟事业主要支持中小企业的技术开发。产学研之间的合作共建大学合作科学园区，目的是使企业能够利用大学的研究力量、信息、技术和设备，加强大学研究成果向企业转让。目前，韩国已建成或在建的大学合作科学园区有十几个，它们已经成为地区技术创新的核心，集聚了企业、大学、研究所的人力及物力资源，截至 2007 年末，共指定 16 项地区技术创新的核心（TP），发挥的主要作用是：建立技术基础设施，构建地区内产学研合作网络，实行各种支持课题，培养地区创新人才，为中小企业提供综合性的支持。多年来，韩国在构筑产学联结体制上进行了大量探索。例如成立产学合作团，作为大学内的独立法人单位，主要工作是签订及履行产学研合作合同，获得并管理知识产权，奖励在职发明人，促进技术转让及产业化相关工作等。也尝试引进产学合作技术控股公司制度，成立产学合作技术控股公司，在立足于大学技术展开事业的同时，拥有研究开发法人的股份，以控股管理其公司。韩国的这些尝试探索使产学研合作的组织不断完善，促进产业技术创新的实现①。

---

① Sohn, D. W., "Kenney M. Universities, Clusters, and Innovation Systems: the Case of Seoul, Korea", *World Development*, 2007, 35(6), pp.991-1004.

第二章 产业转型升级的研究设计和方法

第一节 研究思路

一、产业转型升级的核心概念

珠三角的产业升级是有基础的,历经多年的产业发展积累,珠三角的生产规模大,配套产业完整,基础设施齐配,产业组织的集群化程度较高,可以利用的资源及可以作为的空间广阔等,是其他同等收入水平国家和地区所无法比拟的,加上地方政府的强力推动,产业升级并非遥不可及。珠三角地区产业全球化程度很高,其过程是"隐形的"、"后台的"、"静悄悄的",即在国际市场上极少见到中国企业创出的品牌,但产品背后的加工厂许多都在珠三角。这一点与当年日本和韩国国际化和产业崛起非常不同。在全球产业链的带动下,珠三角的企业在过去的几十年中已经历了渐进、连续的缓步升级,只不过这种静静的升级是否足够? 尤其是 2008 年爆发国际金融危机后,珠三角企业的升级是否已经走到尽头?

针对珠三角转型升级的问题,我们提出可用"创新潜力"作为研究的核心概念。我们认为,珠三角产业发展,已经累积不少经验并具有升级的能力。如果政府能制定和实施新型产业政策,使珠三角的企业创新潜力得以充分释放和发挥,将企业的创新潜力转化为真正的创新实力,珠三角产业转型升级目标也可达成。

"创新潜力"是产业中诸因素所构成的使企业具有创新能力的较高的可能性。研究创新潜力首先要回答企业的创新能力何来的问题。我们总结的有关产业转型升级的三大理论范式各说各法。全球价值链和生产网络理论强调加入全球生产网络的企业间的跨国境互动联结;产业集群和创新体系理论强调企业在本地与各种机构间的互动联结;企业能力及技术学习理论强调了企业从事的各项研发、生产、销售、投资等职能之间的互动联结。创新经济学的一个根本观点是企业的创新能力来自于各种活动内外交错的互动联结。以上这些互动联结的性质与特征对创新潜力的形成和转型升级是否成功十分关键。产业升级的结果同时受到企业层面的努力和活动,以及地区、行业、国际市场等外部环境的影响。

二、产业转型升级研究

参考我们总结的理论范式,我们提出产业转型升级"点—面—线"的研究思路。"点"指生产企业,"线"指全球价值链,"面"指企业处在其中的产业集群。此思路的用意有三:(1)提出一个有关产业转型升级的关键结构,即对本地企业("点")、对本地产业集群与创新体系("面")和包括进行境外进口商、转包商、生产企业等全球价值链("线")三方面同时进行深入研究,三箭齐发、三管齐下才能对产业转型升级有全面透彻的把握。(2)在研究"点"、"面"、"线"各自的情况的基础上,进一步分析三者互动联结,特别是"点"与"线"之互动联结和"点"与"面"之互动联结。产业转型升级形象地说,是"点"要奋力攀到"线"的高端上去,既受"线"的拉力/压力,又受"面"的推动/拖力,当然根本上取决于"点"自己的动力。(3)循此思路,能使我们找出整个结构中的强盛环节和薄弱环节,澄清是"线"的问题、"点"的问题,还是"面"的问题,抑或是"线"与"点"、"面"与"点"、"线"与"面"的联结问题,或是全有问题?明了于此,方可对症下药、设计政策,以收到事半功倍之效。图2.1展示"点—面—线"的研究框架。

(一)"点"、"线"和"面"之关联互动:企业调研

此部分为调研之重点,是针对珠三角企业的调研分析。采取的研究方式依优先次序为:大样本企业问卷调查;深度访谈或座谈会;利用已有的采集自企业层面的统计数据和进行分析。调研内容分为以下三个方面(下文的小标题名称均为复合变量名称,是问卷中需要操作化的概念):

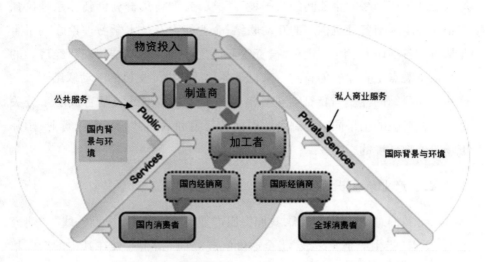

图 2.1　产业转型升级"点—面—线"的研究框架

来源:Jeffrey Henderson, Peter Dicken, Martin Hess, Neil Coe and Henry Wai-Chung Yeung(2002), Global Production Networks and the Analysis of Economic Development, *Review of International Political Economy* 9:3 August 2002, pp.436–464.

1.企业升级的基础能力

这个变量实际用于测量"点"的质量,即企业自己的综合能力和发展动力问题,或者说企业"内部"的升级过程及机制。吸收研究文献中企业能力与技术学习的观点,此概念可操作化为:

(1)企业层面产业升级的结果(产品升级、工艺升级、功能升级、创业升级等)及财务指标;

(2)企业"技术能力"水平(生产能力、投资能力、创新能力);

(3)企业"吸收能力"水平(研发投资、外部信息搜索)。吸收能力研究可见图 2.2;

(4)企业沿 OEM—ODM—OBM 路径爬升的水平(见 Hobday 的市场能力阶段和技术能力阶段);

(5)企业的生产专业化水平(见 Ernst 的产品专业化、工艺专业化);

(6)企业的技术获取方式(合资、合作、购买合同、专利许可等);

(7)企业的技术学习方式(干中学/通过生产学习掌握、用中学/通过使用

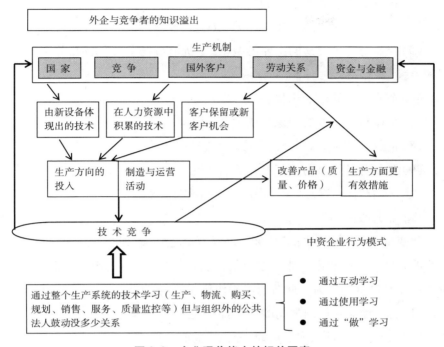

图 2.2　企业吸收能力的相关因素

设备掌握、从用户那获得技术、从供应商那获得技术等）；

（8）企业的技术/产品/工艺开发方式（见金麟洙的"从模仿到创新"的活动方式划分）。

2.企业升级的外向动力

从本地企业角度出发，与处于全球价值链高端的境外厂商互动联结的程度和策略称为外向动力。通过对外向动力的测量，可以了解企业是否积极主动地与境外厂商互动，是否在策略上努力利用境外厂商作为杠杆提升自己在价值链上的地位和水平，以及如何处理（如果有）与境外厂商的合作和竞争问题。这属于"点"与"线"的联结互动研究，着重于"点"向"线"的主动出击。主要吸收研究文献中有关全球价值链与全球生产网络的观点，此概念可操作化为：

（1）企业在全球价值链上的活动位置；

（2）企业在全球价值链上所主要利用的生产要素优势；

（3）企业投入产出及价值创造量；

（4）与企业打交道的主要客户类型（生产者、购买者、中间商）；

（5）企业与客户交易的主要类型（参考所谓市场型、模块型、关系型、俘获型和层级型的关系分类）；

（6）企业生产的标准化状态；

（7）企业与客户方的知识与技术合作情况；

（8）企业与其供应商、分包商之间的交易合作情况；

（9）企业对最终市场的了解和互动情况；

（10）企业对海外技术设计中心的了解和互动情况。

3.企业升级的内向动力

此变量测量"点"与"面"之间的联结互动之特性，即企业是怎样根植于本地的地方生产集群和创新体系之中的，是否积极寻找利用产业集群和地方创新体系提升自身的能力。此概念可操作化为：

（1）与本地竞争厂商之间的竞争合作关系；

（2）与本地供应商、配套厂商、分包厂商的合作关系；

（3）与本地相关支持性厂商（如专业咨询公司、模具公司、设计公司等）的合作关系；

（4）与国内市场及最终用户的关系；

（5）与本地分销商的关系；

（6）与国内贸易商及零售商的关系；

（7）与本地市场的各种展会及机构的关系；

（8）与本地技术中心、研发机构、高等院校的关系；

（9）与本地劳动力市场、职业技能培训机构、招聘机构的关系；

（10）与本地银行、金融机构及资本市场的关系；

（11）与当地政府的关系；

（12）与当地行业协会、商会等中介组织的关系；

（13）与企业、工厂所在地居民和社区的关系。

以上联结互动涉及合作互动关系的实质和形式以及对于企业产品、技术、工艺、管理、职能、多元化和专业化经营的影响。本项研究基于企业生产活动，将图 2.3 作为分析宏观创新体系的框架。该框架源于 Lundvall 有关"创新体系的基础是企业的生产结构"的观点。

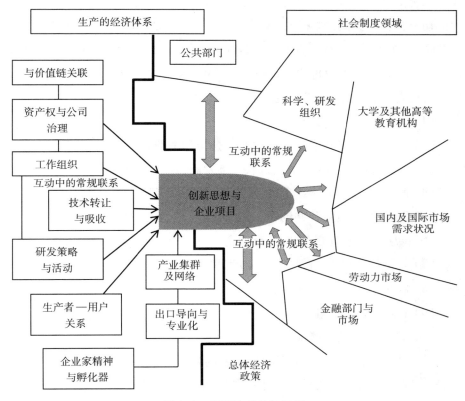

图 2.3　创新体系分析框架

企业升级的基础能力、企业升级的外向动力和企业升级的内向动力,这三个复合变量经整合后可用于测量企业层面的"创新潜力"或"升级潜力"。

(二)"线"与"点"之关联互动:价值链调研

此部分调研价值链上除了前述企业之外的其他相关交易企业,特别是作为全球价值链上的驱动企业或全球生产网络上的旗舰企业(如转包分派方、供应链管理方或集成销售方等)。由于调研对象大多处于境外,此部分为调研难点。采取的研究方法依次为:(1)半结构性访谈法,拜访本地企业的境外客户方或其代理人,访问本企业的下包企业或者境外的交易第三方;(2)文献和数据分析,利用一些已有的二手资料、研究报告、统计数据进行分析,了解全球价值链上的领导者的情况;(3)问卷调查,使用邮件、电邮、网站调查等方式收集问卷资料,最好能与境外研究机构联合进行问卷调查以提高回收率。根据全球价值链和全球生产网络的观点,调研内容虽然是有关全球价值链上各种活动及其相互关联,但实地访谈及问卷调查对象的选择应沿价值链探访各有关企业、个人、机构等具体行动者的方式进行。法国产业脉络学派曾指出,按某一商品从设计到销售的全过程大致总可以找到以下种类的个人行动者或集体行动者,他们共同构成价值链上的行动者的网络:

(1)企业家:生产经营活动的组织者,机遇捕捉者;

(2)客户:往往是在发达市场的西方公司和消费者;

(3)贸易商:中介组织,商人,掮客,批发商;

(4)雇员:生产作业系统工人,技术人员,中层经理;

(5)业主和投资者:公共的和私人的;

(6)供应商和分包商:往往是小型企业或工厂;

(7)融资人:贷款银行,投资基金,富翁;

(8)竞争对手的公司和个人;

(9)工会和非政府组织;

(10)政府有关的职能部门。

对全球价值链/生产网络上的行动者的调查可获得有关以下两个变量的数据,分别是"产业升级的外在条件"和"产业升级的外在机会"。

1.产业升级的外在条件

这个变量测量的是"链"或"线"上"点"以外的其他"线段"或其他"端点"的情况,即本地企业所面对的境外客户、境外生产企业、分包方、转包方等自身的情况,可以使用一些标准的针对外国企业或跨国公司的问题。半结构性访谈提纲和问卷要考虑的操作化变量主要包括:

(1)公司类型(生产型、销售型、服务型等);

(2)公司业务在地理上的分布情况(全球布点式发包的选择);

(3)公司内部的职能分工、劳动分工;

(4)公司在全球价值链/全球生产网络上的活动定位和价值获取;

(5)公司所遵循的法律、法规、惯例、制度和协议;

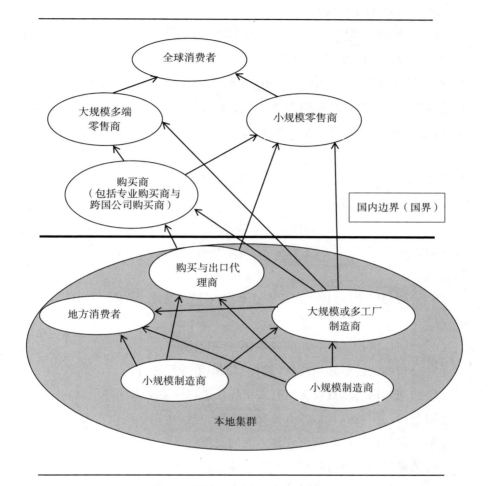

图 2.4 行动者链接地方生产商与全球购买商的网络

来源:Kaplinsky, R. , & Readman, J. (2000), *Globalisation and Upgrading: What can (and cannot) be Learnt from International Trade Statistics in the Wood Furniture Sector? Mimeo, Brighton, Centre for Research in Innovation Management*, University of Brighton and Institute of Development Studies, University of Sussex.

(6)公司对技术和研发的投入及掌握情况;

(7)公司市场/客户/用户的开拓投入及掌握情况;

(8)公司的账务、融资及无形资产状况。

在设计问题前可咨询本地企业希望了解其客户什么情况,使得来的数据今后还有其他实际的价值。

2.产业升级的外在机会

这个变量项主要测量"线"与"点"之间的联结互动的特性,即产业价值链的高端领导者如何与低端生产者进行交易,从境外下单方角度出发,看如何管理与产品供应链上的各本地企业间的互动联系的策略与做法。称其为外在机会,是因为内外厂商间的互动接触可以被本地企业视为商业机会,当然带来的实际机会可大可小,但至少是一线生机。"线"与"点"联结的问题,当从"线"出发来接触"点"时,会涉及两个方面,一是基本的交易和跨国供应链管理问题;二是"线"对"点"在其产品、工艺、管理、职能、专业化等方面所造成的影响。此概念可操作化为:

(1)公司管理供应链的组织方式(市场化、半市场化、科层化);

(2)公司与供货/外包生产企业的交易安排(含合同形式、付款及结算等);

(3)公司与供货/外包生产企业在产品、工艺、设计、技术等方面的信息交流情况;

(4)公司如何控制供货商的成本、交货期及质量;

(5)公司如何控制知识产权(商标、专利、商业秘密等);

(6)公司如何与供货商交流有关市场及进口国要求方面的信息;

(7)公司与供货商日常的人员交流情况(包含定期访问供货商等);

(8)公司与供货商在物流仓储方面的安排;

(9)公司对供货商进行审计评估的情况;

(10)公司与供应商在研发、市场研究、工程人员培训等方面的合作情况;

(11)公司如何控制供货企业发展本国市场、平衡进口问题等。

可参考 UNIDO 等国际机构在调研全球价值链时所使用的一些问题设计,特别是针对高附加值获取方的问题。

(三)"面"与"点"之关联互动:产业集群调研

这部分调研针对企业所处的产业集群和地方环境,以及政府政策所形成的地区创新体系等因素对企业的影响,采取的研究方式依重要性顺次为:(1)宏观统计指标及相关统计数据;(2)专门针对产业集群和专业镇等地方的各机构、组织的问卷调查。问卷对不同种类的组织进行提问,如分成政府职能

部门、行业协会/商会、教育培训机构、金融服务机构、咨询管理机构、社会服务组织、大众传媒、技术检测中心等。问题主要是在已有的宏观统计指标中难以反映的事实类问题;(3)座谈会及访谈法,走访各机构以便了解情况。此部分的调研设计主要吸收产业集群与地区创新体系的理论概念以进行操作化测量。

1.产业转型升级的内在条件

这个变量测量的是"面"的情况,即地方产业集群为企业所营造的创新与升级的环境怎样。称为内在,指的是国内或本地区。这个变量主要反映构成产业集群的各要素和构成地区创新体系的各机构和制度本身是否完善,机构组织的发育水平,即其所拥有的资源、能力、程序和运作成效。参照 Porter 的理论将"条件"操作化为:

(1)集群企业所面对的市场需求,尤其是国内市场的需求(比如问一研发机构时,可以问一下其成果转让到全国还是地方等);

(2)集群的要素供给(比如问一培训机构每年培训的时间有多少,培训集中在哪个方面,是管理的、技术的、还是市场的);

(3)集群间的机构合作(比如问一会展中心,除了服务于本地企业外,还与哪些机构合作,如政府、贸易组织、外国代表处等);

(4)机构本身的组织与管理(IT 设施、人员素质、经费来源及配置等);

(5)机构本身所需的知识、技术、信息的来源;

(6)机构组织本身的性质、制度、规章等。

参照 Edquist 关于创新系统 10 项功能的理论,可以将其操作化,用于调研的构成"面"的机构的主要活动包括:

(1)研发开发;

(2)教育培训;

(3)新产品的市场建设与开拓;

(4)质量控制或产业标准形成;

(5)专利、商标等知识产权的保护;

(6)税务及法律服务;

(7)环境保护、生产安全等;

（8）融资、投资服务；

（9）专业管理咨询服务；

（10）新项目咨询服务；

（11）新项目新企业培育孵化。

对于不同种类的机构，可以有针对性地提出若干问题，测量其自身能力如何，所提供的产品/服务的数量、质量和价值如何等。

2.产业集群提供的转型升级的内在机会

对企业而言，机会产生于与集群内各相关机构和组织之间的互动关联。这个变量测量各相关机构为集群生产企业提供各种服务和产品的积极程度和质量高低。此概念可操作化为：

（1）为企业提供的服务和产品的性质（服务、信息、产品、技术、隐性知识、代理服务等）；

（2）为企业提供服务和产品的交易安排（长期合同、短期合同、无合同、项目式/窗口式、有偿服务、无偿服务）；

（3）为企业提供支持时的目标选择（数量最大化、利润更大化、效果最优化、成本最低、完成定额）；

（4）为企业提供支持的跟进情况；

（5）为企业提供的支持影响企业升级的方面（组织、产品、技术、工艺、职能、行业）；

（6）凡与企业有重要合作项目的，应较详细了解项目之内容和合作之安排；

（7）与企业合作或为企业提供支持时，遇到的来自企业方面的问题；

（8）与企业合作或为企业提供支持时，遇到的来自其他方面的问题。

过往的研究已经为产业集群、专业镇、地方创新政策体制等领域的研究积累了不少资料和数据，相信这个部分的调研难度不大。还有一种中观层次分析的方法，就是依法国技术——经济网络学派的框架，将区域内的创新活动划分为科学、技术与市场三大基本类别，再加上科学向技术转化、技术向市场转化两个中介类别，依靠调研得来的数据评估这五类活动的活跃程度，以便评估区域创新体系的运作实效和问题所在。这种方法考虑了创新体系的"厚度"

问题,比较适合对发达经济区域的调研。根据以往的研究经验,我们认为目前的产业集群的创新体系可能都比较"薄",创新链条不够长,这些假设是否属实有待实证研究确认。

（四）辨认"创新潜力":中观层次的分析

法国的创新地点学派曾提出"创新在哪里?"的问题,我们也可以同样提出"珠三角的创新潜力在哪里?"的问题,目的是寻找发掘珠三角产业经济中的创新潜力所在。通过调研,如能获得企业升级的基础能力、企业升级的外向动力、企业升级的内向动力、产业升级的外在条件、产业升级的外在机会以及产业转型升级的内在条件、产业集群提供的转型升级的内在机会等变量的测量结果,则可以帮助我们在中观的行业和地域层次上找出产业创新潜力在哪里。

如果各变量可以测量,并可以被加总,则建构新的变量,反映某一行业或某一区域的创新潜力的水平,区分创新潜力差异。另外,如同"产业转型升级的概念是建构性的,其内涵会随着时间和空间而改变"一样,使用调研数据对各变量进行测量后,"创新潜力"也可以依政策近期目标和长远目标人为界定。例如,我们可以认定某些行业或区域在六个变量中有三个变量超过总体平均值,就是有较高"创新潜力"的行业或地区;或人为划分这三个变量必须同时分别属于企业维度（企业升级的基础能力、企业升级的外向动力、企业升级的内向动力）、集群维度（产业升级的内在条件和机会）、价值链维度（产业升级的外在条件和机会）三个不同维度才行等。

中观分析层次如何界定是个关键。比较容易操作的是将地域作为中观层次对待,因地域都有比较明确的行政区划,且已实施了多年的产业集群政策。各地域调研所获数据加总以后,对于更上一级政府而言,也就可以辨识出哪些地区的"创新潜力"较高,且高在哪个方面（企业方面、集群方面、还是全球价值链方面等）。图2.5粗略地显示将地域作为中观层次看待,企业可以被看成是落在区域地图上的小点,通过线段与外部的其他企业相互关联。

另一个中观层次的界定是产业或行业（均指在生产制造业内部）,这是产业经济学的基本方法。惯常的产业或行业分类方法有劳动密集、资本密集、技术密集之分及外向、内向之分。Pavitt 曾按照技术轨道将现代产业分为:供应

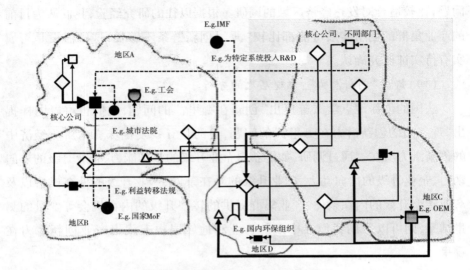

图 2.5　中观层析上的产业转型升级

来源:Jeffrey Henderson,Peter Dicken,Martin Hess,Neil Coe and Henry Wai-Chung Yeung(2002),Global Production Networks and the Analysis of Economic Development,*Review of International Political Economy* 9:3 August 2002,pp.436-464.

商主导、规模密集、以科研为基础、信息密集、专业化供应商等五种类型。Pitrobelli 和 Rabellotti 在南美洲产业调研时,曾将发展中经济的行业分为:以资源为基础的产业、传统制造产业、复杂产品系统产业、高技术产业等四种类型判断行业的创新潜力的标准,主要来自企业维度和价值链维度的变量数据。判断地区创新潜力的标准,将主要依靠企业维度和产业集群维度的变量数据。更复杂的分析可以做产业与地域的交叉分类,判别哪个地域的哪种产业具有较强的"创新潜力"。

　　除了中观层次的分析识别以外,若调研进行得十分细致,且每项变量的测量皆可识别出是针对哪一家企业、具体项目甚至是企业家,则此类信息对于政府以及一些投资公司、银行或从事并购之企业会有一些用处。因为我们相信,如果理论前提正确,则这六个变量也将同样适用于进行企业层面和项目层面的升级评估,只不过资料数据获取更加依赖深入访谈。如今后政策有需要,这些企业或项目可成为潜在的升级政策标的或对象。

　　此外,在学术层次上,如欲建立分析珠三角产业转型升级的因素分析模型,这些变量是基础。这些变量总体上可以构成一个自变量簇群,可分析其对产业升级的影响或实际成效,也可分拆它们相互之间的因果关系。图 2.6 给出了假设性的关系结构。

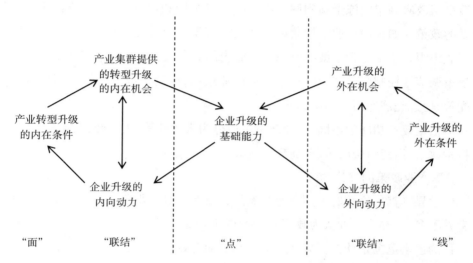

图 2.6　中观层面的"点—面—线"联合分析框架

三、产业政策的评估研究

(一)产业政策的内涵和相关理论

1.产业政策的定义和分类

产业政策是政府为了实现一定的经济和社会目标,对产业的形成和发展进行干预,促进资源合理配置和产业竞争力提高的政策总和。

按照政策资源配置针对性的不同,产业政策可以分为水平型产业政策和垂直型产业政策。前者是面向所有产业的,从横向上为各类企业和产业创造一种公平竞争的政策环境,也被称为"竞争型"产业政策;后者则是针对特定的产业或者部门,从纵向上采取行政性或者其他手段对特定对象进行扶持,也被称为"倾斜型"产业政策或者"挑选赢家"的产业政策,该类政策改变资源在不同产业间配置的比例。

按照政策目标的不同,产业政策可以分为产业结构政策、产业组织政策和产业空间配置三大类政策。产业结构政策是指遵循产业结构演进的规律,规划产业发展的优先顺序和应重点发展的产业、应扶持的幼稚产业与限制发展的产业,通过资源的重点配置实现产业结构的优化升级的政策。产业组织政策是指政府制定实施干预和调整产业的市场结构和市场行为、调节企业间关系的政策。如果说产业结构政策旨在调整资源在产业之间的合理配置问题,产业组织政策则是为了解决资源在产业内部的有效利用问题。产业空间配置政策调节或控制区域产业结构和区域产业组织,提高资源分配区域间的合理配置,促进经济专门化和协作化。

根据政策功能的不同,产业政策可以分为人才政策、土地政策、融资政策、技术政策、招商引资政策、节能环保政策、市场开拓政策等。

2.产业政策的理论

学界一直争论政府干预产业发展的必要性。对产业政策持极端意见的学者并不多,大部分学者认为政府对产业的干预是必要的。研究焦点在于政府干预的适当范围是什么?哪些政策工具更加有效?在什么条件下产业政策更有效?产业政策有效性和合理性的主要理论依据是政府干预产业发展的原则。

(1)市场失灵准则

新古典经济学理论认为,政府实施产业政策的合理性在于弥补或者纠正市场失灵,提高资源配置效率,并有助于发展中国家保护产业,发挥"后发优势"。市场失灵主要有三个来源:

①外部性,即一个经济行为主体的经济活动对他人和社会造成的非市场化的影响。外部性可分为正外部性和负外部性。正外部性是某经济行为主体的活动使他人或者社会受益,而后者并没有付出相应的成本。负外部性是指某经济行为主体使他人或社会受损却没有承担相应的成本。科斯定理认为,外部性可以内部化,就是将全部社会成本让造成负外部性的经济行为主体承担,或者对产生正外部性的经济行为主体给予额外的报酬。

②信息不完备,包括信息不完全和信息非对称。前者可能是信息供给不充分,也可能是信息被故意隐瞒和篡改。后者是指交易双方所掌握的信息有优劣的差异。信息不完备会导致逆向选择和道德风险,使经济主体作出次优

的选择甚至是违背市场交易原则、伤害交易另一方的选择。信息不完备理论表明,为缓解信息不完备,政府的干预是必要的。政府可以为经济主体提供平等的机会获得信息,塑造公平的竞争环境,使市场信息的获取接近于完全竞争市场。

③市场势力形成市场垄断。指在具有高固定成本和规模经济的产业中,容易形成进入壁垒和自然垄断。最先进入市场的企业占据了优势地位,其他企业难以进入市场。产业政策对于市场势力的干预有两方面的作用:一是规制已形成自然垄断的国内产业,防止私人企业利用所掌握的市场势力获得额外利润;二是支持国内企业进入固定成本较高的行业,打破国外进入壁垒和垄断,如支持高新技术产业的发展。

（2）系统失灵准则

除了市场失灵外,另一个支持政府干预的原则为系统失灵。系统失灵强调的是各相关要素和制度的协调以及相关行为主体的互动和合作。经济增长是一个持续不断的产业和技术升级的过程。随着一个经济体攀登一个又一个的产业和技术高峰,其中的经济、制度、社会、文化等都会不断地发生变化,产业转型升级需要相关联的各要素(教育、金融、法律、基础设施、制度等)同步地提升。当相关要素或者制度之间在提升的过程中出现不协调或者不一致,无法满足产业转型升级需求的时候,就会发生系统失灵。此外,产业升级不仅仅是依靠企业单打独斗,更重要的是企业之间以及企业与其他产业行为主体之间(包括高校、科研机构、行业协会/商会、政府部门、产业服务机构等)的互动和合作,形成集体行动,实现资源、信息、知识共享和能力互补。当相关行为主体之间缺乏互动、交流和合作时,同样会出现系统失灵,导致系统资源因重复投入而造成资源浪费,或者资源分散未能有效整合而利用效率低下。政府为弥补失灵所要做的是促进产业系统各相关要素和制度的协调以及为相关行为主体的合作提供激励。

（3）政府失灵准则

政府失灵是反对产业政策的主要依据。产业政策反对者将产业政策无效归咎于政府干预影响市场机制政策发挥,导致价格信号紊乱,扭曲资源配置,从而使得政府干预逊于市场机制自我调节的效果。政府失灵主要来源于两个方面:一方面是政府在选择政策工具时信息不完备,产业政策的反对者质疑政府是否比企业更了解市场信息;另一方面,政府的决策受政治因素(如竞选、升职、利益集团游说)以及贪污腐败的影响,从而扭曲了经济决策过程。

(二)政策评估的目的和主要内容

本书对珠三角转型升级的研究在理论上的目标是探寻政府在转型升级中所发挥的作用,研究国家、社会与市场在产业转型升级中的分工;在实践上的目标是厘清政府干预产业转型升级的适当范围,有效的政策工具以及影响政策绩效的因素,从而为完善转型升级相关的政策提供依据,促进政策制定的科学化。

如果上述对产业的实证研究顺利实施,则可描述珠三角地区各产业转型升级的动力、促力和阻力,揭示珠三角产业转型升级的现状,辨明珠三角企业转型升级所面临的问题,明确政策作用点,为产业政策评估打下基础。对珠三角产业政策评估分析,可以为决策者提供更充分的信息决定如何调整现有政策以及完善相关政策体制和机制,从而提升产业政策整体绩效。这些信息包括:(1)社会不同群体对相关政策的需求以及价值判断;(2)政策目标设定存在的问题以及资源分配的合理性和有效性;(3)政策决策过程的科学性和合理性;(4)政策执行存在的问题,包括执行机构的工作流程、资源分配、执行者的意愿和态度、执行所运用的方法等;(5)政策效果和影响政策绩效的因素等。

一般而言,政策评估多指特定政策付诸实施以后效果的评价,主要是判断政策预期目标是否达到和政策效果与成本是否相符。由于这一事后评估需要有指标体系和严谨的技术方法为依托,涉及大量的数据资料收集和分析,实施的难度较大,并且鉴于珠三角产业政策的数量众多,难以对每一项政策开展科学、系统的评估研究,因此,本书对产业政策的评估并非是对特定的某一项政策的内容、执行、目标实现和影响效应的评价,而是将产业政策按照政策功能进行区分,通过问卷调查、座谈会、深入访谈、文献分析等手段,对不同类型政策的效果和成败原因进行系统分析和评判,并且从系统的角度分析整个产业政策框架和政策实施过程,探寻影响产业政策绩效的因素。

第二节 研究方法

一、微观层面企业问卷调查

（一）调查目的

产业结构和区域经济发展研究主要都是以经济普查数据为依据,这些数据并不能详尽地反映地方产业转型和升级的具体现状,所以关于产业转型升级的数据极度缺乏。本项研究旨在通过微观层面的企业问卷调查,深入了解和掌握企业产业转型升级面临的环境、采取的手段、获得的经济和社会效益。比较不同类型企业的产业转型升级差异,对现有的产业转型升级政策进行科学评估,提出针对性强、有扎实依据的政策建议。图 2.7 是问卷调查的分析框架,问卷的题目见附录。

（二）抽样方案

1.调查对象

调查对象为企业,被访者应是全面了解公司运营情况的副总经理以上职务人员。

2.抽样方式

（1）采用地区—产业—企业的多段分层方式进行抽样。

（2）按照地理与经济发展情况,分为珠江东岸和珠江西岸两个区域,东岸选择东莞、惠州作为代表地区,西岸选择顺德、中山作为代表地区。每个地区样本量为 600,样本总量为 2400。

（3）产业选择:每个地区的产业类型分为战略性新兴产业与传统产业两大类。

①战略性新兴产业:由于战略性新兴产业所涉及的企业数量有限,所以不再细分产业。

②传统产业:根据每个地方的产业特征和企业数量分布选择合适的产业。

（4）企业选择:在既定的产业抽样框之下,以简单随机方式抽取企业。

（5）样本分布见表 2.1。

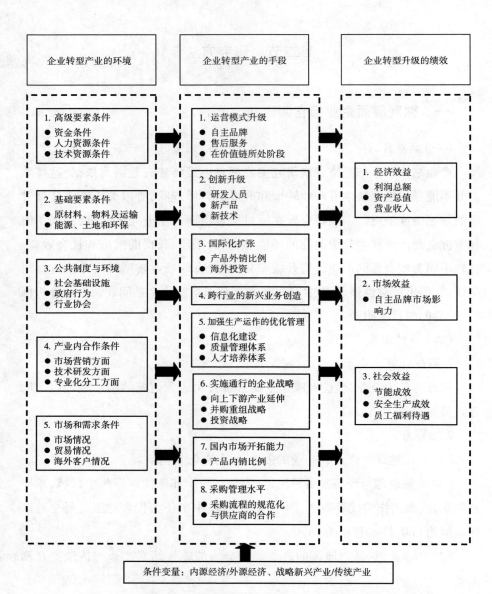

图 2.7　企业转型升级的变量分析框架

表 2.1　样本分布

地区		产业类型		企业数量	
				小计	合计
珠江东岸	惠州	传统产业	通信设备、计算机及其他电子设备制造业	250	600
			纺织服装、鞋、帽制造业	150	
			塑料制品、金属制品	100	
		战略性新兴产业		100	
	东莞	传统产业	通信设备、计算机及其他电子设备制造业	250	600
			纺织服装、鞋、帽制造业	250	
		战略性新兴产业		100	
珠江西岸	顺德①	传统产业	家用电器	150	600
			机械装备	150	
			家具制造	150	
		战略性新兴产业		150	
	中山	传统产业	照明灯具制造	200	600
			纺织服装	150	
			金属制造(小五金)	100	
		战略性新兴产业		150	
总计					2400

（三）调查方式

由于企业调查不同于一般居民调查,如果没有掌握样本的网络资源,一般机构是很难实施的。本次调查由中山大学课题组得到了国家统计局广东调查总队和四个地区的调查队及统计局的大力支持和协助。实施过程由中山大学负责确定调查内容、调查对象及制定调查问卷,负责调查问卷的数据录入、分析;由各地区调查队负责制定调查实施方案,对调查员进行业务培训,组织调查员向抽样企业派发和回收问卷,对调查工作进行质量监控。

---

① 顺德区是国家工信部授予的制造业产业转型升级试点。

二、中观层面产业集群（专业镇）调查

（一）调查目的

本次调查旨在通过分析作为企业转型升级"服务区"的产业集群的公共服务和产业集群升级的情况,对产业集群的政策进行评价,为优化产业集群的服务功能,促进集群中企业转型升级提供政策建议。

（二）专业镇调查的变量框架

调查问卷分成 A 卷和 B 卷两部分,涉及了五大方面共三百多个题项:

1.专业镇的基本情况

——土地与人口

——经营状况

2.专业镇的公共服务

——产业园区建设

——创新平台建设

——区域品牌建设

——中介机构服务

3.专业镇的集群升级

——价值链的提升

——企业技术创新能力的提升

4.专业镇之间的竞合关系

——同地区特色产业相关的专业镇之间的竞争

——同地区特色产业相关的专业镇之间的合作

5.专业镇的产业政策评价

（三）抽样方案

1.调查对象

调查对象为产业集群（专业镇）,问卷由专业镇的相关负责部门填写。

2.抽样方式

根据我们以往对珠三角专业镇的研究情况,在东西两岸选取顺德、东莞、惠州三个地区传统产业集聚的三十个专业镇进行调查,这三十个专业镇的特

色产业包括了服装、毛织、鞋业、家电、家具、灯饰、食品、电子信息等十多个传
统产业。

表 2.2　专业镇样本汇总表

所属市/区	所属镇/街	专业镇名称	特色产业	特色产品
顺德	北滘镇	—	家用电器	空调器、电饭锅、微波炉、电风扇、饮水机
	容桂镇	—	家用电器	高端信息家电
	陈村镇	—	机械装备	陶瓷机械、压力机械、模具、桩工机械、起重机械、多种机械装备零配件等
	大良镇	机械及电气装备技术创新专业镇	机械装备	变压器、热水器、锻压机械、纺织机械、注塑机械
	伦教镇	顺德区伦教技术创新示范工程	机械装备	木工机械设备（整机、零配件）
	龙江镇	中国家具制造重镇	家具制造	家具及相关原辅材料
惠州	黄埠镇	黄埠镇鞋业专业镇	鞋业	鞋业、鞋材
	博罗县园洲镇	制衣技术创新专业镇	服装	服装
	沥林镇	沥林运动器材专业镇	运动器材	运动材料
	仲恺高新区陈江街道	广东省技术创新专业镇（灯饰专业）	灯饰	灯饰产品
	仲恺高新区惠环街道	惠环电子专业镇	电子信息	电子信息产品
	博罗县罗阳镇	—	电子信息	电子元配件、电缆、液晶显示片、变压器、线圈、磁性材料、电子电器电控等相关行业使用
	新圩镇	—	电子信息	家庭影院、音箱、电子元件
东莞	茶山镇	广东省技术创新专业镇（食品类）	食品	饼干、糖果、饮料、调味品、糕点、酱油、冷冻食品等
	道滘镇	—	食品	道滘食品（以道滘粽、道滘米粉、道滘饼食、道滘肉丸为代表）、食品原料、食品机械
	常平镇	广东省物流专业镇	物流	—
	樟木头镇	樟木头商贸服务业专业镇	商贸服务业	—

所属市/区	所属镇/街	专业镇名称	特色产业	特色产品
东莞	大朗镇	广东省毛织专业镇	毛织	针织毛衣等
	虎门镇	—	服装	女装、休闲装
	厚街镇	广东省家具专业镇	家具	木料、石材、皮革、布料、塑胶、油漆等家具制造业原辅材料;木工机械、包装机械等家具
	东坑镇	通信电子技术创新专业镇	通信电子	通信交换机、背光板、显示器等
	石碣镇	石碣电子元器件专业镇	电子元器件	变压器、电脑风扇、鼠标、键盘、LED 支架、电源等
	寮步镇	东莞市寮步光电数码技术创新专业镇	光电数码	CD、DVD、刻录机、数码相机、电子学习机、无线通信设备和相关的自动化制造装备等
	长安镇	电子信息产业重镇	电子信息	手机、卫星定位器、投影机、影像电话、翻译机、影音播放器、数码相机新型平板显示器件
	石龙镇	东莞市石龙电子信息专业镇	电子信息	消费类数码产品、光学电子、电子元件
	长安镇	机械五金模具产业重镇	机械五金模具	连接器、塑胶配件、数控产品、汽车模具、电子产品、塑胶制品
	横沥镇	广东省模具专业镇	模具	模具行业相关产品
	企石镇	—	LED	半导体照明的研究与开发、LED 衬底材料、LED 外延和芯片,半导体照明器件制造、压焊封装
	桥头镇	广东省环保包装专业镇	包装	纸制品包装、木制品包装、包装印刷、包装原辅材料供应、包装机械、包装设备制造
	中堂镇	东莞市中堂镇造纸技术创新专业镇	造纸	装纸、纸板系列;化工、废纸收购;纸箱、纸盒、纸袋、纸托、纸管等纸制品系列

（四）调查方式

专业镇调查得到了顺德、东莞和惠州三地政府相关部门的大力配合，协调各个专业镇的相关负责人填写问卷。

三、宏观层面指标体系构建

（一）指标体系构建目的

1.描述珠三角产业转型升级现状、问题、目标和动因，比较珠三角内不同地区在上述方面的差异性。

2.探讨影响珠三角产业转型升级路径选择以及成效的因素。

3.辨明珠三角产业转型升级政策发挥作用的因果链条和外部条件。

4.评估目前产业转型升级主要政策措施和战略部署的有效性。

（二）指标体系的逻辑框架

指标体系的分析对象是珠三角地区的地级市。指标体系的构建运用了"环境—过程—结果"这一逻辑框架，引入相关利益者分析，根据评估区域特征、区域产业转型升级的目标和阶段的差异性，制定区域产业转型升级绩效的评价标准。指标体系分为三个类别：

1.产业转型升级的环境，旨在反映珠三角各地级市的要素禀赋、基础设施、科技水平、产业基础等产业转型升级条件；

2.产业转型升级的过程，主要是反映各行为主体，如政府、社会组织以及企业在产业转型升级过程中的认知、态度、策略和行为；

3.产业转型升级的结果，主要反映各地级市产业转型升级的经济绩效和社会绩效。

（三）指标体系的构建过程

1.根据以往的研究积累，按照"环境—过程—结果"的逻辑框架设计环境类、过程类和结果类的一级指标和二级指标。

2.根据上述指标设计《珠三角产业转型升级指标体系专家问卷》，请关注产业转型升级领域研究的60多位专家填写，获得了专家对指标设计的定性和定量意见。

3.根据上述指标设计，向珠三角九个地级市和省直相关部门发放《珠三角产业转型升级指标体系书面意见表》和《珠三角产业转型升级指标体系(征求意见稿)》,收集各地市和部门对指标设计的意见和建议。

4.根据专家意见和政府部门意见,完善指标体系的设计。

(四)指标体系数据收集方式

通过统计年鉴和相关政府部门的统计资料以及政策文件资料和相关政府部门提供的书面材料进行数据采集和分析。

第三章　微观企业的产业转型升级

珠江三角洲经济的迅速发展曾引来世界各国的注意。受益于欧美全球化战略需求及亚洲"四小龙"产业升级和转移,珠三角把握了劳动密集型产业向低成本地区转移的契机,迅速成为世界加工制造业的重镇。然而,以代工制造、贴牌生产为特征的产业发展模式也使企业位于全球价值链的低端,产品技术含量低、附加值低、许多企业的发展是通过低成本产能扩张而非核心技术创新和自主品牌建设实现的,只能获得所创价值的较小份额,长期增长后继乏力,产业升级成了当务之急。历经多年的产业发展积累,珠三角地区具有生产规模大、配套产业完整、基础设施齐配、产业集群化程度较高等优势,也是其他同等收入水平国家和地区所无法比拟的。再加上地方政府强力推动产业升级的意愿,又使产业升级并非遥不可及。珠三角地区产业全球化程度很高,但其过程却是"隐形的"、"后台的"、"静悄悄的",即在国际市场上极少见到中国企业创出的品牌,但产品背后的加工厂都在珠三角。这一点与当年日本企业国际化和产业崛起非常不同,甚至也不同于韩国的工业化和企业国际化。在全球产业链的带动下,珠三角的企业在过去的几十年中已经历了渐进、连续的缓步升级,只不过这种静静的升级是否足够?是否已经走到尽头?本章将采取企业的视角,报告珠三角企业当前面临的环境、追求的目标、采取的经营策略和做法以及对政府产业转型升级发展战略的含义。

第一节　产业转型升级的政府与企业

珠三角产业转型升级的概念由政府率先提出,目标是在宏观区域上改变现有产业结构,强调产业结构的高度化和通过对传统产业的转移、改造和更新,使得企业能延伸从事产业链更高附加值的活动,如研发、营销、客户服务等。就前者而言,具体内容包含发展现代服务业、先进制造业、新兴高技术产业等朝阳工业,主要手段是提高企业自主创新能力。就后者而言,政府认为珠三角经济一向以出口导向为主(2007年珠三角来料加工和进料加工的出口额占全部出口的69%,外贸依存度达155%),许多企业以"三来一补"的加工贸易起家。从事制造环节的贴牌生产的特点之一,就是不需要自主设计和创新,虽然业务并入全球价值链,但企业始终处于价值链低端,赚取有限的加工劳务费,工业增加值低(2006年为26.37%)。而且企业的国际竞争力主要靠要素和产品低成本而非技术,当遇国际市场销路不畅、要素成本上升时,利润空间易受挤压,整个工业体系陷入困境。对此类劳动密集型传统出口加工贸易企业,政府所指"产业转型升级"意味着:

第一,将加工生产环节向环珠三角地区和泛珠三角地区转移;

第二,延伸产业链,使加工贸易企业从贴牌生产、委托设计向自主品牌、自主设计转型,同时扩大产品的内销业务;

第三,有条件的企业在国外建立生产基地、营销中心、研发机构和经贸合作区,开展境外资源开发,并购国外掌握关键技术的中小企业、研发机构和营销渠道网络;

第四,已经参与国际分工的传统制造业企业攀升到全球价值链的高附加值的环节,如从事供应链整合管理、品牌管理、产品创新等。

政府关于珠三角产业转型升级的愿景是到2020年能形成一个企业拥有核心竞争力、可以依靠较高自主创新能力来创造高附加值的现代产业体系。以通过工业化实现经济发展的一般模式而论,产业转型升级迟早要做,只是时间问题。珠三角政府的这一愿景与当年韩国、我国台湾、新加坡、我国香港等亚洲新兴经济体以及阿根廷、墨西哥、巴西等拉美国家的产业转型升级基本一致,所倚重的手段无论是加强自主创新还是延伸产业链,也与学术界所界定的产业升级①有相通之处。然而与其他国家或地区相比,珠三角产业转型升级

———————
① 产业转型升级是指提高附加值创造和获取;升级主要表现为企业的产品升级、生产工艺升级、企业职能升级和业务跨向新行业发展等环节。

有自身的独特之处,政府提出的时机恰是在国际金融危机爆发,世界发达国家的实体经济开始受到冲击之时。产业转型升级成为政府迎难而上、以守为攻的经济应对策略,这令本来循序渐进的产业转型升级在珠三角陡然间变得具有风险性和挑战性。如果珠三角产业转型升级能获得成功,则是人类现代产业发展的独特而典型的案例。

珠三角欲实现政府的愿景,需要通过企业的实际行动,所以企业是珠三角产业转型升级的落脚点和基石,企业的微观决策与行为才是产业转型升级的关键。按照政府的愿景,珠三角企业的转型升级应该致力于形成企业的核心竞争力并通过不断创新而获利。在经济增长、国际市场向好的情形下,因为产业竞争的压力,通常企业会有连续改进和将技术不断升级的内在动力,以求获得更多市场份额或使规模能够不断做大。在达到一定的赢利水平之后,企业可以选择规模增长、销售额增长、发明创造、多元化经营、市场扩张、并购重组、联盟、再创业、内部组织优化、上市融资等各种战略来保持或增加赢利。此时,如果政府能配以产业和技术政策、营造适当的经济环境对企业加以扶持和引导,就如同当年韩国、我国台湾等经济体所经历的一样,那么大批企业便能从容转型升级,经济增长方式也相应发生变化。

总结东亚一些成功转型升级的经验,可以发现产业升级在企业层面要化约为三方面的行为:

一是企业要迅速提高技术能力,通过各种途径进行技术学习,不断提升自主创新的水平。这是企业升级最根本、最核心的部分,表现在企业研发投入产出的提高、新产品推出的速度和数量加快、生产工艺和技术装备获得改造和更新等。因为发展中国家企业的先天劣势是"技不如人",因此才要进行技术追赶。此外,新产品如能成功投放市场,也意味着企业已经与市场开始良性互动,掌握市场信息,知道如何服务于客户,甚至控制了销售渠道。建立在技术能力基础上的创新项目管理本身就蕴含着对研发职能和市场职能的一体化管理。创新项目管理水平提高其实就是企业的职能开始上升到微笑曲线的两端,职能升级也常是企业技术能力积累和技术学习水到渠成的结果。

二是企业的发展日趋国际化。表现为企业整体在全球价值链上不断攀升(例如从 OEA 到 OEM 到 ODM 最后到 OBM)、生产运作全球布局、管理人员全球化、进行海外联盟、并购、产品或品牌向海外市场扩张,特别是产品或品牌打入世界先进经济体的成熟市场,企业能够直接接触先进市场的客户或消费者。国际化乃发展中国家企业升级的关键步骤,不仅因为无法管理成熟复杂的市场和没有掌握先进核心技术是其两大先天劣势,更因为现代创新来源已经转向取自客户、与客户共同开发,掌握先进市场已成为科技创新不可或缺的一面。而且企业产品和创新在先进市场容易获得充分溢价,从而真正进入高附加值环节。在国际化同时,许多升级企业也同时大力开发国内或较不发达市场,作为稳定主攻市场业务的补充和试验从发达市场学来的手段。但若企业因国际市场难度太大而放弃国际市场,转攻较容易的其他市场,则在特定时期可被视为是企业为保生存而不得已的转型,但企业的技术能力和水平并不见得提高,单位附加值也未见大幅改善,难以归入企业升级。

三是企业在提高创新能力、不断国际化的同时,会运用已有的能力不断探索和进入新的行业。表现在企业内部为提倡企业家精神,企业选择的风险投资项目增多,风险管理水平提升,根据新业务不断分拆出新的经营单位,企业建立完整的新增长点、新业务机会的评估和利用程序。在外部看来,这样的企业已经从较单纯的技术、产品、工艺的创新水平升级到复杂的系统、商务模式、技术平台、专业模块、产业标准、主导设计、市场和业务等的创新水平,可以跻身具有世界级竞争水平的企业行列。这是企业升级的最高层次,日韩及少量印度企业已经做到。

表 3.1　产业转型升级在珠三角的实际含义

政府宏观的产业发展目标	产业结构的高级化:由现代服务业与先进制造业"双轮"驱动,制造业主要由先进制造业、战略性新兴产业、高技术产业和改造后的传统制造业构成
	产业链的高端化和一体化:在全球产业链中占据高附加值创造的职能,如研发和市场管理。大批出口加工企业由"三来一补"、代工生产转型为自主设计、自主品牌生产方式

续表

企业微观的战略行为	技术创新能力的提升:积极以模仿、集成和原创的方式从事技术研发、产品创新、工艺创新,并广泛与各种科研机构展开分合作
	国际化能力的提升:利用自身的技术创新能力,进入全球产业链的高附加值环节,在人力组织、生产运作、品牌市场、研发科技、供应链管理等方面全方位国际化
	创造业务新增长点能力的提升:利用自身的技术创新能力和商业能力,以新的商务模式开辟新的行业。形式可以是整体转业、内部创业、甩出创业、纵向一体化、相关多元化甚至无关多元化

然而,当经济危机来临,市场环境动荡,如无政府强力介入,任凭市场倒逼机制发生作用,则企业原本稳定的经营预期会发生改变。再加上库存在短期内突然增加、流动资本短缺,企业会大幅更改其投资计划,所作出的战略选择也不一定会完全符合政府所期冀的转型升级。一般而论,经济危机期间大多数企业都理性地采取求生存、保订单的策略,例如裁员、降价、压缩生产成本、暂时关闭工厂或将生产基地外迁到总生产成本更低处,取消或中止投资项目,甚至退出(企业破产或出售)。上文提到的企业为转型升级而必须进行的提高技术创新能力的努力、进入国际化扩张的努力和创造新兴业务增长点的努力,在企业投资决策中都属于中长线项目,获得项目回报需要耐心等待。与常规的战略选项相比,创新投资、新业务投资、国际化发展在企业的投资组合中皆属高投入、高风险项目。站在企业经营的角度看,企业转型升级在经济复苏和繁荣期偏向连续改进、做精、做强、做多、做大。而在经济危机和衰退期则偏向业务收缩、市场转移、保存实力以待东山再起。下文提到的问卷调查结果印证了企业遇到危机时的这种反应。

相比在危机中主要做短期打算的企业而言,政府更重视长期发展,深知危机过后珠三角还想跻身世界产业之林,企业必须有以自主创新能力为核心的长期竞争力,这种竞争力之获取并非一朝一夕。在我们看来,珠三角产业转型升级的难点和挑战之一是政府目标和企业自发战略选择之间的"落差",政府要在近期内想出一套办法,在逆境中协调政府与企业发展目标的差异。

一方面,政府可以直接投资经营或扶持若干私有领域无法作为或不愿从事的业务(如一些新兴的、高风险的复杂项目)以获若干产业转型升级之效。

珠三角产业转型升级是在经济危机这一特殊时期启动,政府发挥有形之手的必要性比从容升级时大得多,甚至有必要采取一些计划经济的手段来推动转型升级。

另一方面,政府应借鉴东亚和其他经济体产业转型升级中的政策经验,制定积极的战略性产业政策,为企业创造产业转型升级的有利环境,弥补市场失灵,刺激和诱导企业采纳有效的转型升级战略。这些政策涉及推动企业的技术创新(产业聚集、地区创新体系、产学研联盟、公共技术平台、产业园等)和国际化扩张(贸易、投资、出口、技术转让、品牌等)以及创造新兴产业(新产业选择、投资、税收、创业等),这些政策将在后面的章节详细讨论。政府制定产业转型升级政策的前提是要辨认目前珠三角企业的行为特征,其中哪些战略方向和选择对企业的转型升级是有效的,能实现政府所期望的产业结构调整和增长方式转变。据此政府才能制定相应政策、塑造相关经济产业环境以便激发和诱导企业采取有利于提高竞争力和实现政府愿景的举措。本章的第二节和第三节将用微观企业的问卷调查数据回答上述问题。

第二节　产业转型升级的环境与目标

企业的目标与战略选择是基于所处的具体环境而作出的。企业经营环境包括国际与国内的政治、经济、文化、社会、法律、技术、交通区位和自然资源,亦包括客户方的力量、供应方的力量、潜在替代产品企业的力量、行业新进入者的力量,以及企业直接竞争对手的力量五个方面。如果企业所处的环境是一个地理上集中且有非企业机构参与的产业集群,则可以从企业的市场条件、要素条件、相关配套等状况以及企业与同业竞争者之间的关系等几个方面了解企业所处的环境。本项研究将企业面临的具体环境归纳为:市场需求条件、同业企业的合作状况、基本生产要素条件、高级生产要素条件和公共服务与制度环境五个方面并将加以详述。

一、市场需求条件

当论及珠三角企业的经营环境时,人们普遍认为随着欧美金融危机的爆发,人民币汇率升值造成产品出口的竞争力下降;出口退税加工贸易政策调整,使加工贸易企业不再享有税收优惠政策;国外市场对中国企业的反倾销、质量环境认证等贸易、技术壁垒使企业在国际竞争中也处于被动局面。此外,原材料价格上涨、用工成本增大、环保要求提高等虽不是市场需求条件,但对珠三角企业的出口竞争力有负面的影响。

　　问卷调查显示,在企业看来,当前市场需求和贸易环境中最重要的因素是人民币币值能否稳定,其次是国内市场的需求是否持续增长。这与《中国企业家》杂志 2008 年的调查结果一致。该调查显示,82.4% 的企业认为人民币汇率的变化会直接影响企业的经营成效。本币升值会使产品出口量下降,并造成企业财务上的汇率损失。在本调查中,企业对目前人民币币值的稳定状况的满意程度也较低,得分仅为 5.39 分(测量分值是 1—9 分,以下相同)。最令企业不安的市场因素是国外市场的需求增长下降,调查企业对此项的满意度程度仅为 5.14 分,这意味着企业未来不得不倚重于国内市场,出口会更加艰难。与许多人的认知不同的是,企业认为出口的非关税壁垒(如强制性技术、卫生、产品等标准)并非十分重要的因素,此项得分为 6.82 分。至于能便利出口产品的商检、报关、通关等手续,企业认为其重要性可与人民币币值稳定相提并论,并且相对其他贸易条件,满意度还是很高的。

　　如果说以上的汇率条件、国内外市场增长前景、关税与非关税壁垒和通关手续等宏观市场条件是企业难以控制的,则企业仍可以通过改善与本地分销商、国内贸易商、零售商及海外客户的关系,并充分利用本地会展和市场推广机构服务来改变自身的营销与市场微观环境。然而,调查却显示珠三角企业与本地会展及市场推广机构的联系频率和信任度都较低,得分分别为 4.4 分和 5.0 分。珠三角地区为推广本地品牌和产品正大力推动会展机构和组织的发展。这类机构如属公共机构,应努力提高自己对当地企业的可信程度,并积极联络企业和提供适当的服务。调查也显示珠三角企业在其市场营销链中对海外客户无论在联系频率和信任程度上都是较高的,高于对本地批零企业的信任。此点印证了前人研究发现发展中国家企业在市场和技术上都信任并依赖于海外客户。实际上,跨国公司作为本地企业的客户曾对韩国、我国台湾等地企业在全球价值链上的升级起到重要的作用。

在被调查的2400多家企业中,有超过1000家企业报告了与其外国或海外客户合作的详细情况。与外国客户合作最少的领域是融资方面,接近70%的企业的外国客户没有增加对企业的融资支持。其他两项合作增加较少的领域是外国客户提供的人员培训和帮助企业解决知识产权、产品仿冒的问题。合作增加最多的领域是外国客户为企业提供国外市场信息、帮助企业提高产品质量、帮助开发新产品、帮助提高技术水平、提供价格支持。外国客户一般会指出企业在质量方面的不足,然后采取现场指导、指定原材料或零组件供货商、帮助企业建立质量体系、要求企业获得认证等方式协助企业提高产品质量。其他合作增加的领域还包括外国客户与企业共同开发新产品、邀请企业参观访问外方等。可见商业关系一旦建立,面临经济形势不稳定时,企业按常理都首先会想到如何稳定住自己的上下游,争取能够同舟共济,而非仅压低价格或解除合同,这一点对外国客户企业也一样。

二、同业企业的合作状况

数据结果显示,珠三角企业对同业企业的信任度排在倒数第二,而且与同业企业联系频率也比较低。虽然企业认为本地企业间的合作很重要,但是同行企业的合作却很少。这与发达的、成熟的产业集群的产业组织的差距很大。成熟产业集群的一大标志就是同业企业间的合作关系多于竞争关系,在合作的基础上产生共有集体品牌,做大市场份额,并避免集群内的企业竞争过于激烈而导致的价格下跌、人员流动、创新不足等问题。

珠三角企业在同行业中的合作不够,一方面可能是由于缺乏公有的知识资源的建立和积累(企业对本地知识资源,包括大学科研机构、公共创新平台、集群网站和企业交流场所等的满意度较低,满意度得分均小于5分),更重要的可能是源自珠三角企业形成的"宁为鸡头,不为凤尾"的传统。我们早年的调查就曾发现广东省(包括很多集群化的专业镇)的同业竞争十分激烈,镇内真正实现分工合作的很少。由于恶性竞争,珠三角几乎所有的产业集群都有产业总体规模越来越大,单位利润越来越低的趋势。许多珠三角的中小企业抱怨金融危机时接不到订单,生产不饱和,但当订单多时,却又接不起单,其中一个原因就是产品同质性高、同业间互相恶性竞争造成成本相对上升。

三、基本生产要素条件

本项研究所指的基本生产要素条件,包含企业经营所在地的能源、土地和环境条件,与生产投入所需的原料和经营所需的物流条件。调查显示,企业对用地成本的不满意度在各项基本生产要素中位列第一。51%的企业认为2011年与2008年相比土地成本上升了。超过七成的企业感到3年来能源成本和环保成本上升了。

数据结果显示,企业认为近3年来增加最快的主要是生产的原料成本和运输物流成本。超过九成的企业都报告了该成本的增加。企业对原材料、配件及设备能否在本地采购以及本地能否提供充分物流配送服务比较看重,二者得分均高于7.40分,但对这两方面现状的满意度则相对低些。物流成本迅速上升是近年不争的事实。据《财经》杂志2012年7月的报道,2005年以来中国物流总成本占GDP的比重一直保持在18%,而发达国家同类指标则是8%—10%。中国物流业在标准化、信息化水平等方面的差距明显。珠三角企业要转型升级,配送成本不会升得太快,质量和完善程度进一步提高的现代物流业十分重要。

四、高级生产要素条件

与基本生产要素条件相比,高级生产要素条件,包括人力资源的条件、资金的条件和技术资源的条件,对企业的升级产生的影响和作用更加直接。在人力资源方面,珠三角的工业起飞曾受益于中国内地所提供的大量廉价劳动力。这些劳动力通称为"农民工"或"外来务工人员",他们对出口导向的劳动密集型加工装配业务贡献巨大。然而在2007年以后,珠三角开始出现"民工荒"现象,各劳动密集型工厂发现劳动力成本上升,同时劳动力供应量下降,使珠三角顿然失去了此项当年工业增长的主要比较优势。调查显示,有超过90%的企业报告2008年以来技术人员的工资成本和熟练工人的工资成本增加,约87%的企业报告了管理层工资成本的增加。在企业所报告的各项成本增加的比例中,报告人力资源成本增加的企业是最多的。企业都认为,能否便利地招聘到高素质的熟练工人、技术人员和管理人员很重要,这三项得分依次为 7.62 分、7.51 分和 7.41 分。相应地,企业对招聘人才满意程度的排序依次为熟练工人(5.06 分)、技术人员(5.21 分)和管理人员(5.27 分)。熟练工人是目前企业最重要但又最缺乏的劳动力。

一国工业发展后,随着收入上升,劳动力成本上升的趋势是难以避免的。劳动力无限供给所产生的"人口红利"越来越小,企业不得不面对要价越来越高的劳动力。越来越多员工为增加工资采取各种集体行动,是企业要面临工资成本上升压力的征兆。企业应对的策略有多种,最直接的方式,就是把工厂关闭,移到劳动力更便宜的地方去。另一种策略,是以机器设备代替人力,产业变得更加资本密集,甚至技术密集。还有,就是以更高技术的劳动力替代低技能劳动力,以获得更高的生产率,原理与机器代替劳动力一致。后两种就地升级的办法都要求有更高素质的劳动力才能配合。"民工荒"还有结构性因素,产业转型升级使珠三角的企业更加需要熟练和高技能的工人,而本地教育和培训体系尚未完善,在短期内无法提升劳动力技能水平,结果形成结构性的用工短缺:工厂缺乏熟练工人和技术工人,非熟练工不好找工作。

调查显示,企业对本地培训招聘机构的信任度不高(5.30 分);对教育培训机构的满意度也较低(5.60 分)。同时,在企业对各项政策的评价中,对政府协助解决劳工荒问题的政策的满意度也是较低的(5.30 分)。由此不难看出,企业迫切希望政府能帮助解决招聘不到熟练工人和技术工人的问题。

有逾七成的企业报告近 3 年来融资成本上升,并且对正式融资渠道、非正式融资渠道和贷款担保机构的满意度都不高。值得注意的是,企业对资本资源总的满意度在所有环境要素中排列倒数第二,说明珠三角企业融资有困难。

在经营环境的各项要素中,企业对知识资源的评价最低。其中,企业对大学、科研机构所提供的创新服务最不满意(4.58 分),对当地公共技术平台(4.74 分)、产业集群网站(4.79 分)的满意度高一些。此外,与其他合作机构相比,企业与国内高校、科研院所的联系频率和信任程度均排名靠后。联系上面提到的人力资源、资金和技术资源情况,珠三角企业对这三项高级生产要素条件的评价是在所有条件中最低的三项。这三项是推动企业转型升级最重要的要素条件,特别是高级的人力资源和技术知识资源。

五、公共服务与制度环境

与珠三角高级生产要素条件形成反差的是企业对珠三角地区的社会公共设施(5.96分)、行业协会和商会(5.84分)、制度环境(6.00分)和政府体制(6.12分)的评价普遍较高。特别是对政府部门,例如工商/服务部门的廉洁高效企业普遍认为极为重要,并且对现状的评价也较满意,两项得分均超过6分。值得关注的是,企业认为当地的治安状况十分重要,其重要性超过生活服务设施、当地交通网络和通信设施等其他基本公共服务,但企业对治安现状的满意度却低于这些基本公共服务条件。

第三节　产业转型升级的目标、手段与效益

企业的终极目标是盈利。但是不同时期不同的具体环境下,企业的短期追求和行动重点会有差异。接受调查的企业有约44.0%强调,自2008年以来的经营重点是降低生产成本,解决生存问题。两成企业表示,经营活动的重点在于从生产向营销转变,以加强品牌建设和市场开拓,还有23.4%的受访企业将经营重点放在了从生产向研发转变,以加强研发设计能力。

另外,珠三角企业的经营从生产向营销转变、加强品牌建设和市场开拓的努力也取得一定效果。28.4%的企业的自主品牌市场影响力获得提升,25.6%的企业保持了自主品牌的市场影响力。此外,珠三角地区企业按海外母公司或投资方需求进行产品定价,或全由买方客户来定价的企业不足两成;大部分企业都能通过与买方议价或自己定价来决定产品的售价,这说明珠三角企业基本上具有一定的价格制定主动权。

提到珠三角企业的转型升级,人们立即想到的是企业从原始设备制造商(OEM,代工生产),到自主设计制造商(ODM,自主设计),再到自主品牌制造商(OBM,自主品牌)的发展路径。除了经典的从OEM到ODM再到OBM路径外,还有从OEM到ODM和从OEM直接转到OBM的快捷路径,以及一个企业同时开展OEM、ODM、OBM三种生产的混合路径。还有的新创企业从一开始走的就是OBM路径,被称为"天生的原始品牌制造商"。这些生产经营模

式的搭配组合和演进在珠三角地区更适合于以出口为导向的加工贸易企业的转型升级,这些企业主要集中于珠江口的东岸区域。然而,珠三角除了这些出口加工企业,在西岸区域,有大量的市场以国内为主、民营为主、拥有品牌的大大小小的企业。这些非出口加工企业的转型升级,其路径或战略自然与东岸企业有所不同。本报告中所称企业转型升级,并非特指东岸出口加工企业,而是涵盖了整个珠三角东西两岸地区的企业。相应地,转型升级的路径也包括了所有能影响珠三角企业未来可持续发展竞争力的措施。下文将这些企业采取的战略选择和关键行为、办法等,统称为"战略措施";将更具体的措施细项则称为"手段"。

我们预设珠三角的企业已经具备一定的潜力,并且在政府政策的推动之下,这些年也都作出了转型升级的努力,试图提高自己的综合竞争力。对于珠三角的企业,并不存在什么先验的转型升级的通行模式,也不是要企业一成不变地模仿。我们试图在现行企业的实践中辨认出哪些措施和手段对提高竞争力是有效的,寻找影响企业转型升级的因果机制。在此基础上,提出转型升级的措施和手段的建议,使珠三角产业转型升级在企业微观层次上能走出自己独特的路径来。

一、产业经济效益与社会效益

(一)经济效益

2008 年是珠三角企业发展的一个分水岭,2008 年之前,凭借低成本优势,大多数企业发展迅速,2008 年以后,低成本优势不复存在,只有 21.6% 的受访企业表示,2011 年本企业的产值与 2008 年相比迅速增长,有超过三成的受访企业表示,本企业产值与 2008 年相比没有明显变化或下降。由此不难看出,金融危机之后,珠三角企业的产值增长与以前相比明显放缓。

在转型升级过程中,许多企业面临"只经营,不赚钱"的处境。只有14.3% 的受访企业表示企业利润与 2008 年相比迅速增长,有 34.3% 的受访企业表示企业利润与 2008 年相比缓慢增长,有超过半数的受访企业表示利润与2008 年相比没有变化或下降。

（二）社会效益

第一，安全生产止跌向好。企业的转型升级，就是要从原有的依靠低劳动力成本、低环境污染成本、低安全生产成本、低社会保障成本转型到依靠技术进步、生产率提升而获得企业的发展。因此，成功的企业转型升级将会带来良好的社会效益。在安全生产方面，有16.5%的受访企业认为，与2008年相比，现在的企业安全生产状况有了迅速的改善，还有43%的受访企业认为，安全生产状况有缓慢的改善。

第二，节能成效止跌向好。与2008年相比，60%以上的企业认为，节能成效有迅速提高或缓慢提高，认为没有明显变化的企业占37.5%。这表明，自2008年金融危机以来，大部分企业在节能方面做了一些工作，正在向好的方向转变，但速度、力度仍需进一步加大。

第三，减排成效止跌向好。与节能相联系的是减排。超过半数的受访企业认为，与2008年相比，其企业减排工作有迅速改善或缓慢改善，有近四成的受访企业认为，与2008年相比，企业减排工作没有明显变化，只有约5%的企业认为，减排工作有下降的趋势。

第四，就业岗位总数有增有减。企业就业岗位数量的变化反映了企业为社会提供就业机会，缓解失业压力的能力。有39.5%的企业就业岗位有所增加，28.8%出现下降，其中有5.7%呈现迅速下降趋势。这种情况可能与经济危机下不少企业采取降低生产成本、裁员以求生存的策略有关。

第五，工人福利明显改善。与安全生产、节能减排、就业岗位的发展相比，员工福利待遇改善更为明显。24.8%的受访企业认为，与2008年相比，员工福利待遇有迅速的改善，57.6%的企业认为有缓慢改善，二者相加超过80%。员工福利待遇的改善，既是企业转型升级的表现，也是其转型升级的动力。劳动力供求结构的变化，迫使企业改善员工的福利待遇，通过技术进步、生产率的提高来赚取利润。

二、产业转型升级的战略选择对企业效益的影响

有关企业转型升级的研究最早源于核心竞争力和动态能力视角。这两种视角关注企业的内部，忽略了企业与企业、企业与周围环境之间的关联性。自

20 世纪 90 年代,全球价值链(GVC)视角对国际分工、区域经济发展、产业转型升级等问题提出了崭新的研究角度和分析路径,较好地弥补了上述研究的缺陷与不足。随着经济快速发展以及全球化进程的加快,特别是 2008 年金融危机后,诸多以出口为导向的珠三角企业均面临来自多方的严峻威胁与挑战。因此,无论从理论角度还是现实情况,全球价值链视角对于归纳、总结和解释珠三角企业转型升级的战略选择都有十分重要的意义。

全球价值链将企业转型升级分成四种战略选择模式:第一,生产流程升级,通过对生产体系进行重组,更有效率地将投入转化为产出,从而实现流程升级。第二,产品升级,引进更先进的生产线和推出新产品或改进老产品,不断增加产品的附加值。第三,功能升级,获得新功能或放弃现存的功能,比如从生产环节向设计和营销等利润丰厚环节跨越。第四,链条升级,企业转变发展方式,将一种产业专门知识应用于另一种产业,向本行业的上下游延伸或进入新行业,以此获得更大的发展空间和经济效益。

大量实证研究表明,企业转型升级的实质就是企业技术与创新能力不断提高的过程,转型升级、企业竞争力的提高与技术创新密不可分。毛蕴诗等在《中国企业:转型升级》一书中曾经总结出转型升级的企业进行技术研发与自主创新的多条路径:第一,通过提升企业自身的技术实力,替代跨国公司产品。具体而言,利用后发优势,主动跟随跨国公司产品,然后采取递进的方式替代跨国公司的产品,实现技术赶超。第二,通过技术跨越,直接进入先进技术领域。也就是说,通过技术引进吸收和并购技术先进企业来跨越,以及通过建立企业之间的联盟来共同跨越。第三,通过技术产品功能的交叉与延伸,实现多重技术领域的嫁接。即企业将在某个市场上获得的知识和技术应用于另一个市场,把已有的技术与新的应用结合起来,实现产品功能与技术的交叉。第四,通过技术学习和技术能力的积累,实现从价值链低端向高端的攀升。一方面,企业通过对生产过程的学习,慢慢地积累起自己的制造经验;另一方面,企业通过拆解先进的技术产品,并对之进行模仿和再创新,实现技术的吸收、消化、改进和再创新。

此外,国际化战略也是提高珠三角企业可持续竞争力的重要措施。经济全球化要求任何国家、地区的发展必须融入世界经济体系,这是企业寻求进步与发展过程中无法摆脱的"宿命"。经济全球化的目标是在全球范围内实现资源配置的帕累托最优,在成本最低的地方开发、生产和提供最优质的产品。在这种条件下,企业不能只拘泥于开发内部资源的思路,应注重外部资源的利用。所以,只有走国际化道路和勇于开拓国际市场,企业才能争取掌握产业链上的战略性环节,不断提升产业链条的位置,从日益细化的国际分工中获益。

综上所述,并结合珠三角的实际情况,本项研究认为,生产流程升级、产品升级、功能升级、技术创新和国际化道路是企业转型升级的重要战略选择,并对企业的发展与效益产生积极的影响。以下章节将对珠三角企业转型升级各种战略措施、手段与企业效益的关系进行验证,以确定哪些战略措施、手段有利于企业竞争力的提升。

表 3.2　珠三角企业转型升级的战略措施与企业效益指标的相关表

企业转型升级采取的战略措施	经济效益		社会效益	
	系数	排序	系数	排序
生产流程升级	0.2027*	4	0.3429*	4
产品升级	0.4376*	2	0.5884*	1
功能升级	0.3161*	3	0.4538*	3
链条升级	0.1035*	6	0.1711*	6
技术创新	0.4439*	1	0.5884*	1
国际化战略	0.1480*	5	0.2764*	5
其他	0.0594*	7	0.1321*	7

备注:(1)表中数值为皮尔逊相关系数,它用于测量两个数值型变量之间的关联程度,值域范围介于0—1之间,系数越大表明两个变量之间的关系越强。(2)*代表皮尔逊相关系数在99%的置信区间内能够通过检验,二者的关联程度是可信的。

表 3.2 数据表明,生产流程升级、产品升级、功能升级、链条升级、技术创新和国际化战略均对企业效益有显著的正向影响。具体而言,在经济效益方面,技术创新对企业经济效益的提升作用最大,产品升级的作用次之,功能升级的作用再次之。在社会效益方面,产品升级和技术创新对企业社会效益的提升作用最大,功能升级的作用次之。相比较之下,生产流程升级、链条升级、国际化战略和其他战略措施对提升企业效益的作用较小。

上述战略措施是由二十多项具体手段构成的,以下分类述之。

（一）生产流程升级

表3.3数据结果显示,生产流程升级的各种手段有助于提升企业竞争力和效益。在经济效益方面,投资采用新生产机器设备/技术和员工技能培训对企业经济效益的影响排名分别为第5名、第10名。质量管理体系/制度建设、安全生产规章制度建设、优化库存物流管理和优化工时管理制度对企业经济效益的影响排名均为中游水平。在社会效益方面,投资采用新生产机器设备/技术、员工技能培训和质量管理体系/制度建设对企业社会效益的影响排名分别为第5名、第6名、第8名。优化库存物流管理、安全生产规章制度建设和优化工时管理制度对企业社会效益的影响排名均为中游水平。

表3.3　珠三角企业转型升级的生产流程升级手段与企业效益指标的相关表

企业转型升级采取的生产流程升级手段	经济效益		企业转型升级采取的生产流程升级手段	社会效益	
	系数	排序		系数	排序
投资采用新生产机器设备/技术	0.2360*	5	投资采用新生产机器设备/技术	0.3124*	5
员工技能培训	0.1817*	10	质量管理体系/制度建设	0.3097*	6
质量管理体系/制度建设	0.1721*	12	员工技能培训	0.2977*	8
安全生产规章制度建设	0.1603*	14	优化库存物流管理	0.2878*	11
优化库存物流管理	0.1599*	15	安全生产规章制度建设	0.2836*	13
优化工时管理制度	0.1478*	19	优化工时管理制度	0.2779*	16

备注:(1)表中数值为皮尔逊相关系数,它用于测量两个数值型变量之间的关联程度,值域范围介于0—1之间,系数越大表明两个变量之间的关系越强。(2)*代表皮尔逊相关系数在99%的置信区间内能够通过检验,二者的关联程度是可信的。

生产流程升级并不是放弃OEM式的生产,而是通过生产工艺的连续改进做深、做宽产品线,成为资深的OEM制造企业,服务全球客户。企业即使要向ODM和OBM进军,优秀的生产制造能力也能为OEM企业争取到更多的订单,稳定住企业的利润,同时可以支持企业开拓ODM和OBM的生产活动。由于品牌建立旷日持久,一开始很难盈利,所以许多企业仍要保留相当比例的

OEM 业务。

在优化生产运作过程中,企业通过引进更先进的生产线或设备、重新配置各种资源,能更有效率地将投入转化为产出。在实践中,转型企业普遍通过投资采用新生产机器设备/技术实现生产流程升级,该手段对企业效益的正向影响作用也是最大。调查显示,与 2008 年相比,72%的企业加大投资采用新生产机器设备/技术措施的力度,有 52%的企业寻求外国客户对本企业在设备和部件供应方面的支持。对于资金宽裕的企业,通过购买新机器设备/技术来提高生产效率是较容易实现的生产流程升级手段,且生产效率的提高对企业效益的正向影响可谓是立竿见影。所以,许多珠三角出口加工企业,特别是外商投资的出口贸易企业,其主要的升级手段目前就是采用新的机器设备替代劳动力的工作,提高生产率。对于以资本密集型生产替代劳动密集型生产的企业而言情况如出一辙,它们宁肯投资换机器、买新生产线,也不肯选择创自己的品牌和铺设自己的销售渠道和网络。其中的原因,正如在我们访谈中一家台资企业所解释的:企业转型升级是有风险的,权衡之下,对于"贴牌"生产商而言,投资设备更新要比投资自创品牌的风险低得多。前者可以更好地服务于现有客户,并有可能争取到新客户;而后者则不仅企业现在没有能力和经验,而且还会与现有客户变成竞争关系,吃力不讨好。所以,生产工艺创新就成了这类企业的首选。

质量管理体系/制度建设是生产流程升级的另一重要手段。目前,中国产品在国际市场上总的质量形象不佳,靠低价打天下。针对此薄弱环节,大多数珠三角企业已经意识到质量是企业经营与运作的关键与核心,与 2008 年相比,超过 80%的企业加强了质量管理体系/制度建设的措施力度。除了质量管理外,珠三角企业还普遍开展安全生产规章制度建设、员工技能培训和优化工时管理制度等活动。值得注意的是,以上所列这些在生产车间、制造现场的管理措施,都是珠三角企业自 2008 年以来转型升级各种手段中实施力度最大的。或者说,珠三角企业普遍实施的最主要的转型升级措施就是企业内部挖潜,通过产品质量提升、成本控制等来优化生产运作,而不是大笔投资研发和树立品牌。但是,通过这些内向的措施所取得的效益、提高的效果却并不是最有效率的,也很容易被劳动力价格上升、市场供求关系紧张所抵消。

　　优化库存物流管理也正作为生产型企业提高竞争力的一个方面受到企业越来越多的重视。东南亚一些原来从事 OEM 甚至 ODM 的企业,正是靠着优化库存物流管理,提高采购和供应链管理水平,才得以晋升成为国际客户的全球物流承包商,替国际客户安排下单生产和商品配送,并参与产品研发和部分品牌管理,实现了转型升级。企业与供应商之间建立稳定、良性的合作伙伴关系,可以有效地降低交易费用,提高产品质量,获得比纵向一体化更为强大的市场竞争力。供应商的数量直接关系企业与供应商之间的讨价还价能力,同一种货品,供应商越多,选择余地就越多,企业讨价还价的能力也就越强。本次调查显示,2008 年以来,有超过一半的企业强化了新供应商的开发,这对提高企业与供应商之间的议价能力会有帮助。同时,供应商的资质也非常重要,它直接关系合作的成功与否以及产品的质量。

　　本次调查显示,与 2008 年相比,大多数企业对供应商的前期评审流程更加规范化了。为了分散与供应商之间的交易风险,有超过六成的受访企业选择了"订货跟进和收货检验",有超过一半的企业选择了"价格确定和下订购单"。上述两种方式一个起点、一个终点,监控成本最低,企业选择此举也是明智的。但是,企业与供应商之间不应仅仅是一种市场交易关系,两者之间的关系应该更进一步,达到合作伙伴关系,二者合力把最终产品的质量提上去,这样对企业有利,也对供应商有利。本次调查显示,珠三角企业与供应商之间仍以相互提防为主,合作关系难以深入。调查显示,有 62% 的企业表示,与 2008 年相比,对供应商辅导、培训和技术支持上的规范化程度没有变化,有 53% 的企业表示,对供应商制造流程跟进的规范化程度与 2008 年相比没有强化。在与供应商沟通交流方面规范化程度强化最大的,是"订货跟进和收货检验"。综上所述,珠三角企业与供应商之间的关系,仍然停留在普通的市场交易关系阶段,没有进入深层次的合作式市场关系阶段,对于企业的转型升级是非常不利的。政府应该加大经济执法力度,法制完善了,企业与供应商之间的基本信任就可以在法律的框架下得到保障。同时,应发挥行业协会的调节作用,引导企业与供应商之间建立起生态链式的合作共生关系,通过企业间的合作,提高产品质量。

（二）产品升级

表3.4数据结果表明,产品升级的手段与企业效益呈现显著的正向关系。在经济效益方面,研发新产品,提高产品差异化水平和提高产品质量对企业经济效益的影响分别排在第7位和第16位。在社会效益方面,提高产品质量和研发新产品,提高产品差异化水平对企业社会效益的影响分别排在第9位和第12位。

表3.4　珠三角企业转型升级的产品升级
手段与企业效益指标的相关表

企业转型升级采取的产品升级手段	经济效益		企业转型升级采取的产品升级手段	社会效益	
	系数	排序		系数	排序
研发新产品,提高产品差异化水平	0.2108*	7	提高产品质量	0.2912*	9
提高产品质量	0.1536*	16	研发新产品,提高产品差异化水平	0.2847*	12

备注:(1)表中数值为皮尔逊相关系数,它用于测量两个数值型变量之间的关联程度,值域范围介于0—1之间,系数越大表明两个变量之间的关系越强。(2)*代表皮尔逊相关系数在99%的置信区间内能够通过检验,二者的关联程度是可信的。

长久以来,部分企业提高产品质量的意识淡薄,在经营过程中存在"重数量、轻质量"的问题,导致企业开拓国内和国际市场遭遇瓶颈。经验表明,企业的转型升级,从原来粗放、低端、低附加值的制造加工为主,转到做研发、品牌、整合、高端市场等能创造金色GDP的道路,质量是这条道路能否成功的关键所在。只有不断增加产品的技术含量,增强产品的功能和特征,改进产品结构,才能最终促进企业效益的提高。调查结果显示,与2008年相比,超过90%的企业在过去三年之中一直致力于提高产品性能,加大提高产品质量的措施力度。

除了提高产品质量以外,产品创新也是产品升级的另一重要手段。产品创新一般是指比对手更快地推出新产品或对原有产品进行改进。具体表现为:产品中应用的新技术含量增加、产品的功能增多和性能增强,以及围绕新产品而产生的新服务作为一揽子解决方案提供给客户等。如果说,提高产品质量是企业效益的基础,那么,产品创新则是进一步提高企业效益的突破口。

调查发现,研发新产品、提高产品差异化水平对企业效益有显著的正向影响。与2008年相比,约有76%的企业不断加强此项措施的力度。

（三）功能升级

功能升级包括 ODM 和 OBM,由于 ODM 的测量与技术创新的测量关系密切,因此,此章节的功能升级仅指涉 OBM,ODM 对转型升级的贡献详见下一章节技术创新的论述。表3.5 数据结果表明,功能升级的各种手段有助于提升企业竞争力和效益。无论在经济效益还是在社会效益方面,销售服务网络建设、改善售后服务、开拓国内市场和开拓国际市场对企业效益的影响均排名在中游水平。

表3.5　珠三角企业转型升级的功能升级
手段与企业效益指标的相关表

企业转型升级采取的功能升级手段	经济效益		企业转型升级采取的功能升级手段	社会效益	
	系数	排序		系数	排序
自主品牌建设	0.2038*	8	自主品牌建设	0.2830*	14
销售服务网络建设	0.1754*	11	改善售后服务	0.2809*	15
开拓国内市场	0.1698*	13	销售服务网络建设	0.2664*	17
改善售后服务	0.1508*	18	开拓国内市场	0.2426*	18
开拓国际市场	0.1457*	20	开拓国际市场	0.2178*	19

备注:(1)表中数值为皮尔逊相关系数,它用于测量两个数值型变量之间的关联程度,值域范围介于0—1之间,系数越大表明两个变量之间的关系越强。(2)*代表皮尔逊相关系数在99%的置信区间内能够通过检验,二者的关联程度是可信的。

功能升级是指企业获取新的职能,同时可能保存或放弃现有的职能。对贴牌生产企业,最重要的职能提升是从生产环节向研发、设计等较高附加值和较强技术性的职能跨越和向营销渠道管理、自主品牌管理等利润丰厚的环节跨越。所以,出口加工企业从 OEM 到 ODM 再到 OBM 的企业制造经营模式转变,也常常被作为企业职能升级的路径而推广。在实现以上转变的同时,企业一般都伴有生产工艺创新和产品创新,因为这背后的推动力实际上都是企业的技术研发活动。所以,技术研发和自主创新才是企业转型升级的根本。

功能升级的言下之意,是企业原来的职能/功能并不全面,所以才要职能转换或扩展从事新的职能。对于发展中国家企业,尤其是出口加工企业,最早从事的职能往往由附加值最低的组装和加工起步,即从来样来图加工装配和贴牌生产开始,往后则希望能从事附加值较高的研发、设计、创意、品牌、渠道、服务等职能。表现在企业的组织结构上,就是企业内部设立新的职能部门。调查显示,自2008年以来,珠三角企业最普遍新设的职能部门就是市场营销与销售部门,约50%的企业报告新增此部门。其次新设最普遍的部门是研发部门,约41%的企业增加此部门。此外,新设原材料采购中心或物流管理部门、售后服务部门的企业各占33%和26%。用所谓的微笑曲线标准来衡量,可以说珠三角企业2008年以来在组织设置上有超过四成的企业向该曲线两端的较高职能扩展。

如果说新设职能部门只是形式上有所升级,企业各种生产方式所产生的销售额的比重则能较真实地反映企业在功能升级方面的表现实质。总的说来,企业的生产方式具有"路径依赖"的特征,即原先采取哪种制造经营模式,则一般会循此模式持续经营、深化发展。珠三角企业总的趋势是各种各样的制造经营模式都有所增长,但具体每一种制造经营模式的增长所占的比例有所不同。报告来样来图加工装配产品的销售额占总销售额比重增加的企业有13%,贴牌生产销售额占企业总销售额比重增加的企业也约有13%。低附加值的活动具有一定的"路径依赖"特征。相比之下,原始设计产品生产的产品占销售额比重增加明显,增加的企业约有42%,以自主品牌进行生产的产品占销售额比重增加也明显,增加的企业占49%。这两类制造经营模式属于较高附加值的生产方式,说明企业在金融危机后更多采取这种方式,增加了这类生产产品的比重。所以总体而言,珠三角企业确实在进行着功能升级。那么,珠三角企业偏向于ODM生产和OBM生产的趋势,是否也相应带来了附加值的提高呢?

首先,从2008年到2011年,珠三角企业采购零部件和原材料的成本占企业销售额的比重平均增加了4%。如果企业产品售价不能提高,那么这将极大地压缩企业的利润空间。其次,采取为客户来样来图加工、只收取加工费的企业,其单位营业额占产品最终市场售价的比重平均增加了1%,即从客户方面多抢到了少量的附加值。而贴牌生产企业的产品售价占产品最终市场售价的比重也平均增加了1%;为客户分包生产零部件的企业的产品售价占客户市场售价的比重平均增加了2%。从事自主设计生产和自主品牌生产的企业,其产品出厂售价占最终市场价格的比重的平均增加水平都是3%,即它们都从客户方新夺取了约3%的附加值。以上结果显示企业如从事低端的来样来图加工或贴牌生产,其夺取新附加值的份额将较小;而从事自主设计和自主品牌生产的企业,其夺取新附加值的份额将较大。但同时,处于零部件和原材料涨价的大环境之下,反而是上游的供应商夺取了更多份额的附加值。在经济不景气期间,所谓提高附加值,实际上就是看谁能拿到更大份额。数据显示,不考虑上游厂商的份额增长,珠三角各类生产模式的企业都在增加其在产业链附加值中的份额。相比低级的生产模式,高级生产模式确实有能力增占更大的附加值份额,这往往是通过挤压其下游客户的附加值而实现的。

在功能升级的各种具体手段中,对企业效益影响最大的是企业自主品牌的建设。在拥有自主品牌的企业中,将近50%企业在过去数年里品牌影响力得到了改善,增强了知名度。品牌影响力下降的企业只占约7%。品牌知名度增高的占25%,另约7%正在筹备注册品牌商标。

除了自主品牌建设外,能有效地提高企业效益的手段还包括企业改善售后服务和建设销售服务网络。值得注意的是,企业在这两方面采取的力度都较自主品牌建设为大,这可能是由于品牌建设的难度更大,于是企业转而采取更直接、更容易的手段。但是统计分析显示,改善售后服务与建设销售网络对提高竞争力的效果小于企业对品牌的建设。所以,若企业能知难而进,则会获取更好的转型升级之效。

对于珠三角企业来说,开拓国内市场是功能升级的重要手段。在接受调查的企业中,有约22%的企业产品并不内销,全部出口。约33%的企业保持了其内销比例不变,有约25%的企业产品内销比例有所提升,内销比例下降的仅占12%。如果企业原来不具有自主品牌,或产品全部出口,则内销比例增加、开拓国内市场也就同时意味着要建立和经营在国内的产品品牌。这与企业在产业链的国际分工上由OEM提升到ODM再到国际市场上的OBM有所不同。这类升级路径,是企业利用已有的生产能力抓住国内市场的空隙,借助本土的政治文化、特色需求,在国内新的市场上推出产品和服务。但这种国内市场取向的企业升级在技术创新方面的元素较少,比较那些能将自主品牌打进成熟和发达市场的企业升级,其转型成分多于升级。日久天长,企业通过国内市场磨炼获取市场经营能力,最后将产品和品牌推向海外市场,实现转型升级。

开拓国际市场是另一影响企业效益的重要手段。与 2008 年相比,33%的企业的产品出口额迅速增长或缓慢增长,22%的企业产品出口额保持不变。随着经济全球化的发展,不同国家的消费者在需求偏好和消费习惯上有趋同倾向,这导致企业有可能将产品和服务推向更为广阔的市场,实现利润增长。通过资源在全球范围的优化配置,企业能在海外市场寻求更为优质和廉价的资源,以降低生产成本,获得低成本的优势。此外,企业的经营活动领域从单一的国内市场扩展到国际市场,可以在更大范围内学习新技术和管理经验,为打造企业的核心竞争力奠定良好的基础。不过,由于外贸发展面临诸多不确定和不稳定的因素,所以,企业需在稳定传统市场的同时开拓新兴市场,平衡国内市场与国际市场之间的关系,不断提高产品的档次和附加值,从根本上发挥功能升级对企业效益的正面影响。

经验研究和统计数据表明,只要企业是从产业链的国际分工中最简单和低级的环节起步,其转型升级的措施就必然表现为企业功能的不断转换、扩展和完善,即所谓"功能升级"。而且大多情况下,因为技术发展的"路径依赖"效应,功能升级都是循序渐进和累积演化的。"功能升级"的路径可以是多种多样,甚至是无限的。珠三角企业目前大多着力于完善市场营销职能,营造品牌、设立营销部门、设立售后服务体系和铺设销售渠道。在升级路径上,则有原来做 OEM、ODM 的企业转做国内的 OBM,这种路径与传统上韩国、我国台湾等东亚企业当年的升级路径有所不同。虽然有其进步的一面,但同时也应看到转型多于升级一面。表 3.6 列出通常从 OEM 生产方式出发,企业可能步入的各种升级路径。

表 3.6　发展中国家出口加工企业（OAM、OEM 厂商）
渐进升级的主要路径

升级的目标模式	升级的路径过程	产业性质
资深 OEM 大厂（如台湾富士康）	路径 1：通过生产工艺创新，使 OAM 向 OEM 转变，或使 OEM 生产的规模更大、效率更高。 路径 2：主要通过生产工艺创新，做宽产品线，使 OEM 生产从单一产品到生产系列化产品和相关产品	生产制造业
全球物流承包商（如香港利丰集团）	OAM/OEM→生产规模扩大→再转包生产→发展供应链和分包生产采购管理能力→一定的自主设计能力→成为国际客户的分包体系和供应链管理人。主要通过组织和商务模式创新实现	生产服务业
ODM 生产商（如台湾广达电脑）	OAM/OEM→ODM，主要通过产品创新实现	生产制造业
工业设计服务商	如果放弃 OEM 部分，专做 ODM，就成为专业的工业设计服务公司	生产服务业
国内 OBM 生产商（如中国吉利汽车生产集团）	OAM/OEM→ODM→在国内市场 OBM，少量产品创新	生产制造业
国际 OBM 生产商（如韩国三星）	OAM/OEM→ODM→在国际市场 OBM，同时进行生产工艺创新和产品创新	生产制造业
国内品牌运营商	OAM/OEM→ODM→在国内市场 OBM→放弃 OEM 部分。通过组织和商务模式创新实现	分销服务业
国际品牌运营商（如美国耐克公司）	OAM/OEM→ODM→在国际市场 OBM→放弃 OEM 部分。通过组织和商务模式创新实现	分销服务业
国际品牌纯运营商（如美国一些玩具制造商）	OAM/OEM→ODM→在国际市场 OBM→放弃 OEM 部分→放弃 ODM 部分，仅靠品牌授权获利。依靠市场创新，例如电子商务	服务业

（四）链条升级

表 3.7 数据结果表明，链条升级各种措施手段对企业竞争力提升的作用比较有限。与其他转型升级手段相比，在本行业中向下游产业延伸、在本行业中向上游产业延伸和进入新行业对企业效益的影响较小，三者均排在 20 名之后。通过深入分析，我们发现，仅有 50% 的企业在本行业中向上下游产业延伸方面制定了强有力的措施，超过 55% 的企业在进入新行业方面的措施相对较弱。由于链条升级是生产流程升级、产品升级和功能升级三种模式中的最高形态，这需要企业拥有较强的资金、技术、研发和营销等能力才能成功实现

从一个行业到另一行业的跨越,或在行业的上下游产业延伸。而大多数珠三角企业仍然处于转型升级的初级阶段,在不具备较强综合实力的情况下,不敢轻易选择链条升级的战略模式,这就导致其对企业总体效益的影响程度不高。

表 3.7　珠三角企业转型升级的链条升级
手段与企业效益指标的相关表

企业转型升级采取的链条升级手段	经济效益		企业转型升级采取的链条升级手段	社会效益	
	系数	排序		系数	排序
在本行业中向下游产业延伸	0.1163*	22	在本行业中向下游产业延伸	0.1485*	22
在本行业中向上游产业延伸	0.0746*	26	在本行业中向上游产业延伸	0.1444*	24
进入新行业	0.0597*	27	进入新行业	0.1329*	26

备注:(1)表中数值为皮尔逊相关系数,它用于测量两个数值型变量之间的关联程度,值域范围介于0—1之间,系数越大表明两个变量之间的关系越强。(2)*代表皮尔逊相关系数在99%的置信区间内能够通过检验,二者的关联程度是可信的。

事实上,对于大多数企业来说,实现上下游产业链的延伸并非易事。例如,一生产电脑的公司向下游一体化,收购了若干电脑零售门店进行直接销售,这必然与原有的配销企业发生竞争。在一体化的过程中,该电脑公司本身的研发活动可能没有提升,原有的向各配销企业进行业务营销和服务的职能甚至可能弱化。所以,纵向一体化这种通用的企业战略对企业创新升级的效果并不明显。然而,如果企业本身就具有研发、制造、销售等价值创造环节,这时,如果企业将业务范围扩大,同时从事原材料生产,或同时从事产品的配送分销,或两者兼有,就可以构成一段相对完整的价值链,这将给企业的效益带来巨大的提升。

链条升级的另一种手段是进入新行业,即将从所处行业获取的知识、技术和能力应用于另一种新的、盈利更高的行业,实现"跨行业升级"。调查显示,企业采取进入新行业的战略力度属于较低水平,并且通过进入新行业创造新的业务增长点对企业竞争力的提升作用最小。可能由于珠三角企业的发展还不够成熟,许多仍从事 OEM 生产,以多元化经营的方式或企业进行行业跳跃的方式转型的并不多见。更为重要的是,遇到国际金融危机,对于受危机影响,处于困难境地的企业,此时跨行业经营风险更大。但是,就长远发展而言,链条升级对企业发展是重要的。战略性新兴产业、先进制造业、生产性服务业的发展,都需要企业具有一定的跨行业发展或再创业的能力,需要激发企业家创造新行业、应用新技术、打开新市场的精神。在产业分工已全球化的时代,新产业创造的过程也常是企业国际化的过程。表3.8列出了非OEM型企业,包括已经在位的企业与所谓"天生的OBM企业家"进行转型升级的主要路径,以供参考。

表3.8   非OEM型企业转型升级的主要路径

已经在位的企业转型升级的路径	
企业的国际化扩张	从出口贸易到海外直接投资,到吸收海外技术,再到占领海外销售渠道和品牌;或原OEM生产企业通过国内市场OBM,再进军国际OBM
企业的多元化经营	形成系列产品,实施相关多元化;进行行业整合,生产上下游的关联产品
新产业创造	企业将原行业的技术与知识用于进入新的、盈利更高的行业,创造新的业务增长点,并放弃原有行业。例如,IBM将弃做微机生产转给联想,自己转型专做系统供应商和服务商
将制造业服务化	是企业新产业创造活动的一个变种。企业并不放弃原有行业,而是在原产品基础上开发出新的服务和解决方案,配合产品打包出售。企业可以将生产制造部分外包,企业转型为系统承包商或品牌运营商
将制造业信息化	是企业新产业创造活动的另一个变种。企业并不放弃原有行业,而是通过现代信息手段和自动化技术实现对生产工艺、设备、制造过程等的改造创新,使制造业的效率大大提高,或成本大大降低
企业家式创业的企业转型升级路径	
全球化创业企业	企业从创办第一天起就已实现了国际化经营
创造新产业的创业企业	企业从创立之日起,就拥有自己的品牌,并以新的产品、新的服务供应给新的市场。几乎没有竞争者,企业因而可获得暂时的创新垄断利润
新创设的公司研发中心或新业务中心	一般是大型企业或跨国公司在新的地区设立的研发中心或新的业务中心。对当地而言,起到了新产业创造的效果

（五）技术创新

表3.9数据结果表明,与其他手段相比,技术创新是促进企业转型升级的

突破口和提升企业效益的关键环节。在经济效益方面,技术研发项目的数量、新产品销售额占总销售额比例、研发人员比例、新产品数量和提升企业自主研发能力对企业经济效益的影响分别排名第 1 位、第 2 位、第 3 位、第 4 位、第 6 位。在社会效益方面,技术研发项目的数量、新产品数量、新产品销售额占总销售额比例、研发人员比例和提升企业自主研发能力对企业社会效益的影响分别排名第 1 位、第 2 位、第 3 位、第 4 位、第 7 位。这充分说明积极开展技术创新活动,不断增加创新投入和扩大创新规模,提高技术研发与自主创新能力,不仅可以为企业创造巨大的经济效益,还可以促进企业社会效益的提升,最终实现发展模式跨越式的转变和保证经济平稳快速的增长。

表 3.9　珠三角企业转型升级的技术创新
手段与企业效益指标的相关表

企业转型升级采取的技术创新手段	经济效益		企业转型升级采取的技术创新手段	社会效益	
	系数	排序		系数	排序
技术研发项目的数量	0.4459*	1	技术研发项目的数量	0.5652*	1
新产品销售额占总销售额比例	0.4360*	2	新产品数量	0.5547*	2
研发人员比例	0.4325*	3	新产品销售额占总销售额比例	0.5495*	3
新产品数量	0.4275*	4	研发人员比例	0.5366*	4
提升企业自主研发能力	0.2117*	6	提升企业自主研发能力	0.3019*	7

备注:(1)表中数值为皮尔逊相关系数,它用于测量两个数值型变量之间的关联程度,值域范围介于 0—1 之间,系数越大表明两个变量之间的关系越强。(2)*代表皮尔逊相关系数在 99%的置信区间内能够通过检验,二者的关联程度是可信的。

从中不难发现,企业技术创新的结果——新产品能够直接影响企业的绩效。这个过程体现在产品中应用的新技术含量增加、使产品的功能增多和性能增强,以及围绕着新产品而产生的新服务作为一揽子解决方案提供给客户等。研究结果显示,新产品销售占总销售的比重的提高直接有助于企业绩效的提升。约58%的珠三角企业在过去数年新产品占总销售的比例在上升。新产品占总销售下降的仅占企业数量的8%。34%的企业保持了新产品占总销售的比例不变。可以说,大部分的珠三角企业以新产品替换已有产品的趋势是明显的。另外,61%的企业增加了新产品的绝对数量,下降的企业只占8%。新产品研发的速度和数量的增加,都对企业的竞争力有积极的影响。但同时也应注意,约有31%的珠三角企业过去几年并没有新产品投入市场,或研发活动没有产出新品,意味着仍有约三分之一的企业没有利用产品创新作为竞争的武器在市场上争取更高的附加值。

再深入探究企业的技术创新的路径,可以看到技术研发项目在数量上的增多有助于提升企业的效益和竞争力;同时,企业增加研发人员的数量也起到重要作用。在这两方面,珠三角企业近几年都大部分处于增加的状态。有57%的企业报告其技术研发项目的数量有缓慢增长或迅速增长,34%的企业在技术研发项目的数量方面保持不变,仅9%的企业报告近年减少了研发项目。另有50%的企业增加了研发人员的比例,仅约8%的企业减少了研发人员比例。但同时也应注意,约42%的珠三角企业没有研发项目和相应的研发人员,即企业的研发职能并未建立。

对于已具备研发职能的企业,如果能进一步提升企业自主研发能力,则对于提高企业的可持续发展竞争力会起到一定作用,但效果不及直接增加研发项目、新产品和研究人员比例明显。企业自主研发项目水平的提高要通过几个方面的努力才可达到。

一是研发的方式,要逐渐从对创新的模仿过渡到企业研发能基于业界首次产生的创意和进行原始性的创新。在这方面,有约58%的珠三角企业报告,自己的技术创新方式正是以原始创新为主,创新成分多于对他人的模仿。另24%的企业报告,自己的研发方式是创新与模仿的成分各占一半。而约18%的企业报告,其创新方式是模仿多于创新,以模仿为主。

二是研发项目技术的来源要求多元化,并且越来越多的创意线索、技术知识将来自于企业外部,而非单纯由组织内部产生。对创新案例的大量研究证明,成功的创新项目都来自于企业组织内外纵横交错的网络或互动联结。真正的研发职能,并不仅仅在于企业内部形成研发项目发起和实施的管理能力,更在于研发人员形成了对外部的、行业内的、行业外的、基础研究的、应用研究的等各种知识体系的"吸收能力",并能有效地将所吸收的外来知识整合进企业的研发项目中。目前珠三角企业研发项目的技术和知识来源主要是源自于本企业内部人员以及客户方面形成的合作与互动,有超过60%的企业确认了这两种技术和项目创意来源,占创新来源压倒性的多数。另有30%的企业报告,其技术来源是通过与其他企业的合作,有20%的企业通过直接购买技术专利、设备来获得技术源泉。与专业研究机构合作与大专院校合作作为技术来源的企业都各占10%左右。而仅有不到8%的企业将与其他企业、大专院校及研究机构多方合作研究作为自己的技术来源。从以上企业研发项目的技术与创意来源的分布来看,珠三角企业主要依赖于企业自身内部的技术存量和与客户合作来作为技术来源,其次是通过与其他企业合作以及购买现成技术和设备,再次才是与其他科研机构合作,并且比例上甚小。可以判断,珠三角企业整体而言的吸收能力并不高,研发项目仍然处于企业研发活动早期阶段的封闭职能型;以产学研多方互动为代表的开放型网络式研发项目还不够广泛发达,成为制约珠三角企业在科技研发和自主创新方面取得整体突破性进展的主要障碍。除了创新方式的改变、吸收能力的增强外,企业自主研发能力的提升,还需要企业能有效地通过研发活动形成创造性资产,以获取创新利润。创造性/创新性资产,是指企业在自然资源和初始劳动力基础上所投资开发形成的战略性资产,如物质资产和财力资产,但更主要的是无形资产、知识产权,如专利、专有技术、商标、独特的组织管理能力及制度文化等。调查显示,目前珠三角企业整体上形成的创造性资产不够丰实,约75%的企业没有发明专利,72%的企业没有外观设计专利,66%的企业没有实用新型专利,60%的企业没有产品认证,39%的企业没有获得任何管理体系认证。可以说,珠三角大部分企业还缺乏独特的核心技术和管理资产,打造核心竞争力任重道远。而在已经有创造性资产的企业中,又以实用新型专利和外观设计专利占据大多数,分别有18%和14%的企业拥有5件及以上的实用新型专利和外观设计专利,远超过发明专利。可以见到创造性资产在企业界的分布很不均匀,这倒也符合创新分布的"长尾曲线"特征。

进一步提高自主研发能力的最后一个方面,就是企业需要多元化的、高级的创新融资来源。珠三角企业有58%的融资方式以自有资金积累为主,34%依靠银行贷款。创新项目基本上都是风险性投资,需要与之相匹配的私人富裕投资家、私募股权投资者、公司下属风投基金、海外投资者及政府的产业园、孵化器等的投资基金,提供不同阶段的种子资金、成长资金、过桥资金等各种融资安排,以及债权、股权、期权等投资的混合方式和投资者退出获利机制。珠三角企业通过企业间借贷/民间借贷融资的只有 3%,通过信托/担保公司担保贷款的仅占 2%,通过各种其他融资来源的也只有 4%,这种资金来源结构与提高企业自主研发能力和创新投资的需求不相适应。因此,珠三角企业的技术研发亟须与之相配的新型创新投融资金融体系。

(六)国际化战略

表 3.10 的数据结果表明,企业的国际化战略措施对企业效益和竞争力有影响。在经济效益方面,与外国客户合作、开拓国际市场和海外投资项目对企业经济效益的影响排名分别为第 17 位、第 20 位和第 23 位。在社会效益方面,开拓国际市场、与国外客户合作和海外投资项目对企业社会效益的影响排名分别为第 19 位、第 20 位和第 25 位。虽然排位有点靠后,但是关系是显著的。

表 3.10　珠三角企业转型升级的国际化
手段与企业效益指标的相关表

企业转型升级采取的国际化手段	经济效益		企业转型升级采取的国际化手段	社会效益	
	系数	排序		系数	排序
与外国客户合作	0.1513*	17	开拓国际市场	0.2178*	19
开拓国际市场	0.1457*	20	与外国客户合作	0.2167*	20
海外投资项目	0.0894*	23	海外投资项目	0.1420*	25
在海外投资建厂	-0.0255		在海外投资建厂	0.0220	

备注:(1)表中数值为皮尔逊相关系数,它用于测量两个数值型变量之间的关联程度,值域范围介于 0—1 之间,系数越大表明两个变量之间的关系越强。(2)*代表皮尔逊相关系数在 99% 的置信区间内能够通过检验,二者的关联程度是可信的。(3)由于在海外投资建厂与企业效益的关联程度不能通过检验,所以,此手段并没有被列入影响程度的排序中。

在诸多国际化措施手段中,与外国客户合作是珠三角企业进行国际化战略的主要选择,对企业效益和竞争力的影响也相对较强。从调查结果来看,这种合作主要体现在沟通市场信息、提高技术水平、研发新产品和提供设备部件等方面。其中,将近80%的企业外国客户为其提供国外市场信息增加了,仅有7%的企业减少了与外国客户在此项的合作。52%的企业增加接受外国客户为其在设备和部件供应方面提供的帮助,仅有5%的企业减少与外国客户在此项的合作。在提高技术水平和研发新产品方面,超过60%的企业与外国客户有此项合作,自金融危机后,超过20%的企业加强了与外国客户在技术和新产品方面的合作。这说明与外国客户建立正式、稳定的长期合作关系,能够使企业充分了解国际市场的信息,吸收来自世界各国先进的科学技术和管理经验,并将其运用到产品附加值的提高方面,以增强珠三角企业自身的核心竞争力,更从容不迫地应对经济全球化所带来的各种机遇和挑战。

尽管如此,珠三角企业整体上开拓国际市场的力度并不高,在多项转型升级的手段排名中靠后。在海外投资建厂是企业所采取的各种手段中影响力度最小的因素。在出口额方面,自金融危机以来,珠三角企业的产品向国际市场的出口一直处于低迷之势,不到50%的企业认为与2008年相比,出口形势有了迅速改善。约32%的企业出口额下降了。并且无论是出口到发达国家市场,还是发展中国家市场,与2008年相比,出口产品占总产出的比重都以缓慢增长和无明显变化为主。其中,珠三角企业销往发达国家市场的出口比重出现下降的占13%,明显高于销往发展中国家市场出口比重下降的占9%的比例。

此外,企业国际化扩张并不仅仅是指产品开拓出口市场,更主要的是指企业的生产经营活动开始扩张到海外进行,具体表现为:在海外直接投资建厂、建设销售渠道、建立技术中心等。海外扩张的方式则可以是绿地投资,也可以是兼并收购其他公司资产,甚至通过联盟、合约等方式建立起正式的、长期的合作关系。

企业的国际化扩张,特别是较高水平的海外直接投资式扩张之所以能对企业转型升级的实绩产生积极的推动作用,就在于海外直接投资和国际化扩张能使企业获得先进的技术、接触成熟的客户、进入先进的市场。技术落后、与发达市场中的顾客和消费者隔绝,正是发展中国家企业的先天缺陷,也是其对发达国家企业进行追赶的主要方向。一些先进国家的企业由于金融危机发生经营困难或经营战略目标调整,使得发展中国家企业可以并购其先进技术资产或品牌资源。如果它们本身具有较高的吸收能力,则可能在并购或联盟后,以内部方式吸收许多先进技术和管理经验,增强自己的核心竞争力;同时,也可以利用获取的市场渠道与品牌,配上自己强大的制造能力,跨越式地打开海外市场,使自己较快地跻身跨国公司的行列。

数据结果显示,海外投资行为并不是目前珠三角企业进行国际化扩张的主流手段,81%的企业既无海外投资,也不计划进行国际扩张。只有3%的企业有海外投资,并且获利;有4%的企业有海外投资但没有明显获利。但是,珠三角企业海外投资意愿正在增强,约有12%的企业表示在近几年内会计划海外投资。跨国并购并不是珠三角企业海外投资的主流方式。只有5%的企业选择了"通过并购海外公司获得原材料或零部件",有6%的企业选择了"通过收购海外企业获取先进技术和研发成果",有3%的企业选择了"收购海外市场上的品牌"。这些高层次的通过海外并购实现企业升级的手段并不为大多数企业所采纳。相反,有24%的企业海外投资选择了建立办事处、代表处的方式,说明企业海外扩张仍处于最初期阶段。有19%的企业选择了"在海外新建生产企业或销售渠道",开始了真正的企业国际化历程。还有18%的企业通过聘请和引进海外管理和技术人员来获取技术信息和研发能力。

(七)其他

随着"转型升级"成为热门词汇,一些基本的战略管理工具也变成企业转型升级的手段,并流行起来。我们的调查也涉及了这些现在常被认定为重要的企业转型升级的措施,包括:企业法律地位和财务结构的变动、企业治理结构的变动、企业生产地点的转移和规模的扩大以及企业的并购重组和战略结盟等。如表3.11所示,虽然这些措施大多数对提高企业效益和综合竞争力的作用是正面的,但与前述珠三角企业转型升级的战略措施相比,其效果并不明显。如果考虑到实施这些措施时企业所要付出的成本,则可以判断这些措施基本上对目前珠三角企业转型升级是低效率的,故不应被推广作为企业转型升级的主打战略。对这些手段及其对企业转型升级的影响详述如下。

表 3.11　珠三角企业转型升级的其他手段与
企业效益指标的相关表

企业转型升级采取的其他手段	经济效益	企业转型升级采取的其他手段	社会效益
所有权和经营权分离,引进职业经理人	0.1057*	所有权和经营权分离,引进职业经理人	0.1472*
在国内其他区域投资建厂	0.0823*	从非法人企业转变为法人企业	0.1222*
成为上市公司	0.0484	将生产基地转移到成本更低地区	0.0867*
并购重组	0.0296	并购重组	0.0506
培养企业家子女来掌管公司	−0.0141	成为上市公司	0.0476
将生产基地转移到成本更低地区	0.0054	培养企业家子女来掌管公司	0.0215

备注:(1)表中数值为皮尔逊相关系数,它用于测量两个数值型变量之间的关联程度,值域范围介于
0—1之间,系数越大表明两个变量之间的关系越强。(2)*代表皮尔逊相关系数在99%的置信区
间内能够通过检验,二者的关联程度是可信的。

　　统计分析揭示,成为上市公司和从非法人企业转变为法人企业,对于可持续发展的竞争力的提高没有大的作用。成为上市公司可以令企业行为更加透明、规范化和为企业融资获得更广阔渠道,并相应改善治理结构,但不会立刻地、直接地使企业在技术创新和市场营销上得到提升。从非法人企业转变为法人企业,其实质是企业身份的变化和面对的市场管制规范的变化,原有的市场行政壁垒被取消,使市场回归充分竞争、自由进出的状态,企业却并不会因法律地位改变就突然转向以创新发展、生产运作优化为取向。

　　珠三角企业自2008年以来,在实行所有权与经营权分立、引进职业经理人以及企业家培养子女作为继承人将来接掌企业方面的动作力度远不及其他措施。广东省政府大力推动的企业生产地点的转移或生产区域规模化的扩张,包括将生产基地转移到更低成本地区、在国内其他区域投资建厂等措施的实施力度,在珠三角企业的多项措施力度中排名非常靠后,说明企业并不重视这些手段。本来,在市场机制作用下,企业区域梯度转移可以改善企业的经营实绩,也可以改善宏观的产业分工位次。珠三角企业的当地成本不断攀升,当总生产成本上涨到一定水平,那些资源、劳动密集型企业的利润一定

会一降再降,企业经营会变得不赚反亏。这时,企业自然会转移出去,寻找总生产成本低的地方进行生产,或者就地改造升级、提高生产率。珠三角企业家判断可以向广东的东西两翼、粤北山区和内陆省份做生产转移;也可能选择以直接投资方式向东南亚国家转移劳动密集型产业的生产加工部分,或一些高科技产业的软件设计部分。这时,如地方政府能顺时而动、因势利导,以帮扶企业的方式辅助企业向外转移,则企业在生产转移的同时就有可能投资更新设备、进行工艺创新,转移同时兼容企业升级。但如果政府时机判断失误、操之过急,甚至以行政规划替代和压服企业的谋利计算,则可能事与愿违。调查显示,产业转移和生产规模扩大对企业的综合竞争力虽有正面影响,但是影响不大。

最后,调查显示,公司层次上的并购重组和企业战略联盟也对可持续发展的竞争力贡献不大,在各种举措中,参与战略联盟排名最末。联盟并不能显著改善竞争力。珠三角企业在并购重组方面做得并不积极,对转型升级的绩效也无大的影响。联盟和并购有些类似于企业的法律地位转变和财务结构变动,主要改变的是产权关系,解决的是激励问题。但是,企业的转型升级在实质上不是个激励机制或制度问题,而是关于一个企业如何创新产品、技术、市场和运营模式的战略选择问题。珠三角企业升级的有效战略措施,正如本报告所揭示的,就是要进行技术研发和自主创新,要提升扩展企业内的职能,要优化现有的生产运作管理,以及要努力进行国际化扩张。如果说转型升级是珠三角的必然出路,则我们的调查分析表明,以上四条就构成了企业在转型升级这条路上的快车道。

第四节　环境因素、战略措施与企业效益的多元相关

前文运用两变量相关分析的方法分析了企业转型升级的环境因素、战略措施与转型升级绩效的相关关系,本节将进一步通过路径分析构建各因素影响企业经济绩效和社会绩效的关系模型。

一、研究假设与概念模型

首先根据两变量相关分析中企业转型升级的各项举措与企业绩效有显著相关，以及企业外部环境因素中企业的社会网络与企业绩效有显著相关的结果，本研究进一步将企业转型升级绩效的影响因素划分为内部的转型升级措施和外部的知识获取两类。企业内部的升级措施主要是企业实施四个转型升级的战略措施，即生产工艺流程升级（以下简称"流程升级"）、产品升级、功能升级和链条升级；外部的知识获取主要是作为企业技术学习的知识来源和流通渠道的外部社会网络，包括企业的生产关系网络、企业研发合作网络及与外国客户合作关系。

与此同时，前文的相关分析显示技术创新对于企业的绩效相关系数最大，是最主要的影响因素，企业技术创新也纳入企业绩效的影响因素当中。已有的研究显示，随着 20 世纪 50 年代以来科学技术迅猛发展，技术创新理论受到重视并不断发展、完善。以曼斯菲尔德、卡曼等人为代表的新熊彼特学派坚持熊彼特创新理论的传统，强调技术创新和技术进步在经济发展中的核心作用，同时认为企业技术创新是提升企业核心竞争力的重要途径。在实证研究中常用企业创新过程中的投入来测量技术创新，已有大量理论和实证研究结果显示企业增加技术创新对财务绩效有显著的正向影响（Calantone et al, 2002；于洪彦，银成钺，2006；任海云，师萍，2010）[1]。本研究也用技术创新的投入测量变量技术创新，并假设技术创新是企业内部的转型升级措施和外部的知识获取两类变量影响企业绩效的中介变量，即企业转型升级的措施和企业社会网络通过影响企业技术创新的投入来最终作用于财务绩效和社会绩效。由此形成了转型升级、企业社会网络、技术创新与企业绩效关系的概念模型，如图3.1。在该框架中两个因变量——财务绩效与社会绩效之间是相互影响关系，

---

① Calantone, R.J., Cavusgil, S.T. and Zhao, Y., Learning Orientation, Firm Innovation Capability, and Firm Performance, Industrial Marketing Management, 2002, 31, pp.515-524；于洪彦、银成钺：《市场导向、创新与企业表现的关系——基于中国服务业的实证研究》，《南开管理评论》2006 年第 3 期；任海云、师萍：《企业 R&D 投入与绩效关系研究综述——从直接关系到调节变量的引入》，《科学学与科学技术管理》2010 年第 2 期。

模型属于非递归模型。

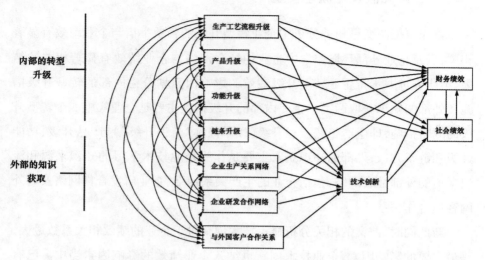

图 3.1　企业内部转型升级和外部知识获取影响企业绩效的概念模型

二、变量设计

根据本书提出的概念模型,共需要建构 10 个名义变量,每个变量都通过对问卷量表中的相应操作变量进行因子分析提取主成分的方法生成(具体操作化过程见附表 1)。生产工艺流程升级、产品升级、功能升级、链条升级这四个代表企业转型升级战略措施的变量,根据各自的内涵,在量表中主要以企业评价自己从 2008 年金融危机到 2011 年之间采取各项相应措施的力度水平的方式测量。与外国客户合作关系采用 2008 年以来企业与外国客户各项合作的变化情况测度,合作内容包括委派技术人员帮助企业提高技术水平、共同开发新产品、提供国外市场信息、提供人员培训等 9 项。企业生产关系网络用企业与同行业竞争对手、本地供应商/配套厂商/分包厂商、本地分销商/国内贸易商/零售商的联系频率来测度。企业研发合作网络用企业与本地技术创新中心、国内高校/科研院所、本地教育培训/人才招聘服务机构的联系频率来测度。

技术创新用企业从 2008 年到 2011 年实施以下 2 项措施的力度来测度:与高校/科研机构/其他企业进行合作研发、提升企业自主研发能力,还另外采用两个操作变量,即 2008 年到 2011 年间技术研发项目数量变化、研究人员比例变化。以往的研究常用专利作为衡量技术创新的指标,但研究发现这种测量的种种弊端:首先,由于知识产权意识不强或知识产权保护制度不健全,很多创新发明未申请专利;其次,专利的利用效率随着时间、企业、行业或国家的不同而变化;最后,并不是所有申请到专利的发明都有价值(Pakes,1985)①。本次调查数据显示企业间专利数量的方差较大,绝大部分企业集中在 10 项发明专利以下,而有少数企业可达到 100 项以上,因此研究决定采用技术创新投入来代表企业的技术创新。

企业财务绩效测度是由企业主观评价 2008 年到 2011 年间,以下 3 项财务指标的变化情况:总产值、营业收入、利润总额,已有研究对企业社会绩效的测量常参照利益相关者理论的框架,根据企业对不同利益相关者履行社会责任,即股东、债权人、供应商、分销商、顾客、员工、政府、社区及生态环境,将社会绩效划分为多个维度(Carroll,2000)②。参考以往的研究,本项研究测量企业的社会绩效是由企业主观评价 2008 年到 2011 年间以下 5 项指标的变化情况:安全生产成效、节能成效、减排成效、就业岗位总数、工人平均福利待遇。

三、研究方法

先将调查问卷量表中测量的变量进行因子分析并提取主成分生成模型中的名义变量,然后采用非递归模型的路径分析(AMOS 18.0)对概念模型进行检验,通过模型的拟合指数、路径参数估计判断本书提出的概念模型是否与调查数据相匹配。同时根据路径分析结果对模型进行修正,探讨金融危机背景下珠三角制造业企业转型升级、企业社会网络、技术创新对企业绩效的影响机制。

---

① Pakes,A.,"On Patents,R & D,and the Stock Market Rate of Return",*Journal of Political Economy*,1985,93(2),pp.390-409.

② Carroll,A.B.,A Commentary and an Overview of Key Questions on Corporate Social performance measurement,Business and Society,2000,(39),pp.466-478.

四、模型结果与分析讨论

采用 AMOS 18.0 对图 3.1 概念模型进行路径分析,模型估计的算法为最大似然法(Maximum Likelihood,ML),结果显示概念模型未能通过适配度检验(卡方值的显著性概率 $P=0.000$),说明建构的概念模型与实际调查数据不吻合。根据路径分析的参数估计结果,将回归系数未达到 $P<0.1$ 显著水平的路径删除,重新运行 AMOS 进行模型拟合,得到修正后的企业转型升级、外部社会网络、技术创新与企业绩效关系的理论模型,如图 3.2 所示。财务绩效和社会绩效这两个内因变量之间存在相互作用,此模型为非递归模型。

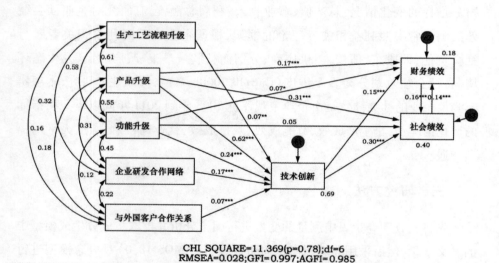

CHI_SQUARE=11.369(p=0.78);df=6
RMSEA=0.028;GFI=0.997;AGFI=0.985

图 3.2　修正后企业绩效的非递归模型

备注: *表示 $P<0.1$; **表示 $P<0.01$; ***表示 $P<0.001$。

整体模型适配度指标用于检验假设理论模型与观察数据的适配程度,整体模型适配度指标通常有 3 种类型:绝对适配度指数、增值适配度指数、简约适配度指数。本书的修正后模型的适配度指标如表 3.12 所示,综合各项指标的判断,该理论模型的整体模型适配度较好,适于用以检验相应的研究假设。

表 3.12　模型拟合指数

统计检验指标		模型估计	模型适配度情况
绝对适配度指数	卡方值(Chi_square)	11.369 (P = 0.078)	P = 0.078>0.05,模型与观察数据基本契合①
	渐进残差均方根(RMSEA)	0.028	<0.05,非常好
绝对适配度指数	良适性适配指标(GFI)	0.997	>0.9,很好
	调整良适性适配指标(GFI)	0.985	>0.9,很好
	卡方自由度比(CMIN/DF)	1.895	1~2 之间,非常好
增值适配度指数	规准适配指数(NFI)	0.997	>0.9,接近 1,很好
	相对适配指数(RFI)	0.985	>0.9,接近 1,非常好
	增值适配指数(IFI)	0.998	>0.9,接近 1,很好
	非规准适配指数(TLI)	0.993	>0.9,接近 1,很好
	比较适配指数(CFI)	0.998	>0.9,接近 1,很好
简约适配度指数	Akaike 讯息效标(AIC)		
	理论模型值	71.369	理论模型值小于饱和模型以及独立模型,达到要求
	饱和模型值	72.000	
	独立模型值	3502.151	
	简约规准适配指数(PNFI)	0.214	一般,通常要求大于 0.5

　　图 3.2 为修正后的理论模型的路径分析结果,可以从概念模型中剔除的路径、路径的标准化回归系数和显著水平来判断概念模型中的各项假设关系是否得到支持。修正后的理论模型显示企业进行产品升级、功能升级,增强企业研发合作网络的联系频率和与外国客户的合作关系,都会通过提高技术创新水平作为中介而对企业财务绩效和社会绩效产生正向影响,财务绩效与社会绩效之间互相影响互相促进。此外,产品升级也会直接对企业财务绩效和社会绩效产生较强的正向影响。

---

　　① 一般而言,路径分析和结构方程采用卡方检验评价模型拟合优度,但卡方检验对样本规模十分敏感,故本研究选择 RMSEA 指数和 CFI 指数这两个不易受到样本规模影响的指标作为评判模型优劣的标准。具体的理论解释可参见 Hu,L.和 Bentler,P.M.于 1999 年发表的 cutoff criteria for fit indexes in covariancestructure analysis:Conventional criteria versus new alternatives。

模型结果同时显示有部分假设未得到数据支持。链条升级与技术创新、财务绩效和社会绩效的关系都不显著。对此可能的解释是:链条升级是转型升级的最高层次,需要企业拥有较强的资金、技术、研发和营销等能力才能成功实现从一个行业到另一行业的跨越,或向上下游产业延伸,而珠三角地区的制造业企业大部分尚不具备能成功链条升级的条件。从调查数据来看,50%以上被调查的企业在链条升级方面采取的措施力度较低。根据我们对珠三角制造业企业的实地走访调研观察,大多数企业是在全球金融危机导致国际市场萎缩的情况下环境倒逼进行转型升级,不具备较强的企业综合实力,尤其是许多仍从事 OAM 或 OEM 生产的企业仍然处于转型升级的初级阶段,如果贸然放弃原行业进入新行业,反而有可能弱化企业本身的竞争力,导致企业效益的下降。

企业生产关系网络与技术创新、财务绩效的关系也都不显著,因而将企业生产关系网络也从外因变量中剔除。对此可能的解释是:企业与同行业竞争对手、上游配套商和下游经销商等生产合作伙伴的关系虽然提供了信任和信息传递,但并未能实现合作创新,又缺乏新知识的流入渠道,反而不利于企业从更广阔的外部网络中获取知识资源,或是密切联系的生产关系网络使企业因受义务和友谊的约束而用社会性交换取代经济交换规则,降低了市场化选择合作伙伴的灵活性,未必有利于提高财务绩效(Uzzi,1997)[1]。另外可能紧密型生产关系网络并不能使企业获得竞争优势,反而是相对松散的、开放的、富于结构洞网络结构对企业进行创新、提高绩效更有利,这样的网络结构能减少冗余关系,能使企业更有效地利用其管理能力,节省企业在维持外部关系上的管理成本,且跨越结构洞的企业对网络中的资源流动有更强的控制力(Burt,1992;Zaheer & Bell,2005)[2]。但本次调查的问卷量表中并未对网络结构洞进行测量,无法对此进行检验。相比之下,生产研发合作网络对技术

---

[1]　Uzzi,B.,"Social Structure and Competition in Interfirm Networks:The Paradox of Embeddedness",*Administrative Science Quarterly*,1997,42(1),pp.35-67.

[2]　Burt,R.S.,*Structural Holes:The Social Structure of Competition*,Cambridge,MA:Harvard University Press,1992. Zaheer,A.,and Bell,G.G.,"Benefiting from Network Position:Firm Capabilities,Structural Holes,and Performance",*Strategic Management Journal*,2005,26,pp.809-825.

创新的正向影响非常显著,企业与本地创新中心、国内高校、科研院所联系的主要内容就是依托公共研究机构的知识资源进行合作创新,彼此之间的联系频率增加自然会导致技术创新的投入增加。企业生产研发合作网络对企业财务绩效和社会绩效的作用通过技术创新这一中间过程实现,而并非直接产生影响。

该模型的路径分析结果还有几个值得关注的发现,其中一个是生产工艺流程升级与技术创新呈现较显著的负相关,虽然该路径的回归系数绝对值较小(-0.074),但仍说明对于珠三角制造业企业而言,加强生产工艺流程升级相关措施的实施力度不利于企业的技术创新,可能缘于生产工艺流程升级大多数是企业直接采用已经成熟的生产技术,企业投入大量资金、精力更新换代生产设备和管理体系,反而削弱了企业对于技术创新的投入。

总而言之,最主要的发现是对于珠三角四个城市(或地区)的制造业企业而言,企业内部的转型升级途径中产品升级和功能升级可通过促进技术创新间接对企业绩效产生正面影响,产品升级同时还能直接对企业绩效发挥促进作用,是最有效的升级措施。在转型升级过程中,企业可以在追求经济目标的同时更好地履行社会责任,实现财务绩效与社会绩效的双赢,二者之间的关系不是彼此抑制而是互相促进的。

实践意义上,本项研究结果支持企业转型升级有利于提高企业经济效益,促进经济和社会和谐发展的观点,同时强调了技术创新对于企业成功转型升级的重要中介作用。为了通过升级达到良好的经济效益,企业应该更注重加强面向终端市场的产品开发和改进。另外,大部分一直专注于加工制造环节的企业进行功能升级尤其是打造自主品牌不能盲目,应把品牌和销售网络的建设与技术创新结合,品牌需具有核心的竞争力才能在市场上获得足够的回报。同时,企业不应忽视与外界的联系交流,进一步加强与国外客户的合作能给企业发展提供更多的资源和机会,如技术学习、掌握国外市场信息等;拓展和维系与公共科研机构的关系,开展合作研发也对企业发展有利。对于当地政府而言,要促进产业转型升级,转变经济发展模式,在针对企业的政策方面应积极鼓励企业与外商合作,加强地方公共创新平台的建设,引导和促进企业与高校、科研单位的研发合作,催化和规范科研服务类企业的发展。

表 3.13　名义变量的测量和信度效度检验

名义变量	对应量表中的操作变量	测量方法	因子负载	Cronbach's Alpha	KMO
生产工艺流程升级	投资采用新生产机器设备/技术	①	0.672	0.899	0.889
	质量管理体系/制度建设		0.841		
	优化库存物流管理		0.843		
	优化工时管理制度		0.875		
	安全生产规章制度建设		0.880		
	员工技能培训		0.845		
产品升级	提高产品质量	①	0.618	0.717	0.596
	研发新产品,提高产品差异化水平		0.752		
	新产品销售额占总销售额比例	②	0.845		
	新产品数量		0.853		
功能升级	自主品牌建设	①	0.842	0.825	0.718
	改善售后服务		0.871		
	销售服务网络建设		0.878		
链条升级	向上游产业延伸,如原材料	①	0.844	0.762	0.668
	向下游产业延伸,如分销		0.863		
	进入新行业		0.759		
与外国客户合作关系	外国客户委派技术人员帮助贵公司提高技术水平	③	0.753	0.897	0.918
	外国客户为贵公司提供国外市场信息		0.697		
	外国客户与贵公司共同开发新产品		0.733		
	外国客户邀请贵公司参观访问外方		0.715		
	外国客户帮助贵公司提高产品质量		0.741		
	外国客户在设备和部件供应方面提供帮助		0.773		
	外国客户为贵公司提供人员培训		0.765		
	外国客户配合贵公司解决知识产权和产品仿冒问题		0.750		
	外国客户向贵公司提供竞争者信息		0.745		

续表

名义变量	对应量表中的操作变量	测量方法	因子负载	Cronbach's Alpha	KMO
企业生产关系网络	同行业竞争对手	④	0.721	0.653	0.646
	本地供应商、配套厂商、分包厂商		0.786		
	本地分销商、国内贸易商及零售商		0.810		
企业研发合作网络	本地技术创新中心	④	0.883	0.832	0.695
	国内高校、科研院所		0.898		
	本地教育培训、人才招聘服务机构		0.811		
技术创新	与高校、研究机构、其他企业进行合作研发	①	0.643	0.676	0.672
	提升企业自主研发能力		0.749		
	技术研发项目的数量	②	0.852		
	研究人员比例		0.830		
财务绩效	总产值	②	0.956	0.918	0.683
	营业收入		0.966		
	利润总额		0.862		
社会绩效	安全生产成效	②	0.819	0.779	0.778
	节能成效		0.903		
	减排成效		0.877		
	就业岗位总数		0.610		
	工人平均福利待遇		0.508		

备注:(1)2008年金融危机到2011年之间采取各项措施的力度由弱到强0—9分。(2)2008年到2011年的变化情况,迅速下降、缓慢下降、无明显变化、缓慢增长、迅速增长分别赋值1、2、3、4、5分(Likert5级量表)。(3)2008年到2011年的变化情况,无合作、合作减少、合作不变、合作增加分别赋值0—3分。(4)企业联系频率由低到高0—9分。

第四章　中观产业转型升级

第一节　产业与地域转型升级的比较

珠三角未来发展战略的核心是产业转型升级。就珠三角的实情而言,企业仍将是转型升级的根本基石,而政府仍将是转型升级的主推动力。通过本报告前面两部分,我们已经了解了珠三角的企业在转型升级方面的行为特征,在此部分,我们对珠三角的产业和区域进行分类。由于时间和篇幅所限,本项研究将产业粗分为传统产业和新兴产业,在区域方面,选择珠江东岸以外源经济为主的 E 市和珠江西岸以内源经济为主的 W 区进行比较,试图反映产业转型升级的产业和区域差异。

(一)产业转型升级的中观路径

本节对产业转型升级的研究集中在中观层面。产业转型升级的"产业"意味着产业内和产业间的结构变动。实际上,产业转型升级的中观现象往往是微观企业行为的结果。暂不考虑时间因素,当一经济体系中大部分企业都采取以下行动时,所得结果就是具体的产业转型升级。参照联合国工业发展组织的有关定义,其间关系大致对应如下:

1.如果大量加工型企业从单纯掌握生产流程到从事产品和工艺的开发,以及从事市场销售活动和与产品相关的服务等新职能,例如客户服务、广告营销、融资、分销配送等,企业在微笑曲线上攀升,从事的职能也日趋完善,则整个行业的产业链延伸。这种最基本的产业内的结构变动就是最初的产业升级的含义,被称为产业链提升、产业内重组或产业增加值提高。

2.企业通过内部挖潜,更好地掌握了制造活动,以此为基础扩张产能、扩充产品线、提高生产工艺、生产运作优化,其所造成的产业内部的结构变化,被称为产业扩张。

3.如果许多企业在生产工艺技术上进行改进和创新,或通过引进消化吸收新的技术,如大规模的设备以新换旧,则可以提高生产率。例如,纺织服装企业从生产大众市场的服装或简单的低价格面料产品转而为某细分市场生产特定用途的高级面料产品。企业开发出一系列高价格的产品线,或大幅提高产品的质量,令产品系列升级换代。这些产品方面的创新往往也伴随着企业采用更新的技术和设备、更好的原材料、新的生产流程组织、新款的设计,甚至找到新的分销渠道等。这方面的企业行动造成的基本上是在产业内的结构性变动,我们可以称之为产业的专业化或产业部门的精细化。

4.通常工业生产活动都会导致企业产生上下游的联系。当企业扩张产能和需要投入时会拉动上游企业的发展;当企业销售、分配、运输产品时,会与下游企业互动。复杂生产还会带动其他相关行业中的企业发展,特别是服务业。由一个行业中的企业发展而造成的上下游、相关支持和辅助行业中企业的发展,被界定为产业深化,其结果是产业内和产业间都有变动,产业结构变得多层次化,在纵向和横向上都有增长,有时也被称为产业多元化。

5.若企业将资源和投资从低生产率、主要使用劳动力的行业转向配置到更多运用设备、技术和知识的行业,则整个产业就从自然资源、人力资源密集型转型到资本、技术密集型。例如,如果一国企业都普遍从生产纺织服装和家具转而生产先进设备、汽车、化工和电子、电力产品,企业的行为跨越行业,旧产业逐渐衰落,新产业蓬勃发展,则可称为产业跨越转型,可造成产业结构高级化。为了行业转换,企业必须进行业务多元化发展或产品、工艺、组织等全面的创新。

6.有些企业或企业家抓住技术创新和市场变化提供的机会,从事一些全新的业务作为增长点,或进行以前从未有过的生产制造。其所造成的一国产业间的结构性变化,因为新的行业被创造出来,可以被称为产业创造、新产业兴起。如果新产业不仅兴起,且彻底替代原有产业,企业也以新代旧,经济学家熊彼特称之为产业突变。

(二)针对珠三角的产业和产业部门细分

分析珠三角产业转型升级,除了要明确以上各种可能的路径,还应对珠三角的产业和细分产业部门进行划分,因为不同产业所对应的结构性变化的特征可能并不一样。通过产业重新分类和产业部门重新分类,可为各产业升级设计不同的路线图,可提高政府产业政策的针对性和有效性。

珠三角规划纲要中勾勒出的现代产业体系包括现代服务业、先进制造业、新兴产业、传统优势产业和现代农业。精确的产业分类应考虑更多因素,如企业规模和所有制、主要企业在全球价值链中的位置、企业技术水平和研发能力、产业集群的状况以及产业的历史演变、时间长短,等等。详尽的产业分类超出本报告范围,在此仅根据已有的产业规划和企业调查结果初步辨识出珠三角的几种产业或细分产业部门:

1. 先进制造业。包括现代装备制造、汽车制造、钢铁、石化、船舶等工业。特征是资金技术密集,前后向关联程度高。产业形式为大型国企组成的重点项目和工程、产业基地。依靠的创新支撑体系为政府搭建的产学研合作项目、大型公共技术平台、重点实验室和省部合作项目等。政府提倡加快发展先进制造业,在该产业中起到举足轻重的作用,政府在转型升级中扮演计划者甚至企业家的角色。从现在珠三角的发展趋势看,先进制造业的产业升级路径很可能是产业深化或产业多元化。

2. 战略性新兴产业。包括已经被政府纳入规划的高端电子信息产品(软件及集成电路设计、新型平板显示、新一代宽带无线通信、数字家电等)、LED、新能源汽车以及生物产品(干细胞、转基因、生物信息)、新材料(新电子材料、特种功能材料、环境友好材料、高性能结构材料)、节能环保产品、新能源(风能、太阳能)、海洋资源和海洋生物产品等高新技术产业。产业形式为集中在科技园区的重点项目和骨干企业、行业领先企业,也吸纳新创业的企业加入。创新的支撑体系主要是公共的技术平台和一些重点的实验室、研究所。政府在该产业升级中扮演着企业家和主导者的作用,投入大量资源来引导企业的集中投资。珠三角战略性新兴产业的升级路径以产业创造为主,伴有产业跨越转型。

3. 技术性新兴产业。珠三角许多企业虽然不被列入战略性新兴产业范畴,但是它们运用新技术或开发高技术,或用已有技术开发新的业态和商务模式。这些企业经过多元化扩张或由民营企业家甚至海外人才创办,也有一些是跨国公司在珠三角设立的海外研发基地或外包基地,其创新支撑体系混合有各地的产业园、创业孵化器、创业投资、风险投资公司等。目前,政府在这类产业升级中的作用是市场规制者和一般的投资促进者,并没有将之摆在最重要的位置,但这并不意味着这类产业不重要。在我们看来,珠三角技术性新兴产业转型升级的路径也多种多样,产业创造、产业链提升、产业跨越转型是主要选择,政府应充分重视和支持。

4.出口型传统制造业。珠三角的优势传统产业包括家电、电子信息产品、纺织服装、轻工食品、建材、家具、造纸、轻工机械等多个部门。珠三角东岸以E市为代表的传统制造业以出口型为主。产业形式为大量出口加工中小企业形成的产业集聚,而且许多企业是港台投资的企业。目前该产业的创新支撑体系依赖于当地的创新配套环境,如公共技术平台,但更主要的可能是海外客户和产业链中的上下游互动。政府在该产业升级中的作用目前是市场规制者和投资促进者。出口型传统制造业产业转型升级的路径,除了政府已经推行的产业转移以外,主要是产业链提升、产业扩张。其未来的升级路径应该是产业专业化、精细化和产业深化。

5.内源型传统制造业。与东岸不同,珠三角西岸以W区为代表的传统制造业则主要以国内市场为导向,企业的规模较大,同行业在地理上相对集中,形成产业集群。企业的所有制以本地的民营企业为主。当地政府传统上对企业的扶持力度较大,所以一直以来都起到积极的投资促进者甚至产业引导者的作用。但也有人认为应放手让市场机制发挥作用,政府应退守为市场守护神的角色。但无论哪种观点,政府都提倡要以现代科技和管理手段来改造提升传统产业,使其优势得以延续。目前内源型传统制造业显露出的转型升级路径,除产业链提升和产业扩张以外,更主要的是产业的专业化和精细化。产业的整体跨越转型和新产业的创造似乎并不是目前的发展方向。

以上说明了每个产业中主要包含的产品类别、组织形式和创新体系的配置情况,主要的目的是要搞清楚这些特征是否与该产业可能的升级路径相匹配,政府应在该产业升级中扮演怎样的角色。目前,珠三角的产业政策主要集中在产业规划和产业布局,以及一些支持性的产业政策措施方面。政策设计应该更多地考虑各产业的转型升级路径特征。以下部分将利用企业调查资料描述传统制造业和战略性新兴产业的转型升级特征,结合中观的产业升级概念界定,希望从一个侧面能够为产业升级规划和政策设计带来启示。

一、传统产业和新兴产业的转型升级

(一)珠三角传统产业转型升级的特征

1.珠三角传统产业概况

(1)本项研究的企业所隶属的传统产业主要是机械装备、家具制造、家用电器、通信设备和服装等行业,样本量为1991

本次调查的传统产业中,一般的通信、计算机及其他设备行业占的比例最大(25.2%),其次是纺织服装和鞋、帽制造业(24%)。关于企业的融资方式,大部分是以自有的资金积累为主,占样本的55.39%,银行贷款占34.43%,企业间的借贷或民间借贷只占2.79%。传统产业中的投资来源多数为国内资本和港澳台的资本,国外资本只占10.29%。在这些传统企业中,绝大部分成立6年到10年间,极少数成立21年及以上的。企业的成立年限见图4.1。

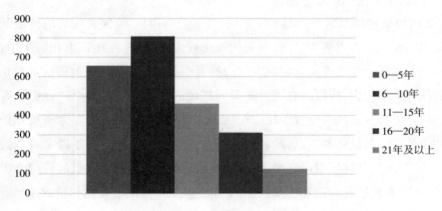

图4.1　企业成立年限图

(2)企业的经营重点依次是降低成本、研发设计、品牌建设和市场开拓

在传统产业中,自2008年以来,最多的企业把经营重点放在降低成本,求生存(47.5%)上,其次是研发设计(22%)以及品牌建设和市场开拓(27.4%)。亚洲"四小龙"产业转型升级是在一般环境下进行的,并没有遇到

重大的危机,而珠三角产业转型升级是在2008年金融危机中进行的,求生存的比例最大是可以理解的,这反映了珠三角产业转型升级是在危机中进行的特征。同时,受劳动力和土地成本上升、国外需求萎缩等因素的影响,众多企业也开始转变原来的经营模式,摆脱对以低成本获得竞争力的经营方式的依赖,通过提高产品的技术含量来降低生产成本,并通过品牌建设和市场开拓等手段向更高附加值的生产环节攀升。

（3）传统产业各项生产成本都明显提高

与2008年相比,传统产业的市场环境发生的重要变化是生产成本的提高。从原材料成本、土地成本到用工成本,几乎企业的每一项成本都在上升（具体的成本上升情况见表4.1）。90%以上的企业在人员工资、熟练工人工资方面的成本上升了,90%的企业生产原材料的成本上升。只有融资成本和环保成本两项是上升比例较少的,但涉及企业都在50%以上。基础生产要素成本的上升成了企业转型升级的重要压力。经济的发展、消费水平的提高、剩余劳动力的减少、劳动力价格的不断提高,导致企业招聘工人必须付出更高的成本。在一个原本就以劳动密集型企业起家的地区,经过改革开放30多年的发展,这种趋势更加明显。而土地成本的上升则是人口的急剧增长、越来越多的商人到此投资办厂的结果。依赖廉价劳动力和低土地成本的发展模式所占据的是整个产业链条里附加值最低的一环。随着各项基本生产要素的成本上升,这种发展模式所能获得的附加值越来越少。为了谋求出路,传统产业必须摆脱这种被锁定的低附加值的发展模式。

表4.1　传统产业生产成本变化表

各项生产成本	频数			百分比（%）		
	增长	无变化	下降	增长	无变化	下降
管理层工资成本	1723	185	28	87.9	9.44	1.4
技术人员工资成本	1780	116	12	90.8	5.9	0.9
熟练工人工资成本	1815	103	10	92.7	5.3	0.8
融资成本	974	457	34	50.6	23.7	1.8
能源成本	1435	320	45	73.4	16.4	2.3

各项生产成本	频数			百分比（%）		
	增长	无变化	下降	增长	无变化	下降
土地成本	995	587	16	51.2	29.7	0.8
生产原料成本	1764	129	29	90.0	6.6	1.5
运输成本	1751	144	23	89.4	7.4	1.3
环保成本	1486	336	12	76.3	17.3	0.6

　　在调查中请传统产业企业对各项基本生产要素条件的重要程度和满意程度进行评价，从结果（表4.2）得知，在传统产业中，企业认为最重要的基本生产要素条件是招聘高素质熟练工人的便捷程度，其次是招聘高素质技术人员的便捷程度。企业满意度最低的是生产用地的低成本，其次是招聘高素质熟练工人的便捷程度。用工情况是传统企业最为关注的问题。近年来，珠三角企业饱受"用工荒"的困扰，传统产业更是如此。要减少这一问题造成的困扰，除了企业自身要改善工作环境、培育能增强员工归属感的企业文化之外，政府应该加强公共设施的建设，完善当地的公共服务配套设施，给予工人在教育、医疗、住房等方面的保障和平等待遇，增加劳动力到当地就业的吸引力。

表4.2　传统产业对基本生产要素的重要程度和满意程度的评价表

基本生产要素	重要程度	满意程度
能源充足	7.5	5.8
能源成本低	7.5	5.1
生产用地充足	7.2	5.5
生产用地成本低	7.3	5.0
招聘高素质的管理人员便捷	7.4	5.2
招聘高素质的技术人员便捷	7.5	5.2
招聘高素质的熟练工人便捷	7.6	5.0

　　（4）大部分企业的资产总值和固定资产净值都在增长

　　自2008年以来，受访企业的资产总值增长的有55%，下降的有18.9%，无明显变化的有 24.9%。资产总值上升和下降的比例差异较为明显。固定资产净值增长的有 42.6%,下降的有 28%,无明显变化的有 27.5%,在这一部分,固定资产净值上升和下降的比例差异更为明显,将近一半的企业这些年来在固定资产净值方面是增长的。

表 4.3　传统产业资产指标变化表

增长情况	资产总值	固定资产净值
迅速增长	14.4	12.3
缓慢增长	40.6	30.3
无明显变化	24.9	27.5
缓慢下降	16.4	25.5
迅速下降	2.5	2.5
不适用	1.2	1.9
合计	100	100

（5）自主品牌产品（OBM）销售比例增长最显著

2008 年至 2011 年间,在珠三角传统产业中,销售产品类别的变化见表 4.4。在这三年里,自主品牌产品的销售呈上升的趋势,18.9% 的企业的自主品牌产品（OBM）的销售额占总销售额的比例是上升的,相对于来样/图加工装配产品（OAM）、贴牌生产产品（OEM）、原始设计产品（ODM）的销售来说,这部分的上升比例也是最高的,这说明企业的市场影响力在上升。

表 4.4　传统产业销售产品类别的变化表

产业类型	OAM 产品销售额比例增长		OEM 产品销售额比例增长		ODM 产品销售额比例增长		OBM 产品销售额比例增长	
	企业数量	占所属产业百分比	企业数量	占所属产业百分比	企业数量	占所属产业百分比	企业数量	占所属产业百分比
传统产业	248	12.6%	243	12.3%	340	17.2%	374	18.9%

如果考察传统产业的企业在价值链上所处的位置,调查结果显示,近 58% 从事传统产业的企业已经到达 OBM（自主品牌）阶段,有 15.1% 停留在

OAM 阶段,15%停留在 OEM 阶段,12.1%到达 ODM 阶段。这说明超过半数被访的传统产业企业都拥有自主品牌,而有三分之一的企业仍处于价值链低端的 OAM 和 OEM 阶段,总体而言,传统产业在全球价值链上的位置仍需进一步攀升,转型升级任重道远。

(6)企业国内国际市场开拓情况仍不十分理想,大部分企业出口额和产品内销比例维持不变或有所下降

2008 年全球金融危机对传统制造业的产品出口造成了一定影响,2008 年到 2011 年三分之一(33.3%)进行产品出口的受访企业的出口额出现下降,出口额增长的企业不足一半(43.1%)。面对国际市场的萎缩,转向国内市场、增加内销比例是企业拓展市场的新出路,然而传统产业对国内市场的开拓仍明显不足。40.7%受访企业的产品比例在下降,42.5%保持不变,仅有 16.8%的企业产品内销比例有所增长。

表 4.5　传统产业国内外市场开拓能力表

增长情况	出口额		产品内销比例	
	频数	百分比(%)	频数	百分比(%)
迅速增长	142	10.95	41	3.20
缓慢增长	417	32.15	175	13.64
无明显变化	306	23.59	545	42.48
缓慢下降	323	24.90	408	31.80
迅速下降	109	8.40	114	8.88
合计	1297	100	1283	100

(7)企业积极吸纳研发人才,不断进行产品更新换代

从传统产业企业的创新和新产品研发来看,研发人员比例增长的企业占受访企业的 47.3%,44.8%的企业表示研发人员比例不变,即绝大部分的企业自 2008 年国际金融和市场环境恶化以来仍尽力维持和增强研发创新能力,积极吸纳人才,加强企业长期竞争力。58.3%的受访企业新产品数量不断增长,说明传统产业企业在转型升级过程中十分注重产品的更新换代,通过推出新产品来适应和占领市场。

表 4.6 传统产业研发人员比例和新产品数量情况表

项目 增长情况	技术研发项目数量		研发人员		新产品数量	
	频数	百分比(%)	频数	百分比(%)	频数	百分比(%)
迅速增长	176	14.78	137	11.23	193	13.84
缓慢增长	456	38.29	440	36.07	620	44.44
无明显变化	438	36.78	547	44.84	456	32.69
缓慢下降	102	8.55	78	6.38	109	7.81
迅速下降	19	1.60	18	1.48	17	1.22
合计	1191	100	1220	100	1395	100

2.传统产业转型升级的战略措施与手段

传统的产业转型升级概念认为,产业转型升级是指企业从原始设备制造（OEM,代工生产）,到原始设计制造（ODM,自主设计）,再到原始品牌制造（OBM,自主品牌）的演变过程。传统的产业转型升级概念忽略了行业和地区之间升级路径与战略措施的差异。现实生活中,不同的行业和地区的企业可根据自身条件的差异采取不同的转型升级的措施与手段。在珠三角地区,珠三角东岸和西岸的企业转型升级、传统产业与战略性新兴产业的转型升级就存在差异。以往的产业转型升级概念,并没有区分出企业转型升级的手段与目的之间的关系,因此只把产业升级局限于 OEM、ODM、OBM 的企业发展路径中。事实上,如果从企业转型升级的"手段"与"目的"去理解这一概念,产业转型升级的内涵将会丰富很多。企业为什么要进行转型升级?这必须从企业面临的经营环境的变化去理解。无论是产业转型升级刚刚兴起之时,还是2008 年全球金融危机之后,企业面临着类似的经营环境——"人口红利"的下降、土地原材料成本的上升、贸易保护主义的抬头。这些方面因素的影响恶化了企业的经营环境,使得原来依靠低成本的经营模式难以维持下去。珠三角企业转型升级正是在这样的背景之下提出来的。无论是从代工生产到自主设计,还是从自主设计到自主品牌,都是企业转型升级的手段而已。企业采取这些措施的目的,是在各项成本不断提升的经营环境中,提高自身竞争力,摆脱原来低附加值的锁定,向附加值更高的生产环节发展。因此,从企业转型升级的目的来说,只要是有利于提高企业竞争力的措施都是转型升级,并不局限于OEM、ODM、OBM。

近年来,珠三角的传统产业围绕着提升综合竞争力采取了一系列的措施。从调查问卷反映的情况来看,传统产业所进行的转型升级措施有以下几方面:生产流程升级、产品升级、功能升级、链条升级、技术创新和国际化战略。具体各项措施与企业的经济效益和社会效益的相关系数如表4.7所示。

表 4.7　传统产业转型升级的战略措施与企业绩效指标的相关表

企业转型升级采取的战略措施	经济效益		社会效益	
	系数	排序	系数	排序
生产流程升级	0. 1877*	4	0. 3181*	4
产品升级	0. 4252*	1	0. 5650*	2
功能升级	0. 2963*	3	0. 4392*	3
链条升级	0. 0842*	6	0. 1530*	6
技术创新	0. 4149*	2	0. 5777*	1
国际化战略	0. 1130*	5	0. 2245*	5
其他	0. 0430	7	0. 0951*	7

备注:(1)表中数值为皮尔逊相关系数,它用于测量两个数值型变量之间的关联程度,值域范围介于0—1之间,系数越大表明两个变量之间的关系越强。(2)*代表皮尔逊相关系数在99%的置信区间内能够通过检验,二者的关联程度是可信的。下文所见其他相关表标注均同上。

从表4.7可以看出,对于珠三角的传统产业,在转型升级的手段中,产品升级与企业经济效益的相关系数最高,其次是企业的技术创新,接着是企业产品的功能升级。而与企业的社会效益相关程度最高的是企业的技术创新,其次是产品升级,接着是功能升级。与企业的经济效益和社会效益相关程度最低的都是企业的链条升级。综合来说,企业的产品升级、技术创新和功能升级是企业进行转型升级最有效的措施。

3.传统产业转型升级的影响因素

我们在上一节已经讨论了传统产业采用不同的战略措施对企业效益的提升作用,发现对从事传统产业的企业效益影响最大的三大举措——产品升级、技术创新和功能升级。企业需要采用何种战略措施,是企业决策者理性评估自身所处的环境、拥有的资源要素后决定的。因此,只有了解企业需要什么样的资源条件,才会选择最有效的升级措施。下面我们基于企业需求,将分析的重点置于影响传统产业转型升级的因素上。

本次调查中,企业的环境主要包括 11 个方面:自然资源、基础设施/公共服务、人力资源、知识资源、资本资源、市场需求、产业竞合关系、支援及社会组织、政府体制、制度环境和社会网络。本次企业调查让企业评价了这几方面的情况,通过将企业对各种条件的评价和其采取的战略措施的力度进行相关分析,表 4.8 的结果显示,绝大部分的环境条件对从事传统产业的企业所采取的转型升级措施都有促进作用。对于企业最有效的三种升级措施中,产业竞合关系、政府体制和社会网络对企业采取产品升级措施力度的影响最为显著,社会网络、制度环境和政府体制对企业采取功能升级措施力度的影响最为显著,产业竞合关系、政府体制和自然资源对企业采取技术创新措施力度的影响最为显著。这些条件越好,越有利于企业采取转型升级措施。

表 4.8　传统产业的环境条件水平与转型升级措施力度的相关表

环境条件水平 ＼ 转型升级措施	生产流程升级	产品升级	功能升级	链条升级	技术创新	国际化战略
自然资源	0.2867*	0.1877*	0.2677*	0.2134*	0.2026*	0.2032*
基础设施/公共服务	0.2137*	0.1262*	0.1668*	0.1153*	0.1441*	0.1489*
人力资源	0.2455*	0.1821*	0.2402*	0.1045*	0.1722*	0.1463*
知识资源	0.2183*	0.1355*	0.1535*	0.1693*	0.1283*	0.1172*
资本资源	0.2349*	0.1328*	0.2301*	0.2552*	0.1668*	0.2081*
市场需求	0.2304*	0.1490*	0.2555*	0.2229*	0.1757*	0.2142*
产业竞合关系	0.3012*	0.2414*	0.2720*	0.2133*	0.2552*	0.2375*
支援及社会组织	0.2492*	0.1435*	0.2461*	0.2056*	0.1262*	0.2104*
政府体制	0.3318*	0.2250*	0.3000*	0.1638*	0.2082*	0.1653*
制度环境	0.3153*	0.1942*	0.3192*	0.1449*	0.1840*	0.1379*
社会网络	0.3350*	0.1960*	0.3237*	0.1276*	0.1861*	0.1559*

备注:(1)表中数值为皮尔逊相关系数,它用于测量两个数值型变量之间的关联程度,值域范围介于0—1之间,系数越大表明两个变量之间的关系越强。(2)*代表皮尔逊相关系数在99%的置信区间内能够通过检验,二者的关联程度是可信的。

（二）珠三角战略性新兴产业的转型升级特征

1.珠三角战略性新兴产业概况

2010年9月8日国务院颁布的《国务院关于加快培育和发展战略性新兴产业的决定》指出,加快培育和发展以重大技术突破、重大发展需求为基础的战略性新兴产业,对于推动产业结构升级,转变经济发展方式,促进经济社会的可持续发展有重要意义。这说明国家已将发展新兴产业提高到国家层面的战略高度,并致力于推动帮助工业向价值链高端转移,提升企业的核心竞争力。本项研究的主要撰写人是广东省战略性新兴产业"十二五"重点专项规划研究的统筹、组织者。广东省战略性新兴产业本着有所为、有所不为的原则,最后选择主要是高端电子信息、LED、新能源汽车以及生物制药、节能环保、太阳能光伏产业等。以下我们将分析珠三角战略性新兴产业在产业转型升级中的特征,以便我们了解该产业发展的未来方向。

（1）企业规模小,效益高,主要投资来源为民营资本

由于企业发展尚处于初级阶段,大多数从事战略性新兴产业的企业规模不大,仍在不断发展和壮大的过程中。但这些类型的企业凭借技术优势,能够生产出附加值较高的产品,企业效益也比较高。与2008年相比,效益处于上升阶段的企业数量将近70%。在投资来源方面,比例较多（超过45%）的企业投资者为无外商投资背景的民营企业,这说明民营企业是战略新兴产业的中坚力量,相比较而言,外商对此产业的介入较少。

（2）企业负责人多数为该企业的创始人,并呈现年轻化、高学历的特征

在企业主基本特征方面,从事战略性新兴产业的企业主大多数都是该企业的创始人,而且年龄层次均在30—50岁之间,学历层次集中在大学本科以上,有超过25%企业主的受教育程度为硕士及以上。由此可见,战略性新兴产业的发展势头良好,处于稳步上升的发展阶段,企业负责人富有朝气和活力,能够为企业提供创新发展思路和战略选择,引领整个战略性新兴产业的腾飞。

（3）大多数企业都拥有自主品牌

研究发现,超过80%从事战略性新兴产业的企业已经到达OBM（自主品牌）阶段,只有8%停留在OAM阶段,2.8%停留在OEM阶段,8.36%到达

ODM 阶段。这说明大多数从事战略性新兴产业的企业都拥有自主品牌。而且,其经营重点已不仅仅停留在降低成本和解决生存危机,而是逐渐实现向研发转变,加强研发设计能力,加强品牌建设和市场开拓。企业通过拓展研发和营销两个环节促进转型的优化升级,提升企业内部的核心竞争力。

（4）企业的技术创新能力强,产品更新速度快

创新是企业生存之本,特别对于从事战略性新兴产业的企业来说,依靠创新研发和推陈出新,才能使企业在变化多端的环境下确立自己的竞争优势,处于不败之地。表 4.9 显示,从事战略性新兴产业的企业技术创新能力强,单纯依靠技术模仿的企业仅占样本总体的 3.15%。表 4.10 显示,从事战略性新兴产业的企业中,73%的企业认为与 2008 年相比,新产品数量处于增长的态势。

表 4.9　战略性新兴产业的企业技术创新表

企业技术创新	频数	百分比（%）
以创新为主	196	56.16
创新稍多于模仿	56	16.05
创新与模仿相若	65	18.62
模仿稍多于创新	21	6.02
以模仿为主	11	3.15
合计	349	100

表 4.10　战略性新兴产业的新产品数量表

新产品数量	频数	百分比（%）
迅速增长	82	24.77
缓慢增长	159	48.04
无明显变化	74	22.36
缓慢下降	12	3.63
迅速下降	4	1.20
合计	331	100

（5）国内市场和国际市场并重,实现企业效益快速增长

近年来,世界经济持续低迷导致外需萎缩,在一定程度上影响国内经济的发展。然而,即便是在这种困难时期,大多数从事战略性新兴产业的企业还是致力于开拓国际市场,实现企业效益的增长。如表 4.11 所示,与 2008 年相比,55%从事战略性新兴产业的企业出口额还是保持增长,仅有 28%的企业出口额出现下滑趋势。在国际形势不甚明朗的前提下,不少从事战略性新兴产业的企业转战国内市场,以扩大市场份额。表 4.11 表明,与 2008 年相比,45%的企业产品内销比例呈现增长态势,14%的企业产品内销比例呈现下降的趋势。由此可见,大多数企业将扩大内需和外需结合起来,既千方百计稳定国际市场,又加大国内市场的开拓力度,努力实现内外联动的良好局面。

表 4.11　战略性新兴产业国内外市场开拓能力表

增长情况	出口额		产品内销比例	
	频数	百分比（%）	频数	百分比（%）
迅速增长	57	20.00	45	15.29
缓慢增长	99	34.74	98	29.94
无明显变化	49	17.19	119	40.76
缓慢下降	58	20.35	28	10.83
迅速下降	22	7.72	8	3.18
合计	285	100	298	100

（6）企业拥有一批高层次人才,与国内大学和科研机构的合作频繁

产业转型升级离不开人力资源的支撑,企业兴衰决定于人才。如表 4.12 所示,与 2008 年相比,超过 61%的企业的研发人员数量呈现持续增长的态势,不到 7%的企业出现下滑趋势。这充分说明,从事战略性新兴产业的企业十分重视高层次人才的引进。研发人员的引进不仅能够提高企业的创新技术能力和产品的附加值,还为和国内大学和科研机构的合作奠定了人力资源的基础。研究结果表明,超过 60%的企业在过去 3 年里一直加强与高校、研究机构与其他企业的合作联系,致力于推动与创新产学研一体化的产品开发模式。

表 4.12 战略性新兴产业的研发人员比例和技术研发项目数量表

增长情况	研发人员		技术研发项目数量	
	频数	百分比(%)	频数	百分比(%)
迅速增长	65	20.64	65	20.63
缓慢增长	129	40.95	129	40.95
无明显变化	101	32.06	101	32.06
缓慢下降	18	5.72	18	5.71
迅速下降	2	0.63	2	0.63
合计	315	100	315	100

2.战略性新兴产业转型升级的战略措施与手段

产业转型升级的根本目标在于改变传统粗放型的发展模式,使产品从低附加值转向高附加值,生产能耗由高污染转向低污染,以便在纷繁复杂的环境中提高企业的竞争力。如果研究证实企业所选取的战略和手段能够提高企业的经济效益和社会效益,那么这些产业转型升级的战略与手段有可能成为特定区域或特定产业以后发展的战略选择方向。

表 4.13 战略性新兴产业转型升级的战略措施与企业绩效指标的相关表

企业转型升级采取的战略措施	经济效益		社会效益	
	系数	排序	系数	排序
生产流程升级	0.2420*	4	0.4200*	4
产品升级	0.4664*	2	0.6479*	1
功能升级	0.3660*	3	0.4584*	3
链条升级	0.1437*	6	0.1890*	7
技术创新	0.5426*	1	0.5981*	2
国际化战略	0.2150	5	0.3975*	5
其他	0.1019	7	0.2495*	6

备注:(1)表中数值为皮尔逊相关系数,它用于测量两个数值型变量之间的关联程度,值域范围介于0—1之间,系数越大表明两个变量之间的关系越强。(2)*代表皮尔逊相关系数在99%的置信区间内能够通过检验,二者的关联程度是可信的。

表 4.13 结果表明,生产流程升级、产品升级、功能升级、链条升级、技术创新和国际化战略均对企业效益有显著的正向影响。具体而言,在经济效益方面,技术创新对企业经济效益的提升作用最大,产品升级的作用次之,功能升级的作用再次之。在社会效益方面,产品升级对企业社会效益的提升作用最大,技术创新的作用次之,功能升级的作用再次之。相比较之下,生产流程升级、链条升级、国际化战略和其他战略措施对提升企业效益的作用较小。

(1)技术创新

战略性新兴产业是因技术革命而诞生的产业,技术创新是战略性新兴产业的核心竞争力之源。具体而言,这种技术创新主要体现在企业通过技术革新和发明创造等手段,针对市场需求将科研成果转化成实质产品,提高附着在产品上的增加值,以实现盈利的目标。研究结果表明,在工艺技术含量方面,超过 65% 从事战略性新兴产业的企业工艺技术含量较高,仅有 5% 的企业认为自身工艺的技术含量较低。在技术研发项目数量方面,73% 从事战略性新兴产业的企业呈现增长的态势,仅有 5% 的企业有下滑的迹象。在提升企业自主研发能力方面,与 2008 年相比,超过 60% 从事战略性新兴产业的企业加强了此项措施的力度。在创新带动下,超过 60% 从事战略性新兴产业的企业在总产值、营业收入和利润总额上有较大幅度的提升。这充分说明珠三角从事战略性新兴产业的企业积极开展技术创新活动,并将这种自主创新能力运用到产品附加值的增加上,实现企业经济效益和社会效益的双重提升。

(2)产品升级

研究结果显示,珠三角大多数从事战略性新兴产业的企业均有较强的质量意识,与 2008 年相比,超过 95% 的企业通过各种方式来提高产品质量,以实现企业在更广阔的市场上获得盈利。此外,由于消费者的需求日趋个性化和激烈的市场竞争,依靠单一产品很难拓展新的市场领域或保持原有的市场份额。所以,需要企业在产品创新方面不断推陈出新,提高产品的差异化程度,并利用品牌效应辐射到更多市场以满足消费者的需求。产品创新主要是指比对手更快地推出新产品或对原有产品进行改进,具体表现在产品新技术含量的增加、产品功能增多和性能增强。研究结果表明,在研发新产品,提高产品差异化水平方面,将近90%从事战略性新兴产业的企业加强了此项措施的力度。而且,与2008年相比,72%从事战略性新兴产业企业的新产品速度呈现增长的态势,24%的企业并无明显变化,仅有4%的企业有下滑的迹象。

（3）功能升级

超过60%的珠三角战略性新兴产业企业拥有注册商标,其中38%的企业注册商标品牌知名度较高,25%的企业注册商标品牌知名度较低,30%的企业没有注册商标。这说明大多数从事战略性新兴产业的企业拥有较好的品牌建设意识和能力,并使之变成附着在产品上的附加价值。然而,也有少部分企业仍然处于发展的初期,尚未拥有注册商标或正在筹建注册商标。

销售网络建设作为功能升级的构件对提高企业效益有着重要的影响。在市场激烈竞争的今天,随着维权意识和消费观念的变化,消费者不仅注意产品实体本身,更加重视产品的售后服务。所以,企业在提供物美价廉的产品的同时,向消费者提供完善的售后服务成为现代企业市场竞争的新焦点。在改善售后服务方面,与2008年相比,超过75%的从事战略性新兴产业的企业加强了此项措施的力度。在销售服务网络建设方面,与2008年相比,64%的企业加强了此项措施的力度。由此不难看出,无论从行动或意识上,从事战略性新兴产业的企业积极构建产品销售网络以提高企业的综合竞争力、经济效益和社会效益。

在国内市场开拓能力方面,中国在过去30多年里,平均每年出口增长是GDP增长的1.5倍,出口占GDP的比重从1978年的4.6%增长到2007年的37.5%,成为仅次于德国的出口大国。然而,近年来,由于金融危机的冲击以及世界经济发展放缓,国际市场日益疲软。所以,中国未来一轮经济增长已经不可能继续过去高速出口趋势,这种形势在珠三角地区体现得更为明显。与国际市场形成鲜明对比,庞大的人口规模和快速发展的经济能力使国内市场迸发巨大潜能,这吸引了众多国外企业开始瞄准中国,以达到扩大市场份额的目标。因此,对于国内市场开拓能力较强的企业来说,他们更能在艰难的市场环境中找到增长的突破点,实现企业的稳步发展。研究结果也表明,在开拓国内市场方面,与2008年相比,74%从事战略性新兴产业的企业加强了此项措施的力度。

3.战略性新兴产业转型升级的影响因素

我们在上一节已经讨论了战略性新兴产业采用不同的战略措施对企业效益的提升作用,发现了对从事战略性新兴产业的企业效益影响最大的三大举措——技术创新、产品升级和功能升级。企业需要采用何种战略措施,是企业决策者理性评估自身所处的环境、拥有的资源要素后决定的。因此,只有了解企业需要什么样的资源条件,才会选择最有效的升级措施。下面我们基于企业需求,将分析的重点置于战略性新兴产业转型升级的影响因素上。

本调查中,企业的环境主要包括 11 个方面:自然资源、基础设施/公共服务、人力资源、知识资源、资本资源、市场需求、产业竞合关系、支援及社会组织、政府体制、制度环境和社会网络。本次调查让企业评价了这几方面条件的情况,将企业对各种条件的评价和其采取的战略措施的力度进行相关分析,表4.14 的结果显示,对从事战略性新兴产业的企业所采取的不同转型升级措施力度有积极影响的环境条件具有一定差异性。其中,对于战略性新兴产业企业效益影响最大的三大举措具有正向影响关系并且影响力度排在前三位的分别是:社会网络、政府体制、制度环境,这三者对企业采取产品升级和功能升级措施的力度正面影响最为显著,社会网络、政府体制和资本资源对企业采取技术创新措施的力度正面影响最为显著。因此,这些环境和条件越好,企业采取相关转型升级措施的力度就越大。

表 4.14 战略性新兴产业的环境条件水平与转型升级措施力度的相关表

环境 条件水平 ＼ 转型升级 措施	生产流程 升级	产品升级	功能升级	链条升级	技术创新	国际化 战略
自然资源	0.1961*	0.0966	0.0214	0.0719	0.1228	0.1181
基础设施/公共服务	0.1530*	0.0138	0.0676	0.0357	0.0059	0.0082
人力资源	0.0503	0.0393	−0.0011	0.1169	0.0550	0.0796
知识资源	0.1604*	0.1252	0.1212	0.1688*	0.1743*	0.1022
资本资源	0.1217	0.1796*	0.1145	0.2100*	0.2319*	0.2034*
市场需求	0.1980*	0.1232	0.1306	0.1393*	0.1404	0.1050
产业竞合关系	0.2549*	0.1252	0.1761*	0.2279*	0.1530*	0.1506

续表

环境条件水平＼转型升级措施	生产流程升级	产品升级	功能升级	链条升级	技术创新	国际化战略
支援及社会组织	0.3063*	0.1251	0.1627*	0.1593*	0.1490*	0.1219
政府体制	0.2783*	0.2055*	0.2438*	0.1681*	0.2073*	0.1997*
制度环境	0.2947*	0.1836*	0.2365*	0.1442*	0.1501*	0.0663
社会网络	0.4406*	0.3800*	0.4618*	0.4015*	0.4134*	0.3514*

备注:(1)表中数值为皮尔逊相关系数,它用于测量两个数值型变量之间的关联程度,值域范围介于0—1之间,系数越大表明两个变量之间的关系越强。(2)*代表皮尔逊相关系数在99%的置信区间内能够通过检验,二者的关联程度是可信的。

　　鉴于社会网络对战略性新兴产业企业效益影响最大的三大举措的相关系数都约等于0.4,表明社会网络对战略性新兴产业企业战略行为的影响不容忽视。因此,以下对企业的社会网络进行分解,以探寻战略性新兴产业不同类型的社会网络对转型升级措施力度的影响。表4.15中,对产品升级、功能升级和技术创新影响呈正向关系。从中可见,企业要实现转型升级,离不开不同社会网络的合力支持。其中,当地政府部门尤为重要。

表4.15　社会网络与转型升级措施力度的相关表

社会网络＼转型升级措施	产品升级	功能升级	技术创新
同行业竞争对手	0.1057*	0.2146*	0.1027*
本地供应商、配套厂商、分包厂商	0.2667*	0.4129*	0.2545*
本地分销商、国内贸易商及零售商	0.1918*	0.3438*	0.2291*
海外客户	0.2116*	0.1828*	0.2138*
当地政府部门	0.2767*	0.3452*	0.3132*
行业协会/商会	0.2575*	0.3750*	0.2846*
本地技术创新中心	0.2223*	0.3374*	0.2930*
国内高校、科研院所	0.1991*	0.3053*	0.3069*
本地培训、人才招聘服务机构	0.2773*	0.3261*	0.3144*
本地金融服务机构	0.2980*	0.3356*	0.3044*

转型升级措施 社会网络	产品升级	功能升级	技术创新
本地管理咨询、信息服务机构	0.2027*	0.2805*	0.2470*
本地解决劳资纠纷的相关机构	0.1680*	0.2346*	0.1963*
媒体	0.1279*	0.2738*	0.1903*
本地的会展及市场推广机构	0.2446*	0.3525*	0.2514*

备注:(1)表中数值为皮尔逊相关系数,它用于测量两个数值型变量之间的关联程度,值域范围介于
0—1 之间,系数越大表明两个变量之间的关系越强。(2)*代表皮尔逊相关系数在 99%的置信区
间内能够通过检验,二者的关联程度是可信的。

(三)传统产业转型升级与战略性新兴产业转型升级的比较

上文分析了珠三角传统产业和战略性新兴产业的转型升级的具体情况。
传统产业是在珠三角具有较长发展历史并已经形成一定规模的优势产业,往
往形成产业集群,企业数量众多,以中小型民营企业为主,大多仍是劳动密集
型或资本密集型。战略性新兴产业是被政府纳入规划未来大力扶持的高新技
术产业,发展时间较短,以资本密集型和技术密集型为主。两个产业从涵盖行
业类型、发展基本情况、资源依赖到生产经营方式都有明显的差异,因而它们
的转型升级路径和影响因素也不尽相同,下面对二者转型升级情况进行对比
和总结。

1.传统产业和战略性新兴产业的总产值变化情况相近,战略性新兴产业
的利润收益稍好于传统产业

表 4.16 表明,2008 年到 2011 年传统产业和战略性新兴产业的大部分企
业都在产值和利润总额上有所增长。企业总产值的变化情况方面,传统产业
与战略性新兴产业基本一致,而利润总额的变化情况方面,战略性新兴产业略
优于传统产业,战略性新兴产业呈现增长的企业比例为 58.31%,比传统产业
增长近 12%。利润总额下降的企业,战略性新兴产业中为 28.45%,传统产业
中为 34.11%。可见,传统产业和战略性新兴产业在生产规模(总产值)变化
的情况相近,但战略性新兴产业的盈利情况(利润总额)相对稍好。

表 4.16　传统产业和新兴产业产值指标变化表

增长情况	总产值(%)		利润总额(%)	
	传统产业	新兴产业	传统产业	新兴产业
迅速增长	19.66	31.07	12.59	22.25
缓慢增长	44.57	38.98	33.94	36.06
无明显变化	14.64	10.17	19.36	13.24
缓慢下降	16.81	16.38	25.89	19.15
迅速下降	4.32	3.40	8.22	9.30
合计	100	100	100	100

2.战略性新兴产业到达价值链上 OBM 阶段的企业远高于传统产业,传统产业仍有三分之一的企业停留在 OAM 或 OEM 阶段

企业是已经到达 ODM 或 OBM 生产阶段,还是仍停留在 OAM 或 OEM 的生产阶段,可以反映企业在全球价值链上攀升的情况。从表 4.17 可见,传统产业被访企业中有 57.78% 已经到达价值链最上端即 OBM 阶段,战略性新兴产业被访企业中达到该阶段的比例远高于传统产业,达 80.84%。传统产业中仍有 30% 的被访企业停留在 OAM 或 OEM 这种价值链低端的阶段,而战略性新兴产业中该比例仅为 10.8%。从目前企业在价值链上的分布来看,战略性新兴产业的转型升级情况明显优于传统产业,传统产业中大量处于 OAM 和 OEM 阶段的企业仍需要向 OBM 的生产模式努力转型。

表 4.17　传统产业和战略性新兴产业企业所在价值链位置表

价值链位置\产业类型	停留在 OAM 阶段		停留在 OEM 阶段		到达 ODM 阶段		到达 OBM 阶段	
	企业数量	百分比(%)	企业数量	百分比(%)	企业数量	百分比(%)	企业数量	百分比(%)
传统产业	200	15.11	198	14.95	161	12.16	765	57.78
战略性新兴产业	23	8.01	8	2.79	24	8.36	232	80.84
总体	223	13.84	206	12.79	185	11.48	997	61.89

3.战略性新兴产业技术创新的投入和产出明显优于传统产业

产业转型升级的核心是技术创新,即通过自主创新提升产业的核心竞争力,达到转变生产经营模式,提高附加值和经济效益的目的。因此,技术创新是企业转型升级中考察的重点。从技术创新的投入情况,包括技术研发项目的数量和研发人员的比例来看(见表4.6和表4.12),战略性新兴产业均明显优于传统产业。2008年到2011年,技术研发项目数量呈增长态势的新兴产业企业有61.6%,传统产业为53.1%;研发人员比例呈增长态势的新兴产业企业有61.6%,传统产业为47.3%。可见战略性新兴产业的创新投入明显多于传统产业。

从创新的产出来看,2008年到2011年新产品数量的变化情况,新兴产业中72.8%的企业有所增长,传统产业中为58.3%。从获得发明专利的数量情况来看(见表4.18),传统产业企业中,81%的企业没有获得任何发明专利,剩下19%有发明专利的企业中有近15%的企业发明专利数量集中在1—5个;战略性新兴产业企业中,52%的企业没有获得任何发明专利,剩下48%有发明专利的企业中有31%的企业获得的发明专利数量在1—5个,有8%在6—10个,还有9%获得超过10项发明专利。可见战略性新兴产业的创新产出也明显多于传统产业。总体而言,战略性新兴产业的技术创新能力和成果都更好,传统产业应进一步加大创新投入,提升自主创新的能力。

表4.18 传统产业和战略性新兴产业企业获得发明专利的情况

产业类型 / 专利个数	战略性新兴产业		传统产业	
	企业数量	百分比(%)	企业数量	百分比(%)
0个	157	52	1110	81
1—5个	92	31	206	15
6—10个	25	8	27	2
10个以上	28	9	34	2
合计	302	100	1377	100

4.战略性新兴产业的国内国际市场情况均比传统产业有优势

2008 年全球金融危机对传统制造业的产品出口造成的负面影响比较明显,国际市场方面(见表4.5 和表4.11),2008 年到 2011 年33.3%产品出口的传统产业企业的出口额出现下降,出口额增长的企业不足一半(43.1%)。相比之下,55%从事战略性新兴产业的企业出口额还是保持增长,仅有 28%的企业的出口额出现下滑的趋势。国内市场方面(见表4.5 和表4.11),传统产业面临的挑战尤其严峻,仅有 16.8%的企业产品内销比例有所增长,40.7%的传统企业的产品内销比例在下降,42.5%保持不变。而战略性新兴产业的国内市场开拓情况明显更具优势,与 2008 年相比,45%的战略性新兴产业企业产品内销比例呈现增长态势,只有 14%的企业产品内销比例呈现下降的趋势。由此可见,战略性新兴产业的国内国际市场情况均比传统产业有优势,传统产业应加快转型,先发展销售渠道,打开国内市场,同时进一步提升创新能力,研发有核心竞争力的产品出口国际市场。

5.传统产业和战略性新兴产业转型升级有效措施和影响条件比较相似

前文分章节分析了传统产业和战略性新兴产业转型升级的措施与绩效(包括经济绩效与社会绩效)的相关,以及外部环境条件与各项升级措施力度的相关。研究的结果显示,传统产业与战略性新兴产业在这两方面比较相似,功能升级、产品升级和技术创新这三项是传统产业与战略性新兴产业企业提升效益最有效的升级措施。影响企业采取这些措施的力度的环境条件,传统产业与战略性新兴产业也比较相似,都是社会网络、政府体制和制度环境。改善这三类环境条件,有利于促进传统产业与战略性新兴产业的转型升级。

二、东岸和西岸的产业转型升级

(一)珠三角东岸的产业转型升级:以珠江东岸 E 市为例

《珠江三角洲地区改革发展规划纲要(2008—2020 年)》提出珠江口东岸地区要加快发展电子信息高端产品制造业,打造全球电子信息产业基地。在发展服务业的同时,推进产业结构优化升级。

在全球化的国际价值链中,目前 E 市的许多企业都处在低端的位置,总体上占据的是产业链的零部件组生产和成品组装阶段,即"微笑"曲线的中间部分。企业的生产优势在于低成本,但是核心技术创新能力和自主品牌建设相对落后;出口产品总体上技术含量低、附加值低、利润低。

根据以下的调查结果,我们初步认为,E市的转型升级的路径或者走产业链高端化、产业扩张之路,或者走产业专业精细化、产业深化之路,但估计产业整体结构跨越和新产业创造的路径难度太大。与产业升级路径相对应的政府角色定位,则仍应坚持以市场规制者和经济环境促进者的作用为主。以下调研结果显示出E市企业目前的转型升级行为特征。

1.E市企业的基本情况

(1)E市企业新设市场营销和研究部门,积极开发市场渠道

自2008年全球金融危机爆发以来,E市企业面临的最大挑战便是出口受阻。在此背景下,601家企业大多数将经营重点放在市场营销上,以图解决产品的销路问题。企业推进转型升级的行为会反映在企业内部职能部门的调整和设置上。如表4.19所示,2008年以来,有37.8%的受访企业新设了有预算并实际投入运作的市场营销与销售部门,有28.5%的受访企业设立了战略规划和市场研究部门,还有10.1%的受访企业新设了售后服务部门。

表4.19　2008年以来E市企业新设部门情况统计

部门类型	百分比(%)
市场营销与销售部门	37.8
研发部门	15.8
采购原材料中心或物流管理部	9.5
售后服务部门	10.1
战略规划和市场研究部门	28.5
IT部门	10.0
总数=601	

如果生产的产品销售不出去,企业就无法回收资金,直接影响企业的生存和日常运转,所以,企业提升营销能力是务实和明智的。政府相关部门应该为企业的营销创造便利的环境条件。

（2）E市企业出口情况有好有坏，内销势头强劲

在E市市政府的倡导和支持下，E市企业营销升级的主要努力方向有三个，第一是继续做好出口，第二是出口转内销，第三是自主品牌建设。从本次调查来看，这三个方面的努力均已初见成效。

首先，出口企业内部分化大。自2008年以来，出口形势一直处于低迷之势，对E市企业的出口影响甚大。从表4.20可以看出，有40.2%的企业认为，与2008年相比，企业出口下降了，但是也有41.6%的受访企业认为出口与2008年相比提高了。这说明，在海外市场需求萎靡不振的不利情况下，E市出口企业内部分化加剧，好的愈好，差的愈差，维持现状的企业比重不高。

表4.20　E市企业出口变迁情况

增长情况	百分比（%）
改善	41.6
无明显变化	18.2
下降	40.2
总数＝495	

与传统产业企业相比，战略性新兴产业企业的出口改善更为明显。如表4.21所示，在战略性新兴产业企业中，2011年出口情况比2008年有改善的占60%，而传统产业企业出口情况改善的则只占44.4%，与2008年相比出口下降的传统产业企业所占比重明显高于战略性新兴产业。

表4.21　E市不同产业企业出口增长情况比较

与2008年相比，出口情况	战略性新兴产业百分比（%）	传统产业百分比（%）
改善	60.0	44.4
无明显变化	17.1	17.9
下降	22.9	37.7
总数＝505	70	435

其次,内销增长强劲。在出口受阻的情况下,转向内销成为企业求生存、求发展的现实选择。在 E 市市政府的大力支持下,E 市企业内销增长势头强劲。从表 4.22 可以看出,自 2008 年以来,有 38.9%的受访企业认为,与 2008年相比,企业内销比例提高。

表 4.22　E 市企业内销比例变迁趋势

变化情况	百分比(%)
提高	38.9
无明显变化	45.2
下降	15.9
总数＝384	

(3)品牌自主化率不高,但自主品牌影响力逐步提高

内销的成功离不开品牌建设,因此,自主品牌的打造成为企业转型升级的主要内容之一。从表 4.23 可以看出,E 市仍然有接近六成的企业没有自己的注册商标,已注册商标且知名度较高的企业只占受访企业总数的13%。这说明,E 市企业自主品牌建设仍要加大力度。

表 4.23　E 市企业商标注册情况统计

注册情况	百分比(%)
无注册商标	57.2
在筹备注册商标	7.4
已注册商标但知名度较低	22.4
已注册商标且知名度较高	13.0
总数＝593	

自主品牌的建设需要时间,非一朝一夕之功,当务之急是早起步。调查发现,E 市已经具有自主品牌的企业,其品牌影响力大部分在提高。如表 4.24所示,有 43.2%的受访企业认为,与 2008 年相比,企业自主品牌的影响力提高了。

表 4.24　E 市企业品牌影响力变迁趋势

变化情况	百分比（%）
提高	43.2
无明显变化	48.2
下降	8.6
总数＝276	

（4）大部分企业选择降低成本，先求生存

2008 年以前，特别是 20 世纪 90 年代，E 市外向型经济发展的最大优势就是低成本。但是，随着近几年国内外社会经济形势的变化，低成本优势已经难以为继。在这种新的背景下，有一部分企业（23.28%）开始摆脱过去的经营理念，开始从以生产为中心向以研发为中心转变。如表 4.25 所示，但是有过半的企业仍然将重点放在降低生产成本以解决生存问题上。

表 4.25　2008 年以来 E 市企业经营重点转变情况

经营重点转变情况	百分比（%）
降低生产成本，解决生存问题	54.10
从生产向研发转变，加强研发设计能力	23.28
从生产向营销转变，加强品牌建设和市场开拓	18.26
其他	4.36
总数＝597	

在战略性新兴产业领域，从降低成本求生存向通过创新提高核心竞争力的转型表现得较为明显。如表 4.26 所示，在受访的 97 家 E 市战略性新兴产业企业中，有 38.1% 的企业表示，2008 年以来企业经营重点从生产向研发转变，而在受访的 500 家 E 市传统产业企业中，只有 20.4% 的企业表示企业经营重点从生产向研发转变。

表 4.26　E 市不同类型产业企业经营重点转变情况对比

2008 年以来,公司经营重点转变	战略性 新兴产业 百分比(%)	传统产业 百分比(%)
降低生产成本,解决生存问题	23.7	60.0
从生产向研发转变,加强研发设计能力	38.1	20.4
从生产向营销转变,加强品牌建设和市场开拓	30.9	15.8
其他	7.2	3.8
总数=597	97	500

（5）产业链高端化是 E 市企业升级的主要趋势

E 市的大多数企业发端于改革开放之初的"三来一补"企业,主要为国外大型跨国公司提供来样/图加工装配产品的服务(OAM),从中赚取微薄的加工费。2008 年全球金融危机的爆发,大批的代工生产企业倒闭,使得政府和企业家感受到了产业链升级的重要性和紧迫性。2008 年以来,在 E 市各级政府的大力支持下,E 市企业产业链升级稳步推进,沿着 OAM—OEM—ODM—OBM 的路径向价值链高端迈进。

ODM、OBM 企业数量超过 OAM、OEM 企业数量。从本次调查结果来看,E 市具有自主设计(ODM)和自主品牌(OBM)的企业数量明显超过了从事委托组装制造(OAM)和委托加工制造(OEM)的企业数量。如表 4.27 所示,处于 ODM 和 OBM 阶段的受访企业占总数的 54%,而处于 OAM 和 OEM 阶段的受访企业则只占总数的 46%。

表 4.27　E 市各产业链阶段企业比重比较

产业链阶段	百分比(%)
OAM	25.0
OEM	21.0
ODM	19.0
OBM	35.0
总数=582	

（6）E市企业转型升级的经济绩效和社会绩效

调查发现,E市企业的转型升级使企业社会效益改善明显,经济效益也有改善。经济效益方面,与2008年相比,50.9%的企业产值得到提高,但企业利润提高的只占36.6%,可见"量"增长较快,"质"提升较慢。

与2008年相比,有54.8%的受访企业认为,目前企业的安全生产状况改善了;有56.1%的受访企业表示节能成效提高了;有83.4%的受访企业认为员工福利待遇得到改善。

表4.28　E市企业经济效益变迁趋势

与2008年相比	产值百分比（%）	利润百分比（%）
提高	50.9	36.6
无明显变化	15.9	16.4
下降	33.2	47.0
总数	591	595

表4.29　E市企业安全生产改善情况

增长情况	百分比（%）
改善	54.8
无明显变化	41.7
下降	3.5
总数=573	

表4.30　E市企业节能减排变迁趋势

与2008年相比	节能成效百分比（%）	减排成效百分比（%）
提高	56.1	54.0
无明显变化	39.0	39.5
下降	4.9	6.5
总数	569	552

表 4.31　E 市企业员工福利待遇改善情况

增长情况	百分比（%）
改善	83.4
无明显变化	13.2
下降	3.4
总数 = 590	

2.E 市企业转型升级的战略措施与手段

从表 4.32 可以看出，对于珠三角东岸的 E 市企业，在转型升级的手段中，与企业经济效益和社会效益的相关程度最高的依次是技术创新、产品升级和功能升级。与企业的经济效益和社会效益相关程度最低的是企业的链条升级和国际化战略。可见，技术创新、产品升级和功能升级是企业进行转型升级最有效的措施。

表 4.32　E 市转型升级的战略措施与企业绩效指标的相关表

企业转型升级采取的战略措施	经济效益		社会效益	
	系数	排序	系数	排序
生产流程升级	0.2401*	4	0.3217*	4
产品升级	0.4684*	2	0.5506*	2
功能升级	0.3359*	3	0.3898*	3
链条升级	0.1099	5	0.1042	6
技术创新	0.4972*	1	0.6054*	1
国际化战略	0.0993	6	0.2318*	5

在本次调查中，研究者列举了若干项企业转型升级的具体措施，然后让受访企业根据本企业在 2008 年以来的实施力度从 0 分至 9 分打分。从表 4.33 可以看出，2008 年以来，E 市企业实施力度最大的升级的具体措施为提高产品质量，属于产品升级的范畴。其他实施力度较大的 5 项措施都属于生产流程升级的范畴。从企业实际采取各项具体措施的平均力度情况来看，E 市企业将大量精力和资源投入流程升级，但从实际效果而言，流程升级对绩效的贡

献相对较小。虽然企业实施产品升级的力度较大,但对技术创新和功能升级的实施力度仍有待提升。下面具体分析 E 市企业技术创新、产品升级和功能升级的情况。

表 4.33　E 市企业转型升级战略措施的力度

转型升级的战略措施	采取该措施力度的均值
生产流程升级	
投资采用新生产机器设备/技术	6.40
质量管理体系/制度建设	7.04
优化库存物流管理	6.92
优化工时管理制度	7.25
安全生产规章制度建设	7.67
员工技能培训	7.46
产品升级	
提高产品质量	8.25
研发新产品,提高产品差异化水平	6.28
功能升级	
自主品牌建设	4.64
改善售后服务	6.30
销售服务网络建设	5.11
开拓国内市场	5.77
链条升级	
在本行业中向上游产业延伸,如原材料	4.57
在本行业中向下游产业延伸,如分销	4.05
进入新行业	3.12
技术创新	
与高校、研究机构、其他企业进行合作研发	3.48
提升企业自主研发能力	6.28
国际化战略	
开拓国际市场	6.21
在海外投资建厂	1.98

（1）技术创新

经验表明,企业的转型升级,最主要依靠技术的进步。本项研究发现,在各种类型的升级措施中,E市企业技术创新是最有效的升级措施。E市企业技术创新的具体情况如下:

企业研发人员比重显著提高。从表4.34可以看出,有47.7%的受访企业认为,与2008年相比,企业研发人员比重提高了,只有10.7%的受访企业认为研发人员比重下降了。

表4.34 E市企业研发人员比重变化情况

变化情况	百分比（%）
提高	47.7
无明显变化	41.6
下降	10.7
总数＝365	

技术研发项目明显增多。从表4.35可以看出,有56.5%的受访企业认为,与2008年相比,技术研发项目的数量增长了,只有10.1%的受访企业认为技术研发项目的数量比2008年下降了。

表4.35 E市企业技术研发项目数量变化情况

变化情况	百分比（%）
增长	56.5
无明显变化	33.4
下降	10.1
总数＝354	

（2）产品升级

通过提高产品质量,研发新产品,进行产品的更新换代也是企业适应变化的市场,进行转型升级的有效手段。E市企业普遍大力提高产品质量,新产品研发和销售也取得一定成效。

新产品数量快速增长。2008年以来,E市企业通过自主研发,新产品数量出现快速增长之势。如表 4.36 所示,有 56.3% 的受访企业认为,与 2008 年相比,企业新产品数量增长了,只有 11.9% 的受访企业认为新产品数量比 2008 年下降了。

表 4.36　E 市企业新产品数量变化情况

变化情况	百分比(%)
增长	56.3
无明显变化	31.8
下降	11.9
总数 = 412	

新产品销售额比重显著提高。随着新产品数量的增长,E 市企业新产品销售额的比重也明显提高。如表 4.37 所示,有 52% 的受访企业认为,与 2008 年相比,企业新产品销售额的比重提高了,只有 13.5% 的受访企业认为企业新产品销售额比重下降了。

表 4.37　E 市企业新产品销售额比重变化情况

变化情况	百分比(%)
提高	52.0
无明显变化	34.5
下降	13.5
总数 = 413	

(3)功能升级

功能升级涉及企业功能的拓展,从生产环节向附加值更高的研发设计、品牌销售这两端延伸。表现为企业设立自身的研发设计机构,从单纯的 OAM 或 OEM 生产转变为 ODM 生产,或创立自主品牌,开拓营销渠道进行 OBM 生产。这是转型升级高级阶段的升级举措,实现在价值链上的攀升。

E 市企业的 OAM、OEM 销售额比重在稳定中有增有减,ODM、OBM 销售额比重明显提高。在仍然有 OAM 和 OEM 业务的企业中,有接近六成的企业

OAM、OEM 销售额比重保持稳定。这些企业分化比较明显,与 2008 年相比,OAM、OEM 销售额比重提高和下降的企业都在两成左右(见表 4.38)。与 OAM、OEM 销售额比重稳定中有增有减形成鲜明对比,自 2008 年以来,E 市企业 ODM、OBM 销售额比重大幅度提高。与 2008 年相比,有 33.8% 的受访企业表示,ODM 销售额比重提高了,有 41.6% 的受访企业表示,OBM 销售额比重提高了。

表 4.38 E 市企业 OAM、OEM、ODM、OBM 销售额比重变迁趋势

与 2008 年相比	OAM 销售额比重百分比(%)	OEM 销售额比重百分比(%)	ODM 销售额比重百分比(%)	OBM 销售额比重百分比(%)
提高	23.4	23.4	33.8	41.6
无明显变化	56.7	57.3	52.3	46.5
下降	19.9	19.3	13.9	11.9
总数	367	300	275	202

3.E 市企业转型升级的影响因素

本次调查让 E 市企业评价了 11 个方面的环境条件情况,通过将企业对各种条件的评价和其采取的战略措施的力度进行相关分析,表 4.39 的结果显示,绝大部分环境条件与企业采取转型升级措施的力度有显著相关,但除了社会网络的相关系数大于 0.3 之外,其他条件的相关系数普遍较小,即这些环境条件都对企业采取转型升级的措施有一定促进作用,但作用比较有限。也就是说,社会网络是影响 E 市产业转型升级的主要环境因素,企业在这些方面的能力越强,其转型升级的力度和程度就越大。

表 4.39 E 市的环境条件水平与转型升级措施力度的相关表

环境条件水平 ＼ 转型升级措施	生产流程升级	产品升级	功能升级	链条升级	技术创新	国际化战略
自然资源	0.1569*	0.1226	0.0858	0.1140	0.1708*	0.0379
基础设施/公共服务	0.1168*	0.1032	0.1097	0.0365	0.0934	0.0560
人力资源	0.1103	0.1205	0.0305	0.1241*	0.1501*	0.0155

续表

环境条件水平＼转型升级措施	生产流程升级	产品升级	功能升级	链条升级	技术创新	国际化战略
知识资源	0.1423*	0.0947	0.1274	0.1615*	0.1305	0.0918
资本资源	0.1307*	0.1443*	0.1345	0.1370*	0.2019*	0.0800
市场需求	0.2461*	0.2238*	0.1678*	0.1353*	0.2517*	0.1227
产业竞合关系	0.2216*	0.2038*	0.1369	0.1373*	0.2283*	0.1129
支援及社会组织	0.2120*	0.1349*	0.1308	0.0271	0.1616*	0.0239
政府体制	0.1978*	0.1478*	0.2417*	0.0417	0.1842*	0.0311
制度环境	0.2272*	0.1511*	0.1841*	0.0298	0.2192*	0.0130
社会网络	0.3541*	0.3632*	0.3991*	0.2528*	0.3726*	0.2501*

备注:(1)表中数值为皮尔逊相关系数,它用于测量两个数值型变量之间的关联程度,值域范围介于0—1之间,系数越大表明两个变量之间的关系越强。(2)*代表皮尔逊相关系数在99%的置信区间内能够通过检验,二者的关联程度是可信的。

　　具体分析珠三角东岸E市的企业的社会网络,从受调查企业与各类机构的平均联系频率和信任程度(采取1分至9分的打分原则,分数越高,则说明联系频率、信任程度越高)来看,如表4.40所示,与企业联系频率最高的是同行业竞争对手,其次是海外客户以及本地分销商、国内贸易商和零售商;企业信任程度最高的机构是当地政府部门,其次是本地供应商、配套厂商、分包厂商以及本地金融服务机构、本地解决劳资纠纷的相关机构。

表4.40　E市企业与各机构的联系频率和信任程度表

机构名称	联系频率	信任程度
同行业竞争对手	6.76	4.79
本地供应商、配套厂商、分包厂商	4.98	6.37
本地分销商、国内贸易商及零售商	5.83	5.19
海外客户	6.02	5.96
当地政府部门	5.10	6.57
行业协会/商会	3.70	5.79
本地技术创新中心	3.01	4.71
国内高校、科研院所	4.86	4.58

机构名称	联系频率	信任程度
本地教育培训、人才招聘服务机构	5.60	5.30
本地金融服务机构	4.67	6.08
本地管理咨询、信息服务机构	5.07	5.36
本地解决劳资纠纷的相关机构	2.66	6.09
媒体	3.81	4.36

在成熟的产业集群内,同行业企业之间是信任程度较高的,它们之间的联系也比较频密。同行业竞争者之间的高信任程度和密切的联系与交流能促进企业之间技术创新和人员流动,是企业重要的社会资本,有利于推动企业的转型升级。然而目前 E 市企业的实际情况是,虽与同行业竞争者有频繁的联系,但信任程度较低,这反映了 E 市的产业集群化程度虽高,但企业之间缺乏信任,因此可能难以合作。E 市的制造业企业大多缺乏核心的生产技术,进行代工生产,缺少与同行合作进行研发或营销的观念。针对这种情况,企业自身应对同行业竞争者的角色地位进行重新认识,政府部门也应尽可能鼓励企业之间的交流合作,减少恶性竞争。

除了对同行业竞争者的信任程度较低外,企业对于本地技术创新中心、国内高校、科研院所的信任与联系频率也不高,这些原本应该对企业技术研发提供重要帮助的机构并没有发挥实质的作用。造成这种情况的原因可能是这些技术创新中心和科研机构的技术研发、技术创新并没有切合企业生产发展的需要。E 市政府投入不少资源建立技术创新中心和创新平台,但它们被企业利用并实际发挥作用的情况并不理想。存在的问题可能是忽略了对企业需求及与企业所处技术阶段接轨的考量,如何发挥这些研究机构的功能,也是企业转型升级过程中必须考量的重要因素。研究结果显示,企业普遍对当地政府的信任程度较高,这有利于政府进一步推动企业进行转型升级并在此过程中发挥积极作用。

进一步分析企业的不同类型社会网络对企业转型升级的影响。技术创新是产业升级最有效的手段之一,如表 4.41 所示,它与企业、高校、科研院所和金融服务机构的关系密切相关。与高校和科研院所的联系有利于其创新水平

的提升,使企业获得自有知识产权的核心技术。而自主创新需要大量的资金
投入,这正是与金融服务机构关系对于企业技术创新的重要性所在。企业与
本地金融服务机构、当地政府部门以及本地教育培训、人才招聘服务机构的联
系频率对企业采取产品升级措施的力度有最显著的正向关系且相关系数最
大。这说明企业进行产品升级需要资金投入和研发人才,与金融服务机构、人
才招聘服务机构的关系非常重要。而对于功能升级而言,与本地供应商、配套
厂商、分包厂商以及国内高校、科研院所的关系更为重要。功能升级主要是企
业拓展职能和打造品牌,对于 E 市企业而言,自身功能的拓展与配套厂商的
关系十分密切,同时打造品牌需要拥有核心竞争力,需要与专业研发机构合作
进行技术研发。

表 4.41　社会网络与 E 市企业转型升级措施力度的相关表

转型升级措施 社会网络	产品升级	功能升级	技术创新
同行业竞争对手	0.2107*	0.2078*	0.2302*
本地供应商、配套厂商、分包厂商	0.2637*	0.3692*	0.2651*
本地分销商、国内贸易商及零售商	0.1540*	0.3340*	0.2529*
海外客户	0.1787*	0.1965*	0.1704*
当地政府部门	0.3415*	0.3611*	0.3381*
行业协会/商会	0.2658*	0.3373*	0.2713*
本地技术创新中心	0.2986*	0.4129*	0.3491*
国内高校、科研院所	0.3107*	0.3636*	0.4186*
本地教育培训、人才招聘服务机构	0.3278*	0.3486*	0.3411*
本地金融服务机构	0.3641*	0.3231*	0.3769*
本地管理咨询、信息服务机构	0.2335*	0.2299*	0.2667*
本地解决劳资纠纷的相关机构	0.2508*	0.2407*	0.2348*
媒体	0.2772*	0.3361*	0.3091*
本地的会展及市场推广机构	0.2882*	0.2892*	0.2710*

(二)珠三角西岸的产业转型升级:以珠江西岸 W 区为例

珠三角发展规划纲要提出珠江西岸要重点发展先进制造业,大力发展生
产性服务业,做大做强主导行业,打造若干具有国际竞争力的产业集群,形成

新的产业增长极。W区的产业发展涵盖了改造提升优势传统产业、发展先进制造业和培育战略性新兴产业等方面。

由于W区的产业传统上以内源型制造业为主,投资和市场都在国内;近几年着力发展先进制造业和培育新兴产业,其转型升级的路径可以走产业链高端化、产业扩张之路,也可以走产业专业精细化、产业深化之路,还有进行产业整体结构跨越和新产业创造的可能性。与这些产业升级路径相对应的政府角色定位,则要根据具体每个行业部门的升级路径而定,不应采取一刀切、大一统的模式。

1.W区企业的基本情况

(1)加强营销能力是W区企业的首选,同时也没有忽视研发投入

企业推进转型升级的行为会反映在企业内部职能部门的调整和设置上。如表4.42所示,2008年以来,有62%的受访企业新设了有预算并实际投入运作的市场营销与销售部门,有42.1%的受访企业新设了采购原材料中心或物流管理部,还有35.3%的受访企业新设了售后服务部门。大部分企业都设立了使自身职能更完善、营销水平可以提升的新部门。另外,也有不少企业加强研发能力,55.6%的企业新设立了研发部门。

表4.42　2008年以来W区企业新设部门情况统计

部门类型	百分比(%)
市场营销与销售部门	62.0
研发部门	55.6
采购原材料中心或物流管理部	42.1
售后服务部门	35.3
战略规划、市场研究部门	19.3
IT部门	18.5
投资管理部门	10.2
总数＝601	

W区企业加强营销能力主要努力方向有三个,第一是进一步开拓国内市

场,第二是自主品牌建设,第三是加大产品出口。从本次调查来看,这三方面的努力均已初见成效。

(2)产品出口额和内销增长强劲,企业品牌影响力不断提高

企业出口额增长。产品出口虽然不是 W 区企业产品主要的市场方向,但出口比例增长也是企业营销水平改善的反映,进入国际市场同样有利于企业效益和竞争力的提升。自 2008 年以来,56.7%的受访企业认为出口额有所提高。这说明,在海外市场需求萎靡不振的不利情况下,W 区企业的出口情况仍向好。

表 4.43　W 区企业出口额变迁情况

增长情况	百分比(%)
增长	56.7
无明显变化	18.3
下降	25.0
总数 = 495	

内销增长强劲。W 区的企业大部分都面向国内市场,产品进行内销的企业有 509 家,占调查企业的 85%。总体而言,2008 年以来,W 区企业的产品内销比例保持的增长势头较好,有半数企业内销呈现提高趋势(见表 4.44)。

表 4.44　W 区企业内销比例变迁趋势

变化情况	百分比(%)
提高	51.5
无明显变化	35.8
下降	12.7
总数 = 509	

自主品牌较多,品牌知名度较高,自主品牌影响力不断提高。内销的成功离不开品牌建设,从表 4.45 可以看出,W 区超过八成的企业已注册商标,其中 48.2%的受访企业所注册的商标知名度较高。这说明,W 区企业自主品牌

建设的情况较好。自主品牌的市场影响力方面,2008 年以来,W 区已经具有自主品牌的 481 家受访企业的品牌影响力大部分都有所提高。如表 4.46 所示,有 66.1%的受访企业认为企业自主品牌的影响力提高了。

表 4.45　W 区企业商标注册情况统计

注册情况	百分比(%)
无注册商标	12.7
在筹备注册商标	5.4
已注册商标但知名度较低	33.6
已注册商标且知名度较高	48.2
总数=589	

表 4.46　企业品牌影响力变迁趋势

变化情况	百分比(%)
提高	66.1
无明显变化	28.5
下降	5.4
总数=481	

(3)大多数 W 区企业已经进入 OBM 阶段

到达 OBM 阶段企业数量占大多数(73%),远超过停留在 OAM、OEM、ODM 企业数量(见表 4.47)。以 W 区为代表的西岸企业的生产经营方式与以 E 市为代表的东岸企业有明显区别,W 区的企业对外资和国外市场的依赖较少,一开始便以国内市场为主,是"天生的 OBM"企业,从企业创立初期就开始打造自主品牌,开拓国内市场。

表 4.47　各产业链阶段企业比重比较

价值链阶段	百分比(%)
OAM	4.2
OEM	1.8

续表

价值链阶段	百分比(%)
ODM	7.0
OBM	73.0
总数=516	

(4)W区企业的经济效益和社会效益均不断提高

W区企业经济效益不断提高,但产值增长多于利润增长。本次调查发现,W区大部分企业想方设法实施转型升级战略,大部分企业的产值有所增长,但扩大规模并没有带来一致的利润增长,有31.2%的企业甚至出现了利润的下滑。如表4.48所示,与2008年相比,企业产值提高的企业占受访企业总数的74.2%,但利润提高的企业只占受访企业总数的54.2%。

表4.48 W区企业经济效益变迁趋势

与2008年相比	产值百分比(%)	利润百分比(%)
提高	74.2	54.2
无明显变化	8.8	14.6
下降	17.0	31.2
总数	590	589

安全生产、节能减排、工人福利待遇等社会效益显著提高。2008年以来,W区企业社会效益得到了比较明显的提升(见表4.49)。安全生产形势不断向好,有71.4%的受访企业认为,与2008年相比,目前企业的安全生产状况改善了,企业节能减排的成效突出。与2008年相比,有71.4%的受访企业表示,节能成效较2008年有所提高,有68.4%的受访企业表示企业减排成效提高了。工人福利待遇的改善最为明显,有86.6%的受访企业认为其公司的工人福利待遇有所改善。

表 4.49　W 区企业社会效益改善情况

与 2008 年相比	百分比（%）			
	安全生产	节能成效	减排成效	工人福利待遇
改善	71.4	71.4	68.4	86.6
无明显变化	27.9	27.3	29.9	11.7
下降	0.7	1.3	1.7	1.7
总数	581	567	545	590

2. W 区企业转型升级的战略措施与手段

从表 4.50 可以看出，对于珠三角西岸的 W 区企业，在转型升级的手段上，与企业经济效益的相关系数最高的依次是技术创新、产品升级和功能升级；与企业社会效益相关系数最高的依次是产品升级、技术创新、功能升级。与企业的经济效益和社会效益相关程度较低的是企业链条升级。综合来说，企业的技术创新、产品升级和功能升级是企业进行转型升级最有效的措施。链条升级对企业转型升级的经济效益和社会效益影响都不大。

表 4.50　W 区转型升级的战略措施与效益的相关表

企业转型升级采取的战略措施	经济效益		社会效益	
	系数	排序	系数	排序
生产流程升级	0.2298*	4	0.3826*	4
产品升级	0.4851*	2	0.6037*	1
功能升级	0.3943*	3	0.4922*	3
链条升级	0.0768	6	0.2107*	5
技术创新	0.4902*	1	0.6002*	2
国际化战略	0.1296	5	0.1950*	6

备注：(1)表中数值为皮尔逊相关系数，它用于测量两个数值型变量之间的关联程度，值域范围介于0—1之间，系数越大表明两个变量之间的关系越强。(2)*代表皮尔逊相关系数在99%的置信区间内能够通过检验，二者的关联程度是可信的。

在本次调查中，研究者列举了若干项企业转型升级的具体措施，然后让受访企业根据本企业在 2008 年以来的实施力度从 0 分至 9 分打分。从表 4.51

可以看出,2008 年以来,W 区企业实施力度最大的升级措施为提高产品质量和研发新产品,即进行产品升级。企业实施各项流程升级措施和提升自主研发能力的力度也较大。根据上文的分析,W 区企业转型升级取得好的效益最有效的升级措施是技术创新、产品升级和功能升级。从企业实际采取各项措施的平均力度情况来看,W 区企业基本把握了比较有效的升级途径,着力进行产品升级和技术创新。同时,研究结果显示,W 区企业着力于规范安全生产、员工生产技能的培训,以及国内外市场的开拓,这些都非常有利于提升企业升级的经济和社会效益。下面具体分析 W 区企业技术创新、产品升级和功能升级的情况。

表 4.51 W 区企业转型升级战略措施的力度

转型升级的战略措施	采取该措施力度的均值
生产流程升级	
投资采用新生产机器设备/技术	7.37
质量管理体系/制度建设	7.91
优化库存物流管理	7.80
优化工时管理制度	7.55
安全生产规章制度建设	8.19
员工技能培训	8.00
产品升级	
提高产品质量	8.76
研发新产品,提高产品差异化水平	8.22
功能升级	
自主品牌建设	7.37
改善售后服务	7.74
销售服务网络建设	7.39
开拓国内市场	7.83
链条升级	
在本行业中向上游产业延伸,如原材料	5.54
在本行业中向下游产业延伸,如分销	5.28
进入新行业	3.93

续表

转型升级的战略措施	采取该措施力度的均值
技术创新	
与高校、研究机构、其他企业进行合作研发	5.14
提升企业自主研发能力	7.89
国际化战略	
开拓国际市场	7.11
在海外投资建厂	1.72

（1）技术创新

W 区企业对创新升级投入力度加大,取得较好的创新成效。企业研发人员比重显著提高。从表 4.52 可以看出,有 64.7%的受访企业认为,与 2008 年相比,企业研发人员比重提高了,只有 3.6%的受访企业认为研发人员比重下降了。

表 4.52　W 区企业研发人员比重变化情况

变化情况	百分比(%)
提高	64.7
无明显变化	31.7
下降	3.6
总数 = 539	

技术研发项目明显增多。通过增加研发人员的比重,W 区企业技术研发项目的数量也相应增多。从表 4.53 可以看出,大多数(74.3%)受访企业认为,与 2008 年相比,技术研发项目的数量增加了,只有 3.5%的受访企业认为,技术研发项目的数量比 2008 年下降了。

表 4.53　W 区企业技术研发项目数量变化情况

变化情况	百分比(%)
增长	74.3
无明显变化	22.1
下降	3.5
总数 = 534	

（2）产品升级

新产品数量快速增长。2008 年以来，W 区企业通过自主研发，新产品数量出现快速增长之势。如表 4.54 所示，有近八成的受访企业认为，与 2008 年相比，企业新产品数量增长了，只有 3.4% 的受访企业认为新产品数量比 2008 年下降了。

表 4.54 　W 区企业新产品数量变化情况

变化情况	百分比（%）
增长	79.7
无明显变化	16.8
下降	3.4
总数＝552	

新产品销售额比重显著提高。随着新产品数量的增长，W 区企业新产品销售额的比重也明显提高。如表 4.55 所示，有近八成的受访企业认为，与 2008 年相比，企业新产品销售额的比重提高了，仅有 4.2% 的受访企业认为企业新产品销售额比重下降了。

表 4.55 　W 区企业新产品销售额比重变化情况

变化情况	百分比（%）
提高	77.8
无明显变化	18.0
下降	4.2
总数＝550	

（3）功能升级

ODM、OBM 产品的销售情况优于 OAM、OEM 产品。生产 ODM 和 OBM 产品的企业中，这两类产品销售比例增长的企业数量超过了 50%。而在仍然有 OAM 和 OEM 业务的企业中，只有接近 30% 的企业 OAM、OEM 销售额比重在增加（见表 4.56）。这说明，就市场销售情况来看，W 区企业中 ODM 和 OBM

产品已占据主导地位。

表 4.56　与 2008 年相比 W 区企业各类产品销售额比重变迁趋势

与 2008 年相比	OAM 销售额比重百分比（%）	OEM 销售额比重百分比（%）	ODM 销售额比重百分比（%）	OBM 销售额比重百分比（%）
提高	30.8	33.0	51.4	57.3
无明显变化	54.6	49.4	40.4	37.2
下降	14.6	17.6	8.2	5.5
总数	315	318	416	438

3.W 区企业转型升级的影响因素

产业转型升级的最终目的在微观层面上应该与企业的利益诉求是一致的,即提高企业效益和竞争力。而企业采取何种战略措施是企业决策者理性评估自身所处的环境、拥有的资源要素后决定的,因此要了解企业需要什么样的资源条件才会选择有效的升级措施。

本次调查让 W 区企业评价了 11 个方面的环境条件的情况,通过将企业对各种条件的评价和其采取的战略措施的力度进行相关分析,表 4.57 的结果显示,绝大部分环境条件与企业采取转型升级措施的力度存在显著相关。其中,社会网络对企业转型升级力度的影响最显著,相关系数绝大部分都超过0.3,部分更是超过 0.4。除此以外,W 区的政府体制以及制度环境对企业生产流程升级和功能升级的影响也比较显著。

表 4.57　W 区的环境条件水平与转型升级措施力度的相关表

环境条件水平 ＼ 转型升级措施	生产流程升级	产品升级	功能升级	链条升级	技术创新	国际化战略
自然资源	0.2336*	0.1828*	0.1838*	0.2084*	0.1980*	0.2539*
基础设施/公共服务	0.2305*	0.0731	0.1659*	0.0891	0.1043	0.1638*
人力资源	0.2339*	0.0774	0.1699*	0.1906*	0.1077	0.1889*
知识资源	0.2610*	0.1090	0.2305*	0.2250*	0.1860*	0.2151*
资本资源	0.2546*	0.0946	0.1996*	0.2047*	0.1272*	0.2388*

续表

环境 条件水平　转型升级措施	生产流程升级	产品升级	功能升级	链条升级	技术创新	国际化战略
市场需求	0.2630*	0.1880*	0.2487*	0.2240*	0.2180*	0.2290*
产业竞合关系	0.2910*	0.1394*	0.2837*	0.3018*	0.1760*	0.2482*
支援及社会组织	0.3706*	0.2209*	0.2919*	0.2010*	0.2248*	0.2594*
政府体制	0.3777*	0.2276*	0.3386*	0.1945*	0.2610*	0.2068*
制度环境	0.3541*	0.1986*	0.3067*	0.1650*	0.2216*	0.1981*
社会网络	0.4207*	0.2914*	0.4695*	0.3536*	0.3539*	0.3491*

　　鉴于社会网络对 W 区企业转型升级的影响较为显著,以下将具体分析珠三角西岸 W 区的企业的社会网络。从受调查企业与各类机构的平均联系频率和信任程度(采取 1 分至 9 分的打分原则,分数越高,则说明联系频率、信任程度越高)来看,如表 4.58 所示,与企业联系频率最高的是本地供应商、配套厂商、分包厂商,其次是本地金融服务机构、当地政府部门、行业协会/商会和本地分销商、国内贸易商及零售商;企业信任程度最高的机构是当地政府部门,其次是本地金融服务机构以及行业协会/商会,对本地供应商、配套厂商、分包厂商的信任度也较高。

表 4.58　W 区企业与各机构的联系频率和信任程度表

机构名称	联系频率	信任程度
同行业竞争对手	4.97	4.89
本地供应商、配套厂商、分包厂商	7.15	6.58
本地分销商、国内贸易商及零售商	6.14	6.03
海外客户	5.87	6.01
当地政府部门	6.19	6.90
行业协会/商会	6.16	6.65
本地技术创新中心	4.72	5.53
国内高校、科研院所	4.32	5.31
本地教育培训、人才招聘服务机构	5.49	5.84
本地金融服务机构	6.58	6.77

机构名称	联系频率	信任程度
本地管理咨询、信息服务机构	5.48	5.81
本地解决劳资纠纷的相关机构	5.29	6.32
媒体	3.82	5.02

W区的制造业发展呈现集群化,并形成了众多很有特点的专业镇。本研究结果显示,目前W区企业与本地集群内的供应商、配套厂商、分包厂商有频繁的联系,信任程度也较高,但与同行业竞争对手的联系频率和信任程度都较低。这反映了W区的同行企业之间缺乏合作而更多是彼此竞争的发展现状。政府部门应尽可能鼓励企业之间的交流合作,减少恶性竞争。

除了对同行业竞争者的联系频率和信任程度较低外,企业对于本地技术创新中心及国内高校、科研院所的信任程度与联系频率也很低,这些原本应该对企业技术研发提供重要帮助的机构并没有发挥实质的作用。政府应该仔细考量其大力投建的技术创新中心和创新平台是否忽略了企业的需求以及是否适合企业所处技术阶段,在未来推进转型升级的工作中想办法尽量发挥研究机构的功能,同时增强高校和科研院所与企业的对接合作。

研究结果还显示企业与当地政府和行业协会的联系较密切,信任程度也较高,说明企业相信政府在当地经济发展中扮演的角色,这有助于政府进一步推动企业进行转型升级。尤其值得关注的是行业协会在转型升级中的积极作用,W区产业发展的一大特色在于当地实力强大的行业协会,各专业镇的企业在镇政府的牵头下组织形成行业协会,并赋予行业协会许多实际的权力,使行业协会在该行业的企业中拥有较强号召力。比如W区北滘的北滘商会通过引进国内外的专家学者开办各种知识讲座、培训班和研讨会,组织企业到国内外优秀企业进行考察、交流,提升企业竞争力。商会也会创造平台加强企业之间的沟通联系,便于企业建立友好的关系,进一步合作和发展生意伙伴关系。北滘商会还是政府和企业之间沟通的桥梁和纽带,协调政企间的关系。有些行业协会还为企业举办展会、建设专业市场,帮助企业开拓销售渠道。行业协会的发展已经是W区企业转型升级不可或缺的条件和资源,能够帮助企业提高竞争力,打造有影响力的自主品牌和进行市场开拓。

表 4.57 的结果显示,社会网络越密集对于企业的转型升级将会越有利。进一步分析企业的不同类型社会网络对企业转型升级的影响。技术创新也是传统产业升级最有效的手段之一,表 4.59 显示,它主要与企业与高校和科研院所、当地政府部门的关系密切相关。说明与高校和科研院所的联系,创建异质性的研发网络,有利于 W 区企业进行合作创新,提升企业的技术研发能力。同时,W 区企业的技术创新投入也依赖于政府的支持和激励。企业与本地供应商、配套厂商、分包厂商的关系与企业采取产品升级措施的力度呈显著正关系且相关系数最大。这说明 W 区企业进行产品升级离不开与集群内配套企业的紧密合作。类似地,对于功能升级而言,与本地供应商、配套厂商、分包厂商的关系仍是最重要的。由此可见,W 区企业的转型升级呈现出很强的对本地产业集群的依赖性,企业与本地供应商、配套厂商、分包厂商的联系的重要性十分突出。另外,对于三种最有效的升级措施,当地政府部门都有比较显著的影响,说明 W 区企业与当地政府的关联比较密切,政府对企业行为的引导作用较强,发挥好政府的作用对 W 区的产业转型升级过程十分有益。

表 4.59 社会网络与 W 区企业转型升级措施力度的相关表

转型升级措施 社会网络	产品升级	功能升级	技术创新
同行业竞争对手	0.0670	0.2338*	0.1084
本地供应商、配套厂商、分包厂商	0.2952*	0.4249*	0.2466*
本地分销商、国内贸易商及零售商	0.1829*	0.3269*	0.1857*
海外客户	0.2233*	0.1668*	0.1810*
当地政府部门	0.2507*	0.3900*	0.3262*
行业协会/商会	0.2283*	0.3629*	0.2866*
本地技术创新中心	0.1676*	0.3436*	0.2946*
国内高校、科研院所	0.2075*	0.3514*	0.3767*
本地教育培训、人才招聘服务机构	0.1678*	0.3322*	0.2802*
本地金融服务机构	0.1651*	0.3175*	0.2273*
本地管理咨询、信息服务机构	0.1316*	0.3322*	0.2248*
本地解决劳资纠纷的相关机构	0.1383*	0.3006*	0.2451*

续表

社会网络　　　转型升级措施	产品升级	功能升级	技术创新
媒体	0.1584*	0.3082*	0.3053*
本地的会展及市场推广机构	0.1971*	0.3261*	0.2397*

（三）E 市企业转型升级与 W 区企业转型升级的比较

上文分析了珠三角东岸 E 市的企业和西岸 W 区的企业转型升级的具体情况。珠三角东岸和西岸的经济发展模式形成了各自典型的特点，东岸是外源型经济，其传统制造业为出口型，产业形式为大量出口加工中小企业形成的产业集聚，而且许多企业为港台投资的企业。而西岸是内源型经济，其传统制造业主要以国内市场为导向，其企业的规模较大，同行业在地理上相对集中，形成产业集群，企业的所有制以本地的民营企业为主。E 市和 W 区经济发展模式和企业类型的差异，使得它们产业转型升级路径和影响因素也不尽相同，下面对二者的转型升级情况进行对比和总结。

1. W 区企业的经济效益稍好于 E 市企业，大部分 E 市企业的产值规模虽然增大但利润收益情况不佳

从企业产值指标反映的生产经营状况来看（见表 4.60），2008 年到 2011 年 E 市（50.9%）和 W 区（74.2%）的大部分企业都在产值上有所增长。但企业的利润总额却没能跟上产值的变化，尤其是 E 市，有 36.6% 的被访企业利润总额上升，相比之下，W 区的被访企业中有 54.2% 的利润总额上升。总体而言，2008 年以来，W 区企业的经济效益稍好于 E 市企业，E 市企业的利润空间不断被压缩，企业生存面临比较严峻的挑战。

表 4.60　E 市和 W 区企业产值和利润总额指标变化表

增长情况	总产值（%）		利润总额（%）	
	E 市企业	W 区企业	E 市企业	W 区企业
提高	50.9	74.2	36.6	54.2
无明显变化	15.9	8.8	16.4	14.6
下降	33.2	17.0	47.0	31.2
合计	100	100	100	100

2. W 区 OBM 企业比例远高于 E 市 OBM 企业,E 市仍有近 45%的企业停留在 OAM 或 OEM 阶段

2012 年调查时,企业是否已经到达 ODM 或 OBM 生产阶段,或还是仍停留在 OAM 或 OEM 的生产阶段,可以反映企业 2008 年以来转型升级在全球价值链上攀升的情况。从表 4.61 可见,W 区被访企业的绝大多数(86.1%)已经到达价值链最上端即 OBM 阶段,该比例远高于 E 市被访企业,后者仅 36.7%。E 市被访企业中仍有近 45%停留在 OAM 或 OEM 这种价值链低端的阶段,而 W 区被访企业中该比例仅为 6.6%。从目前企业在价值链上的分布来看,W 区企业的转型升级情况明显优于 E 市企业,E 市大量处于 OAM 和 OEM 阶段的企业仍需要努力向 OBM 的生产模式转型。

表 4.61　E 市和 W 区企业所在价值链位置表

企业地点	停留在 OAM 阶段		停留在 OEM 阶段		到达 ODM 阶段		到达 OBM 阶段	
	企业数量	百分比(%)	企业数量	百分比(%)	企业数量	百分比(%)	企业数量	百分比(%)
E 市企业	123	23.9	107	20.8	96	18.6	189	36.7
W 区企业	23	4.9	8	1.7	35	7.4	407	86.1
总体	146	14.8	115	11.6	131	13.3	596	60.3

3.W 区企业技术创新的投入和产出明显优于 E 市企业

产业转型升级的核心是技术创新,即通过自主创新提升产业的核心竞争力,达到转变生产经营模式,提高附加值和经济效益的目的。因此,技术创新情况是企业转型升级中考察的重点。从技术创新的投入情况,包括研发人员的比例和技术研发项目的数量来看(见表 4.34、表 4.35 和表 4.52、表 4.53),W 区企业的情况均明显优于 E 市企业。2008 年到 2011 年,研发人员比例呈增长态势的 E 市企业有 47.7%,W 区企业为 64.7%;技术研发项目数量呈增长态势的 E 市企业有 56.5%,W 区企业为 74.3%。可见 W 区企业的创新投入明显好于 E 市企业。

从创新的产出来看,主要考察的指标是 2008 年到 2011 年新产品数量的变化情况和企业获得的发明专利数量。E 市有 56.3%的被访企业新产品

数量有所增长(见表4.36),W区为79.7%(见表4.54)。从获得发明专利的数量情况来看(见表4.62),E市被访企业中,81.6%的企业没有获得过任何发明专利,剩下不到20%有发明专利的企业中有10.6%的企业发明专利数量集中在1—5个;W区被访企业中,55.8%的企业没有获得任何发明专利,剩下44.2%有发明专利的企业中有33.5%的企业获得的发明专利数量在1—5个,有4.1%在6—10个,还有6.6%获得超过10项发明专利。可见W区企业的创新产出情况也明显好于E市企业,总体而言,W区企业的技术创新能力和成果都更好,E市企业应进一步加大创新投入,提升自主创新的能力。

表4.62 E市和W区企业获得发明专利的情况

发明专利数量	E市企业		W区企业	
	企业数量	百分比(%)	企业数量	百分比(%)
0个	345	81.6	246	55.8
1—5个	45	10.6	148	33.5
6—10个	15	3.5	18	4.1
10个以上	18	4.3	29	6.6
合计	423	100	441	100

4.W区企业的国内国际市场情况均比E市企业有优势

2008年全球金融危机对E市外源型经济的产品出口造成的负面影响比较明显,国际市场方面(见表4.20和表4.43),2008年到2011年40%的进行产品出口的E市企业的出口额出现下降,出口额增长的企业不足一半(41.6%)。相比之下,57%的W区企业出口额还是保持增长,仅有25%的企业的出口额出现下滑的趋势。开拓国内市场方面(见表4.22和表4.44),E市企业的表现也很一般,仅有39%的企业产品内销比例有所增长,16%的传统企业的产品内销比例在下降,45%保持不变。而W区企业的国内市场开拓情况明显更具优势,与2008年相比,52%的W区企业产品内销比例呈现增长态势,只有不到13%的企业产品内销比例呈现下降的趋势。由此可见,W区企

业的国内国际市场情况均比 E 市企业有优势,E 市企业不但国际市场份额在
萎缩,开拓国内市场的成效也并不突出,企业产品销售找不到出路,面临较为
严峻的挑战。

5.E 市和 W 区企业转型升级有效措施比较相似,两岸企业的升级都要依
托当地的产业集群,而 W 区的地方政府相比 E 市政府对产业转型升级更有影
响力

前文分章节分析了 E 市和 W 区企业转型升级的措施与效益(包括经济效
益与社会效益)的相关,以及外部环境条件与各项升级措施力度的相关。研
究的结果显示,对 E 市和 W 区企业而言,影响二者效益的相关系数最大的措
施都是技术创新、产品升级和功能升级,相比其他措施,这三项是 E 市和 W 区
企业提升效益最有效的措施。将影响企业采取这些措施的力度的环境条件进
行对比,E 市和 W 区企业采取转型升级的有效措施都与社会网络关系最密
切,两岸企业都要依托所在的产业集群进行升级,表现为与当地配套厂商、供
应商和同行企业的关系与企业升级措施有密切联系。此外,E 市企业很重视
与金融服务机构的关系,说明企业自身比较缺乏资金储备进行升级,依赖于外
部融资渠道作为资金来源;W 区企业的特点在于与政府和行业协会的关系比
较密切,可以从政府产业政策的制定情况和企业对政府政策的关注与满意程
度看出,W 区政府对产业发展有较为突出的影响力。

第二节　产业集群升级和公共服务

一、研究概述

产业转型升级涉及宏观区域、中观产业(集群)和微观企业等不同的层
面。不同的层面有不同的驱动主体、不同的认知取向、不同的行动策略。中观
产业(集群)层面指通过价值链位置的提升以提高重点产业(集群)的综合竞
争力,重点是通过创建区域创新体系等的集群政策解决产业(集群)系统失灵
问题。

在第一章理论回顾部分,我们提出产业转型升级三大理论范式之一是产

业集群理论,将该理论比喻为服务区或"点"、"线"、"面"研究思路中的"面",意指产业集群在产业转型升级中扮演服务区的角色,为企业转型升级提供各种配套服务,本部分的研究以产业集群(专业镇)为分析单位,描述珠三角产业集群在产业转型升级过程中为企业提供了什么配套服务,服务水平如何,存在什么问题,集群政策应如何完善和提升。

产业集群指产业相关的企业集中于特定的空间地域之中,在相关机构的支持下互相之间既竞争也合作的一种有竞争优势的生产组织方式或企业制度。珠三角早年的产业集群大多数以镇域为范围,因此俗称"专业镇"。

珠三角产业集群的起源有两类,一是以珠江东岸的 E 市、深圳为代表的外源型的产业集群,外来的资金、技术和管理,进口原材料,以出口产品为主。二是以珠江西岸的佛山、中山为代表的产业集群,本地的投资、管理、国内的技术,以国内市场为主。

产业集群之所以有竞争优势,是因为可以发挥外部规模效应,形成集体行动,节省交易成本。产品具有时尚性、知识具有缄默性、生产过程具有可分割性的产业形成产业集群的机会较高。资源禀赋和产业传统影响产业集群的产业类型,制度安排影响产业集群的成长和发展。

产业集群的升级,简称集群升级,是产业升级的一种类型。产业升级包括原有产业的提升和"喜新厌旧"的产业转换。集群升级强调发挥比较优势,一门心思将集群化的原有优势产业做好。产业升级着重解决产业结构调整的市场失灵问题。前者着重解决集群发展中的系统失灵问题,不是转行做高新技术,而是用高新技术提升传统优势产业,不是放弃制造业和做与原有制造业无关的服务业,而且在原有产业内部"优二进三",强化为原有制造业服务的设计、研发、销售和打造品牌。

珠三角的产业集群星罗棋布,广东省科学技术厅认定的广东省的专业镇已超过三百个。这三百多个专业镇主要集中在珠三角。珠三角是"中国制造"的集中地,而珠三角的"中国制造"大多来自产业集群。珠三角产业集群的产业主要是纺织、服装、鞋帽、灯饰、家电、家具、陶瓷、电子信息等传统产业。因此,珠三角传统产业的转型升级实质是集群升级。

集群升级有赖于集群中企业的转型升级。集群中企业的转型升级有赖于集群提供良好的公共服务。现实生活中,集群企业比非集群企业会获得更优质的公共服务,因此产业集群本身有可能(但不必然)成为一个优质的服务区。服务区的功能有哪些? 早年笔者曾为省经贸委制定产业集群升级示范区的指标体系,指标体系的核心是地方政府比较容易有作为的"三大抓手"。一是公共服务,包括搭建公共平台,提供研发、培训、信息、咨询、知识产权等的服务;二是区域品牌建设,包括鼓励和协助企业获得驰名(著名)商标和名牌产品称号,争取产业集群的各种荣誉称号,最高层次是注册和使用集体商标;三是园区建设,建立特色产业园区,提高土地利用率,集中供电、水、热(冷),集中污水和废物处理,以降低成本,减少污染。因此,"三大抓手"实质是政府可为的,有利于企业转型升级的"三大服务"。

本项研究以专业镇为分析单位,选择了来自 W 区、E 市和惠州三个地级市中的 30 个专业镇为样本(我们微观层面的企业调查,属于传统产业的企业均来自专业镇),这 30 个专业镇的产业包括服装、纺织、鞋业、家电、家具、灯饰、食品、电子信息等十多个产业。我们设计了 A、B 两套指标,共有三百多个题项,请专业镇的相关负责人填答。

本项研究的目标是分析作为企业转型升级"服务区"的产业集群的公共服务和产业集群升级的情况,对产业集群的政策进行评价,为优化产业集群的服务功能、促进集群中企业转型升级提供政策建议。

二、专业镇的基本情况

(一)专业镇的土地与人口

2011 年,本次调查的专业镇平均占地面积为 85.91 平方公里,占地面积最大的是 286.5 平方公里,最小的是 13.83 平方公里。2011 年专业镇可建设用地均值达到 11.33 平方公里,比 2008 年上升了 38.34%,但特色产业用地缺口均值为 4.46 平方公里,这一缺口比 2008 年有所增大,上升了 51.19%。这说明,虽然专业镇的建设用地面积有所增加,但土地空间仍然不能满足产业发展的需求。

专业镇的人口规模和劳动力规模都有所增加。2011 年,专业镇平均总人口达到 24.4 万人,比 2008 年增长 3.43%;平均户籍人口 6.6 万人,比 2008 年增长 0.25%;平均外来人口达到 16.1 万人,比 2008 年增长 0.90%;平均从业人口为 16 万人,比 2008 年增长 0.43%。

表 4.63　专业镇人口及用地情况

专业镇概况	2008 年	2011 年	2011 年比 2008 年增长(%)
专业镇平均总人口(人)	236228	244334	3.43
专业镇平均户籍人口(人)	65904	66071	0.25
专业镇平均外来人口(人)	159396	160827	0.90
专业镇平均从业人口(人)	158847	159532	0.43
专业镇可建设用地均值(平方公里)	8.19	11.33	38.34
专业镇特色产业用地缺口均值(平方公里)	2.95	4.46	51.19

(二)专业镇企业的经营状况

总体来看,本次调查的专业镇经济规模有所增大,经营业绩有所提升。

在专业镇的经济规模和税收贡献方面,2011 年,专业镇的特色产业平均销售收入总额达 210.54 亿元,比 2008 年增长 39.63%,专业镇特色产业产值达到 186.73 亿元,比 2008 年增加 57.13 亿元,但受到近年来国际和国内经济不景气的影响,特色产业产值增长率有所下滑,2011 年,特色产业产值增长率平均为 15.18%,比 2008 年下降 2.63%。专业镇的对外出口仍然有较好表现,平均出口额达到 16.8 亿美元,比 2008 年增长 35.48%。专业镇的特色产业园区发展迅速,2011 年,专业镇特色产业园区平均产值为 166.68 亿元,比 2008 年上升了 64.62%。在税收贡献方面,2011 年,专业镇特色产业税金总额的均值达 269.14 亿元,比 2008 年增加 118.58 亿元,增加幅度达到 78.76%。

在专业镇的特色产业就业方面,2011 年,专业镇特色产业平均就业人数约为 6.4 万人,比 2008 年增长了 11.82%,但是特色产业的工程技术人员增加并不明显,与 2008 年相比,平均只增加了 6 人,这说明专业镇高层次人才的吸引能力仍然不足。

在专业镇的企业数量和上下游配套状况方面,2008 年至 2011 年专业镇企业数量有了明显增长,2011 年,专业镇特色产业企业和配套企业平均数量分别上升至 779. 35 个和 506. 29 个,比 2008 年分别增长 20. 42% 和 12. 95%,可见专业镇的产业集聚能力在上升,产业链的完善程度也在提高。

表 4. 64 专业镇特色产业经营情况

经营状况	2008 年	2011 年	2011 年比 2008 年增长(%)
专业镇的特色产业销售收入总额均值(亿元)	150. 78	210. 54	39. 63
专业镇特色产业税金总额(亿元)	150. 56	269. 14	78. 76
专业镇特色产业产值总额均值(亿元)	129. 60	186. 73	44. 08
各专业镇的特色产业增长率均值(%)	17. 83	15. 18	−2. 65
特色产业企业就业人数均值(人)	57218	63979	11. 82
特色产业企业工程技术人员总数均值(人)	6159	6166	0. 11
特色产业企业总数均值(个)	647. 21	779. 35	20. 42
特色产业配套企业总数均值(个)	448. 26	506. 29	12. 95
特色产业新增企业数均值(个)	58. 35	64. 68	10. 85
特色产业出口总额均值(亿美元)	12. 40	16. 80	35. 48
特色产业园区产值均值(亿元)	101. 25	166. 68	64. 62
特色产业园区基础设施建设累计投入的资金总额均值(万元)	16662. 20	31788. 83	90. 78

根据对专业镇市场占有份额的调查,在国内市场占有率方面,2008 年至 2011 年,专业镇产值第一位的产品产值在全国的份额由 23. 33% 下降至 21. 31%,产值第二位的产品份额由 18. 86% 上升至 18. 95%,产值第三位的产品份额由 16. 36% 上升至 18. 46%。在国际市场占有率方面,2008 年至 2011 年,产值第一位的产品份额由 10. 05% 上升至 10. 26%,产值第二位的产品份额由 8. 7% 上升至 10. 12%,产值第三位的产品份额由 3. 85% 上升至 5. 39%。总体来看,专业镇特色产业在国内和国际上的市场竞争力都有所提升,后者比

前者明显。

表 4.65　专业镇特色产业产值占前三位的产品的市场占有份额

市场范围	特色产业产品	2008 年	2011 年	2011 年比 2008 年增长（%）
国内市场占有率（%）	产值第一位的产品	23.33	21.31	-2.01
	产值第二位的产品	18.86	18.95	0.08
	产值第三位的产品	16.36	18.46	2.10
国际市场占有率（%）	产值第一位的产品	10.05	10.26	0.21
	产值第二位的产品	8.70	10.12	1.42
	产值第三位的产品	3.85	5.39	1.54

三、专业镇的公共服务

（一）专业镇的产业园区建设

产业集群的一个重要优势就是由于企业的集中使得集群区域内的公共基础设施易于实现规模效应,这也为地方政府对产业集群提供基础设施创造了有利条件。根据调查,珠三角的专业镇普遍通过产业园区建设来完善集群中的基础设施,这对促进产业集群发展起到了重要作用。目前专业镇已建成的产业园区平均面积为 4.41 平方公里。面积最小的产业园区是 0.04 平方公里,面积最大的达到 11 平方公里。2011 年,特色产业园区基础设施建设平均累计投入的资金总额达到 31788.83 万元,比 2008 年增长 90.78%。2011 年,在环保、消防和安全方面,所有的专业镇产业园区都符合要求,另外有 42.1% 的产业园区提供集体供热（冷）,36.1% 的产业园区集中供气,90% 的产业园区集中供水和处理污水,84.2% 的产业园区集中处理固体废弃物,75% 的产业园区建立环境管理体系,73% 的园区通过了环保评估,另外还有 9% 的园区正在进行环保评估。

（二）专业镇的创新平台建设

在产业集群当中中小企业数量众多,由于这类企业的资金和人力资源实力不足,进行原始创新以及承担创新风险的能力不够,所以有必要在产业集群中由政府部门牵头成立产业创新中心为中小企业提供更专业的技术服务,激发中小企业的研发活力,创新平台的建立也有助于进一步完善产业集群中的创新体系。目前,在接受调查的 30 个专业镇中,70%的专业镇建立了创新中心,创新中心平均占地面积为 2457. 62 平方米,平均投资额达到 880. 36 万元。2011 年,创新中心的平均运作费用是 109. 37 万元。76. 7% 的创新中心与大专院校或科研机构有合作关系,平均每个创新中心的合作机构有 5 个,合作方式主要以项目合作为主。根据调查,专业镇中的企业认为创新中心的首要功能是技术和信息咨询服务、培训服务,其次是为企业寻求大专院校、科研机构的合作机会,再次是为企业提供质量检测服务和产品分析服务。

(三)专业镇的区域品牌建设

产业集群的声誉对于产业集群的发展具有重要作用,但集群声誉或品牌的维护也具有公共品的性质,一方面,随着产业集群企业数量的增加,企业的差异性增加,表现不良的企业可能会有损集群声誉;另一方面,集群企业对于集群品牌的宣传和推广存在"搭便车"的情况,所以,需要集群所处区域的政府来对集群品牌的维护和推广做出努力。2008 年至 2011 年专业镇的企业集群品牌建设有了比较显著的成效。从企业的品牌提升来看,2011 年,专业镇的特色产业中,拥有中国驰名商标和名牌产品平均个数有所增加,中国驰名商标数的平均个数由 2008 年的 1 个上升到 2011 年的 1. 24 个,增长了 24%,中国名牌产品的平均个数由 2008 年的 2. 44 个上升到 2011 年的 2. 5 个,增长了 2. 46%。拥有广东省著名商标和名牌产品的较多,且增长较快,由 2008 年的 4. 53 个上升到 2011 年的 6. 23 个,上升幅度达 37. 53%。从集群的区域品牌建设来看,2011 年 30 个专业镇中,2008 年已注册的集体商标为 5 个,到 2011 年,已达到 16 个。集群特色产业使用集体商标的平均企业个数达到 53. 29 个,比 2008 年增加了 40 个左右,增长幅度达到 307. 42%。集群中使用集体商标的企业数占集群全部企业数量的比例由 2008 年的 1. 1%上升至 2011 年的 4. 67%。

表 4.66　专业镇特色产业的品牌状况

专业镇特色产业的品牌状况	2008 年	2011 年	2011 年比 2008 年增长(%)
特色产业使用集体商标的企业数均值(个)	13.08	53.29	307.42
特色产业中国驰名商标数均值(个)	1	1.24	24.00
特色产业广东省著名商标数均值(个)	4.53	6.23	37.53
特色产业中国名牌产品数(个)	2.44	2.5	2.46
特色产业广东省名牌产品数(个)	5.44	9.16	68.38

（四）专业镇的中介机构服务

提供中介服务和促进中介机构的发展是产业集群所处区域政府的重要服务工作。2008 年至 2011 年,珠三角专业镇的相关政府在推进教育培训机构发展、公共信息交流平台建设、担保机构发展、各类展销会的组织以及行业协会/商会的建设方面做了大量的工作,取得了一定的效果。

在集群人力资源培训方面,2011 年,专业镇教育培训机构为特色产业培训的平均人次达 5757 人,比 2008 年增长 9.14%。在信息平台建设方面,70% 的专业镇建设了公共信息的交流平台。目前来看,政府部门是专业镇公共信息交流平台的主要推动者和投资方,而行业协会/商会、企业自发或创新中心举办的公共信息交流平台较少。

信用担保机构的发展对于集群内部中小企业的融资具有重要意义。2011 年,专业镇担保机构担保的特色产业平均企业数为 28 个,平均担保金额达到 27420 万元,分别比 2008 年增长了 75.00%和 115.75%。

表 4.67　专业镇担保机构发展情况

专业镇服务	2008 年	2011 年	2011 年比 2008 年增长(%)
专业镇担保机构担保的特色产业企业数(个)	16	28	75.00
专业镇担保机构为特色产业担保的金额(万元)	12709.09	27420.00	115.75

组织企业到外地集体参加展销会、博览会,以及在本地举办特色产业的展销会有利于帮助本地集群企业拓展市场。2008 年至 2011 年,专业镇中 93.3%的特色产业企业参加了外地的展销会、洽谈会。组织这些展销会、洽谈会的机构有政府部门、创新中心、行业协会/商会,有些由企业自发组织,而其中最主要的组织者是政府部门。2008 年至 2011 年,在调查样本中,有 56.7%的专业镇在本地举办过展销会和洽谈会。在最近的一次本地展销会中,平均有 123 家本地企业、165 家国内其他地区的企业、11 家外国企业参会,平均贸易额达 18.81 亿元,投资项目平均为 11 个。另外,46.4%的专业镇兴建了交易中心或会展中心,平均投资额达到 9.1 亿元,平均年交易额达到 66.76 亿元。而本地展销会的举办以及交易中心建设主要推动者、投资方也是政府。

行业协会/商会对于集群企业的组织与协调具有重要作用。2011 年,有 75.9%的专业镇建立了行业协会/商会,行业协会/商会的平均会员数为 214 个,比 2008 年增长 38.6%。本地商会/行业协会最主要的作用是加强企业间信息沟通,其次是作为政府和企业沟通的桥梁,再次是规范行业管理、避免企业削价等恶性竞争,并制定行规、保护知识产权、举办展销会和收集市场信息。

四、专业镇的集群升级

珠三角专业镇集群升级的主要途径是通过自主创新、自主设计和自主品牌摆脱在全球价值链中处于低端环节的不利地位,逐步向价值链高端攀升,获得可持续的全球竞争力。下面主要从专业镇价值链和创新能力提升两个方面介绍专业镇集群升级的状况。

(一)专业镇价值链的提升

根据调查,2011 年,各专业镇特色产业进行 OAM(来样/图加工装配)企业占企业总数比例由 2008 年的 19.87%下降至 18.13%,OEM(贴牌生产)的企业比例虽然由 2008 年的 33.45%上升至 34.22%,但上升幅度较小,而进行 ODM(原始设计企业)的企业比例由 2008 年的 27.53%上升至 33.31%,OBM(自主品牌)的企业比例由 35.25%上升至 39.88%。但需要注意 OAM 和 OEM

的企业比例总和仍然达到了 50%以上,因此,专业镇向全球价值链高端进一步升级的空间仍然较大,但总体来看,专业镇沿着价值链升级的趋势已经显现。

表 4.68　特色产业企业所处的产业链变化状况①

企业所处的产业链环节	2008 年	2011 年	2011 年比 2008 年增长(%)
来样/图加工装配企业(OAM)占企业总数比例(%)	19.87	18.13	-1.74
贴牌生产企业(OEM)占企业总数比例(%)	33.45	34.22	0.77
原始设计企业(ODM)占企业总数比例(%)	27.53	33.31	5.78
自主品牌企业(OBM)占企业总数比例(%)	35.25	39.88	4.63

(二)专业镇创新能力的提升

近年来,专业镇中企业和政府的创新投入都有所加大,创新驱动成为重要的发展战略。2008 年至 2011 年,专业镇企业投入研究和发展的资金总额的平均值由 3.74 亿元上升至 4.56 亿元,上升了 21.93%,专业镇政府对特色产业的财政科技拨款的平均值由 0.21 亿元上升至 0.41 亿元,上升了 95.24%,高于企业研发投入的增长速度。专业镇平均的省级及以上企业技术中心(工程中心)个数由 2.56 个上升至 3.62 个,上升了 41.41%。

在创新投入增大的基础上专业镇的创新能力有了较大提升,创新成果明显增加。在创新项目上,专业镇特色产业完成的技术创新项目个数的均值由 2008 年的 72.53 个上升至 2011 年的 188.84 个,增长了 160.36%,产学研项目个数均值由 16.71 个上升至 27.26 个,上升了 63.14%。在新产品方面,特色产业列入省级以上新产品数的均值由 12.07 个上升至 19.67 个,增长了 62.97%。在发明专利方面,特色产业发明专利申请量均值由 90.94 件上升至 192.95 件,上升了 112.17%;专利授权量均值由 23.25 件上升至 41.67 件,增

---

①　由于在同一企业中几种经营方式存在同时并存的情况,所以比例总和超过 100%。

长了 79.23%；PCT 国际专利申请量的均值由 3.45 件上升至 7.1 件，上升
了 105.8%。

表 4.69　特色企业创新能力状况

特色企业创新能力状况	2008 年	2011 年	2011 年比 2008 年 增长（%）
特色产业完成的技术创新项目个数均值（个）	72.53	188.84	160.36
省级及以上企业技术中心数量均值（个）	2.56	3.62	41.41
产学研项目个数均值（个）	16.71	27.26	63.14
特色产业列入省级以上新产品数均值（个）	12.07	19.67	62.97
特色产业发明专利申请量均值（件）	90.94	192.95	112.17
特色产业发明专利授权量均值（件）	23.25	41.67	79.23
PCT 国际专利申请量均值（件）	3.45	7.10	105.80
企业投入研究和发展资金总额均值（亿元）	3.74	4.56	21.93
专业镇政府对特色产业的财政科技拨款均值（亿元）	0.21	0.41	95.24

　　虽然专业镇创新能力普遍有所提高，但不同类型的集群技术创新状况有
所不同。具体来说，外销型集群在创新能力及地方政府对集群创新的支持力
度方面都优于内销型集群。2011 年，集群产业中工程技术人员占全部就业人
员的比重，内销型集群为 7.74%，而外销型达到 11%；集群中教育培训机构为
集群产业培训的人数占全部就业人数比重，内销型集群为 4.64%，而外销型
集群达到了 8.7%。2011 年，集群所在地政府对集群产业的科技拨款占集群
产业总产值的比重，内销型集群为 0.04%，而外销型集群达到 0.09%，是内销
型集群的 2 倍多。目前在国际需求不振的情况下，珠三角既需要进一步开拓
和巩固国外市场，同时也要扩展产业集群在国内的市场，所以内销型产业集群
技术创新能力的提升对于珠三角经济增长显得尤为重要，目前内销型集群创
新能力稍弱的局面应引起重视。

五、专业镇之间的竞合关系

珠三角地区由于集中了各行业的大量企业,所以某一类行业在珠三角存在多个产业集群的情况比较普遍,多个同类集群的并存形成了产业集群之间的竞争关系,也为集群之间产业链的合作创造了条件。本次调查对珠三角专业镇之间的产业差异、竞争关系以及合作状况也进行了考察。

(一)同地区特色产业相关的专业镇之间的竞争

根据对 30 个专业镇的调查,在产品的差异化程度方面,认为差异较大的占 11.8%;认为"有一定差异"的占大多数,达到 58.8%;认为差异不大,但很相似的占到 29.4%。这说明珠三角的专业镇之间产品的差异化程度不高,产品存在一定的相似性。在专业镇之间竞争方面,认为同地区特色产业相关的专业镇之间存在着一定程度竞争的调查对象占 76.5%,认为竞争激烈的占 17%;认为不存在竞争的占 5.9%。根据以上的调查结果,我们发现,由于珠三角专业镇之间在产品上存在一定的相似性,因此专业镇之间的竞争成为一种普遍现象。

(二)同地区特色产业相关的专业镇之间的合作

课题组请各专业镇负责人对同地区特色产业相关的专业镇之间合作的重要程度和满意程度进行评价。在本次调查中,我们从受访者对各领域的重要程度和满意程度的评价两个维度构建 SWOT 分析框架。"重要程度"评分标准由 1 分至 9 分,1 分代表极不重要,9 分代表极为重要。"满意程度"评分标准也是由 1 分至 9 分,1 分代表满意程度极低,9 分代表满意程度极高。

根据调查的结果,我们把重要程度和满意程度都很高的选项称为"重点优势"领域,把重要程度相对较低但满意程度较高的选项称为"保持优势"领域,把重要程度很高但现实情况的评分较低的选项称为"亟待改善"领域,把重要程度和现实情况的评分都较低的选项称为"有待改善"领域。对于重点优势领域,可进一步做好相关工作,重点关注此领域的优势动态;对于保持优势领域,要重视现状的维持,不必再投入过多资源;对于有待改善的领域,要投入适当的资源,稳步推进工作,使得该领域状况逐步得到改善;亟待改善领域是近期工作的重点,要加大投入力度,制定时间表,密切关注动态和进展,尽快扭转局面。

本次调查把同地区各专业镇之间的合作领域分成了 4 个方面 21 项内容。4 个方面包括企业间合作,即企业在产业链、研发和营销方面的合作等 5 项内容;公共设施建设合作,包括交通运输和信息网络等 3 项内容;公共服务合作,包括展销会、人才培养、产品检测等 9 项内容;标准制定合作,包括环保、技术安全等方面标准的 4 项内容。

根据调查的结果,重点优势领域共有 4 项,主要集中在公共服务合作领域,包括各镇合作招聘、培训高素质人才、合作为企业提供技术培训和技术信息咨询服务以及合作为企业提供产品质量检测服务几个方面,这说明公共服务领域几个方面的合作比较重要,同时各专业镇之间容易形成合作,目前的合作状况较好。

保持优势的项目分散在四个合作领域中,如各镇共同举办产品展销会、洽谈会,各镇共创便于同行企业间沟通交流的场所和机会,鼓励人才在各镇间自由流动等公共服务合作方面的内容,另外各镇产业链上下游和合作、各镇合作完善通信基础设施、各镇共同制定完善安全生产管理制度 3 个方面也处于保持优势的领域。

亟待改善的方面主要集中在企业间合作以及标准制定合作两个领域,其中在企业间合作方面有各镇间良性竞争、各镇在原材料采购方面的合作、各镇在技术研发方面的合作急需改善 3 项内容。而在标准制定合作领域,有各镇共同制定完善产业环保标准、各镇共同制定完善行业技术标准、合作制定行规、行约、共同维护企业权益 3 个方面。企业合作处于亟待改善领域,其主要原因是由于企业间存在竞争关系以及"搭便车"的情况,因此企业间的合作比较难推进。另外在标准制定方面,虽然有利于改善区域内的市场环境并发挥产业规模优势,但专业镇之间缺乏协调,作用进展也不明显。各镇企业在市场营销方面的合作、在建设行业信息网站上的合作以及合作为企业提供融资服务 3 个方面处于有待改善的领域,这表明这几个方面虽然做得不太好,但重要性也不高,可以在以后逐步来推进。

总体来看,由于专业镇之间在公共服务业以及基础设施建设方面的合作目标明确,容易操作,因此这些领域的合作进展明显,但在企业合作以及标准制定方面,缺乏较好的制度去协调和组织企业和专业镇。

表 4.70　各专业镇特色产业之间合作情况的 SWOT 分析表

同地区各专业镇之间的合作情况	重要程度	满意程度	SWOT 分析结果			
			重点优势	保持优势	亟待改善	有待改善
(一)企业间合作						
各镇同行业上下游企业间紧密合作	7.21	5.06		★		
各镇企业间良性竞争	7.95	4.82			★	
各镇企业在原材料采购方面紧密合作	7.50	4.56			★	
各镇企业在技术研发方面紧密合作	7.84	4.44			★	
各镇企业在市场营销方面紧密合作	7.11	4.50				★
(二)公共设施建设合作						
各镇合作完善区域交通运输网络	7.44	5.78	★			
各镇合作完善通信基础设施	7.26	5.94		★		
各镇共建行业信息网站	7.16	4.72				★
(三)公共服务合作						
各镇共同打造区域品牌	7.63	4.72			★	
各镇共同举办产品展销会、洽谈会等	7.32	5.00		★		
各镇共创便于同行企业间沟通交流的场所和机会	7.37	5.06		★		
各镇合作招聘、培训高素质人才	7.63	5.11	★			
鼓励人才在各镇间自由流动	6.32	4.89		★		
各镇合作为企业提供融资服务	7.16	4.39				★
各镇技术创新中心共同攻克核心关键技术	7.84	4.44			★	
各镇合作为企业提供技术培训和技术信息咨询服务	7.63	4.94	★			
各镇合作为企业提供产品质量检测服务	7.63	5.00	★			
(四)标准制定合作						
各镇共同制定完善产业环保标准	7.47	4.83			★	
各镇共同制定完善行业技术标准	7.47	4.67			★	
各镇共同制定完善安全生产管理制度	7.16	4.89		★		
各镇合作制定行规、行约,共同维护企业权益	7.47	4.50			★	

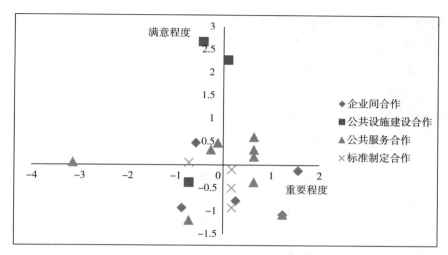

图 4.2　各专业镇特色产业之间合作情况的 SWOT 分析图

六、专业镇的产业政策评价

本次调查还请各专业镇负责人对政府在人才、土地、融资、技术、节能环保、市场开拓等多方面的产业政策的重要程度和有效程度进行了评价。"政策重要性"评分标准由 1 分至 9 分，1 分代表极不重要，9 分代表极重要。"政策有效性"评分标准也是 1 分至 9 分，1 分代表有效性极低，9 分代表有效性极高。

据调查结果显示，重点优势主要集中于技术政策和引资扩资政策领域，在技术政策方面，有鼓励企业开展技术创新活动、支持组建研究平台、创新联盟、实施质量监管和标准化战略以及推动企业品牌建设等几方面内容，另外加强招商引资也处于重点优势领域，这说明对于集群竞争力产生重要影响的技术创新以及企业集聚方面当地政府给予了高度重视，同时也取得了较好的效果。

保持优势领域分布较为分散，但在技术政策方面仍有多项内容，如鼓励企业引进吸收技术、鼓励企业技术改造以及推进企业信息化建设等方面。

亟待改善的领域主要集中于人才、土地以及资金等要素政策方面，在人才政策领域，引进培育高级人才、协助企业解决劳工荒两个方面政府政策不足，这也是限制集群可持续发展和竞争力提升的关键因素。在土地政策方面，加强园区建设拓展用地空间、支持企业开展"三旧"改造方面对于解决集群企业土地资源约束具有重要意义,但由于推进难度加大,目前政府仍然没有有效的政策措施。集群中的中小企业融资一直以来是集群发展过程中遇到的难题,但政府对于解决这一问题也缺乏创新性的政策。另外在知识产权保护领域,政府的政策也存在缺位的情况,这对于集群创新具有一定的阻碍作用。有待改善的领域主要表现在推动区域品牌建设、推进企业清洁生产以及加强政府采购这三个方面,需要政府给予跟踪关注,逐步解决问题。

表 4.71　对政府产业政策的重要程度和有效程度 SWOT 分析表

政策	重要程度	满意程度	SWOT 分析结果			
			重点优势	保持优势	亟待改善	有待改善
(一)人才政策						
引进培育高级人才	8.37	5.90			★	
协助企业解决劳工荒问题	8.07	5.80			★	
(二)土地政策						
加强园区建设拓展用地空间	8.17	6.20			★	
支持企业开展"三旧"改造	8.10	6.47			★	
(三)融资政策						
培育企业上市	7.67	6.50		★		
支持中小企业融资	8.30	6.00			★	
(四)技术政策						
鼓励企业引进吸收技术	7.60	6.73		★		
鼓励企业技术改造	7.80	6.90		★		
鼓励企业开展技术创新活动	7.90	6.90	★			
支持组建研究平台、创新联盟	8.00	6.60	★			
推进企业信息化建设	7.50	6.63		★		
实施质量监管和标准化战略	7.90	6.70	★			
推动区域品牌建设	7.80	6.37				★
推动企业品牌建设	7.87	6.57	★			
培育与保护知识产权	8.03	6.47			★	
(五)引资扩资政策						
大力发展总部经济	7.77	6.63		★		

续表

政策	重要程度	满意程度	SWOT 分析结果			
			重点优势	保持优势	亟待改善	有待改善
加强招商引资	8.13	6.80	★			
（六）节能环保政策						
推进企业节能降耗	7.73	6.50		★		
推进企业清洁生产	7.63	6.33				★
（七）市场开拓政策						
支持企业开拓国际市场	7.43	6.83		★		
支持企业开拓国内市场	7.63	6.83		★		
加强政府采购	7.27	6.40				★

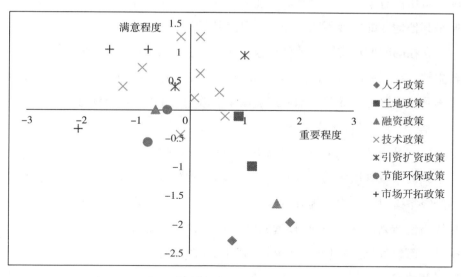

图 4.3 专业镇政府产业政策 SWOT 分析图

七、产业集群升级和公共服务提升的建议

在公共服务方面,产业园区建设、区域品牌建设、公共服务平台建设中的中介机构的各种服务成效均比较显著,尤其是产业园区的“五集中”比例较

高,使用集体商标的企业比例大幅增加,创新中心服务多元化,行业协会/商会数量增加且功能多样化,中介机构为企业担保的成效提升明显,各类会展活跃。不足在于过于依赖政府,社会和市场的作用发挥不足。

良好的公共服务促进了企业的转型升级,作为企业转型升级主要动力的技术创新表现不俗,尤其是技术创新项目、发明专利申请量、PCT 国际专业申请量,政府的财政科技拨款大幅增加。技术创新不足之处在于企业的 R&D 投入增幅远低于政府,政府较热,企业较冷。功能升级是升级的重要途径,结果发现功能升级有一定成效,处于价值链低端的 OAM 减少,OEM 不变;处于价值链高端的 ODM 和 OBM 有所增加。

转型升级能否促进竞争力的提升呢? 与 2008 年相比,2011 年专业镇特色产业销售收入、企业和配套数量、从业人员出口总额均有所增加,但是国际、国内市场占有率变化不明显。可能虽然珠三角产业集群的规模、产出在扩大,但是其他地区的发展不亚于珠三角,追兵紧逼。

存在的问题还有同一地区产业相关的专业镇之间差异化程度不高、竞争较激烈。在产业政策方面,在 21 项政策中,虽然属于重点优势的有 5 项,但是属于亟待改善的有 6 项。因此产业政策有较迫切的完善、调整的需要。

基于上述分析,建议:

(一)高度重视集群化的传统优势产业就地转型升级

我们在微观层面的企业调查中发现,产业转型、链条升级(进入新行业)的升级举措对竞争力的提升贡献甚微,大力发展现代服务业和先进制造业、培育战略性新兴产业,更多是长远的、面向未来的,或更适合于经济繁荣时期的举措。面对危机,在目前,"腾笼换鸟"不如"改笼育鸟";进入高新产业不如利用高新技术提升传统产业;"退二进三"不如"优二进三"。在四个地区中,W区转型升级的经济效益和社会效益的表现都是最佳的。在 W 区的深入调查发现,W 区人特别讲实际、求稳阵。他们大力利用高新产业技术改造传统产业,如利用太阳能改造传统的电热、燃气热水器。他们大力发展生产性服务业,如建立工业设计园,为传统产业进行产品设计。在 W 区,家电、家具仍然是支柱产业,有基础的装备制造被作为优先发展的先导产业。

（二）进一步强化公共服务平台建设、区域品牌建设和园区建设"三大抓手"，充分发挥"三大抓手"的服务功能

"服务区"的优化不能单靠政府的力量，应形成国家（政府）、市场（企业）和社会（行业协会/商会等）的合力。具体而言，应进一步深入研究"服务区"提供的服务那些属于纯公共产品（主要由政府承担）、半公共产品（政府支持，主要由行业协会/商会等承担）、私人产品（政府支持，主要由企业承担）。

（三）优化产业集群的产业组织，推进产业集群的"一体化"进程

"一体化"分为群内和群间两个层面，群内的"一体化"是指产业集群内部的分工合作。笔者对珠三角产业集群多年研究的结论之一是珠三角产业集群"高度聚集，低度整合"。高度聚集指企业在空间上集中程度高、集群规模大。低度整合指缺乏大企业之间、大企业与中小企业的分工合作，很多企业宁做鸡头，不做凤尾，形成群内的恶性竞争。群间的"一体化"指相同产业的产业集群分工合作、差异化发展。上述调查结果表明，珠三角产业集群之间差异化小、竞争激烈。上述问题的存在，是近年来企业普遍面临的生产成本迅速上升、订单价格少有提升的困境的重要原因。解决问题的途径之一是政府改变只重视产业结构政策，忽视产业组织和产业布局政策的偏向，研究制定出台鼓励企业合作，通过地价差等政策工具引导产业的空间布局。

（四）完善集群要素支持和提升政策水平，为集群转型升级提供基础条件

目前，珠三角产业集群的转型升级面临要素条件的严重制约。一方面，长期以来珠三角产业集群嵌入全球价值链的低端，主要以加工制造为主，而与低端制造产业相伴随的是劳动者的技能普遍不高，高端的技术人才比较缺乏，最终导致珠三角的人力资本水平难以支撑珠三角不断推进技术创新，进而向产业链高端攀升；另一方面，由于占用面积较大的劳动密集型制造业的长期发展，珠三角可利用的土地逐步减少，产业转型升级的空间严重不足。

根据本次专业镇调查，发现珠三角专业镇的政府缺乏有效的人才政策以及土地政策来解决面临的难题。因此，为进一步推动产业集群的转型升级，政府首先应制定长期的规划提升集群的人力资本水平：一是要加强人才引进的力度，通过各项改革，消除人才流动的障碍；二是提升产业集群的城市化水平，通过改善城市公共和商业服务为高技能人才创造良好的工作和生活环境；三

是改善产业集群与中心城市的交通基础设施,增强中心城市对产业集群的辐射效果;四是建设人才培训和深造体系,为人才知识和技术水平的提升提供基础;五是完善劳动保障体系,为人才提供有保障的工作环境。另一方面,应加大力度解决土地约束问题:一是加强土地的规划和整合,利用已有和新增的建设用地,规划和建设产业园区,有计划、有秩序地利用土地资源;二是推进企业的"三旧"改造,充分挖掘已开发土地的利用效率;三是大力调整产业结构,发展土地节约型的高技术产业。

（五）进一步加强对集群企业的创新支持

目前大部分产业集群都由地方政府出资建立了技术创新中心,根据本次调查,大部分集群企业认为,已有的创新中心,其主要的作用是为企业提供培训和信息咨询方面的服务,以及发挥为企业和高校、科研机构搭建沟通的桥梁的作用,但创新中心还缺乏对企业创新的实质性帮助,如在与企业合作进行新产品开发、为企业提供质量检测服务和产品分析和工艺设计服务等方面,创新中心少有作为。因此,为进一步支持中小企业创新,政府牵头建立的技术创新平台所发挥的作用不应仅仅停留在信息和培训服务上,而应充分利用创新中心的规模经济特征,提供区域创新的公共品,并帮助企业降低风险。另外,针对目前内销型集群创新能力不足的情况,政府需进一步加大对内销型产业集群科技经费的投入,同时加强对内销型产业集群创新人才和人力资本培育的力度。

（六）充分发挥行业协会/商会的服务功能,助力集群产业转型升级

根据调查,目前在集群中,在兴建交易中心、会展中心,举办展销会、洽谈会以及组织本集群企业到外地参加展销会方面,地方政府扮演了重要的角色,而行业协会/商会发挥的作用较小。而实际上商会或行业协会对集群企业的会展需求更加了解,其组织和运作方式也更加灵活,因此应进一步推进社会组织的相关改革,鼓励行业协会/商会的发展,促进行业协会/商会参与集群服务活动的力度,这一方面可减轻政府部门的负担,另一方面也有助于珠三角地方政府转变政府职能,以充分发挥市场在资源配置中的决定性作用。

第五章　宏观区域的产业转型升级

第一节　产业转型升级指标体系建构

一、指标体系建构的目的

近年来,产业转型升级作为区域发展的重要思路受到党中央、国务院和广东省委、省政府的高度重视。珠三角地区九个地级市为贯彻落实《珠江三角洲地区改革发展规划纲要(2008—2020年)》,对加快产业转型升级进行了战略部署和实施。珠三角各地级市产业转型升级已取得一定成绩,但同时也存在一些问题和不足。为了推动产业转型升级,实现《珠江三角洲地区改革发展规划纲要(2008—2020年)》的发展目标,本项研究将构建珠三角产业转型升级指标体系,并深入分析和评估珠三角各地级市产业转型升级的特点和深层作用机制,为各级党委政府明确珠三角产业转型升级的思路以及制定和调整产业转型升级政策提供依据。

与政府产业转型升级绩效考核体系不同,珠三角产业转型升级指标体系的构建并非为了对各地级市产业转型升级绩效进行座次排列,而是旨在了解各地级市产业转型升级的现状,分析产业转型升级的因果机制,探讨解决产业转型升级所面临的问题的途径和方法,为各地级市产业转型升级提出对策和政策建议。

构建珠三角产业转型升级指标体系的主要目标是:

1.描述珠三角产业转型升级现状、问题、目标和动因,比较珠三角内不同地区在上述方面的差异性。

2.探讨影响珠三角产业转型升级路径选择以及成效的因素。

3.辨明珠三角产业转型升级政策发挥作用的因果链条和外部条件。

4.评估目前产业转型升级主要政策措施和战略部署的有效性。

二、指标体系建构的原则

珠三角产业转型升级指标体系的建构将遵循以下基本原则。

（一）动态优化原则

产业转型升级从本质上来讲是一个动态发展的过程,一个地区产业结构的优劣取决于其是否符合该区域的发展条件和需求。因而,评价区域产业转型升级水平的指标不应该限定于某几个指标,而应根据区域产业转型升级发展的不同阶段灵活采用能够反映当前区域产业发展与变化的指标。

（二）兼顾区域特色原则

评价体系须结合珠三角社会经济政治背景,突出特色,建立一套行之有效的指标体系,不能简单套用发达国家或者国内其他区域的指标来分析。同时,对珠三角不同地级市,基于各区域社会、经济和产业形态以及产业升级的战略目标等特点,采取能充分反映各地级市产业转型升级情况的指标。

（三）可持续发展原则

产业结构优化升级不能脱离对自然资源的合理利用而独立存在,因此评价体系所选用的指标必须能够反映区域生态系统、社会系统和经济系统的内在联系和协调发展,使产业结构能在尽可能降低自然资源消耗的基础上实现工业化与现代化,实现可持续发展。传统的产业结构演进过程中的经验教训表明,单纯追求生产率与利润率增长的发展模式已经不再适应现代社会的实际需要。

（四）主观与客观评价相结合原则

产业转型升级的主要行动主体是企业,一般的客观统计数据难以从企业的角度出发,反映企业的内在需求和发展目标,包括区域的产业环境是否有利于企业发展、政府的产业政策是否有效解决企业面临的难题、企业是否有转型升级的意愿等。因此,须通过问卷调查、实地考察、座谈会等形式把握企业对产业转型升级环境、政府的支持以及社会组织的服务等方面的主观评价。此外,产业转型升级是手段,通过改变经济增长方式、优化产业结构、提升产业竞争力,实现 GDP 增长、政府税收增加、企业利润率提升。然而,其最终落脚点是提高民众生活水平和幸福感。产业转型升级绩效的高低,民众是否从中得益,须通过民意测评了解民众对产业转型升级的评价。

（五）定量与定性相结合原则

鉴于珠三角各地级市产业转型升级的复杂性,为了全面分析各区域产业转型升级的现状和问题及其影响因素,对难以客观量化的指标,采取定性描述分析作为补充。

三、指标体系建构的逻辑

（一）指标体系数据收集方式

1.政府部门统计数据和文件资料:通过统计年鉴和相关政府部门的统计资料以及政策文件资料和相关政府部门提供的书面材料进行数据分析和采集。

2.实地调研:研究小组成员将邀请专家到各地级市,与相关政府官员、行业组织以及企业代表召开座谈会,了解当地产业转型升级的情况并对其进行评估。

3.问卷调查:对各地级市政府官员、社会组织以及企业进行问卷调查。

4.电话访问:通过电话调查,了解各地级市民众对产业转型升级所带来的社会效益的满意度评价。

（二）指标体系的逻辑框架

指标体系的分析对象是珠三角地区的地级市。对产业转型升级的研究与分析,须结合国家、市场与社会三个视角。国家、市场与社会既是结构,也是行动主体。各级政府和职能部门是国家的行动主体;企业是市场的行动主体;行业协会/商会以及相关的社会服务机构、大众媒体等是社会的行动主体。对产业转型升级影响的研究,既要分析结构对各行动主体的约束,也要分析各行动主体对其所处的结构的认知、评价以及所采取的战略。以往产业转型升级的评估指标体系往往割裂看待国家、市场与社会的影响因素,脱离了区域的特点和产业发展阶段以及缺乏相关利益行动者的视角,采取统一的标准对各地区产业转型升级的发展绩效进行评估。

　　本项研究的指标体系将运用"环境—过程—结果"这一逻辑框架(图5.1),引入相关利益者分析,根据评估区域特征、区域产业转型升级的目标和阶段的差异性制定区域产业转型升级绩效的评价标准。如图5.1所示,指标体系分为三个类别:第一个类别为产业转型升级的环境,旨在反映珠三角各地级市的要素禀赋、基础设施、科技水平、产业基础等产业转型升级条件;第二个类别为产业转型升级的过程,主要是反映各行为主体政府、企业以及社会组织在产业转型升级过程中的认知、态度、战略和行为;第三个类别为产业转型升级的结果,主要反映各地级市产业转型升级的经济绩效和社会绩效。

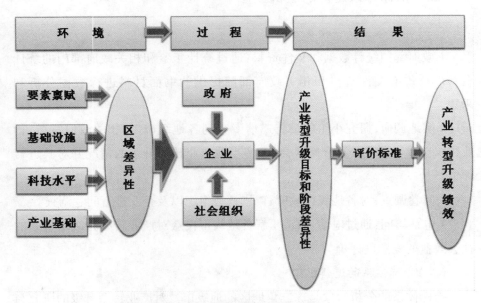

图 5.1　指标体系的逻辑框架

　　明确各地级市产业转型升级的环境,有助于理解各行为主体在产业转型升级过程中所采取的策略,分析影响各地级市产业转型升级路径选择的因素,并且基于区域的特点评估政府主要政策措施的有效性和影响政策成效的外部因素。产业转型升级是不同利益相关主体包括政府、企业、社会组织等社会中介组织的参与和互动的结果,分析产业转型升级过程中不同行为主体的认知、态度、战略和行为,有助于从国家、社会、市场的角度探寻影响产业转型升级成效的因素,辨明各地级市产业转型升级的发展阶段和各阶段相应的发展目标,从而根据地级市所在区域的特点和产业转型升级的阶段和目标的差异性,评估比较珠三角各地级市产业转型升级的问题和发展绩效。

（三）指标体系的基本框架

如上所述,指标体系分为三大类别。各类别分别从不同的维度进行测量,每个维度包含一级指标、二级指标和三级指标。各类别具体指标见表 5.1、表 5.2、表 5.3。表格中的三级指标如无数据年份说明,则指最新的年度指标;三级指标中所指的变化率或者增长比例,如无具体说明,则指与上一个年度相比指标数值的增加或者减少比例。

四、指标要素的选取依据

（一）产业转型升级的环境

各地级市的产业转型升级是在特定的区域条件环境下进行的。一个区域的要素禀赋、基础设施、科技水平、产业基础等影响相关行为主体的转型升级战略选择,决定着区域的产业选择和升级路径。区域拥有的要素状况和发展环境的差异性,会导致区域经济发展模式、发展阶段和产业结构的差异性。

1.要素禀赋

影响产业转型升级的要素禀赋包括地方经济实力和各类重要的生产要素资源(如土地资源、资本、能源和人力资源等)。

地方经济实力,包括地方经济发展水平和地方财政能力两个方面。地方经济发展水平反映区域吸引高端人才集聚、发展总部经济和吸引投资的潜力;地方财政能力反映政府经济调控的能力和所掌握的资源。

各类重要的生产要素资源包括土地资源、能源、资本、人力资源的成本和可获得性。这些因素制约和影响产业转型升级的路径选择和发展。

2.基础设施

基础设施包括生活服务设施、交通运输设施和通信基础设施。

区域生活服务设施主要是用于衡量与生活密切相关的生活服务设施的完备情况和可获得性。这些生活服务设施包括交通、教育、医疗、住房、绿化、餐饮和娱乐等。生活服务设施对于产业转型升级的重要性在于,生活服务设施越好,生活环境越好,越容易吸引和留住人才。同时,良好的生活服务设施还可以提高人员工作的积极性和创造性。该指标运用客观定量指标评估区域生活服务设施的建设情况,同时通过企业问卷调查,了解企业员工对当地生活环境、公共服务和设施的主观评价。

交通运输设施主要是衡量铁路、公路、港口、航道和机场等运输设施的完备情况和便利性。良好完善的交通运输设施有利于降低运输成本,提高产业竞争力。交通运输设施的便利性主要反映企业对当地交通运输设施建设水平的主观评价。

通信基础设施主要是指衡量区域信息化建设水平,包括电信设施和互联网设施的完备性以及当地企业对通信设施完备程度的主观评价。通信基础设施是信息传递的载体,其先进性和完备性能降低信息传输和搜寻的成本和时间。

3.科技水平

技术创新是产业从低附加值向高附加值升级的重要手段。区域的科技水平反映区域科研开发的潜力和资源,包括自主创新能力以及创新载体和平台的发展水平两个方面。评估创新能力常用的指标包括地区专利授权和申请情况。创新活动的载体和各类创新平台集聚和整合创新资源,是区域科技发展和技术创新活动的重要依托。其中,产学研合作作为技术创新的一种制度创新和组织创新,其发展有利于攻克产业核心技术和共性技术,提高产业自主创新能力。

4.产业基础

该维度旨在识别区域传统技术和产业优势。各地级市的产业基础影响产业升级路径的选择,其中包括区域拥有的产业传统和区域重点支柱产业的特征。

产业传统主要反映区域独特的传统技能竞争优势,通过三大传统支柱产业的类别来衡量。广东省大部分传统产业是基于地方传统产业技能、技艺在特定的历史条件下发展起来的,形成了难以模仿与复制的地方竞争优势。无论是区域传统产业的转型升级还是战略性新兴产业的培育,都需要结合地方产业传统的优势,充分发挥当地传统产业资源的比较优势。此外,产业传统会影响三产结构变化的趋势和特征。服务业比较发达的区域与制造业比较发达的区域相比,服务业在三次产业所占比重的增长率也更快。

区域重点支柱产业的特征包括产业的根植性、开放性、企业特征、社会网络、区域集聚性、市场竞争环境。根据实际情况,选择一至三个重点支柱产业进行分析。这些特征反映了产业的优势和劣势,有助于分析产业当前的竞争能力。

其中,根植性是经济社会学的概念,指经济行为嵌入社会关系当中,强调区域经济活动与当地资源、市场、社会文化的有机联系。强根植性一直被认为是竞争优势的重要来源,在牢固的共生关系中形成的产业联系和产业文化有助于节省交易成本。根植性弱的产业,一旦低成本优势消失,容易出现企业向外地转移,从而导致产业空洞化的危机。

产业的开放性衡量区域重点支柱产业的外贸依存度、参与国际分工与竞争的情况。开放性程度高的产业容易受国际经济环境、贸易条件等外部环境的影响。

产业的企业特征包括各类型规模企业比例和各类型所有制企业比例等特征。以大企业为主导的产业与以中小企业为主导,以港台或者外资企业占多数的产业与以当地民营企业占多数的产业,其发展目标和在人才、融资、创新政策方面的需求都具有差异性。

产业社会网络包括正式网络关系和非正式网络关系。正式网络关系是指价值链不同环节(纵向合作)或者同一环节(横向合作)的企业之间的正式合约关系以及企业与政府、行业协会等社会组织之间的合作与联系。纵向合作本质上是企业内部分工的外部化,通过合理、有序的专业化分工与协作,发挥规模效应,提高生产效率。缺乏生产专业分工的产业,容易导致企业间低水平重复生产和过度竞争,影响大企业的发展潜力,削弱中小企业的发展空间。横向合作,包括企业在共性技术的研发、人才交流、信息共享等方面的合作,有助于增强产业的综合竞争力。非正式网络关系主要是依靠社会人际关系联系起来形成的关系,如同宗、同乡、同学、同好等,且在人际交往中注重血缘、亲缘、地缘、行缘、血缘等。紧密的社会网络容易形成社会资本,有利于获取稀缺资源,增进相互信任,降低交易成本。

产业的区域集聚性主要衡量产业相关企业在特定地域集聚的程度。广东省不少产业以集聚形式存在。产业集聚性程度高,意味着产业配套能力强。

产业市场竞争环境主要衡量产业市场公平、有序竞争环境的发展水平,是否鼓励和保护各种经济主体的平等竞争。行政封闭、行业垄断以及不正当竞争都不利于资源的合理配置,有损经济效率。

(二)产业转型升级的过程

1.资金投入

产业转型升级过程中,其中一个重要的、可量化的要素投入是资金投入,包括产业投资、创新、环保投入三个方面。

产业的生产能力取决于产业的投资水平。三次产业投资投向的变化直接影响三次产业的结构调整和发展。对于三次产业资金投入,不但需要衡量三次产业投资水平、构成以及增长比例,还要衡量重点产业的投资增长率。

创新是产业转型升级的重要手段。全社会、政府和企业对创新活动的资金投入反映区域对创新活动的重视程度以及区域用于创新的资源水平。

可持续发展是注重长远发展的经济增长模式,是产业转型升级必须遵循的原则。全社会、政府和企业对保护环境、降低能耗的资金投入反映区域对可持续发展的重视程度以及发展水平。

2.政府因素

在产业转型升级的国家、市场和社会分析视角中,政府是国家的主要行动主体。分析政府对产业转型升级的认知、态度、战略和行为有助于总结区域政策范式,探讨作为结构的国家对产业转型升级路径的选择和发展绩效。

政府的认知主要是指地方政府对区域产业转型升级的目标和路径的理解,反映在地方政府对区域产业发展的定位、规划以及引导方向上,具体包括政府产业转型升级的总体思路(转型升级的发展原则、目标、区域发展定位、产业布局和培育重点)和所制定的重点任务(各类型产业的重点项目、重点建设的基地和园区等)两方面。

政府的态度主要是指地方政府对在产业转型升级过程中政府与各类型社会组织关系的态度、政府与市场关系的态度,反映政府对其在产业转型升级中的角色以及功能的定位。

政府的战略主要是指产业转型升级的具体政策范围(即产业转型升级相

关政策等所涉及的领域,如创新、人才、融资、节能环保、市场管理,以及国家其他领域职能的覆盖范围)、主要政策工具(如调控监督、补贴、奖励、专项资金支持等政策手段)和政策强度。

政府的行为主要是指在产业转型升级过程中相关政策的执行情况和市场管理措施的落实情况。

3.社会组织因素

产业转型升级与各类型中介服务辅助机构密不可分。作为国家、市场和社会视角中社会的主要行动主体,社会组织包括行业协会/商会、教育培训机构、金融服务机构、管理咨询服务机构以及社会服务机构(指为区域重点支柱产业提供社会性服务、缓解矛盾冲突的社会组织,如社区服务组织等)、大众媒体。分析这些社会组织对产业转型升级的认知、态度、战略和行为有助于研究社会因素如何对产业转型升级形成促力和阻力,发挥社会因素的正面作用,避免社会的负面作用。认知主要是指区域重点支柱产业各类型社会组织对其在产业转型升级过程中的角色功能定位。态度主要是指区域重点支柱产业各类型社会组织对政府给予的相关支持的评价。战略是指区域重点支柱产业各类型社会组织促进产业转型升级的举措。行为是指区域重点支柱产业各类型社会组织与产业转型升级相关的服务和措施的执行情况以及组织发展水平。

4.企业因素

企业是产业转型升级的主要行动者。该维度旨在了解作为市场主体的区域重点支柱产业的企业在金融危机、欧美国家的再制造浪潮、欠发达国家的比较优势提升、人民币升值、贸易壁垒、国际环保主义的压力等国际因素以及土地资源枯竭、劳动力价格上升和供求失衡、原材料价格上涨、环保成本提高、融资困难等国内因素条件下,对产业转型升级的认知、态度、战略和行为。对于该维度须按照产业类型进行分类收集和分析资料。

企业的认知主要是反映企业转型升级的意愿和对相关政策的了解程度。有强烈转型升级需求的企业,转型升级的积极性就更高。对政府相关产业转型升级政策深入了解的企业,能有效利用各项政策提供的有利条件,从而提高政策效用。企业的态度是指企业对相关产业转型升级政策、政府服务效率、相关社会组织服务的评价。企业的战略旨在反映企业网络化的战略布局与行为取向。研究表明,创新网络化、生产组织网络化有助于整合资源、提高生产效率,促进产业转型升级。企业的行为主要反映企业流程升级、产品升级和功能升级所实施的具体举措。

(三)产业转型升级的结果

对产业转型升级结果的评估,首先须对产业转型升级这一概念进行界定和讨论。

转型和升级是两个概念,所对应的英文分别为 transformation 和 upgrading。从大量学术文献和应用性研究资料来看,"转型升级"这一概念主要被用于对外加工贸易企业的研究中。绝大部分的研究,尤其是国外的研究,主要使用的是"产业升级"这一概念。转型属于类别变量,是指从一种状态向另一种状态的改变,既包括微观企业在不同产业之间的转换和不同发展模式之间的转变,也包括宏观产业结构的调整。转型的结果是经济增长、保持原状或者倒退,取决于转型的条件和机遇。升级则为等级变量,指向更好的状态转变。

产业转型升级是实现经济增长模式转变和国民经济长期持续增长的手段,最终目的是实现可持续发展和提高民众福祉。从一般意义上而言,产业转型升级是指产业由低技术、低附加值、高能耗、高污染状态向高技术、高附加值、低能耗、低污染状态演变的过程。我们认为,产业转型升级可以分为三个相互联系的分析层面:宏观区域层面、中观产业/集群层面、微观企业层面。不同的分析层面因所涉及的范畴、目标驱动、升级形式不同而具有不同的内涵与政策导向,因而,对产业转型升级内涵的理解须区分不同的分析层面。

对于一个区域而言,产业转型升级主要是指通过优化产业结构层次提高区域经济竞争力,包括:(1)区域传统三产结构的合理化:一产比重降低,二、三产业比重提高;(2)生产要素结构优化:区域产业所使用的生产要素结构沿着"劳动密集型 → 资本密集型 → 技术(知识)密集型"的趋势发展;(3)区域制造业内部结构的高度化:轻重工业比例合理化,从低加工度、低技术含量、低附加值制造业向高加工度、高技术含量、高附加值制造业占有主导地位的方向演进,工业发展对原材料的依赖逐步下降;(4)区域服务业内部结构的高度化:由传统服务业向为社会提供高附加值、高层次、知识性生产服务和生活服务的现代服务业发展的趋势。区域层面的产业转型升级除了关注由产业结构层次优化所带来的直接经济效益以外,还关注产业发展对资源利用、环境保护、生活水平等间接社会环境效益的影响。

中观层次的分析主要涉及区域重点产业的转型升级,对于珠三角区域而言,面临转型升级挑战最大的是地方传统制造业,包括服装、纺织、五金、灯具、电子等。珠三角地方传统制造业集群化程度高,因而,地方传统产业转型升级也包含地方产业集群升级。无论是地方传统产业还是地方产业集群的升级,目标都是通过价值链位置的提升以提高产业的综合竞争力,包括工艺流程升级、产品升级和功能升级。根据全球价值链理论,工艺流程升级是指实施生产制造系统的改造升级、更新换代,产业逐步具备先进制造能力并掌握生产环节中的关键核心技术,实现从低级、辅助环节向较高附加值生产环节的转化,从而大幅度提高生产效率、降低生产成本;产品升级是通过开发新产品或者提高产品质量达到提高产品档次和等级的目的,产业逐步具备产品自主设计和研发能力;功能升级是指从产业价值链中间低端制造环节向两端附加值较高的研发设计、营销、服务等环节延伸。由某一特定产业的企业大量集聚于某个区域所形成的产业升级与非集群化的产业升级相比,前者更强调产业集群各相关行动者的合作与协调提高集体行动效率,更加关注如何通过集群创新体系的完善、产业组织的提升(如:网络化程度增强、行业协会作用增强)、相关制度的适应性调整以及与集群的成长密切相关的社会资本因素的积累和提升等方式,利用专业化以及分工紧密的优势沿着价值阶梯逐步提升。

对于产业转型升级的微观分析单位而言,企业转型升级指企业为应对发展瓶颈和环境变化采取战略性措施,以提高竞争力和拓展生存空间的过程。其中涉及企业在行业间转换和在行业内转型升级两个方面。企业在行业间转换包括主业不变进入新行业;进入新的行业,但仍保留原行业;退出原行业,完全进入新行业等。企业在行业内转型升级,与全球价值链视角下产业层面的转型升级相对应,即企业在价值链上沿着原始设备装备(OEA)至原始设备制造(OEM)至自主设计制造(ODM)至自主品牌制造(OBM)的提升。企业竞争力的提升主要强调各种形式的创新,包括组织、管理、营销、产品、工艺等方面的创新,实现产品技术含量的提升、自主品牌的建立和声誉的提升、市场营销能力的增强、产品市场结构的优化。

从产业转型升级的定义出发,我们对产业转型升级的经济绩效从整体和局部进行分析,不但包含整个区域层面的总体经济效益以及产业结构的优化这两大维度,而且从价值链的角度分析区域重点支柱产业竞争力的提升。对产业转型升级的绩效进行评估,除了考虑直接经济效益,还要考虑间接影响,包括对可持续发展和人民生活水平等社会效益的贡献。

1.总体经济效益

区域总体经济效益维度反映产业转型升级对区域经济发展和政府税收的贡献。

2.产业结构优化

产业结构是衡量产业转型升级成果的重要指标。由于各区域的产业发展目标和阶段存在差异性,须根据区域的实际情况选取能充分反映区域产业结构优化的相关指标进行评价。为全面反映各区域相关产业结构合理化和高度化的情况,产业结构这一维度包含产业间结构指标和产业内结构指标。产业间结构除了衡量传统三产比例、生产要素结构以外,还包含了《珠江三角洲地区改革发展规划纲要(2008—2020年)》中所提及的重点发展产业(现代服务业、先进制造业、高技术制造业、优势传统产业)的发展水平。产业内结构指标主要是反映制造业内部结构和服务业内部结构的调整和优化。

3.区域支柱产业竞争力提升

该维度着重分析区域工业转型升级的绩效,分别从经济效益、创新能力、市场竞争力衡量区域支柱产业的竞争力。经济效益反映区域工业整体盈利水平。创新能力主要考察科研能力水平提升对工业发展的影响,包括产品结构优化(即高新技术产品比例提高)和发展模式优化(即产业通过技术、管理、组织等方面的创新从单纯的组装加工转向研发、设计、核心制造、品牌培育和市场营销高附加值领域的绩效)。市场竞争力通过市场结构优化(即改变过度依赖国外市场、开发国内市场的情况)和对外贸易水平的提高反映。

4.可持续发展

该维度衡量区域在产业转型升级过程中节能减排、环境保护的成效。资源消耗指标反映区域水资源、土地资源和能源的集约利用水平。三废排放与治理反映区域产业发展中废水、废气与废物的排放与治理情况。环境保护指标反映区域保护环境所取得的成绩,包括大气环境质量、声环境质量、水质量和绿化覆盖的客观指标以及居民对环境满意度的主观评价指标。

5.社会效益

加快转型升级,建设幸福广东。可见,产业转型升级是手段,最终目的是提高民众的福祉。社会效益这个维度从收入和就业两个方面衡量区域产业转型升级对建设幸福广东的贡献。该维度同样包括客观指标和居民主观评价指标。

五、指标体系建构的结果

(一)第一类指标:环境

表5.1　产业转型升级的环境指标

维度	一级指标	二级指标	指标意义	三级指标	备注
要素禀赋(A)【35】	经济实力(A1)【15】	经济发展水平(A11)	反映区域吸引高端人才集聚、发展总部经济和吸引投资的潜力	人均地区生产总值(A11-1)	规划办(2007年可比价)
		地方财政能力(A12)	反映政府经济调控的能力和所掌握的资源	人均地方财政一般预算收入(A12-1)	省年鉴
	土地资源(A2)【15】	土地要素成本(A21)	反映区域土地要素成本	生产用地成本评价(A21-1)	企业调查
		土地资源可获得性(A22)	反映区域产业发展可利用土地资源的供给情况	可建设用地公亩数(A22-1)	政府调查
				生产用地充足性评价(A22-2)	企业调查
	能源(A3)【20】	能源成本(A31)	反映区域工业生产所需主要能源的价格	能源成本评价(A31-1)	企业调查
		能源可获得性(A32)	反映区域重要工业能源的供应情况	主要工业能源的供给缺口(A32-1)	政府调查
				工业能源充足性评价(A32-2)	企业调查
	资本(A4)【20】	融资成本(A41)	反映区域产业发展的融资成本	民间借贷利率(A41-1)	企业调查
				银行贷款利率(A41-2)	企业调查
				融资成本评价(A41-3)	企业调查
		融资可获得性(A42)	反映地区资金供给能力和资金利用情况	中外资金融机构本外币各项存款余额(A42-1)	省年鉴
				中外资金融机构本外币各项贷款余额(A42-2)	省年鉴
				融资便捷性评价(A42-3)	企业调查

续表

维度	一级指标	二级指标	指标意义	三级指标	备注
要素禀赋（A）【35】	人力资源（A5）【30】	劳动力成本（A51）	反映不同层次劳动力的雇佣成本	地区最低工资标准（A51-1）	人力资源社会保障厅
				管理层工资成本评价（A51-2）	企业调查
				技术人员工资成本评价（A51-3）	企业调查
				熟练工人工资成本评价（A51-4）	企业调查
		人力资源可获得性（A52）	反映地区人才的结构和劳动力供给状况	研发人员数（A52-1）	规划办
				招聘熟练工人便捷性评价（A52-2）	企业调查
				招聘技术人员便捷性评价（A52-3）	企业调查
				招聘高级管理人才便捷性评价（A52-4）	企业调查
基础设施（B）【25】	生活服务设施（B1）【30】	生活服务设施的完备性（B11）	衡量交通、教育、医疗、住房、绿化、餐饮和娱乐等生活服务软硬件设施的完备情况	城市每万人拥有公交车辆（B11-1）	省年鉴
				每万人拥有卫生机构床位（B11-2）	省年鉴
				每万人拥有执业（助理）医师（B11-3）	省年鉴
				人均公园绿地面积（B11-4）	规划办
		生活服务设施的便利性（B12）	反映生活服务设施使用者对当地生活环境、公共服务和设施的主观评价	生活服务设施（餐饮、娱乐、绿化）完善程度评价（B12-1）	企业调查
				地区治安评价（B12-2）	企业调查
				公共服务配套（教育、医疗、住房）完善程度评价（B12-3）	企业调查
				地区生活质量满意度（B12-4）	省主观幸福感测评
	交通运输设施（B2）【35】	交通运输设施的完备性（B21）	衡量各类交通运输设施的建设水平	货物周转量（B21-1）	省年鉴
				港口货物吞吐量（B21-2）	省年鉴
		交通运输设施的便利性（B22）	反映企业对当地交通运输设施建设水平的主观评价	交通运输网络完善程度评价（B22-1）	企业调查
	通信基础设施（B3）【35】	通信基础设施的完备性（B31）	衡量区域信息化建设水平	互联网普及率（B31-1）	规划办
				无线宽带网络覆盖率（B31-2）	规划办
		通信基础设施的便利性（B32）	反映企业对当地通信基础设施建设水平的主观评价	通信设施完善程度评价（B32-1）	企业调查

续表

维度	一级指标	二级指标	指标意义	三级指标	备注
科技水平（C）【40】	自主创新能力（C1）【45】	专利（C11）	反映区域专利申请和授权的情况	年专利申请量（C11-1）	广东知识产权年鉴
				年专利授权量（C11-2）	
				百万人年发明专利申请量（C11-3）	规划办
				年 PCT 国际专利申请量（C11-4）	广东知识产权年鉴
	创新载体和平台（C2）【55】	创新载体建设水平（C21）	反映区域国家、省级创新平台、基地和研究机构的发展情况	国家重点实验室、工程中心、工程实验室等创新平台数量（C21-1）	规划办
				省级工程技术开发中心数量（C21-2）	省科技厅网站
				高新技术企业数量（C21-3）	公报
				省技术创新专业镇数量（C21-4）	省科技厅网站
		产学研合作水平（C22）	反映区域产学研合作发展情况	2005—2009 年全省产学研合作项目总数（C22-2）	省科技厅网站
产业基础（D）	产业传统（D1）	传统产业类别（D11）	反映区域独特的传统技能竞争优势	三大传统支柱产业的类别（D11-1）	定性分析
	区域重点支柱产业特征（D2）【选一至三个重点支柱产业进行分析】	产业根植性（D21）	衡量产业嵌入当地社会关系的紧密程度	产业根植性强弱程度（D21-1）	定性分析
		产业开放性（D22）	衡量产业的外贸依存度，参与国际分工与竞争的情况	产业开放性程度（D22-1）	定性分析
		产业企业特征（D23）	反映产业的企业特征，包括各类型规模企业比例，各类型所有制企业比例等	产业企业特征（D23-1）	定性分析
		产业社会网络（D24）	反映产业正式社会网络与非正式的社会网络的发展情况	产业社会网络特征（D24-1）	定性分析
		产业区域集聚性（D25）	衡量产业相关企业在特定地域集聚的程度	产业区域集聚程度（D25-1）	定性分析
		产业市场竞争环境（D26）	衡量产业市场公平、有序竞争环境的发展水平，是否鼓励和保护各种经济主体的平等竞争	产业市场竞争环境公平、有序性（D26-1）	定性分析

（二）第二类指标:过程

表 5.2　产业转型升级的过程指标

维度	一级指标	二级指标	指标意义	三级指标	备注
资金投入（E）【100】	三次产业投入水平（E1）【30】	三次产业全社会固定投资水平（E11）	反映三次产业全社会固定资产投资额和构成	全社会固定资产投资总额（E11-1）	省年鉴
				第二产业固定投资总额（E11-2）	市年鉴、公报
				第三产业固定投资总额（E11-3）	
		重点产业投入水平（E12）	衡量区域先进制造业、高新技术产业、传统优势产业、现代服务业等重点产业的固定资产投资额	先进制造业投资总额（E12-1）	现代产业体系统计季报
				高新技术产业投资总额（E12-2）	
				传统优势产业投资总额（E12-3）	
				现代服务业投资总额（E12-4）	
	创新投入（E2）【35】	社会投入水平（E21）	反映社会总体科研创新的投入水平	全社会研发经费支出占GDP比重（E21-1）	规划办
		政府投入水平（E22）	反映政府科技创新的投入水平	地方财政科技拨款占地方财政支出的比重（E22-1）	科技厅网站
		企业投入水平（E23）	反映企业科技创新的投入水平	工业企业R&D经费内部支出（E23-1）	省年鉴
				企业R&D经费占产品销售收入比例（E23-2）	企业调查
	环保投入（E3）【35】	社会投入水平（E31）	反映社会环保投入水平	水利、环境和公共设施管理业固定资产投入额占地方GDP比重（E31-1）	省年鉴
		政府投入水平（E32）	反映政府环保投入水平	地方政府环保投入占地方财政一般预算支出的比重（E32-1）	政府调查
		企业投入水平（E33）	反映企业环保投入水平	企业环保投入占产品销售收入比例（E33-1）	企业调查

续表

维度	一级指标	二级指标	指标意义	三级指标	备注
政府因素（F）	政府认知（F1）	产业转型升级的总体思路（F11）	反映地方政府对产业转型升级的定位和规划	转型升级的发展原则（F11–1）	定性分析
				转型升级的目标（F11–2）	
				区域发展定位（F11–3）	
				区域产业布局和培育重点（F11–4）	
		产业转型升级的重点任务（F12）	反映地方政府对产业转型升级的引导方向	各类型产业的重点项目（F12–1）	定性分析
				重点建设的基地和园区（F12–2）	
	政府态度（F2）	政府与社会组织关系（F21）	反映政府对在产业转型升级过程中政府与各类型社会组织关系的态度	政府与社会组织的角色分工（F21–1）	定性分析
		政府与市场关系（F22）	反映政府对在产业转型升级过程中政府与市场关系的态度	政府与市场关系的角色分工（F22–1）	定性分析
	政府战略（F3）	产业转型升级的具体政策范围（F31）	反映政府在产业转型升级相关政策等所涉及的领域，如创新、人才、融资、节能环保、市场管理，以及国家其他领域职能的覆盖范围	产业转型升级的政策范围（F31–1）	定性分析
		产业转型升级的政策强度（F32）	反映主要政策领域政府干预程度	产业转型升级的政策强度（F32–1）	定性分析
		产业转型升级的政策手段（F33）	反映政府实现产业转型升级所使用的主要政策工具（如调控监督、补贴、奖励、专项资金支持等政策手段）	产业转型升级的主要政策工具（F33–1）	定性分析
	政府行为（F4）	产业转型升级政策执行（F41）	反映相关产业转型升级政策的执行情况	产业转型升级政策的执行情况（F41–1）	定性分析

维度	一级指标	二级指标	指标意义	三级指标	备注
政府因素（F）	政府行为（F4）	市场管理措施的落实（F42）	反映政府规范市场竞争秩序、维护公平竞争环境的相关法律法规的执行情况	市场管理措施的落实情况（F42-1）	定性分析
社会组织因素（G）	社会组织认知（G1）	行业协会/商会的认知（G11）	反映区域重点支柱产业各类型社会组织对其在产业转型升级过程中的角色功能定位	行业协会/商会的认知（G11-1）	定性分析
		教育培训机构的认知（G12）		教育培训机构的认知（G12-1）	
		金融服务机构的认知（G13）		金融服务机构的认知（G13-1）	
		管理咨询服务机构的认知（G14）		管理咨询服务机构的认知（G14-1）	
		社会服务机构的认知（G15）		社会服务机构的认知（G15-1）	
		大众媒体的认知（G16）		大众媒体的认知（G16-1）	
	社会组织态度（G2）	行业协会/商会的态度（G21）	反映区域重点支柱产业各类型社会组织对政府给予的相关支持的评价	行业协会/商会的态度（G21-1）	定性分析
		教育培训机构的态度（G22）		教育培训机构的态度（G22-1）	
		金融服务机构的态度（G23）		金融服务机构的态度（G23-1）	
		管理咨询服务机构的态度（G24）		管理咨询服务机构的态度（G24-1）	
		社会服务机构的态度（G25）		社会服务机构的态度（G25-1）	
		大众媒体的态度（G26）		大众媒体的态度（G26-1）	
	社会组织战略（G3）	行业协会/商会的战略（G31）	反映区域重点支柱产业各类型社会组织促进产业转型升级的举措	行业协会/商会的战略（G31-1）	定性分析
		教育培训机构的战略（G32）		教育培训机构的战略（G32-1）	
		金融服务机构的战略（G33）		金融服务机构的战略（G33-1）	

维度	一级指标	二级指标	指标意义	三级指标	备注
社会组织因素（G）	社会组织战略（G3）	管理咨询服务机构的战略（G34）		管理咨询服务机构的战略（G34–1）	
		社会服务机构的战略（G35）		社会服务机构的战略（G35–1）	
		大众媒体的战略（G36）		大众媒体的战略（G36–1）	
	社会组织行为（G4）	行业协会/商会的行为（G41）	反映区域重点支柱产业各类型社会组织与产业转型升级相关的服务和措施的执行情况以及组织发展水平	行业协会/商会的行为（G41–1）	定性分析
		教育培训机构的行为（G42）		教育培训机构的行为（G42–1）	
		金融服务机构的行为（G43）		金融服务机构的行为（G43–1）	
		管理咨询服务机构的行为（G44）		管理咨询服务机构的行为（G44–1）	
		社会服务机构的行为（G45）		社会服务机构的行为（G45–1）	
		大众媒体的行为（G46）		大众媒体的行为（G46–1）	
企业因素（H）	企业认知（H1）	企业转型升级意愿（H11）	反映区域重点支柱产业的企业进行转型升级的意愿	企业转型升级意愿（H11–1）	企业调查
		政策熟悉程度（H12）	反映区域重点支柱产业的企业对支持产业转型升级相关政策的了解程度	政策熟悉程度（H12–1）	企业调查
	企业态度（H2）	政策评价（H21）	反映区域重点支柱产业的企业对产业转型升级相关政策的评价	政策评价（H21–1）	企业调查
		政府服务评价（H22）	反映区域重点支柱产业的企业对地方政府服务效率的评价	政府服务评价（H22–1）	企业调查
		社会组织评价（H23）	反映区域重点支柱产业的企业对相关社会组织在产业转型升级中的服务功能的评价	社会组织评价（H23–1）	企业调查

续表

维度	一级指标	二级指标	指标意义	三级指标	备注
企业因素（H）	企业战略（H3）	创新网络化战略（H31）	反映区域重点支柱产业的企业参与网络化创新的战略举措	创新网络化战略（H31-1）	企业调查
		生产网络化战略（H32）	反映区域重点支柱产业的企业参与纵向一体化和横向一体化生产组织网络化的战略举措	生产组织网络化战略（H32-1）	企业调查
	企业行为（H4）	流程升级措施（H41）	反映区域重点支柱产业的企业进行精细生产、工艺流程升级所采取的具体措施	流程升级措施（H41-1）	企业调查
		产品升级措施（H42）	反映区域重点支柱产业的企业转向更高端的生产线、增加产品单位价值的具体措施	产品升级措施（H42-1）	企业调查
		功能升级措施（H43）	反映区域重点支柱产业的企业从基本加工组装和贴牌生产到涉及技术研发、自有品牌培育等方面迈进的具体措施	功能升级措施（H43-1）	企业调查

（三）第三类指标：结果

表 5.3　产业转型升级的结果指标

维度	一级指标	二级指标	指标意义	三级指标	备注
总体经济效益（I）【15】	地区 GDP 贡献（I1）【40】	GDP 增长规模（I11）	反映产业转型升级对区域整体经济发展水平的贡献	地区生产总值（当年价）(I11-1)	省年鉴
				地区生产总值增长率(I11-2)	省年鉴
		GDP 增长拉动率（I12）		第二产业对经济增长的贡献率（I12-1）	市年鉴/报
				第三产业对经济增长的贡献率（I12-2）	

续表

维度	一级指标	二级指标	指标意义	三级指标	备注
总体经济效益(I)【15】	税收贡献(I2)【60】	税收规模(I21)	反映产业转型升级对政府税收的贡献	地方财政一般预算收入总额(I21-1)	省年鉴
				地方财政一般预算收入增长率(I21-2)	省年鉴
		税收增长贡献率(I22)		规模以上工业企业税金总额(I22-1)	市年鉴
				第三产业税金总额增长比例(I22-2)	
产业结构优化(J)【22.5】	产业间结构优化(J1)【50】	传统三产结构(J11)	反映区域产业结构由一产向二产转移、再向三产移动的趋势	三次产业地区生产总值比例(J11-1)	省年鉴
		重点发展产业水平(J12)	反映现代服务业、先进制造业、高技术制造业、优势传统产业对地方GDP的贡献	现代服务业增加值占地方GDP比重(J12-1)	现代产业体系统计资料或者规划办数据计算
				先进制造业增加值占地方GDP比重(J12-2)	
				高技术制造业增加值占地方GDP比重(J12-3)	
				优势传统产业增加值占地方GDP比重(J12-4)	
	产业内结构优化(J2)【50】	制造业结构(J21)	反映制造业产业结构从低附加值产业向高附加值产业发展，从低加工度产业向高加工度产业占优势地位发展的趋势	工业总产值中轻重工业比例(J21-1)	公报/市年鉴
				先进制造业增加值占规模以上工业增加值比重(J21-2)	
				高技术制造业增加值占规模以上工业增加值比重(J21-3)	规划办
		服务业结构(J22)	反映改造传统服务业，发展为社会提供高附加值、高层次、知识性生产服务和生活服务的现代服务的趋势	现代服务业增加值占服务业增加值比重(J22-1)	

续表

维度	一级指标	二级指标	指标意义	三级指标	备注
区域支柱产业竞争力提升（K）【20】	经济效益（K1）【25】	总体经济效益（K12）	反映产业整体盈利水平	规模以上工业企业经济效益综合指数（K12-1）	公报/年鉴
				规模以上工业企业利润总额（K12-2）	省年鉴
	创新能力（K2）【40】	产品结构优化（K21）	反映高新技术产品所占比例	高新技术产品产值占规模以上工业总产值比重（K21-1）	规划办
		发展模式优化（K22）	反映产业通过技术、管理、组织等方面的创新从单纯的组装加工转向研发、设计、核心制造、品牌培育和市场营销高附加值领域的绩效	来样/图加工装配产品（OAM）销售额占总销售额比例（K22-1）	企业调查
				贴牌生产产品（OEM）销售额占总销售额比例（K22-2）	企业调查
				原始设计产品（ODM）销售额占总销售额比例（K22-3）	企业调查
				自有品牌产品（OBM）销售额占总销售额比例（K22-4）	企业调查
	市场竞争力（K3）【35】	市场结构优化（K31）	反映改变过度依赖国外市场、开发国内市场的情况	企业产品内销比例（K31-1）	企业调查
		对外贸易水平（K32）	反映产业国际市场竞争力情况	一般贸易出口总额（K32-1）	市年鉴/公报
				加工贸易出口总额（K32-2）	
可持续发展（L）【22.5】	资源消耗（L1）【30】	土地资源（L11）	反映产业发展节约土地资源情况	单位建设用地第二、三产业增加值（L11-1）	规划办
		能源资源（L12）	反映产业发展能源消耗情况	单位GDP能耗下降率（L12-1）	规划办
	三废排放与治理（L2）【30】	废水（L21）	反映产业发展废水排放与治理情况	工业废水排放总量（L21-1）	省年鉴
				工业废水排放达标率（L21-2）	
				化学需氧量排放量（L21-3）	规划办
		废气（L22）	反映产业发展废气排放与治理情况	工业废气排放总量（L22-1）	省年鉴
				工业粉尘排放达标率（L22-2）	
				工业烟尘排放达标率（L22-3）	
				二氧化硫排放量（L22-4）	规划办

续表

维度	一级指标	二级指标	指标意义	三级指标	备注
可持续发展（L）【22.5】	三废排放与治理（L2）【30】	废物（L23）	反映产业发展废物排放与治理情况	工业固体废物排放量总量（L23-1）	省年鉴
				工业固体废物综合利用率（L23-2）	
				工业固体废物处置率（L23-3）	
	环境保护指标（L3）【40】	大气环境质量（L31）	反映产业发展环境保护成效	空气质量优良天数占全年总天数比例（L31-1）	各市环境质量公报
		声环境质量（L32）		声环境功能区达标率（L32-1）	
		水质量（L33）		水环境功能区水质达标率（L33-1）	
				集中式饮用水源区水质优良率（L33-2）	
		绿化覆盖（L34）		森林覆盖率（L34-1）	规划办
		居民满意度（L35）	反映居民对环境的满意度评价	居民环境满意度评价（L35-1）	省主观幸福感调查生态环境评价
社会效益（M）【20】	收入（M1）【45】	人均可支配收入（M11）	反映居民收入水平	城镇居民人均可支配收入（M11-1）	省年鉴（规）
				农村居民人均纯收入（M11-2）	省年鉴（规）
		居民收入满意度（M12）	反映居民对收入水平的满意度	居民收入满意度评价（M12-1）	省主观幸福感调查（收入状况满意度）
	就业（M2）【55】	新增就业（M21）	反映产业转型升级新增就业岗位的数量	第二产业从业人员数量（M21-1）	省年鉴
				第三产业从业人员数量（M21-2）	
		居民就业满意度（M22）	反映居民对就业情况的满意度	居民就业满意度评价（M22-1）	省主观幸福感调查（对工作状况的满意度）

第二节 产业转型升级指标体系数据分析

一、产业转型升级的环境指标

（一）要素禀赋（A）

1.经济实力（A1）

经济发展水平（A11）

（1）人均地区生产总值（A11-1）（元）

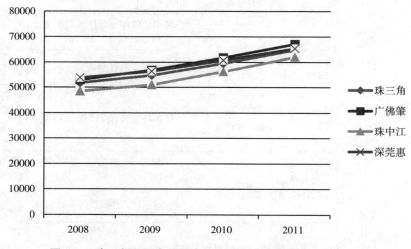

图 5.2 珠三角和三个圈层人均地区生产总值（A11-1）（元）

如图5.2所示：2008年至2011年间，珠三角人均地区生产总值发展较为迅速，2011年比2008年增长了20.6%，四年的年平均增长率为7.9%。

从三个经济圈的年平均增长率上看，珠中江经济圈发展速度最为迅猛，年平均增长率为8.6%，其次为广佛肇经济圈（8.3%），人均地区生产总值在2010年超过深莞惠经济圈，最后是深莞惠经济圈（6.8%）。

与长三角相比，珠三角的人均地区生产总值年平均增长率（7.9%）要明显低于长三角（12.6%）。

在珠三角9市中，广州、深圳、佛山、珠海四市的人均地区生产总值最高，其中 2011 年均超过 80000 元,其中深圳最高达到 99959 元;肇庆、惠州、江门三市人均地区生产总值排名靠后,其中肇庆最低为 28053 元(见图 5.3)。

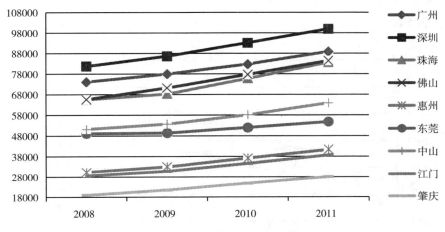

图 5.3 地级市人均地区生产总值(A11-1)(元)

如图 5.4 所示:在各个城市人均地区生产总值(A11-1)的年平均增长率中,排在首位的是肇庆(13.9%),其次为惠州(10.8%),最末为东莞(3.7%)。

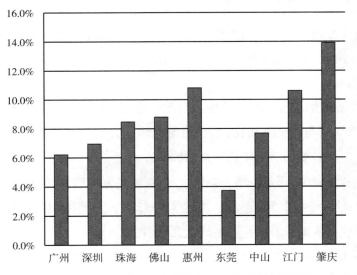

图 5.4 地级市人均地区生产总值(A11-1)年平均增长率(%)

（2）人均地方财政一般预算收入（A12-1）（元）

如图 5.5 所示：2008 年至 2011 年间，珠三角人均地方财政一般预算收入发展较为迅速，2011 年比 2008 年增长了 46.1%，四年的年平均增长率为 13.5%。

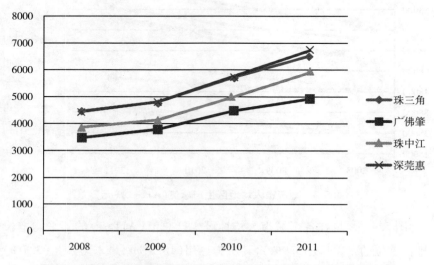

图 5.5　珠三角和三个圈层人均地方财政一般预算收入（A12-1）（元）

从三个经济圈的年平均增长率上看，珠中江经济圈发展速度最为迅猛，年平均增长率为 15.2%，其次为深莞惠经济圈（14.8%），最后是广佛肇经济圈（12.3%）。

与全省相比，珠三角的人均地方财政一般预算收入年平均增长率要低于全省（15.9%）；与长三角相比，珠三角的人均地方财政一般预算收入年平均增长率（13.5%）要明显低于长三角（15.8%）。

无论从绝对值，还是从增长幅度上看，深圳的人均地方财政一般预算收入最高，2011 年达到 12856 元，增长幅度达到 4281 元。而肇庆的人均地方财政一般预算收入最低，2011 年仅为 2343 元（见图 5.6）。

如图 5.7 所示：在各个城市人均地方财政一般预算收入（A12-1）的年平均增长率中，排在首位的是肇庆（26.8%），其次为惠州（22.9%），最末为东莞（10.0%）。

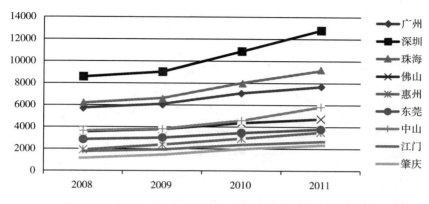

图5.6　地级市人均地方财政一般预算收入（A12-1）（元）

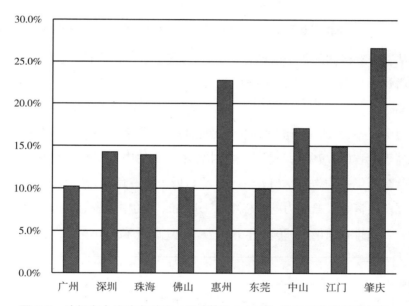

图5.7　地级市人均地方财政一般预算收入（A12-1）年平均增长率（%）

2.资本（A4）

融资可获得性（A42）

（1）中外资金融机构本外币各项存款余额（A42-1）（亿元）

如图5.8所示:2008年至2011年间,珠三角中外资金融机构本外币各项存款余额发展较为迅速,2011年比2008年增长了46.0%,四年的年平均增长率为17.9%。

223

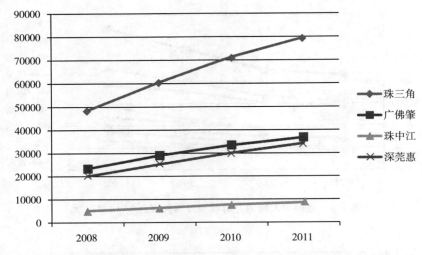

图 5.8 珠三角和三个圈层中外资金融机构本外币各项存款余额（A42-1）（亿元）

从三个经济圈的年平均增长率上看,深莞惠经济圈发展速度最为迅猛,年平均增长率为 19.5%,其次为珠中江经济圈(18.9%),最后是广佛肇经济圈(16.3%)。

与全省相比,珠三角的中外资金融机构本外币各项存款余额年平均增长率要高于全省(17.7%);与长三角相比,珠三角的中外资金融机构本外币各项存款余额年平均增长率(17.9%)要明显低于长三角(19.6%)。

在反映资金供给能力的指标中,广州和深圳的中外资金融机构本外币各项存款余额排在前两位,2011 年分别为 26461 亿元和 25096 亿元(见图 5.9)。

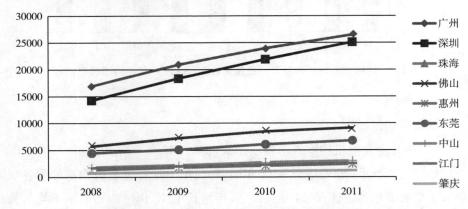

图 5.9 地级市中外资金融机构本外币各项存款余额（A42-1）（亿元）

　　如图 5.10 所示:在各个城市中外资金融机构本外币各项存款余额（A42-1）的年平均增长率中,排在首位的是珠海（23.7%）,其次为惠州（21.6%）,最末为东莞（14.8%）。

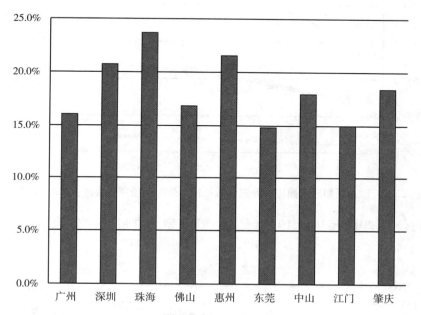

图 5.10　地级市中外资金融机构本外币各项存款余额（A42-1）年平均增长率（%）

　　（2）中外资金融机构本外币各项贷款余额（A42-2）（亿元）

　　如图 5.11 所示:2008 年至 2011 年间,珠三角中外资金融机构本外币各项贷款余额发展较为迅速,2011 年比 2008 年增长了 71.2%,四年的年平均增长率为 19.6%。

　　从三个经济圈的年平均增长率上看,珠中江经济圈发展速度最为迅猛,年平均增长率为 26.3%,其次为深莞惠经济圈（19.5%）,最后是广佛肇经济圈（18.6%）。

　　与全省相比,珠三角的中外资金融机构本外币各项贷款余额年平均增长率要低于全省（20.1%）;与长三角相比,珠三角的中外资金融机构本外币各项贷款余额年平均增长率（19.6%）要明显低于长三角（20.0%）。

　　在资金利用方面,深圳在中外资金融机构本外币各项贷款余额指标中

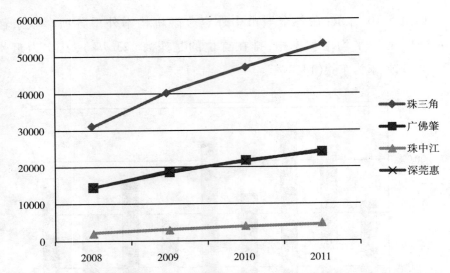

图 5.11 珠三角和三个圈层中外资金融机构本外币各项贷款余额(A42-2)(亿元)

独占鳌头,2011 年达到 19249 亿元。广州紧随其后,为 17733 亿元(见图 5.12)。

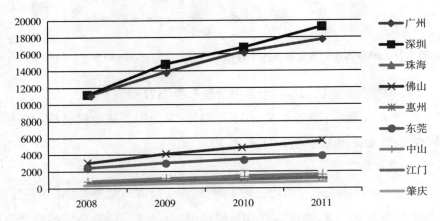

图 5.12 地级市中外资金融机构本外币各项贷款余额(A42-2)(亿元)

如图 5.13 所示:在各个城市中外资金融机构本外币各项贷款余额 (A42-2)的年平均增长率中,排在首位的是珠海(29.8%),其次为肇庆 (27.0%),最末为东莞(16.6%)。

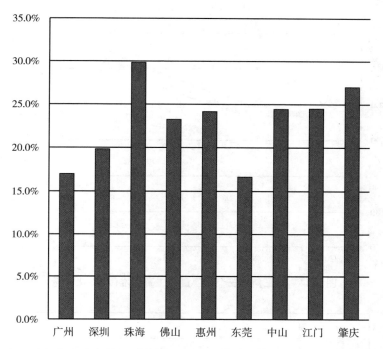

图 5.13 地级市中外资金融机构本外币各项贷款余额(A42-2)年平均增长率(%)

3.人力资源(A5)

(1)劳动力成本(A51)

地区最低工资标准(A51-1)(元)

如图 5.14 所示:2008 年至 2011 年间,珠三角地区最低工资标准(A51-1)发展较为迅速,2011 年比 2008 年增长了 43.4%,四年的年平均增长率为 12.8%。

从三个经济圈的年平均增长率上看,广佛肇经济圈发展速度最为迅猛,年平均增长率为 13.7%,其次为珠中江经济圈(12.5%),最后是深莞惠经济圈(12.1%)。

在地区最低工资标准中,深圳最高,2011 年最低工资标准为 1320 元,其次是广州,为 1300 元。低于 1000 元的有三个城市,分别为肇庆(850 元)、江门(950 元)、惠州(950 元)(见图 5.15)。

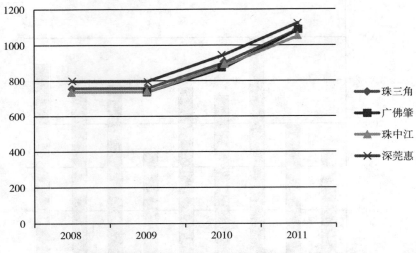

图 5.14 珠三角和三个圈层最低工资标准(A51-1)(元)

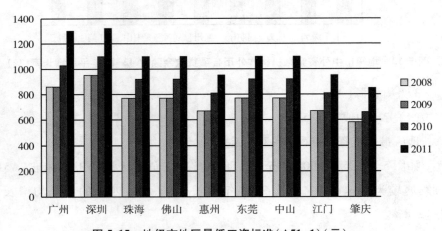

图 5.15 地级市地区最低工资标准(A51-1)(元)

如图 5.16 所示:在各个城市最低工资标准(A51-1)的年平均增长率中,排在首位的是广州(14.8%),其次为肇庆(13.6%),最末为深圳(11.6%)。

(2)人力资源可获得性(A52)

研发人员数(A52-1)(万人)

如图 5.17 所示:2008 年至 2011 年间,珠三角地区研发人员数(A52-1)发展较为迅速,2011 年比 2008 年增长了 54.5%,四年的年平均增长率为 15.6%。

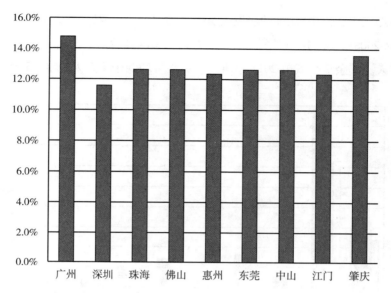

图 5.16　地级市地区最低工资标准（A51-1）年平均增长率（%）

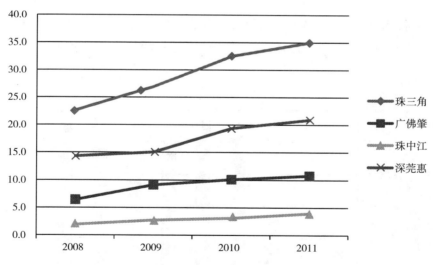

图 5.17　珠三角和三个圈层研发人员数（A52-1）（万人）

从三个经济圈的年平均增长率上看,珠中江经济圈发展速度最为迅猛,年平均增长率为 26.9%,其次为广佛肇经济圈(18.9%),最后是深莞惠经济圈(13.5%)。

在珠三角9市中,深圳的研发人员数量独占鳌头,一枝独秀,2011年达到17万人,从2008年到2011年增长近4.41万人。紧随其后的广州2011年研发人员为7万人。其余7个城市2011年研发人员数量均低于4万人(见图5.18)。

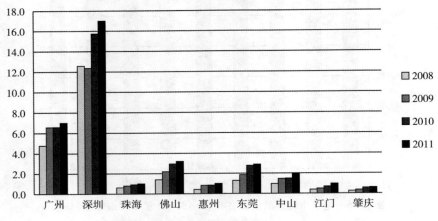

图5.18　地级市研发人员数(A52-1)(万人)

如图5.19所示:在各个城市研发人员数(A52-1)(万人)的年平均增长率中,排在首位的是江门(37.4%),其次为肇庆(35.7%),最末为深圳(10.5%)。

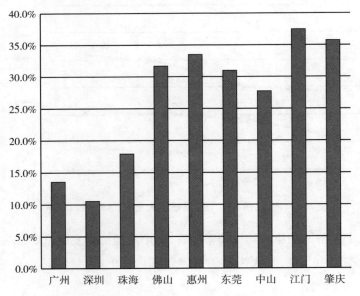

图5.19　地级市研发人员数(A52-1)年平均增长率(%)

（二）基础设施（B）

1.生活服务设施（B1）

生活服务设施的完备性（B11）

（1）城市每万人拥有公交车辆（B11-1）（辆）

如图 5.20 所示：2008 年至 2010 年间，珠三角地区城市每万人拥有公交车辆（B11-1）发展较为迅速，2010 年比 2008 年增长了 8.7%，三年的年平均增长率为 4.25%。

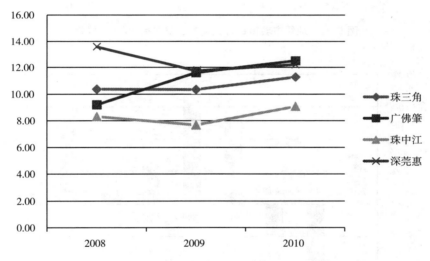

图 5.20　珠三角和三个圈层城市每万人拥有公交车辆（B11-1）（辆）

从三个经济圈的年平均增长率上看，广佛肇经济圈发展速度最为迅猛，年平均增长率为 10.7%，其次为珠中江经济圈（3.0%），最后是深莞惠经济圈（-3.5%），呈倒退趋势。

与长三角相比，珠三角的城市每万人拥有公交车辆年平均增长率（2.8%），略高于长三角（2.7%）。

在珠三角 9 市中，广州、深圳每万人拥有公交车辆最多，截至 2010 年分别为每万人 19.83 辆和每万人 16.28 辆（见图 5.21）。

如图 5.22 所示：在各个城市每万人拥有公交车辆（B11-1）的年平均增长率中，排在首位的是惠州（33.4%），其次为江门（29.5%），最末为深圳（-22.3%）。

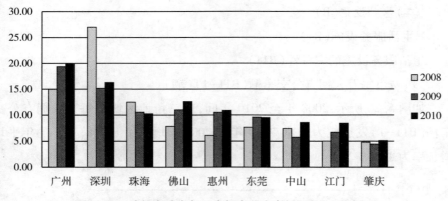

图5.21　地级市城市每万人拥有公交车辆（B11-1）（辆）

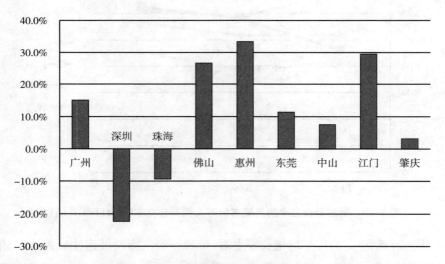

图5.22　地级市城市每万人拥有公交车辆（B11-1）年平均增长率（%）

（2）每万人拥有卫生机构床位（B11-2）（张）

如图5.23所示：2008年至2011年间，珠三角地区每万人拥有卫生机构床位（B11-2）发展较为迅速，2011年比2008年增长了12.6%，四年的年平均增长率为4.0%。

从三个经济圈的年平均增长率上看，珠中江经济圈发展速度最为迅猛，年平均增长率为5.4%，其次为深莞惠经济圈（5.3%），最后是广佛肇经济圈（3.0%）。

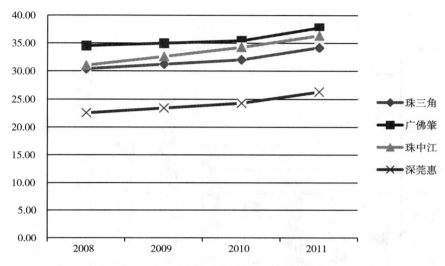

图 5.23　珠三角和三个圈层每万人拥有卫生机构床位(B11-2)(张)

珠三角与全省相比,珠三角的每万人拥有卫生机构床位(B11-2)年平均增长率(4.0%),要低于全省(6.9%),但高于长三角(1.3%)。

广州在 2011 年每万人拥有卫生机构床位最高,为 51.71 张,第二位是珠海,为 42.97 张,排名最后的是深圳,仅为 23 张(见图 5.24)。

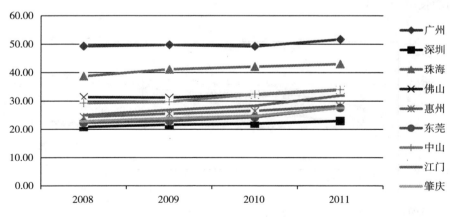

图 5.24　地级市每万人拥有卫生机构床位(B11-2)(张)

如图 5.25 所示:在各个城市每万人拥有卫生机构床位(B11-2)的年平均增长率中排在首位的是江门(8.4%),其次为东莞(7.3%),最末为广州

（1.6%）。

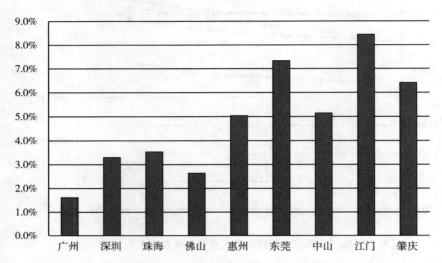

图5.25 地级市每万人拥有卫生机构床位（B11-2）年平均增长率（%）

（3）每万人拥有执业（助理）医师（B11-3）（人）

如图5.26所示:2008年至2011年间,珠三角地区每万人拥有执业（助理）医师（B11-3）发展较为迅速,2011年比2008年增长了6.2%,四年的年平均增长率为2.0%。

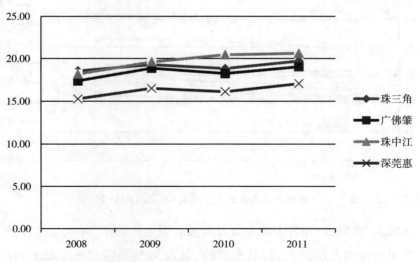

图5.26 珠三角和三个圈层每万人拥有执业（助理）医师（B11-3）（人）

　　从三个经济圈的年平均增长率上看,珠中江经济圈发展速度最为迅猛,年平均增长率为 4.2%,其次为深莞惠经济圈(3.8%),最后是广佛肇经济圈(3.1%)。

　　与全省相比,珠三角的每万人拥有执业(助理)医师(B11-3)年平均增长率(2.0%)要低于全省(5.4%),但明显高于长三角(-0.1%)。

　　每万人拥有执业(助理)医师,珠海的指标最高,2011 年达到 28.83 人,其次是广州,为 27.67 人(见图 5.27)。

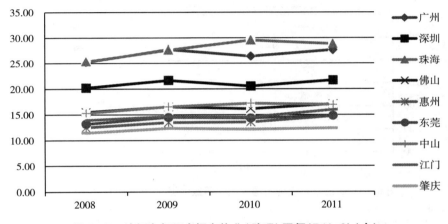

图 5.27　地级市每万人拥有执业(助理)医师(B11-3)(人)

　　如图 5.28 所示:在各个城市每万人拥有执业(助理)医师(B11-3)的年平均增长率中,排在首位的是惠州(5.7%),其次为江门(4.8%),最末为深圳(2.4%)。

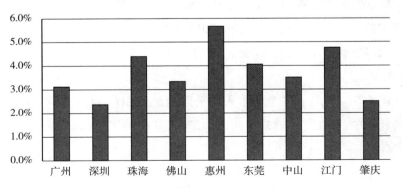

图 5.28　地级市每万人拥有执业(助理)医师(B11-3)年平均增长率(%)

（4）人均公园绿地面积（B11-4）（平方米）

如图5.29所示：2009年至2011年间，珠三角地区人均公园绿地面积（B11-4）发展较为迅速，2011年比2009年增长了21.1%，三年的年平均增长率为10.1%。

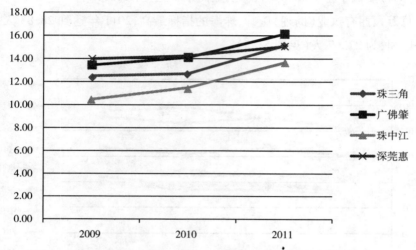

图5.29　珠三角和三个圈层人均公园绿地面积（B11-4）（平方米）

从三个经济圈的年平均增长率上看，珠中江经济圈发展速度最为迅猛，年平均增长率为14.3%，其次为广佛肇经济圈（9.6%），最后是深莞惠经济圈（3.8%）。

与全省相比，珠三角的人均公园绿地面积（B11-4）（平方米）年平均增长率（10.1%）要高于全省（4.1%），也高于长三角（2.9%）。

肇庆的人均公园绿地面积最高，2011年为22.57平方米。东莞和深圳紧随其后，2011年的人均公园绿地面积分别为16.52平方米和16.50平方米（见图5.30）。

如图5.31所示：在各个城市人均公园绿地面积（B11-4）（平方米）的年平均增长率中，排在首位的是广州（22.2%），其次为江门（16.2%），最末为深圳（0.6%）。

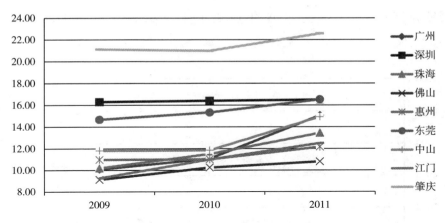

图 5.30　地级市人均公园绿地面积(**B11-4**)(平方米)

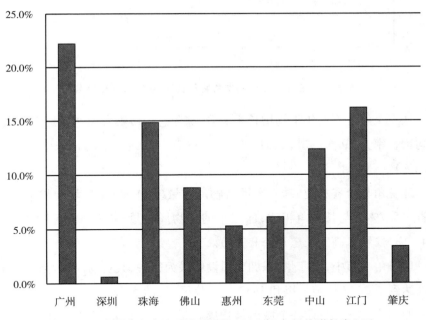

图 5.31　地级市人均公园绿地面积(**B11-4**)年平均增长率(%)

2.交通运输设施(B2)

交通运输设施的完备性(B21)

(1)货物周转量(B21-1)(亿吨公里)

如图 5.32 所示:2008 年至 2011 年间,珠三角地区货物周转量(B21-1)发展较为迅速,2011 年比 2008 年增长了 48.8%,四年的年平均增长率为 14.2%。

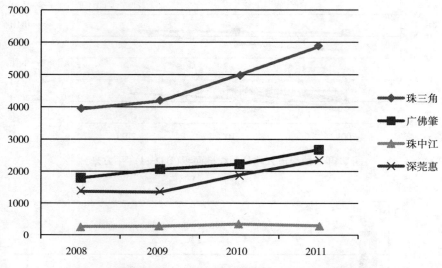

图 5.32　珠三角和三个圈层货物周转量(B21-1)(亿吨公里)

从三个经济圈的年平均增长率上看,深莞惠经济圈发展速度最为迅猛,年平均增长率为 19.6%,其次为广佛肇经济圈(14.4%),最后是珠中江经济圈(4.4%)。

珠三角与全省相比,珠三角的货物周转量(B21-1)年平均增长率要低于全省(15.7%);与长三角相比,珠三角的货物周转量(B21-1)年平均增长率(14.2%)要明显高于长三角(11.7%)。

珠三角 9 市中,以广州、深圳交通设施最为完备,其货物周转量到 2011 年分别达到了 2437 亿吨公里和 1932 亿吨公里(见图 5.33)。

如图 5.34 所示:在各个城市货物周转量(B21-1)的年平均增长率中,排在首位的是惠州(24.6%),其次为深圳(21.4%),最末为珠海(-8.7%)。

(2)港口货物吞吐量(B21-2)(万吨)

如图 5.35 所示:2008 年至 2011 年间,珠三角地区港口货物吞吐量(B21-2)发展较为迅速,2011 年比 2008 年增长了 30.7%,四年的年平均增长率为 9.3%。

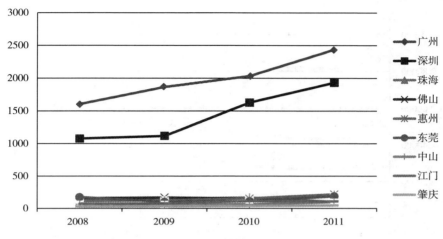

图 5.33 地级市货物周转量(B21−1)(亿吨公里)

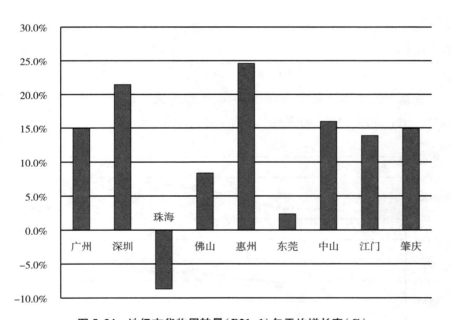

图 5.34 地级市货物周转量(B21−1)年平均增长率(%)

从三个经济圈的年平均增长率上看,珠中江经济圈发展速度最为迅猛,年平均增长率为 19.6%,其次为深莞惠经济圈(8.5%),最后是广佛肇经济圈(7.0%)。

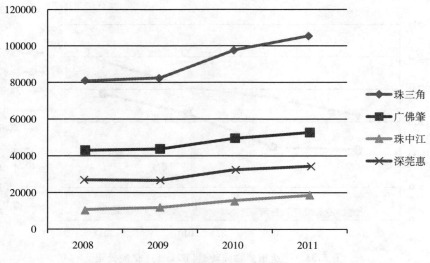

图5.35 珠三角和三个圈层港口货物吞吐量(B21-2)(万吨)

与全省相比,珠三角的港口货物吞吐量(B21-2)年平均增长率要低于全省(10.6%);与长三角相比,珠三角的港口货物吞吐量(B21-2)年平均增长率(9.3%)要明显低于长三角(11.6%)。

在港口货物吞吐量中,广州和深圳依然占据前两位,2011年分别达到44770万吨和22325万吨(见图5.36)。

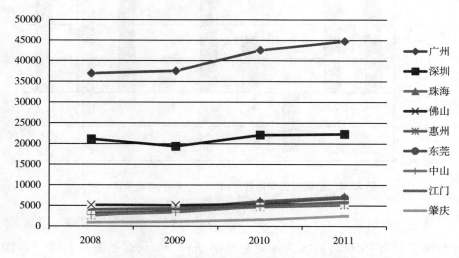

图5.36 地级市港口货物吞吐量(B21-2)(万吨)

如图5.37所示:在各个城市港口货物吞吐量(B21-2)的年平均增长率中,排在首位的是肇庆(39.6%),其次为东莞(28.8%),最末为佛山(1.7%)。

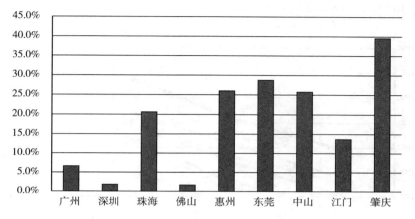

图5.37　地级市港口货物吞吐量(B21-2)年平均增长率(%)

3.通信基础设施(B3)

通信基础设施的完备性(B31)

(1)互联网普及率(B31-1)(%)

如图5.38所示:2009年至2011年间,珠三角地区互联网普及率(B31-1)发展较为迅速,2011年比2009年增长了25.7%,三年的年平均增长率为12.1%。

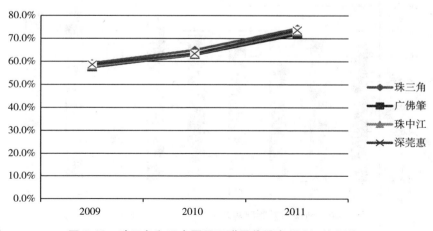

图5.38　珠三角和三个圈层互联网普及率(B31-1)(%)

图中4条线高度重合,表明三个经济圈的增长速度基本相同。

珠三角9市的互联网普及率基本均等,最高为深圳80.6%、广州80.0%,最低为肇庆62.0%(见图5.39)。

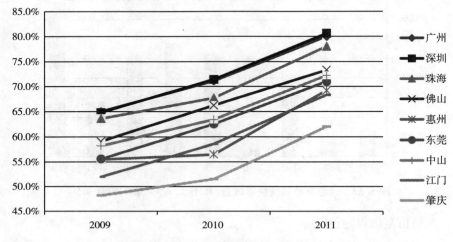

图 5.39 地级市互联网普及率(B31-1)(%)

如图5.40所示:在各个城市互联网普及率(B31-1)的年平均增长率中,排在首位的是江门(14.6%),其次为肇庆(13.4%),最末为珠海(10.7%)。

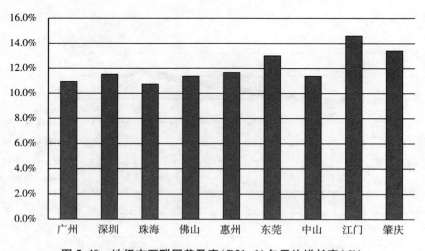

图 5.40 地级市互联网普及率(B31-1)年平均增长率(%)

（2）无线宽带网络覆盖率（B31-2）（％）

如图 5.41 所示：2009 年至 2011 年间，珠三角地区无线宽带网络覆盖率
（B31-2）发展较为迅速，2011 年比 2009 年增长了 13.4％，三年的年平均增长
率为 6.5％。

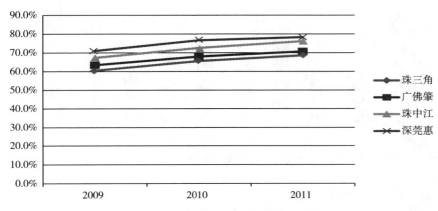

图 5.41　珠三角和三个圈层无线宽带网络覆盖率（B31-2）（％）

从三个经济圈的年平均增长率上看，珠中江经济圈发展速度最为迅猛，年
平均增长率为 6.3％，其次为广佛肇经济圈（5.5％），最后是深莞惠经济圈
（5.1％）。

珠三角 9 市的无线宽带网络覆盖率，除肇庆（48.0％）外，其他 8 个城市的
普及率相近，最高为深圳 83.2％（见图 5.42）。

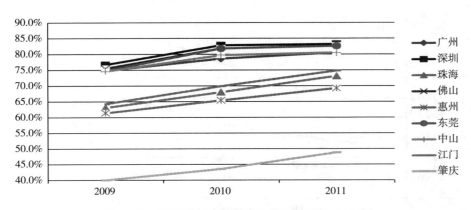

图 5.42　地级市无线宽带网络覆盖率（B31-2）（％）

如图 5.43 所示:在各个城市无线宽带网络覆盖率(B31-2)的年平均增长率中,排在首位的是肇庆(10.5%),其次为江门(7.9%),最末为广州(3.7%)。

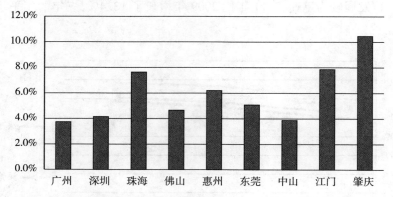

图 5.43 地级市无线宽带网络覆盖率(B31-2)年平均增长率(%)

(三)科技水平(C)

自主创新能力(C1)

(1)专利(C11)

①年专利申请量(C11-1)(件)

如图 5.44 所示:2008 年至 2011 年间,珠三角地区年专利申请量(C11-1)发展较为迅速,2011 年比 2008 年增长了 75.0%,四年的年平均增长率为 20.5%。

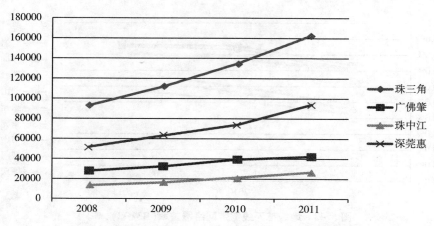

图 5.44 珠三角和三个圈层年专利申请量(C11-1)(件)

　　从三个经济圈的年平均增长率上看,珠中江经济圈发展速度最为迅猛,年平均增长率为 26.1%,其次为深莞惠经济圈(22.0%),最后是广佛肇经济圈(14.7%)。

　　与全省相比,珠三角的年专利申请量(C11-1)年平均增长率要低于全省(23.6%);与长三角相比,珠三角的年专利申请量(C11-1)年平均增长率(20.5%)要明显低于长三角(30.8%)。

　　在专利申请量中,深圳遥遥领先,其 2011 年专利申请量已达 63522 件,东莞、广州和佛山处于第二阵容,2011 年专利申请量分别为 24454 件、20391 件、20391 件(见图 5.45)。

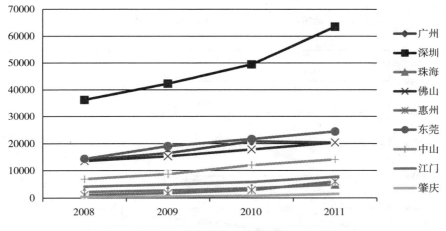

图 5.45　地级市年专利申请量(C11-1)(件)

　　如图 5.46 所示:在各个城市年专利申请量(C11-1)的年平均增长率中,排在首位的是惠州(73.2%),其次为肇庆(51.8%),最末为广州(13.5%)。

　　②年专利授权量(C11-2)(件)

　　如图 5.47 所示:2008 年至 2011 年间,珠三角地区年专利授权量(C11-2)发展较为迅速,2011 年比 2008 年增长了 108.7%,四年的年平均增长率为 27.8%。

　　从三个经济圈的年平均增长率上看,深莞惠经济圈发展速度最为迅猛,年平均增长率为 26.1%,其次为珠中江经济圈(22.0%),最后是广佛肇经济圈(14.7%)。

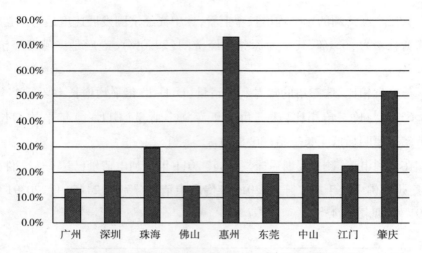

图 5.46　地级市年专利申请量(C11-1)年平均增长率(%)

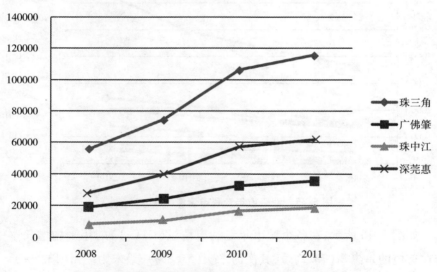

图 5.47　珠三角和三个圈层年专利授权量(C11-2)(件)

与全省相比,珠三角的年专利授权量(C11-2)年平均增长率要高于全省(27.4%);与长三角相比,珠三角的年专利授权量(C11-2)年平均增长率(27.8%)要明显低于长三角(45.8%)。

在年专利授权量中,依然是深圳领先,其次是东莞和广州,2011 年专利授权量分别为:39363 件、19353 件、18339 件(见图 5.48)。

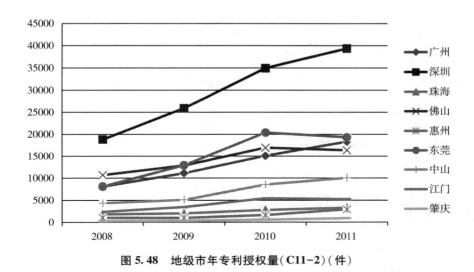

图 5.48　地级市年专利授权量(C11-2)(件)

如图 5.49 所示:在各个城市年专利授权量(C11-2)的年平均增长率中,排在首位的是肇庆(49.0%),其次为惠州(42.4%),最末为佛山(15.3%)。

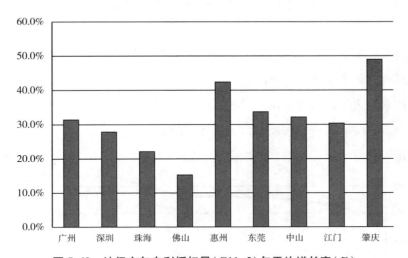

图 5.49　地级市年专利授权量(C11-2)年平均增长率(%)

③百万人年发明专利申请量(C11-3)(件)

如图 5.50 所示:2008 年至 2011 年间,珠三角地区百万人年发明专利申请量(C11-3)发展较为迅速,2011 年比 2008 年增长了 22.3%,四年的年平均增长率为 15.1%。

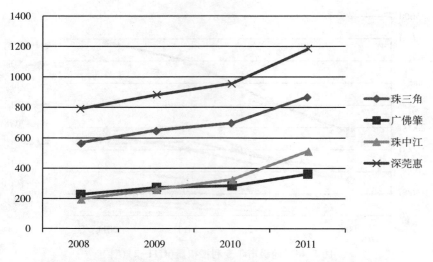

图 5.50　珠三角和三个圈层百万人年发明专利申请量（C11-3）（件）

从三个经济圈的年平均增长率上看,珠中江经济圈发展速度最为迅猛,年平均增长率为 37.6%,其次为广佛肇经济圈(16.8%),最后是深莞惠经济圈(14.3%)。

与全省相比,珠三角的百万人年发明专利申请量(C11-3)年平均增长率(15.1%)要低于全省(20.4%)。

在百万人年发明专利申请量中,深圳位列第一,达到 2754 件。其余城市都低于 1000 件,其中肇庆最少,为 67 件(见图 5.51)。

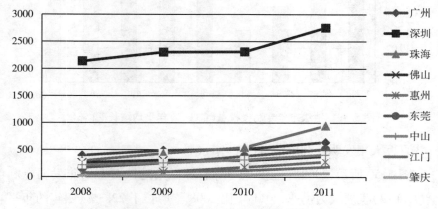

图 5.51　地级市百万人年发明专利申请量（C11-3）（件）

如图 5.52 所示:在各个城市百万人年发明专利申请量(C11-3)的年平均增长率中,排在首位的是惠州(63.6%),其次为珠海(47.5%),最末为深圳(8.8%)。

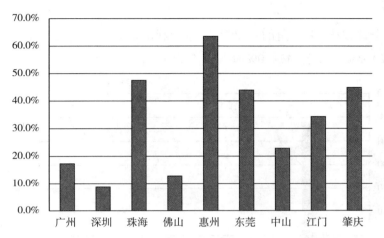

图 5.52　地级市百万人年发明专利申请量(C11-3)年平均增长率(%)

④年 PCT 国际专利申请量(C11-4)(件)

如图 5.53 所示:2008 年至 2010 年间,珠三角地区年 PCT 国际专利申请量(C11-4)发展较为迅速,2010 年比 2008 年增长了 114.4%,三年的年平均增长率为 51.0%。

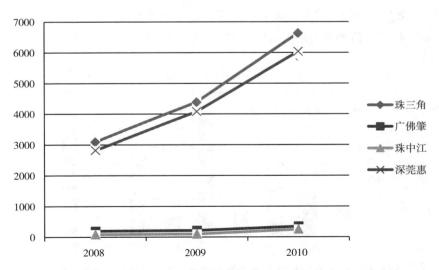

图 5.53　珠三角和三个圈层年 PCT 国际专利申请量(C11-4)(件)

从三个经济圈的年平均增长率上看,珠中江经济圈发展速度最为迅猛,年平均增长率为 73.6%,其次为深莞惠经济圈(46.4%),最后是广佛肇经济圈(33.4%)。

与全省相比,珠三角的年 PCT 国际专利申请量(C11-4)年平均增长率(51.0%)要低于全省(114.0%)(见图 5.54)。

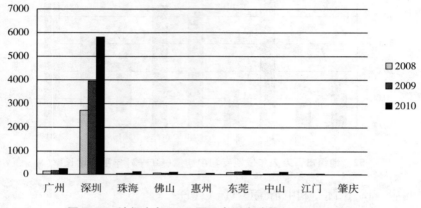

图 5.54 地级市年 PCT 国际专利申请量(C11-4)(件)

深圳在年 PCT 国际专利申请量中位列第一,2010 年为 5933 件。增加了 3093 件,遥遥领先于后面两位。

如图 5.55 所示:在各个城市年 PCT 国际专利申请量(C11-4)的年平均增长率中,排在首位的是肇庆(167%),其次为惠州(140%),最末为江门(17%)。

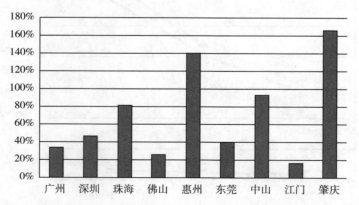

图 5.55 地级市年 PCT 国际专利申请量(C11-4)年平均增长率(%)

（2）创新载体建设水平（C21）

①国家重点实验室、工程中心、工程实验室等创新平台数量（C21-1）（个）

如图5.56所示：2009年至2011年间，珠三角地区国家重点实验室、工程中心、工程实验室等创新平台数量（C21-1）发展较为迅速，2011年比2009年增长了57.5%，三年的年平均增长率为25.5%。

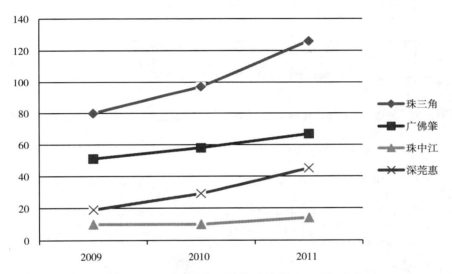

图5.56　珠三角和三个圈层国家重点实验室、工程中心、工程实验室等创新平台数量（C21-1）（个）

从三个经济圈的年平均增长率上看，深莞惠经济圈发展速度最为迅猛，年平均增长率为53.9%，其次为珠中江经济圈（18.3%），最后是广佛肇经济圈（14.6%）。

广州一直在国家重点实验室、工程中心、工程实验室等创新平台数量方面占据优势，2011年达到55个，从2009年以来增加了14个。深圳也不甘其后，2011年，国家重点实验室、工程中心、工程实验室等创新平台数量达到37个，从2009年以来增加了22个（见图5.57）。

如图5.58所示：在各个城市国家重点实验室、工程中心、工程实验室等创新平台数量（C21-1）的年平均增长率中，排在首位的是江门（100%），其次为

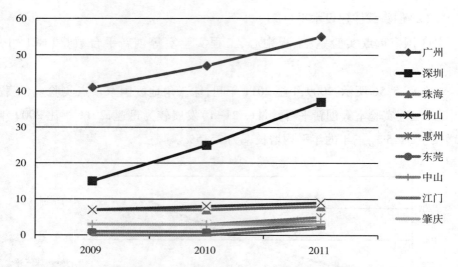

图5.57 地级市国家重点实验室、工程中心、工程实验室等创新平台数量(C21-1)(个)

东莞(73.2%),最末为珠海(6.9%)。

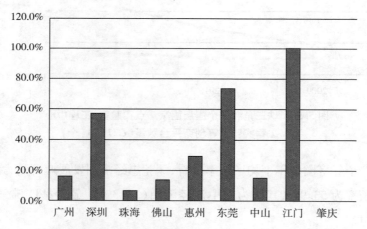

图5.58 地级市国家重点实验室、工程中心、工程实验室等创新平台数量(C21-1)年平均增长率(%)

②省级工程技术开发中心数量(C21-2)(个)

如图5.59所示:2008年至2011年间,珠三角地区省级工程技术开发中心数量(C21-2)发展较为迅速,2011年比2008年增长了21.7%,四年的年平均增长率为21.7%。

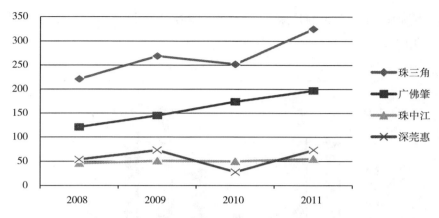

图 5.59　珠三角和三个圈层省级工程技术开发中心数量（C21-2）（个）

从三个经济圈的年平均增长率上看,深莞惠经济圈发展速度最为迅猛,年平均增长率为 35.2%,其次为广佛肇经济圈（19.8%）,最后是珠中江经济圈（10.9%）（见图 5.60）。

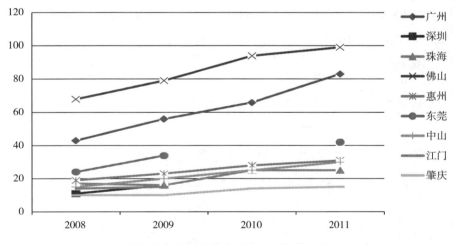

图 5.60　地级市省级工程技术开发中心数量（C21-2）（个）

佛山在省级工程技术开发中心数量方面领先,2011 年达到 99 个,其次为广州,2011 年达到 83 个。从 2008 年到 2009 年,增长幅度最大的三个城市分别为广州（13）、佛山（11）、东莞（10）。

如图 5.61 所示:在各个城市省级工程技术开发中心数量（C21-2）的年平

均增长率中,排在首位的是深圳(45.5%),其次为东莞(41.7%),最末为珠海
(-5.9%)。

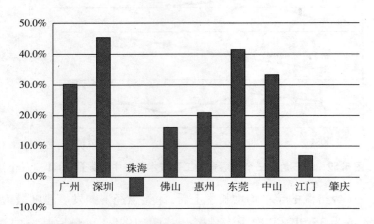

图5.61 地级市省级工程技术开发中心数量(C21-2)年平均增长率(%)

③高新技术企业数量(C21-3)(个)

如图5.62所示:2008年至2011年间,珠三角地区高新技术企业数量
(C21-3)发展较为迅速,2011年比2008年增长了56.4%,四年的年平均增长
率为16.1%。

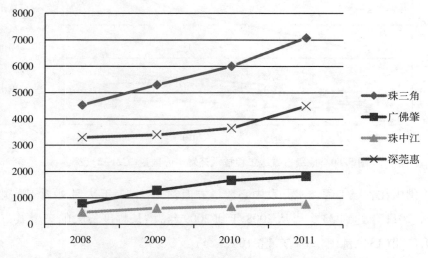

图5.62 珠三角和三个圈层高新技术企业数量(C21-3)(个)

　　从三个经济圈的年平均增长率上看,广佛肇经济圈发展速度最为迅猛,年平均增长率为33.2%,其次为珠中江经济圈(19.0%),最后是深莞惠经济圈(10.8%)。

　　截至2011年,深圳高新技术企业数量遥遥领先,为3966个,且增长幅度最大,广州位列第二,有1250个(见图5.63)。

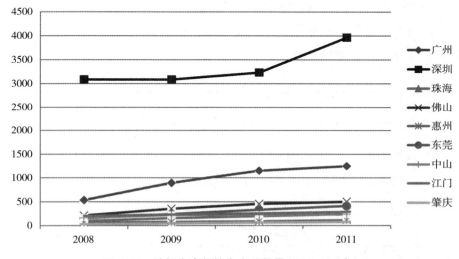

图5.63　地级市高新技术企业数量(C21-3)(个)

　　如图5.64所示:在各个城市高新技术企业数量(C21-3)的年平均增长率中,排在首位的是肇庆(44.2%),其次为东莞(39.2%),最末为深圳(8.7%)。

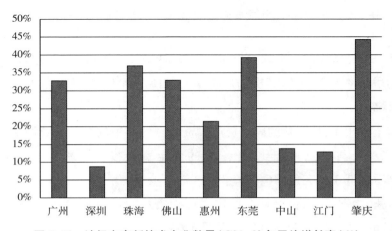

图5.64　地级市高新技术企业数量(C21-3)年平均增长率(%)

二、产业转型升级的过程指标

资金投入(E)

1.三次产业投入水平(E1)

三次产业全社会固定投资水平(E11)

(1)全社会固定资产投资总额(E11-1)(亿元)

如图 5.65 所示:2008 年至 2011 年间,珠三角固定资产投资总额数量大,增长快,2011 年比 2008 年增长了 58.0%,四年的年平均增长率为 16.5%。

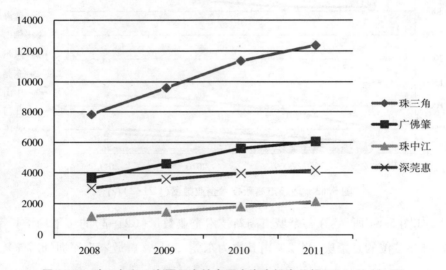

图 5.65　珠三角和三个圈层全社会固定资产投资总额(E11-1)(亿元)

从三个经济圈的年平均增长速度上看,珠中江经济圈发展速度最为迅猛,年平均增长率为 22.3%,其次为广佛肇经济圈(18.3%),最后是深莞惠经济圈(11.6%)。

与全省相比,珠三角的固定资产投资总额的年平均增长率要明显高于全省(14.7%);与长三角相比,珠三角的固定资产投资总额年平均增长率(16.5%)稍低于长三角(16.9%)。

广州、深圳、佛山在全社会固定资产投资总额排前三,2011 年分别达到 3414 亿元、2061 亿元、1934 亿元(见图 5.66)。

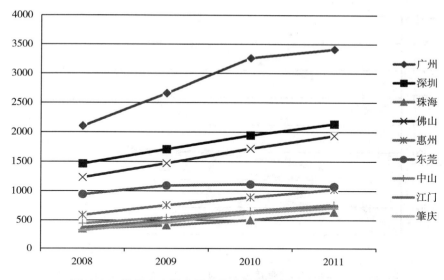

图 5.66　地级市全社会固定资产投资总额（E11-1）（亿元）

如图 5.67 所示：在各个城市全社会固定资产投资总额（E11-1）的年平均增长率中，排在首位的是肇庆（29.6%），其次为江门（25.2%），最末为东莞（4.6%）。

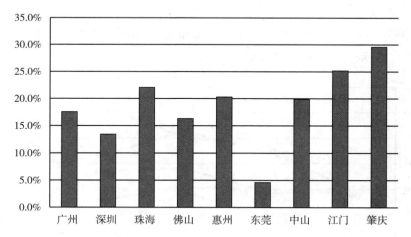

图 5.67　地级市全社会固定资产投资总额（E11-1）年平均增长率（%）

（2）第二产业固定投资总额（E11-2）（亿元）

如图 5.68 所示：2008 年至 2011 年间，珠三角第二产业固定投资总额增幅最大，2011 年比 2008 年增长了 37.1%，四年的年平均增长率为 11.1%。

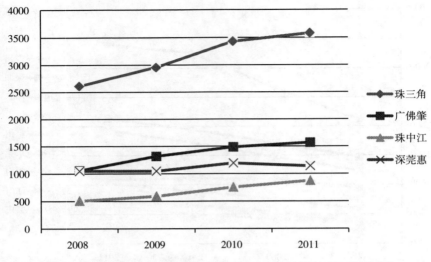

图 5.68　珠三角和三个圈层第二产业固定投资总额（E11-2）（亿元）

从年平均增长速度来看,珠中江经济圈发展最为迅速,年平均增长率为19.9%,其次是广佛肇经济圈(14.1%),最后是深莞惠经济圈(2.8%)。

与全省相比,珠三角的第二产业固定投资总额的年平均增长率(11.1%)要低于全省(12.3%),也低于长三角(16%)。

2008—2011 年,第二产业固定投资总额增长幅度前三位城市是江门、佛山、肇庆,分别为 237 亿元、224 亿元、158 亿元(见图 5.69)。

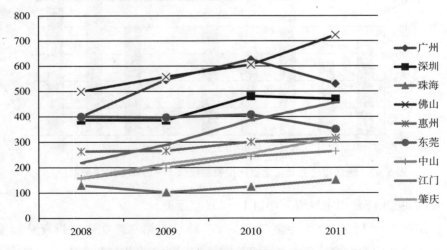

图 5.69　地级市第二产业固定投资总额（E11-2）（亿元）

如图 5.70 所示：在各个城市第二产业固定投资总额（E11-2）的年平均增长率中，排在首位的是江门（27.8%），其次为肇庆（26%），最末为东莞（-4.2%）。

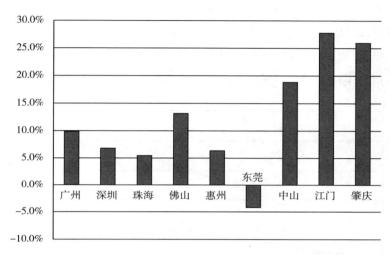

图 5.70　地级市第二产业固定投资总额（E11-2）年平均增长率（%）

（3）第三产业固定投资总额（E11-3）（亿元）

如图 5.71 所示：2008 年至 2011 年间，珠三角第三产业固定投资总额数量大，增长快，2011 年比 2008 年增长了 81.5%，四年的年平均增长率为 22%。

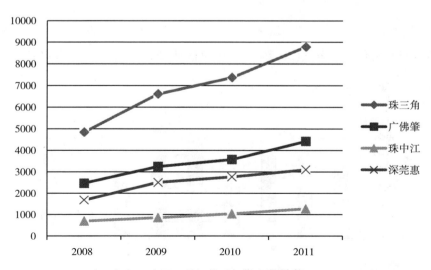

图 5.71　珠三角和三个圈层第三产业固定投资总额（E11-3）（亿元）

从三个经济圈的增长速度上看,深莞惠经济圈增长最快,年平均增长率为22.7%,其次是珠中江经济圈(22.2%),最后是广佛肇经济圈(21.4%)。

2008年到2011年,珠三角与全省相比,其第三产业固定投资总额的年平均增长率(22.0%)要高于全省(16.0%),也高于长三角(16.8%)。

广州、深圳、佛山的2011年的第三产业固定投资总额居于前三位:2880亿元、1666亿元、1202亿元。增长幅度最高的为广州,达到1342亿元(见图5.72)。

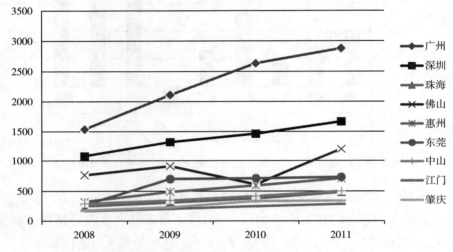

图 5.72　地级市第三产业固定投资总额(E11-3)(亿元)

如图5.73所示:在各个城市第三产业固定投资总额(E11-3)的年平均增长率中,排在首位的是东莞(38.7%),其次为惠州(29.7%),最末为深圳(15.5%)。

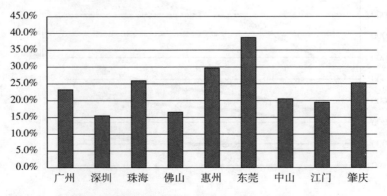

图 5.73　地级市第三产业固定投资总额(E11-3)年平均增长率(%)

2.创新投入(E2)

(1)社会投入水平(E21)

全社会研发经费支出占 GDP 比重(E21-1)(%)

如图 5.74 所示:2008 年至 2011 年间,珠三角全社会研发经费支出占 GDP 比重发展较为迅速,2011 年比 2008 年增长了 40.6%,四年的年平均增长率为 12%。

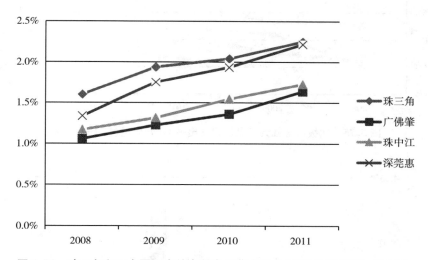

图 5.74　珠三角和三个圈层全社会研发经费支出占 GDP 比重(E21-1)(%)

从三个经济圈的年平均增长速度上看,深莞惠经济圈发展速度最为迅猛,年平均增长率为 18.4%,其次为广佛肇经济圈(15.6%),最后是珠中江经济圈(13.7%)。

2011 年,深圳、广州、中山在全社会研发经费支出占 GDP 比重位居前三位,分别为:3.60%、2.25%、2.08%(见图 5.75)。

如图 5.76 所示:在各个城市全社会研发经费支出占 GDP 比重(E21-1)的年平均增长率排名中,排在首位的是东莞(39.9%),其次为肇庆(39.4%),最末为中山(8.2%)。

(2)政府投入水平(E22)

地方财政科技拨款占地方财政支出的比重(E22-1)(%)

如图 5.77 所示:2008 年至 2010 年间,珠三角地方财政科技拨款占地方

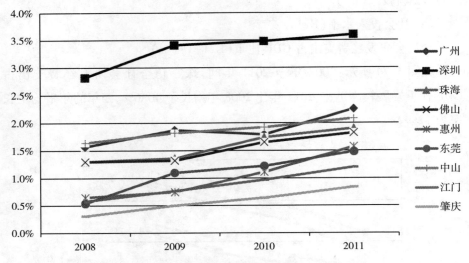

图 5.75　地级市全社会研发经费支出占 GDP 比重（E21-1）（%）

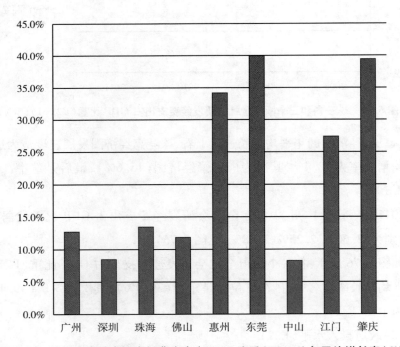

图 5.76　地级市全社会研发经费支出占 GDP 比重（E21-1）年平均增长率（%）

财政支出的比重发展缓慢,2010 年比 2008 年增长了 6.2%,三年的年平均增长率为 3%。

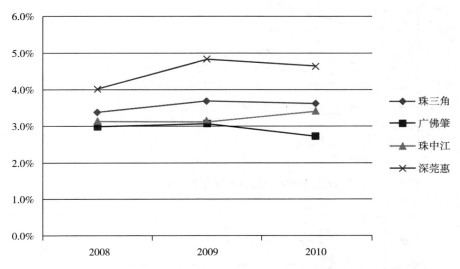

图 5.77　珠三角和三个圈层地方财政科技拨款占地方财政支出的比重(E22-1)(%)

从三个经济圈的年平均增长速度上看,深莞惠经济圈发展速度最为迅猛,年平均增长率为 7.5%,其次为珠中江经济圈(4.4%),最后为广佛肇经济圈(-4.7%)。

2010 年数据显示,地方财政科技拨款占地方财政支出的比重最高为深圳(9.21%),最低是肇庆,为 1.8%;2008 年到 2010 年有四个城市地方财政科技拨款占地方财政支出的比重的增长幅度为负,东莞(-1.53%)、广州(-0.41%)、肇庆(-0.31%)、佛山(-0.11%)(见图 5.78)。

如图 5.79 所示,地方财政科技拨款占地方财政支出的比重的年平均增长率最高的是深圳(22.4%),有四个城市为负,分别是东莞(-19.8%)、肇庆(-7.6%)、广州(-5.7%)、佛山(-1.7%)。

(3)企业投入水平(E23)

工业企业 R&D 经费内部支出(E23-1)(万元)

如图 5.80 所示:2008 年至 2011 年间,珠三角工业企业 R&D 经费内部支出发展迅速,2011 年比 2008 年增长了 115%,四年的年平均增长率为 29%。

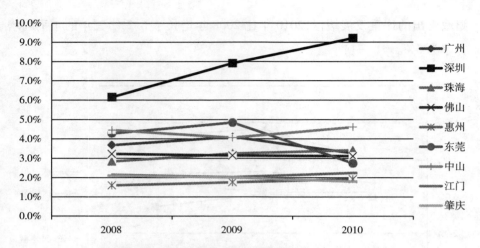

图 5.78　地级市地方财政科技拨款占地方财政支出的比重（E22-1）（%）

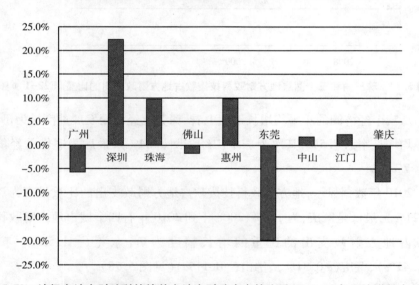

图 5.79　地级市地方财政科技拨款占地方财政支出的比重（E22-1）年平均增长率（%）

从三个经济圈的年平均增长速度上看，珠中江经济圈发展速度最为迅猛，年平均增长率为 38.4%，其次为深莞惠经济圈（29.4%），最后是广佛肇经济圈（25.4%）。

与全省相比，珠三角工业企业 R & D 经费内部支出的年平均增长率稍微低于全省（29.8%）；与长三角相比，珠三角年平均增长率（29%）要明显高于长三角（20.1%）。

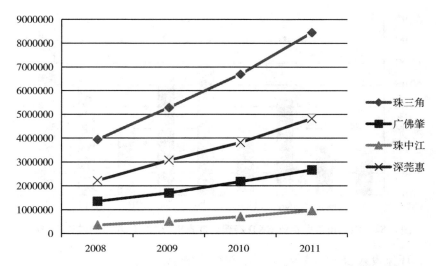

图 5.80　珠三角和三个圈层工业企业 R&D 经费内部支出(E23-1)(万元)

工业企业 R & D 经费内部支出指标中,深圳最高,2011 年达到 3888917 万元(见图 5.81)。

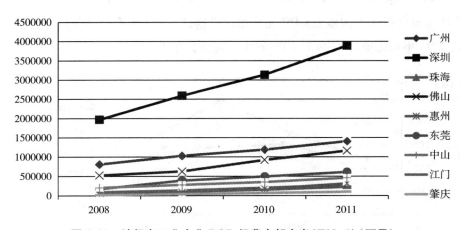

图 5.81　地级市工业企业 R&D 经费内部支出(E23-1)(万元)

如图 5.82 所示:在各个城市工业企业 R & D 经费内部支出(E23-1)的年平均增长率中,排在首位的是肇庆(76.1%),其次为惠州(58.8%),最末为广州(20.3%)。

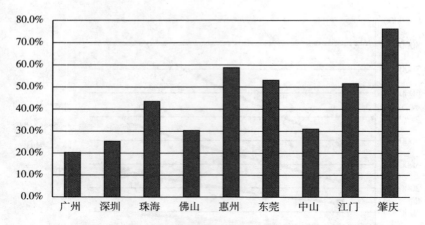

图 5.82　地级市工业企业 R&D 经费内部支出(E23-1)年平均增长率(%)

3.环保投入(E3)

社会投入水平(E31)

水利、环境和公共设施管理业固定资产投入额占地方 GDP 比重(E31-1)(%)

如图 5.83 所示:2008 年至 2011 年间,珠三角水利、环境和公共设施管理业固定资产投入额占地方 GDP 比重增加迅速,但 2011 年有显著下降,2011 年比 2008 年相比增长了 44%,四年的年平均增长率为 13.7%。

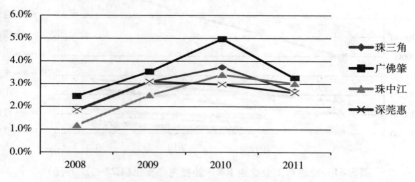

图 5.83　珠三角和三个圈层水利、环境和公共设施管理业
固定资产投入额占地方 GDP 比重(E31-1)(%)

从三个经济圈的年平均增长速度上看,珠中江经济圈发展速度最快,年平均增长率为 36.5%,其次为深莞惠经济圈(12%),最后是广佛肇经济圈(9.8%)。

　　与全省相比,珠三角水利、环境和公共设施管理业固定资产投入额占地方GDP比重的年平均增长率(13.7%)高于全省(10%),更高于长三角(-4.1%)。

　　在珠三角9市中,珠海在水利、环境和公共设施管理业固定资产投入额占地方GDP比重最高,2011年为6.59%(见图5.84)。

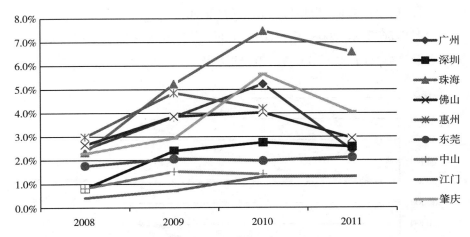

图5.84　地级市水利、环境和公共设施管理业固定资产投入额占地方GDP比重(E31-1)(%)

　　如图5.85所示:在各个城市水利、环境和公共设施管理业固定资产投入额占地方GDP比重(E31-1)的年平均增长率中,排在首位的是江门(47.7%),其次为深圳(46.6%),最末为惠州(1.1%)。

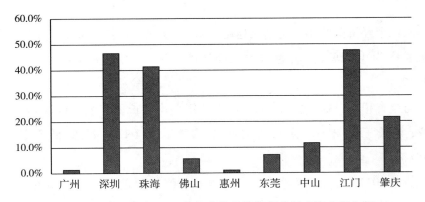

图5.85　地级市水利、环境和公共设施管理业固定资产投入额占地方GDP比重(E31-1)年平均增长率(%)

三、产业转型升级的结果指标

（一）总体经济效益（I）

1.地区 GDP 贡献（I1）

（1）地区生产总值（当年价）（I11-1）（亿元）

如图 5.86 所示：2008 年至 2011 年间，珠三角地区生产总值发展迅速，2011 年比 2008 年增长了 46%，四年的年平均增长率为 13.4%。

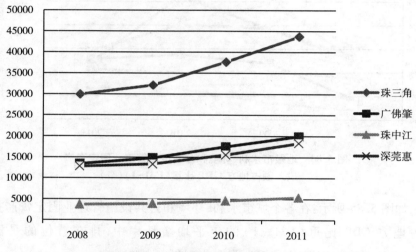

图 5.86　珠三角和三个圈层地区生产总值（I11-1）（亿元）

从三个经济圈的年平均增长速度上看，广佛肇经济圈发展最为迅猛，年平均增长率为 14.1%，其次为珠中江经济圈（13.4%），最后是深莞惠经济圈（12.7%）。

与全省相比，珠三角地区生产总值的年平均增长率与全省（13.1%）较为一致；与长三角相比，珠三角的年平均增长率（13.4%）要低于长三角（14.7%）。

截至 2011 年，珠三角地区生产总值前三位分别是广州（12423 亿元）、深圳（11506 亿元）、佛山（6210 亿元）（见图 5.87）。

如图 5.88 所示：在各个城市地区生产总值（I11-1）的年平均增长率中，

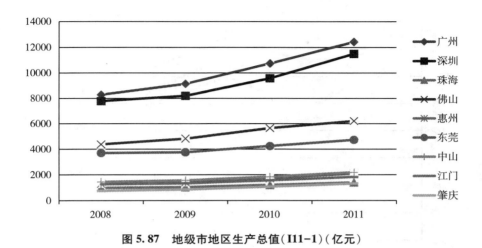

图5.87　地级市地区生产总值（I11-1）（亿元）

排在首位的是肇庆（20.3%），其次为惠州（17.1%），最末为东莞（8.5%）。

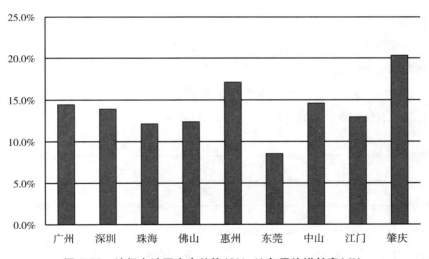

图5.88　地级市地区生产总值（I11-1）年平均增长率（%）

（2）地区生产总值增长率（I11-2）（%）

如图5.89所示：2008年至2011年间，珠三角地区生产总值增长率波动较大，2011年比2008年下降了27.3%，但四年的年平均增长率为11%。

从三个经济圈的年平均增长速度上看，广佛肇经济圈发展速度最快，年平均增长率为13.6%，其次为深莞惠经济圈（11.7%），最后是珠中江经济圈

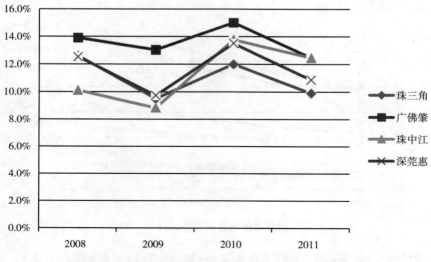

图 5. 89　珠三角和三个圈层地区生产总值增长率(I11-2)(%)

(11. 3%)。

与全省相比,珠三角地区生产总值增长率的年平均增长率(11.0%)稍高于全省(10.3%),但低于长三角地区(13.7%)。

到 2011 年,地区生产总值增长率最高的是肇庆(14.7%),其次是惠州(14.6%),排在最末位的是东莞,为 8%(见图 5.90)。

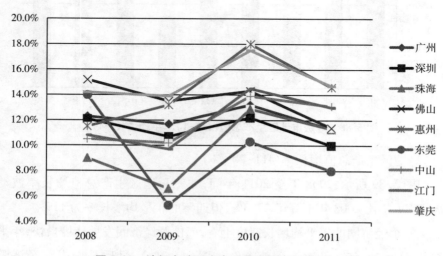

图 5. 90　地级市地区生产总值增长率(I11-2)(%)

如图 5.91 所示:在各个城市地区生产总值增长率(I11-2)的年平均增长率中,排在首位的是肇庆(15.1%),其次为惠州(14.3%),最末为东莞(9.5%)。

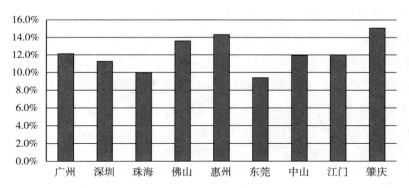

图 5.91　地级市地区生产总值增长率(I11-2)年平均增长率(%)

2.税收贡献(I2)

(1)税收规模(I21)

①地方财政一般预算收入总额(I21-1)(亿元)

如图 5.92 所示:2007 年至 2011 年间,珠三角地区地方财政一般预算收入总额增长较快,2011 年比 2007 年增长了 75.8%,五年的年平均增长率为 17.8%。

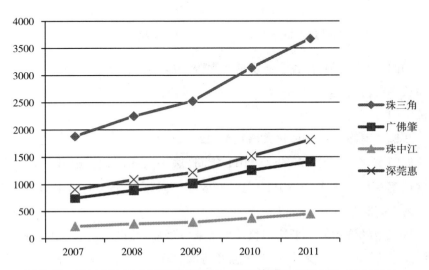

图 5.92　珠三角和三个圈层地方财政一般预算收入总额(I21-1)(亿元)

从三个经济圈的年平均增长速度上看,珠中江和深莞惠经济圈较快(18.6%),广佛肇经济圈最慢(16.5%)。

与全省相比,珠三角地区地方财政一般预算收入总额的年平均增长率(17.8%)低于全省(18.5%);而与长三角年平均增长率(17.8%)持平。

2011年,地方财政一般预算收入总额居于前三位的是深圳(1339.6亿元)、广州(979.47亿元)、佛山(341.74亿元),从2007年到2011年,这三个城市也是地方财政一般预算收入总额增长幅度最大的,分别是深圳(539.23亿元)、广州(357.63亿元)、佛山(113.75亿元)(见图5.93)。

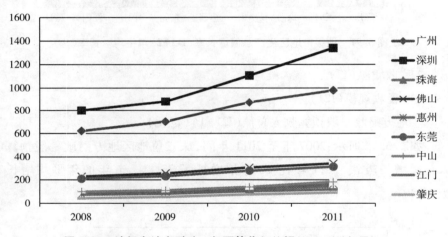

图5.93 地级市地方财政一般预算收入总额(I21-1)(亿元)

如图5.94所示:在各个城市地方财政一般预算收入总额(I21-1)的年平均增长率中,排在首位的是肇庆(28.4%),其次为惠州(27.8%),最末为东莞和佛山(14.4%)。

②地方财政一般预算收入增长率(I21-2)(%)

如图5.95所示:2008年至2011年间,珠三角地区地方财政一般预算收入增长率在波动中下降,2011年比2008年下降了9.3%,但四年的年平均增长率为18.29%。

从三个经济圈的年平均增长速度上看,广佛肇经济圈发展速度最快,年平均增长率为20.64%,其次为深莞惠经济圈(20.26%),最后是珠中江经济圈(18.70%)。

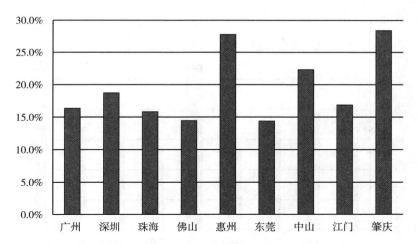

图 5.94 地级市地方财政一般预算收入总额(I21-1)年平均增长率(%)

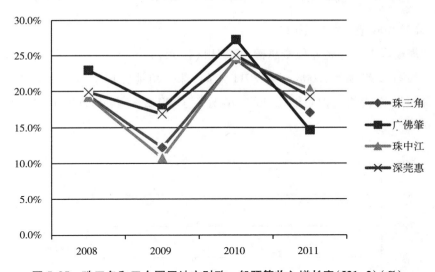

图 5.95 珠三角和三个圈层地方财政一般预算收入增长率(I21-2)(%)

与全省相比,珠三角地区地方财政一般预算收入增长率的年平均增长率稍低于全省(18.76%);与长三角相比,珠三角的年平均增长率(18.29%)要高于长三角(17.98%)。

如图 5.96 所示:在各个城市地方财政一般预算收入增长率(I21-2)的年平均增长率中,排在首位的是肇庆(29.71%),其次为惠州(27.3%),最末为东莞(13.89%)。

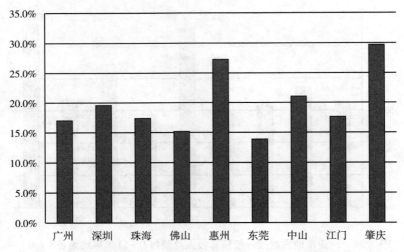

图 5.96　地级市地方财政一般预算收入增长率（I21-2）年平均增长率（%）

（2）税收增长贡献率（I22）

规模以上工业企业税金总额（I22-1）（亿元）

如图 5.97 所示：2008 年至 2011 年间，珠三角地区规模以上工业企业税金总额增长较快，2011 年比 2008 年增长了 29.2%，四年的年平均增长率为 9%。

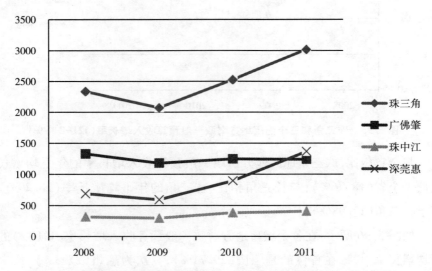

图 5.97　珠三角和三个圈层规模以上工业企业税金总额（I22-1）（亿元）

从三个经济圈的年平均增长速度上看,深莞惠经济圈发展速度最快,年平均增长率为 26%,其次为珠中江经济圈(9%),广佛肇经济圈呈下降趋势(-2%)。

与全省相比,珠三角地区规模以上工业企业税金总额的年平均增长率低于全省(11%);与长三角相比,珠三角的年平均增长率(9%)要明显低于长三角(17%)。

2011 年,规模以上工业企业税金总额最大的是深圳,为 932.8 亿元,最低的是肇庆,只有 86.4 亿元,差别较大(见图 5.98)。

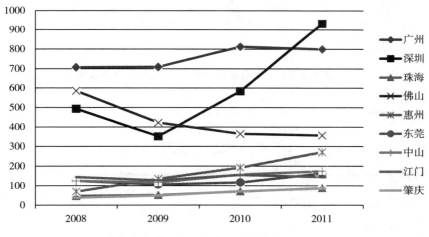

图 5.98　地级市规模以上工业企业税金总额(I22-1)(亿元)

如图 5.99 所示:在各个城市规模以上工业企业税金总额(I22-1)的年平均增长率中,排在首位的是惠州(57%),其次为肇庆(31%),最末为佛山(-15%)。

(二)产业结构优化(J)

1.产业间结构优化(J1)

重点发展产业水平(J12)

(1)现代服务业增加值占地方 GDP 比重(J12-1)(%)

如图 5.100 所示:2008 年至 2011 年间,珠三角地区现代服务业增加值占地方 GDP 比重发展较为平稳,2011 年比 2008 年增长了 7%,四年的年平均增长率为 2.3%。

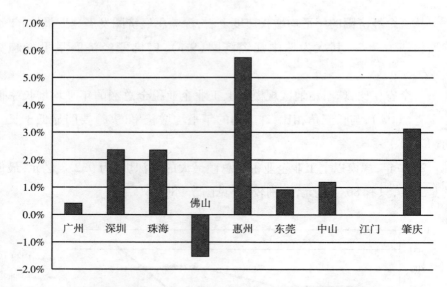

图 5.99　地级市规模以上工业企业税金总额(I22-1)年平均增长率(%)

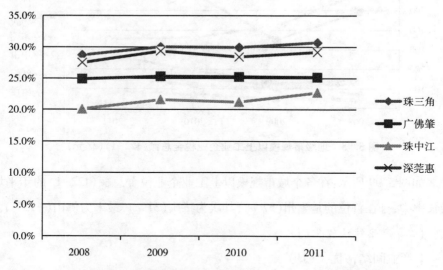

图 5.100　珠三角和三个圈层现代服务业增加值占地方 GDP 比重(J12-1)(%)

从三个经济圈的年平均增长速度上看,珠中江经济圈发展速度最快,年平均增长率为 4.2%,其次为深莞惠经济圈(2%),最后是广佛肇经济圈(0.4%)。

到 2011 年,有三个城市的现代服务业增加值占地方 GDP 比重超过了

30%,分别为广州(37.2%)、深圳(36.4%)、东莞(30.6%),肇庆垫底,为17.7%(见图5.101)。

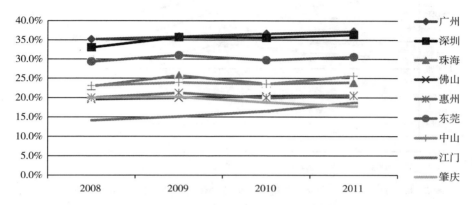

图 5.101　地级市现代服务业增加值占地方 GDP 比重(J12-1)(%)

如图 5.102 所示:在各个城市现代服务业增加值占地方 GDP 比重(J12-1)的年平均增长率中,排在首位的是江门(9.8%),其次为中山(3.4%),最末为肇庆(-3.9%)。

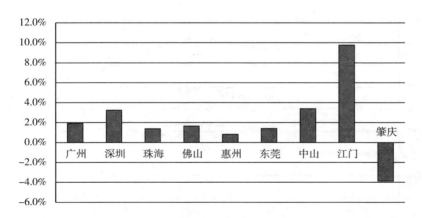

图 5.102　地级市现代服务业增加值占地方 GDP 比重(J12-1)年平均增长率(%)

(2)先进制造业增加值占地方 GDP 比重(J12-2)(%)

如图 5.103 所示:2008 年至 2011 年间,珠三角地区先进制造业增加值占地方 GDP 比重呈下降趋势,2011 年比 2008 年下降了 13.8%,四年的年平均增长率为-4.8%。

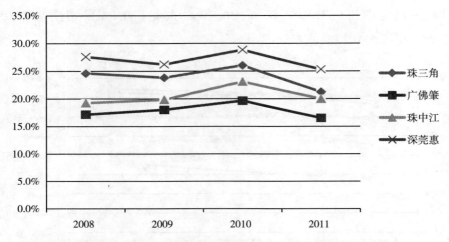

图 5.103　珠三角和三个圈层先进制造业增加值占地方 GDP 比重(J12-2)(%)

从三个经济圈的年平均增长速度上看,珠中江经济圈年平均增长率为1.2%,深莞惠经济圈(-2.9%)和广佛肇经济圈(-1.3%)呈负增长。

2011 年,惠州、深圳和江门在先进制造业增加值占地方 GDP 比重比较中处于领先位置,分别为31.8%、29.4%、20.6%(见图 5.104)。

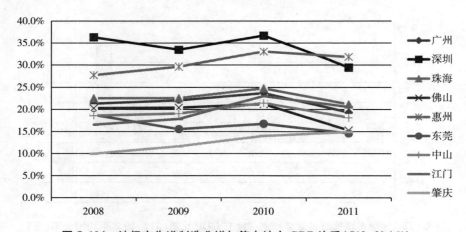

图 5.104　地级市先进制造业增加值占地方 GDP 比重(J12-2)(%)

如图 5.105 所示:在各个城市先进制造业增加值占地方 GDP 比重(J12-2)的年平均增长率中,排在首位的是肇庆(14.3%),其次为江门(7.4%),最末为佛山(-8.9%)。

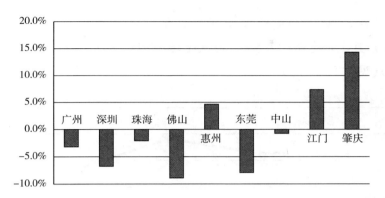

图 5.105 地级市先进制造业增加值占地方 GDP 比重(J12-2)年平均增长率(%)

(3)高技术制造业增加值占地方 GDP 比重(J12-3)(%)

如图 5.106 所示:2008 年至 2011 年间,珠三角地区高技术制造业增加值占地方 GDP 比重波动下降,2011 年比 2008 年下降了 7.1%,四年的年平均增长率为-2.4%。

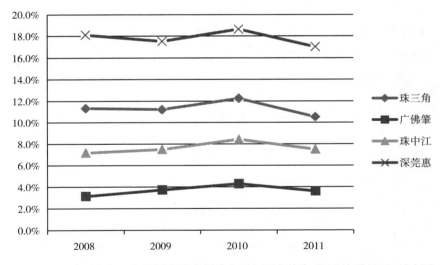

图 5.106 珠三角和三个圈层高技术制造业增加值占地方 GDP 比重(J12-3)(%)

从三个经济圈的年平均增长速度上看,广佛肇经济圈发展速度最快,年平均增长率为 4.7%,其次为珠中江经济圈(1.4%),深莞惠经济圈呈下降趋势(-2.0%)。

2011 年,高技术制造业增加值占地方 GDP 比重最高的城市为深圳(23.5%),其次是惠州(17.5%),再次是珠海(11.8%),列最末位的是佛山(2.8%)(见图 5.107)。

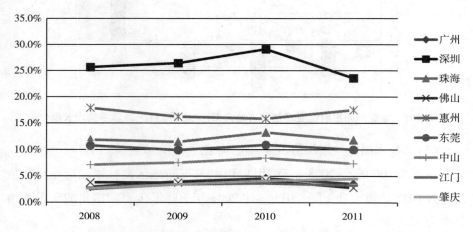

图 5.107 地级市高技术制造业增加值占地方 GDP 比重(J12-3)(%)

如图 5.108 所示:在各个城市高技术产业增加值占地方 GDP 比重(J12-3)的年平均增长率中,排在首位的是肇庆(18.8%),其次为江门(9%),最末为佛山(-9.8%)。

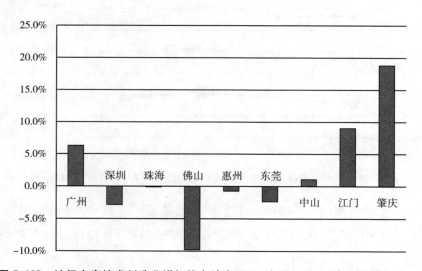

图 5.108 地级市高技术制造业增加值占地方 GDP 比重(J12-3)年平均增长率(%)

2.产业内结构优化(J2)

(1)制造业结构(J21)

①先进制造业增加值占规模以上工业增加值比重(J21-2)(%)

如图 5.109 所示:2008 年至 2011 年间,珠三角地区先进制造业增加值占规模以上工业增加值比重发展较为平稳,2011 年比 2008 年增长了 4.7%,四年的年平均增长率为 1.5%。

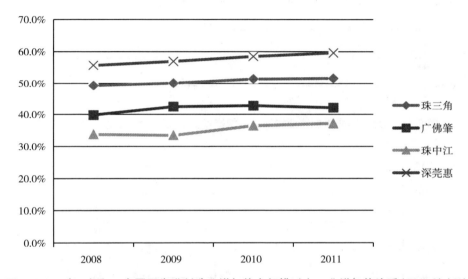

图 5.109 珠三角和三个圈层先进制造业增加值占规模以上工业增加值比重(J21-2)(%)

从三个经济圈的年平均增长速度上看,珠中江经济圈发展速度最快,年平均增长率为 3.2%,其次为深莞惠经济圈(2.3%),最后是广佛肇经济圈(1.9%)。

2011 年,先进制造业增加值占规模以上工业增加值比重最高的是深圳(71%),其次是惠州(65.6%),再次是广州(59.9%),其中从 2008 年到 2011 年,惠州增长幅度最大,为 6.8%(见图 5.110)。

如图 5.111 所示:在各个城市先进制造业增加值占规模以上工业增加值比重(J21-2)的年平均增长率中,排在首位的是江门(5.9%),其次为中山(4.4%),最末为珠海(0.4%)。

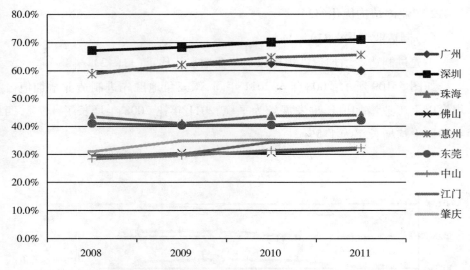

图 5.110 地级市先进制造业增加值占规模以上工业增加值比重(J21-2)(%)

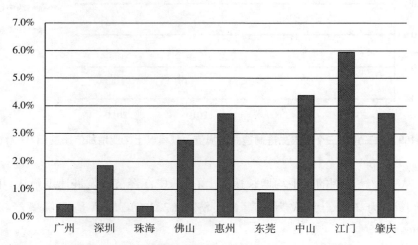

图 5.111 地级市先进制造业增加值占规模以上工业增加值比重(J21-2)
年平均增长率(%)

②高技术制造业增加值占规模以上工业增加值比重(J21-3)(%)

如图 5.112 所示:2008 年至 2011 年间,珠三角地区高技术制造业增加值占规模以上工业增加值比重平稳上升,2011 年比 2008 年增长了 12.8%,四年的年平均增长率为 4.1%。

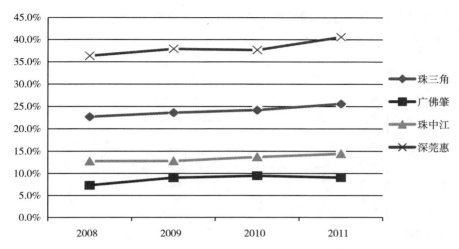

图 5.112 珠三角和三个圈层高技术制造业增加值占规模以上
工业增加值比重(J21-3)(%)

从三个经济圈的年平均增长速度上看,广佛肇经济圈发展速度最快,年平均增长率为 7.3%,其次为珠中江经济圈(4.2%),最后是深莞惠经济圈(3.8%)。

截至 2011 年,高技术制造业增加值占规模以上工业增加值比重最高的是深圳,为 56.8%,其次是惠州,为 36.1%,最低的是江门,为 5.6%(见图 5.113)。

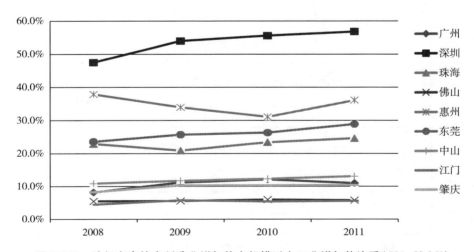

图 5.113 地级市高技术制造业增加值占规模以上工业增加值比重(J21-3)(%)

如图 5.114 所示:在各个城市高技术制造业增加值占规模以上工业增加

值比重(J21-3)的年平均增长率中,排在首位的是广州(10.3%),其次为肇庆(7.8%),最末为惠州(-1.6%)。

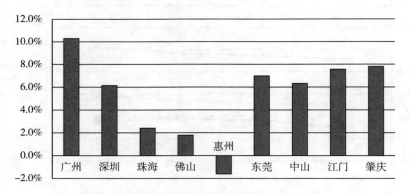

图 5.114 地级市高技术制造业增加值占规模以上工业增加值比重(J21-3)年平均增长率(%)

(2)服务业结构(J22)

现代服务业增加值占服务业增加值比重(J22-1)(%)

如图 5.115 所示:2008 年至 2011 年间,珠三角地区现代服务业增加值占服务业增加值比重发展较为平稳,增幅不大,2011 年比 2008 年增长了 1.8%,四年的年平均增长率为 0.6%。

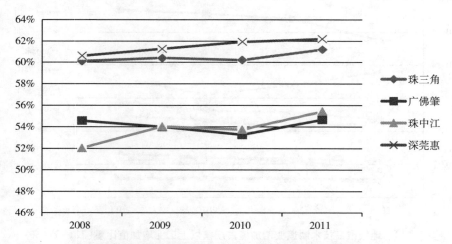

图 5.115 珠三角和三个圈层现代服务业增加值占服务业增加值比重(J22-1)(%)

从三个经济圈的年平均增长速度上看,珠中江经济圈发展速度最快,年平均增长率为2.1%,其次为深莞惠经济圈(0.9%),最后是广佛肇经济圈(0.1%)。

2011年,现代服务业增加值占服务业增加值比重最高的城市为深圳(68.0%),其后为东莞(61.6%)和中山(61.5%)。在过去的4年中,江门的现代服务业增加值占服务业增加值比重增长幅度最大,为7.0%(见图5.116)。

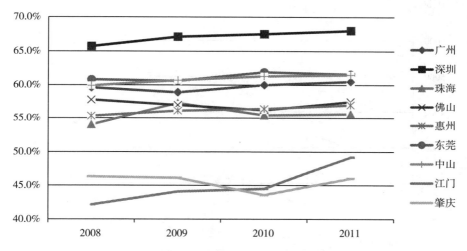

图 5.116 地级市现代服务业增加值占服务业增加值比重(J22-1)(%)

如图5.117所示:在各个城市现代服务业增加值占服务业增加值比重(J22-1)的年平均增长率中,排在首位的是江门(5.2%),其次为深圳(1.2%),最末为佛山和肇庆(-0.2%)。

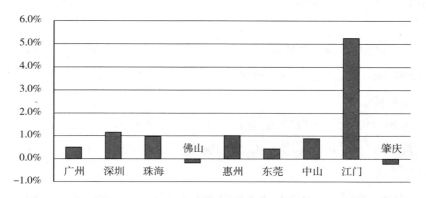

图 5.117 地级市现代服务业增加值占服务业增加值比重(J22-1)年平均增长率(%)

（三）区域支柱产业竞争力提升（K）

1.经济效益（K1）

规模以上工业企业利润总额（K12-2）（亿元）

如图5.118所示：2008年至2011年间，珠三角地区规模以上工业企业利润总额发展较快，2011年比2008年增长了72.8%，四年的年平均增长率为20%。

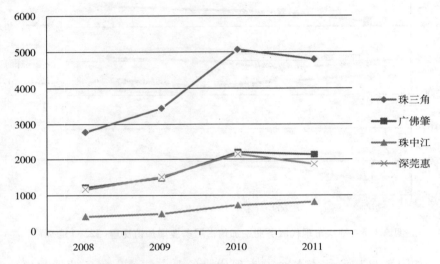

图5.118 珠三角和三个圈层规模以上工业企业利润总额（K12-2）（亿元）

从三个经济圈的年平均增长速度上看，珠中江经济圈发展速度最快，年平均增长率为26.7%，其次为广佛肇经济圈（20.7%），最后是深莞惠经济圈（16.7%）。

与全省相比，珠三角地区规模以上工业企业利润总额的年平均增长率稍低于全省（21.5%）；与长三角相比，珠三角的年平均增长率（20%）略低于长三角（24.4%）。

从2011年数据可以看出，规模以上工业企业利润总额，深圳最高（1318亿元），广州（958亿元）其次，珠海（166亿元）居于珠三角9市之末（见图5.119）。

如图5.120所示：在各个城市规模以上工业企业利润总额（K12-2）的年平均增

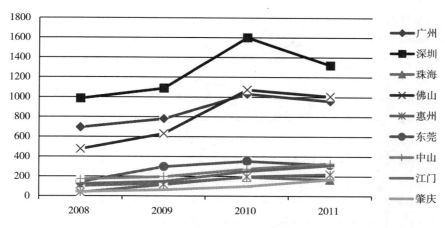

图 5.119 地级市规模以上工业企业利润总额（K12-2）（亿元）

长率中,排在首位的是惠州(80.1%),其次为肇庆(57.6%),最末为深圳(10.2%)。

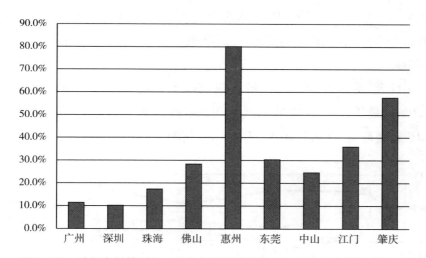

图 5.120 地级市规模以上工业企业利润总额（K12-2）年平均增长率（%）

2.创新能力(K2)

产品结构优化(K21)

高新技术产品产值占规模以上工业总产值比重(K21-1)(%)

如图 5.121 所示:2008 年至 2011 年间,珠三角地区高新技术产品产值占规模以上工业总产值比重发展较为平稳,2011 年比 2008 年增长了 6.3%,四年的年平均增长率为 2%。

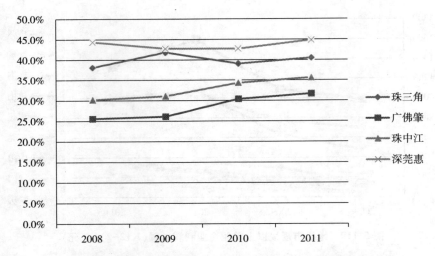

图5.121　珠三角和三个圈层高新技术产品产值占规模以上工业总产值比重(K21-1)(%)

从三个经济圈的年平均增长速度上看,广佛肇经济圈发展速度最快,年平均增长率为7.4%,其次为珠中江经济圈(5.7%),最后是深莞惠经济圈(0.4%)。

2011年,高新技术产品产值占规模以上工业总产值比重最高为深圳(56.0%),最低为肇庆(22.0%);以2011年和2008年数据分析,佛山和江门的增长幅度最大,分别为10.0%和8.8%(见图5.122)。

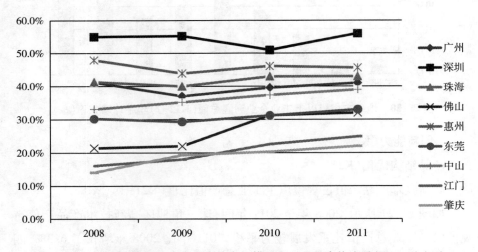

图5.122　地级市高新技术产品产值占规模以上工业总产值比重(K21-1)(%)

如图 5.123 所示：在各个城市规模以上高新技术产品产值占规模以上工业总产值比重(K21-1)的年平均增长率中,排在首位的是肇庆(16.1%),其次为江门(15.7%),最末为惠州(-1.6%)。

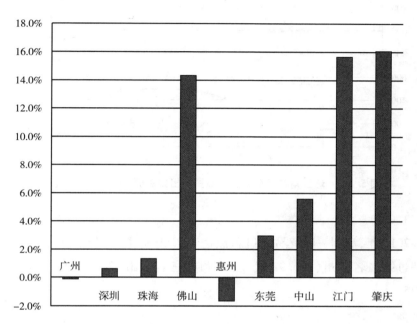

**图 5.123　地级市高新技术产品产值占规模以上工业总产值
比重(K21-1)年平均增长率(%)**

3.市场竞争力(K3)

对外贸易水平(K32)

(1)一般贸易出口总额(K32-1)(亿美元)

如图 5.124 所示：2008 年至 2011 年间,珠三角地区一般贸易出口总额发展快速,2011 年比 2008 年增长了 65.5%,四年的年平均增长率为 17.1%。

从三个经济圈的年平均增长速度上看,深莞惠经济圈发展速度最快,年平均增长率为 21.7%,其次为珠中江经济圈(13.3%),最后是广佛肇经济圈(11.3%)。

与全省相比,珠三角地区一般贸易出口总额的年平均增长率高于全省(16.5%);与长三角相比,珠三角的年平均增长率(17.1%)要明显高于长三

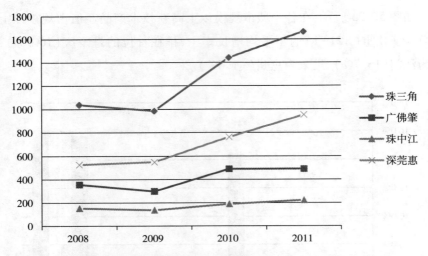

图 5. 124　珠三角和三个圈层一般贸易出口总额(K32-1)(亿美元)

角(11. 0%)。

2011 年,深圳一般贸易出口总额达 779. 69 亿美元,位居珠三角第一,远远超过第二名广州(246. 92 亿美元)和第三名佛山(227. 42 亿美元)(见图5. 125)。

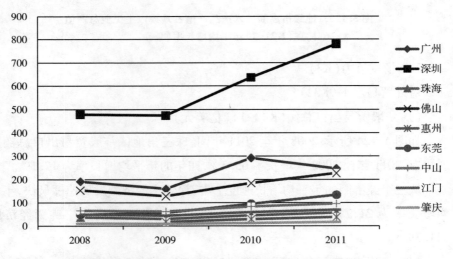

图 5. 125　地级市一般贸易出口总额(K32-1)(亿美元)

如图 5.126 所示:在各个城市规模以上一般贸易出口总额(K32-1)的年平均增长率中,排在首位的是惠州(44.4%),其次为东莞(40.1%),最末为广州(8.8%)。

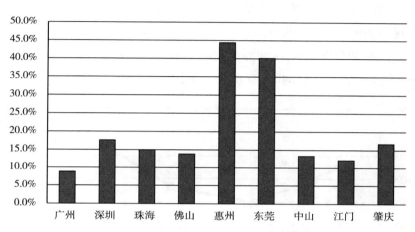

图 5.126　地级市一般贸易出口总额(K32-1)年平均增长率(%)

(2)加工贸易出口总额(K32-2)(亿美元)

如图 5.127 所示:2008 年至 2011 年间,珠三角地区加工贸易出口总额发展快速,2011 年比 2008 年增长了 41.8%,四年的年平均增长率为 8.3%。

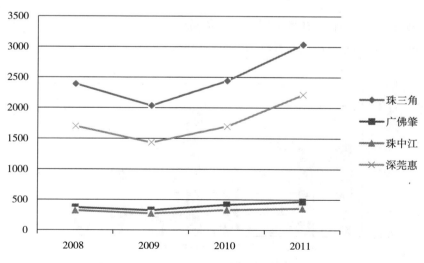

图 5.127　珠三角和三个圈层加工贸易出口总额(K32-2)(亿美元)

　　从三个经济圈的年平均增长速度上看,深莞惠经济圈发展速度最快,年平均增长率为 9.2%,其次为广佛肇经济圈(8.1%),最后是珠中江经济圈(3.4%)。

　　与全省相比,珠三角地区加工贸易出口总额的年平均增长率(8.3%)高于全省(6.0%),也高于长三角(6.4%)。

　　2011 年的数据显示,深圳和东莞的加工贸易出口总额位居前两位:深圳(1387 亿美元)、东莞(634.78 亿美元)(见图 5.128)。

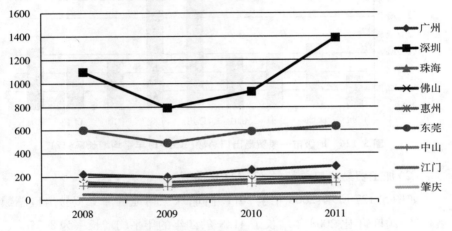

图 5.128　地级市加工贸易出口总额(K32-2)(亿美元)

　　如图 5.129 所示:在各个城市加工贸易出口总额(K32-2)的年平均增长率中,排在首位的是惠州(11.7%),其次为广州(9.2%),最末为珠海(0.4%)。

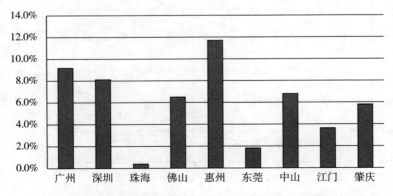

图 5.129　地级市加工贸易出口总额(K32-2)年平均增长率(%)

（四）可持续发展（L）

1.资源消耗（L1）

（1）土地资源（L11）

单位建设用地第二、三产业增加值（L11-1）（亿元/平方公里）

如图 5.130 所示：2008 年至 2011 年间，珠三角地区单位建设用地第二、三产业增加值发展快速，2011 年比 2008 年增长了 43.6%，四年的年平均增长率为 12.8%。

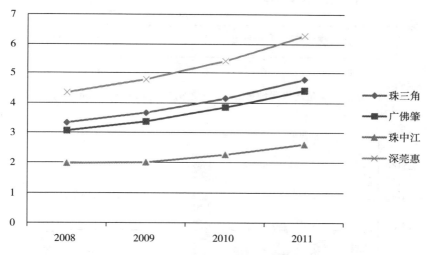

**图5.130　珠三角和三个圈层单位建设用地第二、三产业
增加值（L11-1）（亿元/平方公里）**

从三个经济圈的年平均增长速度上看，深莞惠经济圈发展速度最快，年平均增长率为 13.1%，其次为广佛肇经济圈（13%），最后是珠中江经济圈（9.8%）。

2011 年，深圳和广州在单位建设用地第二、三产业增加值分别达到 12.3573 亿元/平方公里，7.1935 亿元/平方公里，表明两市产业在集约利用土地方面取得了良好的效果，而其他城市则不容乐观（见图 5.131）。

如图 5.132 所示：在各个城市单位建设用地第二、三产业增加值（L11-1）的年平均增长率中，排在首位的是惠州（26.8%），其次为肇庆（15.9%），最末为中山（4.7%）。

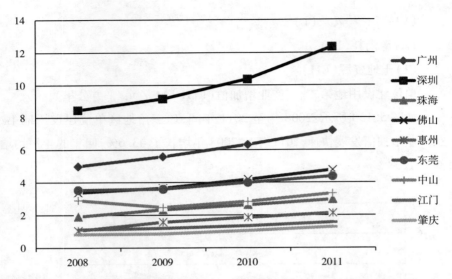

图 5.131 地级市单位建设用地第二、三产业增加值(L11-1)(亿元/平方公里)

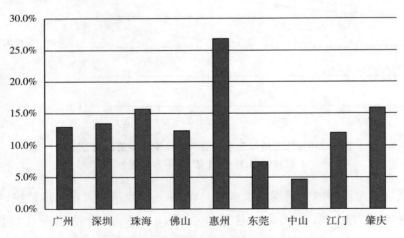

图 5.132 地级市单位建设用地第二、三产业增加值
(L11-1)年平均增长率(%)

(2)能源资源(L12)

单位 GDP 能耗下降率(L12-1)(%)

如图 5.133 所示:2008 年至 2011 年间,珠三角地区单位 GDP 能耗下降率呈下降趋势,2011 年比 2008 年下降了 11.5%,四年的年平均增长率为-4.0%。

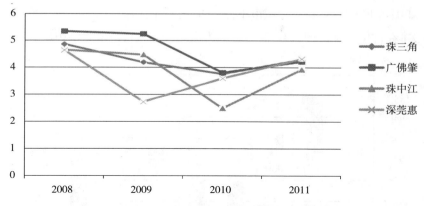

图 5.133　珠三角和三个圈层单位 GDP 能耗下降率（L12-1）（%）

从三个经济圈的年平均增长速度上看,深莞惠经济圈的下降速度最慢,年平均增长率为-2.3%,其次为珠中江经济圈(-5.5%),最后是广佛肇经济圈(-7.6%)。

2011 年,单位 GDP 能耗下降率前三位的城市分别为广州(4.91%)、东莞(4.61%)、深圳(4.39%)(见图 5.134)。

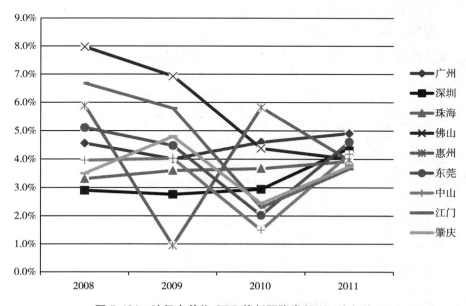

图 5.134　地级市单位 GDP 能耗下降率（L12-1）（%）

如图 5.135 所示:在各个城市单位 GDP 能耗下降率(L12-1)的年平均增长率中,排在首位的是深圳(14.9%),其次为珠海(5.9%),最末为佛山(-20.5%)。

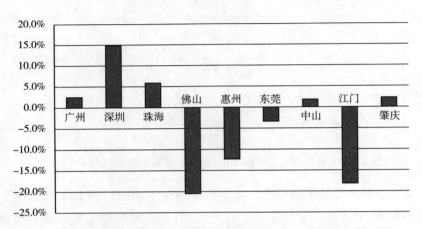

图 5.135　地级市单位 GDP 能耗下降率(L12-1)年平均增长率(%)

2.三废排放与治理(L2)

(1)废水(L21)

①工业废水排放总量(L21-1)(亿吨)

如图 5.136 所示:2008 年至 2011 年间,珠三角地区工业废水排放总量下降速度较快,2011 年比 2008 年下降了 28.5%,四年的年平均增长率为-10.6%。

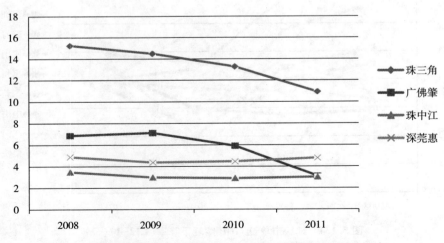

图 5.136　珠三角和三个圈层工业废水排放总量(L21-1)(亿吨)

从三个经济圈的年平均增长速度上看,广佛肇经济圈下降速度最快,年平均增长率为-23.3%,其次为珠中江经济圈(-4.7%),最后是深莞惠经济圈(-0.7%)。

与全省相比,珠三角地区工业废水排放总量年平均增长率(-10.6%)低于全省(-9.0%),也低于长三角(0.5%)。

2011年,工业废水排放总量前三位的是东莞(2.91亿吨)、佛山(1.66亿吨)、江门(1.58亿吨)(见图5.137)。

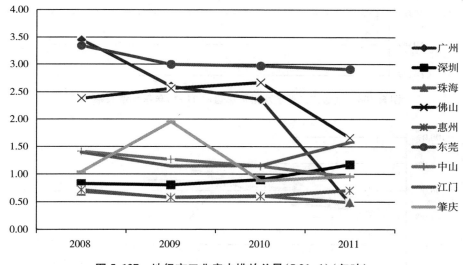

图5.137　地级市工业废水排放总量(L21-1)(亿吨)

如图5.138所示:在各个城市工业废水排放总量(L21-1)的年平均增长率中,排在首位的是深圳(12.1%),其次为江门(4.4%),最末为广州(-48.2%)。

②工业废水排放达标率(L21-2)(%)

如图5.139所示:2008年至2011年间,珠三角地区工业废水排放达标率呈下降趋势,2011年比2008年下降了4.4%,四年的年平均增长率为-1.48%。

从三个经济圈的年平均增长速度上看,珠中江经济圈达标率增长速度最快,年平均增长率为1.35%,其次为深莞惠经济圈(1.03%),最后是广佛肇经济圈(0.86%)。

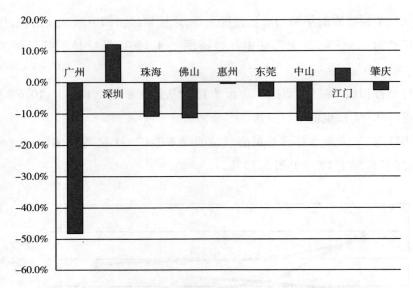

图 5. 138 地级市工业废水排放总量(L21-1)年平均增长率(%)

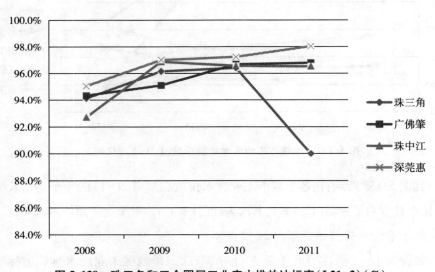

图 5. 139 珠三角和三个圈层工业废水排放达标率(L21-2)(%)

2011 年,在工业废水排放达标率方面,惠州、东莞、珠海的表现最好,分别为 99.07%、98.53%、98.03%(见图 5.140)。

如图 5.141 所示:在各个城市工业废水排放达标率(L21-2)的年平均增长率中,排在首位的是江门(2.48%),其次为东莞(1.36%),最末为广州(0.52%)。

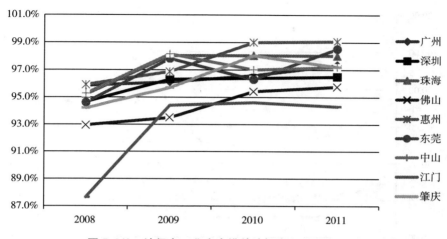

图 5.140　地级市工业废水排放达标率(L21-2)(%)

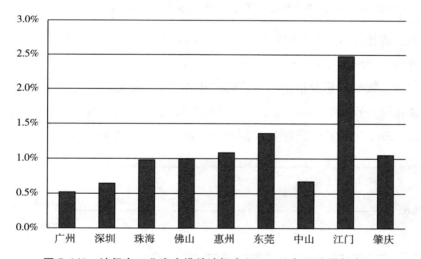

图 5.141　地级市工业废水排放达标率(L21-2)年平均增长率(%)

③化学需氧量排放量(L21-3)(万吨)

如图 5.142 所示:2008 年至 2011 年间,珠三角地区化学需氧量排放量增长快速,2011 年比 2008 年增长了 75.6%,四年的年平均增长率为-2.9%。

从三个经济圈的年平均增长速度上看,深莞惠经济圈下降速度最快,年平均增长率为-4.5%,其次为广佛肇经济圈(-2.2%),最后是珠中江经济圈(-1.4%)。

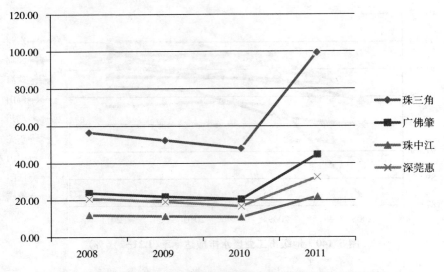

图 5.142　珠三角和三个圈层化学需氧量排放量（L21-3）（万吨）

　　与全省相比,珠三角地区化学需氧量排放量的年平均增长率(-2.9%)低于全省(-2.0%),也低于长三角(-0.9%)。

　　在化学需氧量排放量指标中,珠海、中山、惠州表现最为出色,其2011年的具体指标分别为3.76万吨、5.71万吨、7.82万吨。而广州和佛山处于高位运行,其2011年的具体指标分别为19.53万吨、16.87万吨(见图5.143)。

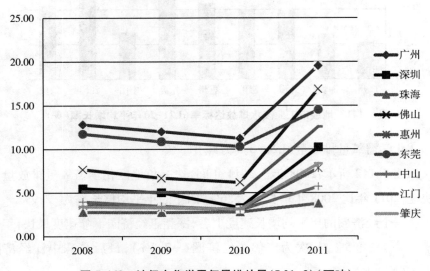

图 5.143　地级市化学需氧量排放量（L21-3）（万吨）

如图 5.144 所示:在各个城市化学需氧量排放量(L21-3)的年平均增长率中,排在首位的是肇庆(34.9%),其次为江门(34.5%),最末为东莞(7%)。

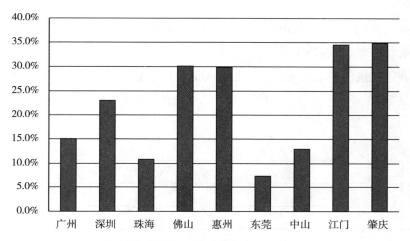

图 5.144　地级市化学需氧量排放量(L21-3)年平均增长率(%)

(2)废气(L22)

①工业废气排放总量(L22-1)(亿立方米)

如图 5.145 所示:2008 年至 2011 年间,珠三角地区工业废气排放总量增长快速,2011 年比 2008 年增长了 51.9%,四年的年平均增长率为 15%。

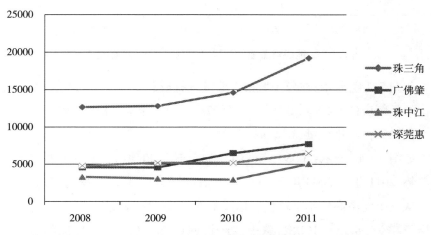

图 5.145　珠三角和三个圈层工业废气排放总量(L22-1)(亿立方米)

从三个经济圈的年平均增长速度上看,广佛肇经济圈增长速度最快,年平均增长率为 19%,其次为珠中江经济圈(15.3%),最后是深莞惠经济圈(10.6%)。

与全省相比,珠三角地区工业废气排放总量的年平均增长率(15.0%)高于全省(14.3%),也高于长三角(7.4%)。

在工业废气排放总量中,广州和东莞的指标令人不容乐观,2011 年数据显示,广州工业废气排放总量为 3512 亿立方米,东莞为 2686 亿立方米(见图5.146)。

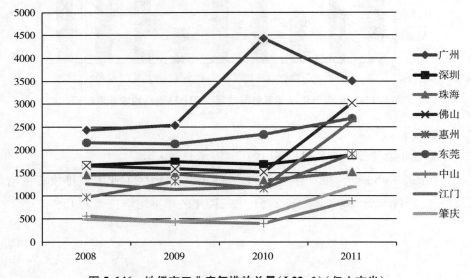

图 5.146　地级市工业废气排放总量(L22-1)(亿立方米)

如图 5.147 所示:在各个城市工业废气排放总量的年平均增长率中,排在首位的是肇庆(34.6%),其次为江门(27.7%),最末为珠海(1.3%)。

②二氧化硫排放量(L22-4)

如图 5.148 所示:2008 年至 2011 年间,珠三角地区二氧化硫排放量呈下降趋势,2011 年比 2008 年下降了 9.7%,四年的年平均增长率为-2.7%。

从三个经济圈的年平均增长速度上看,广佛肇经济圈下降速度最快,年平均增长率为-4.2%,其次为珠中江经济圈(-2.9%),最后是深莞惠经济圈(-0.4%)。

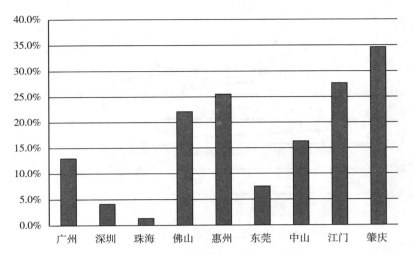

图 5.147　地级市工业废气排放总量(L22-1)年平均增长率(%)

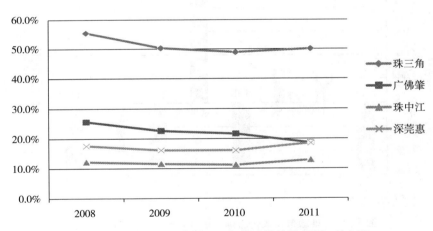

图 5.148　珠三角和三个圈层二氧化硫排放量(L22-4)(%)

与全省相比,珠三角地区二氧化硫排放量的年平均增长率(-2.7%)低于全省(4.1%),与长三角(-2.75%)基本持平。

二氧化硫排放量指标中,2011 年东莞、佛山、广州的排放量最大,分别为:13.18%、8.88%、7.01%(见图 5.149)。

如图 5.150 所示:在各个城市二氧化硫排放量(L22-4)的年平均增长率中,排在首位的是惠州(9.1%),其次为肇庆(4.8%),最末为广州(-6.5%)。

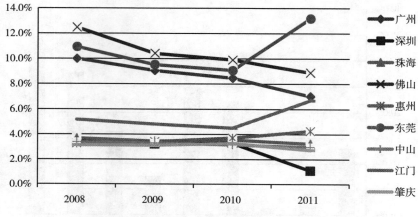

图 5.149　地级市二氧化硫排放量(L22-4)(%)

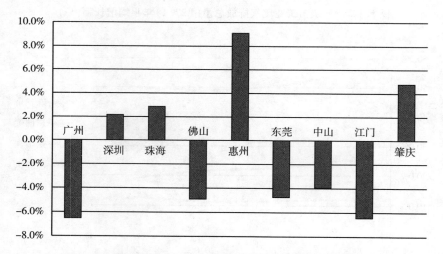

图 5.150　地级市二氧化硫排放量(L22-4)年平均增长率(%)

（3）废物（L23）

工业固体废物排放量总量（L23-1）（万吨）

如图 5.151 所示:2008 年至 2010 年间,珠三角地区工业固体废物排放量总量呈下降趋势,2010 年比 2008 年下降了 9.6%,三年的年平均增长率为-5%。

从三个经济圈的年平均增长速度上看,珠中江经济圈下降速度最快,年平均增长率为-31%,其次为深莞惠经济圈(-9%),而广佛肇经济圈年平均增长率则为 35%。

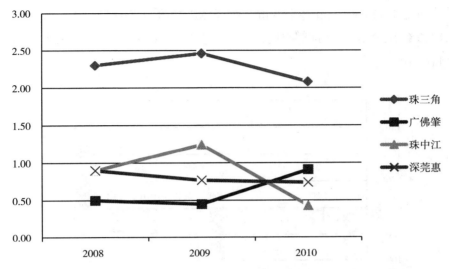

图 5.151　珠三角和三个圈层工业固体废物排放量总量（L23-1）（万吨）

与全省相比,珠三角地区工业固体废物排放量总量的年平均增长率
(-5.0%)低于全省(9.0%)。

在工业固体废物排放总量上,东莞、肇庆和珠海 2010 年的排放总量最大,
分别为 0.69 万吨、0.58 万吨、0.36 万吨。广州和惠州 2010 年的排放总量已
为 0(见图 5.152)。

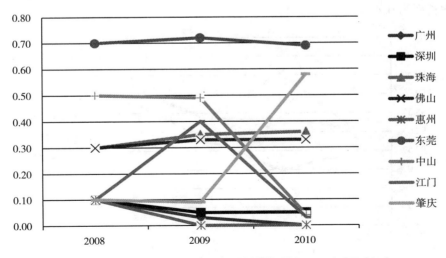

图 5.152　地级市工业固体废物排放量总量（L23-1）（万吨）

如图 5.153 所示:在各个城市工业固体废物排放量总量(L23-1)的年平均增长率中,排在首位的是肇庆(141%),其次为珠海(10%),最末为广州和惠州(-100%)。

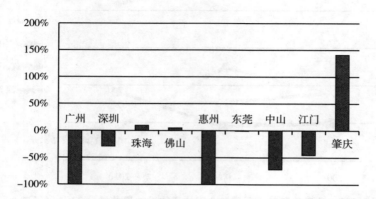

图 5.153 地级市工业固体废物排放量总量(L23-1)年平均增长率(%)

3.环境保护指标(L3)

(1)大气环境质量(L31)

空气质量优良天数占全年总天数比例(L31-1)(%)

如图 5.154 所示:2008 年至 2011 年间,珠三角地区空气质量优良天数占全年总天数比例呈上升趋势,2011 年比 2008 年增长了 0.84%,四年的年平均增长率为 0.42%。

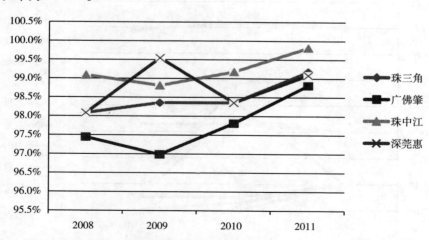

图 5.154 珠三角和三个圈层空气质量优良天数占全年总天数比例(L31-1)(%)

从三个经济圈的年平均增长速度上看,广佛肇经济圈增长速度最快,年平均增长率为 0.94%,其次为珠中江经济圈(0.51%),深莞惠经济圈则呈下降趋势(-0.23%)。

空气质量优良天数占全年总天数比例,2011 年的数据显示,珠海、中山、肇庆和惠州走在最前面,达到 100%(见图 5.155)。

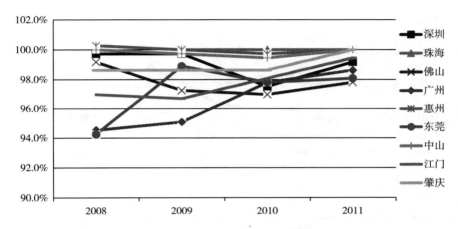

图 5.155　地级市空气质量优良天数占全年总天数比例(L31-1)(%)

如图 5.156 所示:在各个城市空气质量优良天数占全年总天数比例(L31-1)的年平均增长率中,排在首位的是广州(1.43%),其次为东莞(1.34%),最末为佛山(-0.46%)。

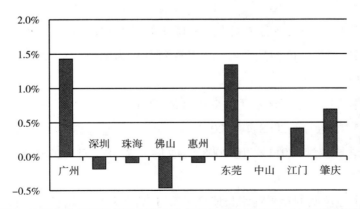

图 5.156　地级市空气质量优良天数占全年总天数比例(L31-1)年平均增长率(%)

（2）水质量（L33）

①水环境功能区水质达标率（L33-1）（%）

如图 5.157 所示：2008 年至 2011 年间，珠三角地区水环境功能区水质达标率呈上升趋势，2011 年比 2008 年增长了 5.9%，四年的年平均增长率为 1.94%。

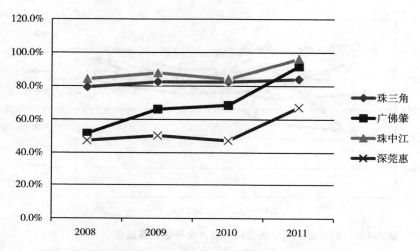

图 5.157　珠三角和三个圈层水环境功能区水质达标率（L33-1）（%）

从三个经济圈的年平均增长速度上看，广佛肇经济圈增长速度最快，年平均增长率为 21.23%，其次为深莞惠经济圈（12.46%），最后是珠中江经济圈（4.61%）。

如图 5.158 所示：在各个城市水环境功能区水质达标率（L33-1）的年平均增长率中，排在首位的是广州（59.42%），其次为佛山（38.72%），最末为惠州（-0.04%）。

②集中式饮用水源区水质优良率（L33-2）（%）

如图 5.159 所示：2008 年至 2011 年间，珠三角地区集中式饮用水源区水质优良率增长快速，2011 年比 2008 年增长了 7.3%，四年的年平均增长率为 2.4%。

从三个经济圈的年平均增长速度上看，广佛肇经济圈增长速度最快，年平均增长率为 2.2%，珠中江经济圈和深莞惠经济圈集中式饮用水源区水质优

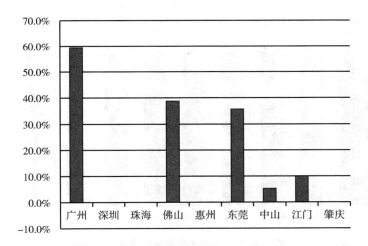

图 5.158 地级市水环境功能区水质达标率(L33-1)年平均增长率(%)

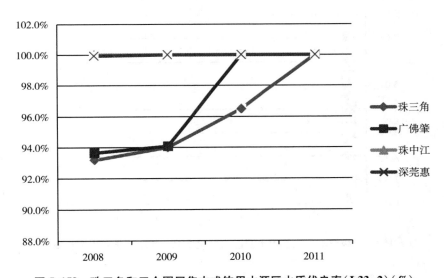

图 5.159 珠三角和三个圈层集中式饮用水源区水质优良率(L33-2)(%)

良率始终保持良好。

到 2011 年,珠三角 9 市的集中式饮用水源区水质优良率均为 100%,其中广州从 2008 年的 80.96%迅速改善达标至 100%(见图 5.160)。

如图 5.161 所示:在各个城市集中式饮用水源区水质优良率(L33-2)的年平均增长率中,排在首位的是广州(7.3%),除深圳外,其他均为 0.0%。

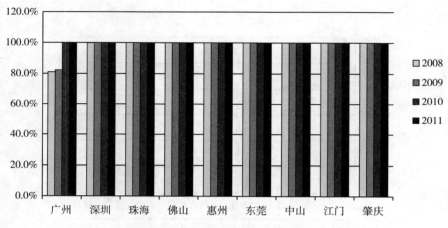

图 5.160 地级市集中式饮用水源区水质优良率(L33-2)(%)

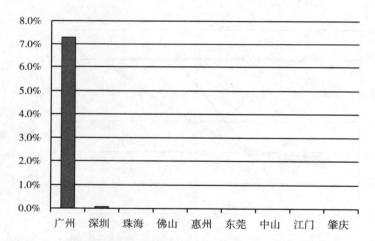

图 5.161 地级市集中式饮用水源区水质优良率(L33-2)年平均增长率(%)

(3)绿化覆盖(L34)

森林覆盖率(L34-1)(%)

如图 5.162 所示:2008 年至 2011 年间,珠三角地区森林覆盖率呈较为平稳的趋势,2011 年比 2008 年增长了 1.4%,四年的年平均增长率为 0.5%。

从三个经济圈的年平均增长速度上看,珠中江经济圈增长速度最快,年平均增长率为 1.5%,其次为深莞惠经济圈(1%),最后是广佛肇经济圈(0.6%)。

310

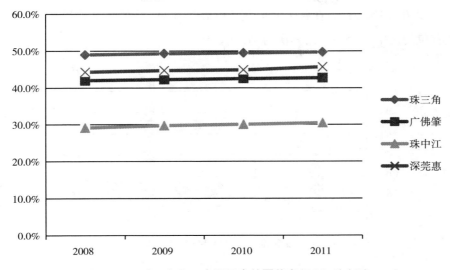

图 5.162　珠三角和三个圈层森林覆盖率(L34-1)(%)

与全省相比,珠三角地区森林覆盖率的年平均增长率(0.5%)低于全省(0.6%),更低于长三角(11.1%)。

在珠三角 9 市中,至 2011 年,森林覆盖率最高的 3 个城市分别为肇庆(67.94%)、惠州(60.4%)、江门(43.0%),而佛山(18.74%)和中山(19.3%)最低(见图 5.163)。

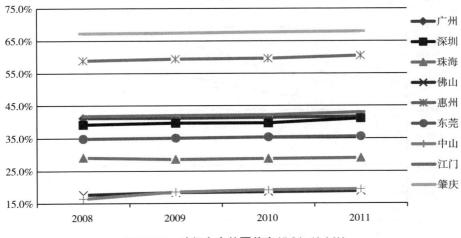

图 5.163　地级市森林覆盖率(L34-1)(%)

如图 5.164 所示:在各个城市森林覆盖率(L34-1)的年平均增长率中,排在首位的是中山(5.7%),其次为佛山(2.1%),最末为珠海(-0.1%)。

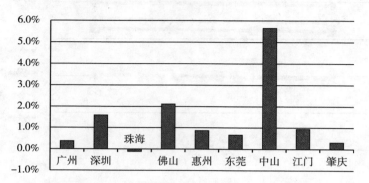

图 5.164　地级市森林覆盖率(L34-1)年平均增长率(%)

(五)社会效益(M)

1.收入(M1)

人均可支配收入(M11)

(1)城镇居民人均可支配收入(M11-1)(元)

如图 5.165 所示:2008 年至 2011 年间,珠三角地区城镇居民人均可支配收入增长快速,2011 年比 2008 年增长了 32%,四年的年平均增长率为 13.96%。

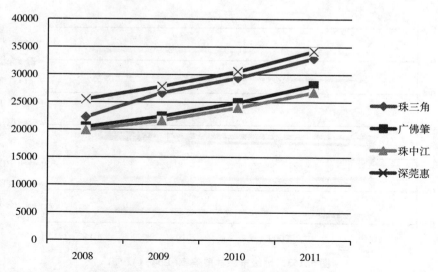

图 5.165　珠三角和三个圈层城镇居民人均可支配收入(M11-1)(元)

从三个经济圈的年平均增长速度上看,广佛肇经济圈增长速度最快,年平均增长率为 11.07%,其次是珠中江经济圈(10.41%),最后是深莞惠经济圈(10.30%)。

与全省相比,珠三角地区城镇居民人均可支配收入的年平均增长率高于全省(10.88%);与长三角相比,珠三角的年平均增长率(13.96%)要高于长三角(11.17%)。

2011 年,位居城镇居民人均可支配收入前三位的城市分别为:东莞 39513元、深圳 36505 元、广州 34438 元;肇庆最低,为 19040 元(见图 5.166)。

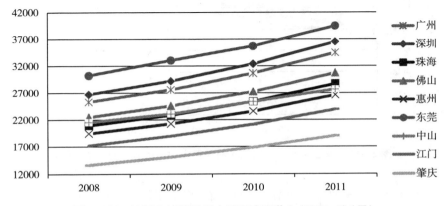

图 5.166　地级市城镇居民人均可支配收入(M11-1)(元)

如图 5.167 所示:在各个城市城镇居民人均可支配收入(M11-1)的年平均增长率中,排在首位的是肇庆(11.75%),其次为江门(11.64%),最末为中山(8.71%)。

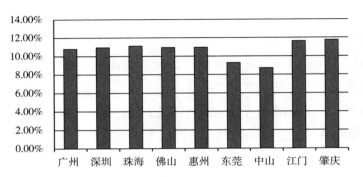

图 5.167　地级市城镇居民人均可支配收入(M11-1)年平均增长率(%)

（2）农村居民人均纯收入（M11-2）（元）

如图 5.168 所示：2008 年至 2011 年间，珠三角地区农村居民人均纯收入增长快速，2011 年比 2008 年增长了 47.7%，四年的年平均增长率为 13.9%。

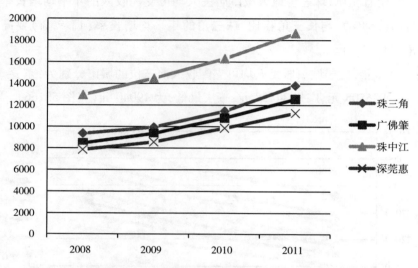

图 5.168　珠三角和三个圈层农村居民人均纯收入（M11-2）（元）

从三个经济圈的年平均增长速度上看，广佛肇经济圈增长速度最快，年平均增长率为 14.1%，其次是珠中江经济圈（12.9%），最后是深莞惠经济圈（12.8%）。

与全省相比，珠三角地区农村居民人均纯收入的年平均增长率高于全省（13.6%）；与长三角相比，珠三角的年平均增长率（13.9%）要高于长三角（12.2%）。

在珠三角 8 市（深圳该项不列入计算范围）中，东莞、中山和广州的 2011 年农村居民人均可支配收入占据前三位分别为：22842.40 元、17182.13 元、14817.72 元。

如图 5.169 所示：在各个城市农村居民人均纯收入（M11-2）的年平均增长率中，排在首位的是惠州（18.2%），其次为中山（15.8%），最末为东莞（10.6%）。

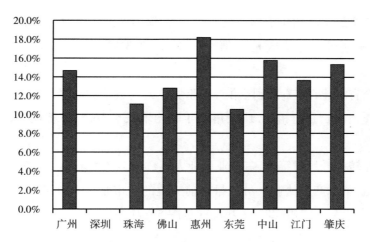

图 5.169　地级市农村居民人均纯收入（M11-2）年平均增长率（%）

2.就业（M2）

新增就业（M21）

（1）第二产业从业人员数量（M21-1）（万人）

如图 5.170 所示：2008 年至 2011 年间，珠三角地区第二产业从业人员数量增长快速，2011 年比 2008 年增长了 20.7%，四年的年平均增长率为 6.5%。

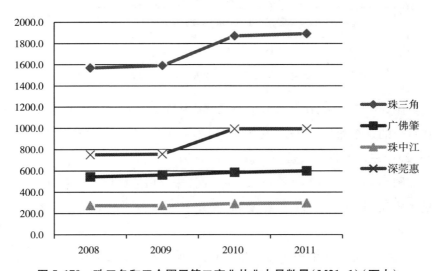

图 5.170　珠三角和三个圈层第二产业从业人员数量（M21-1）（万人）

从三个经济圈的年平均增长速度上看,深莞惠经济圈增长速度最快,年平均增长率为 9.9%,其次是广佛肇经济圈(3.3%),最后是珠中江经济圈(2.8%)。

与全省相比,珠三角地区第二产业从业人员数量的年平均增长率高于全省(5.3%);与长三角相比,珠三角的年平均增长率(6.5%)要明显高于长三角(2.9%)。

产业转型升级对第二、三产业就业人员数量会产生影响。从 2011 年数据可以看出,第二产业从业人员数量排前三位的城市是:东莞(478.9 万人)、深圳(382.9 万人)、广州(282.9 万人)(见图 5.171)。

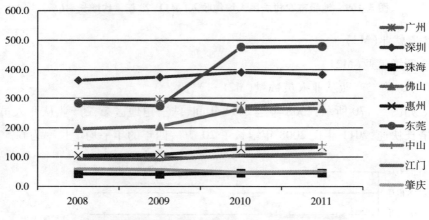

图 5.171　地级市第二产业从业人员数量(M21-1)(万人)

如图 5.172 所示:在各个城市第二产业从业人员数量的年平均增长率中,排在首位的是东莞(19.2%),其次为佛山(10.4%),最末为肇庆(-4.6%)。

(2)第三产业从业人员数量(M21-2)(万人)

如图 5.173 所示:2008 年至 2011 年间,珠三角地区第三产业从业人员数量呈缓慢上升趋势,2011 年比 2008 年增长了 12%,四年的年平均增长率为 3.8%。

从三个经济圈的年平均增长速度上看,深莞惠经济圈增长速度最快,年平均增长率为 5.1%,其次是广佛肇经济圈(3%),最后是珠中江经济圈(2.4%)。

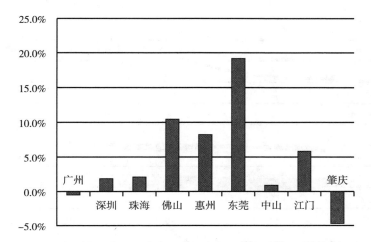

图 5.172　地级市第二产业从业人员数量(M21-1)年平均增长率(%)

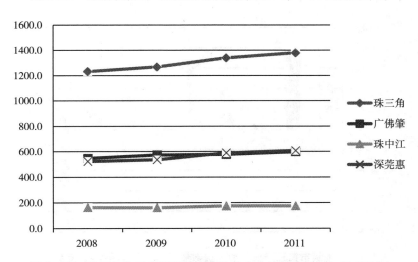

图 5.173　珠三角和三个圈层第三产业从业人员数量(M21-2)(万人)

与全省相比,珠三角地区第三产业从业人员数量的年平均增长率略低于全省(3.9%);与长三角相比,珠三角的年平均增长率(3.8%)要明显高于长三角(2.3%)。

第三产业从业人数排前三位的城市是:广州(397.3 万人)、深圳(381.3万人)、佛山(153.5 万人)(见图 5.174)。

如图 5.175 所示:在各个城市第三产业从业人员数量的年平均增长率中,排在首位的是深圳(7.5%),其次为惠州(6.6%),最末为肇庆(-9.5%)。

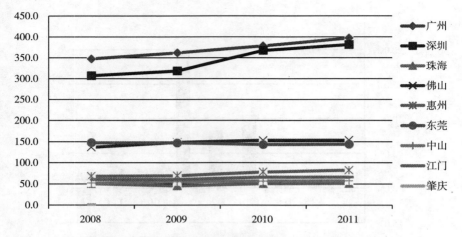

图 5.174　地级市第三产业从业人员数量（M21-2）（万人）

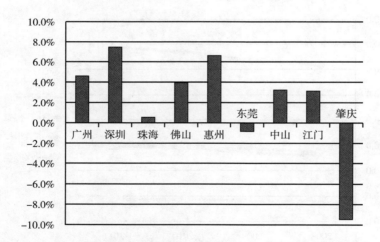

图 5.175　地级市第三产业从业人员数量（M21-2）年平均增长率（%）

第三节　区域比较和总结

一、比较：两个"三角"与三个圈层

（一）珠三角与长三角的比较

知彼才能知己，本课题分析了 36 个可以比较的珠三角（简称"珠"）与长

三角(简称"长")发展的指标,发现两地区的产业转型升级的成效可谓平分秋色。有18个指标"珠"优于"长",有18个指标"珠"逊于"长"。具体而言,环境指标中,要素禀赋"长"优于"珠",基础设施"珠"优于"长",科技水平"长"优于"珠"。过程指标中,资金投入"长"略优于"珠",创新投入和环保投入"珠"优于"长"。结果指标中,总体经济效益"长"优于"珠",区域支柱产业竞争力"珠"优于"长"。可持续发展两地基本持平。社会效益,包括城、乡居民人均收入增长和第二、三产业从业人员数量增加四个指标上,"珠"均优于"长"。

表5.4　珠三角与长三角的比较①

产业转型升级的环境指标	珠三角	长三角
一、要素禀赋		
人均地区生产总值年均增长率(%)	7.9	12.6
人均地方财政一般预算收入年均增长率(%)	13.5	15.8
中外资金融机构本外币各项存款余额年均增长率(%)	17.9	19.6
中外资金融机构本外币各项贷款余额年均增长率(%)	19.6	20.0
二、基础设施		
城市每万人拥有公交车辆年均增长率(%)	2.8	2.7
每万人拥有卫生机构床位年均增长率(%)	4.0	1.3
每万人拥有执业(助理)医师年均增长率(%)	2.0	-0.1
人均公园绿地面积年均增长率(%)	10.1	2.9
货物周转量年均增长率(%)	14.2	11.7
港口货物吞吐量年均增长率(%)	9.3	11.6
三、科技水平		
年专利申请量年均增长率(%)	20.5	30.8
年专利授权量年均增长率(%)	27.8	45.8
百万人年发明专利申请量年均增长率(%)	15.1	20.4
年PCT国际专利申请量年均增长率(%)	51.0	114.0

①　由于珠三角2012年部分数据未公布,已公开的数据为初步估算数据,并且长三角2012年大部分的数据也暂时无法获取,因此,本报告仍用2008—2011年数据对珠三角和长三角各指标进行对比。

产业转型升级的过程指标	珠三角	长三角
一、资金投入		
全社会固定资产投资总额年均增长率(%)	16.5	16.9
第二产业固定投资总额年均增长率(%)	11.1	16.0
第三产业固定投资总额年均增长率(%)	22.0	16.8
二、创新投入		
工业企业 R & D 经费内部支出年均增长率(%)	29.0	20.1
三、环保投入		
水利、环境和公共设施管理业固定资产投入额占地方 GDP 比重年均增长率(%)	13.7	-4.1
产业转型升级的结果指标	珠三角	长三角
一、总体经济效益		
地区生产总值年均增长率(%)	13.4	14.7
地区生产总值增长率的年均增长率(%)	11.0	13.7
地方财政一般预算收入总额年均增长率(%)	17.8	17.8
地方财政一般预算收入增长率的年均增长率(%)	18.29	17.98
规模以上工业企业税金总额年均增长率(%)	9.0	17.0
二、区域支柱产业竞争力提升		
规模以上工业企业利润总额年均增长率(%)	20.0	24.4
一般贸易出口总额年均增长率(%)	17.1	11.0
加工贸易出口总额年均增长率(%)	8.3	6.4
三、可持续发展		
工业废水排放总量年均增长率(%)	-10.6	0.5
化学需氧量排放量年均增长率(%)	-2.9	-0.9
工业废气排放总量年均增长率(%)	15.0	7.4
二氧化硫排放量年均增长率(%)	-2.7	-2.75
森林覆盖率年均增长率(%)	0.5	11.1
四、社会效益		
城镇居民人均可支配收入年均增长率(%)	13.96	11.17
农村居民人均纯收入年均增长率(%)	13.9	12.2
第二产业从业人员数量年均增长率(%)	6.5	2.9
第三产业从业人员数量年均增长率(%)	3.8	2.3

（二）珠三角三个圈层的比较

1.在产业转型升级的可比的 20 个环境条件指标中,珠中江排第一的有 12 个;深莞惠排第一的有 5 个;广佛肇排第一的只有 3 个。可见珠中江的环境（条件）较好。

2.在产业转型升级的可比的 7 个过程（投入）指标中,珠中江排第一的有 4 个;深莞惠排第一的有 3 个;广佛肇排第一的 0 个。可见珠中江的投入较多。

3.在产业转型升级的可比的 15 个结果指标中的经济效果指标中,珠中江排第一的有 5 个,并列第一的有 1 个;深莞惠排第一的有 3 个,并列第一的有 1 个;广佛肇排第一的有 6 个。可见三个圈层的经济效果相近,广佛肇略略优胜。

4.在产业转型升级的可比的 15 个结果指标中的社会效果（包括可持续发展）指标中,广佛肇、深莞惠排第一的各占 6 个,珠中江排第一的占 3 个。可见珠中江的社会效果逊于另外两个圈层。

总结上述的结果,广佛肇环境（条件）较差且投入较少,经济社会效果与深莞惠持平,可谓投入较少,产出较大。珠中江环境（条件）最好,投入最多,但是经济效果与另两个圈层持平,社会效果逊于另外两个圈层。

表 5.5　珠三角三个圈层的比较①

产业转型升级的环境指标	广佛肇	深莞惠	珠中江
一、要素禀赋			
人均地区生产总值年均增长率（%）	8.3	6.8	8.6
人均地方财政一般预算收入年均增长率（%）	12.3	14.8	15.2
中外资金融机构本外币各项存款余额年均增长率（%）	16.3	19.5	18.9
中外资金融机构本外币各项贷款余额年均增长率（%）	18.6	19.5	26.3
地区最低工资标准年均增长率（%）	13.7	12.1	12.5

---

① 鉴于珠三角 2012 年已公开的数据为初步估算数据,指标体系数还有近一半的指标数据尚未公布,因此本报告仍用 2008—2011 年的数据对三个圈层进行比较分析。

研发人员数年均增长率(%)	18.9	13.5	26.9
二、基础设施			
城市每万人拥有公交车辆年均增长率(%)	-10.7	-3.5	3.0
每万人拥有卫生机构床位年均增长率(%)	3.0	5.3	5.4
每万人拥有执业(助理)医师年均增长率(%)	3.1	3.8	4.2
人均公园绿地面积年均增长率(%)	9.6	3.8	14.3
货物周转量年均增长率(%)	14.4	19.6	4.4
港口货物吞吐量年均增长率(%)	7.0	8.5	19.6
无线宽带网络覆盖率年均增长率(%)	5.5	5.1	6.3
三、科技水平			
年专利申请量年均增长率(%)	14.7	22.0	26.1
年专利授权量年均增长率(%)	14.7	26.1	22.0
百万人年发明专利申请量年均增长率(%)	16.8	14.3	37.6
年 PCT 国际专利申请量年均增长率(%)	33.4	46.4	73.6
国家重点实验室、工程中心、工程实验室等创新平台数量年均增长率(%)	14.6	53.9	18.3
省级工程技术开发中心数量年均增长率(%)	19.8	35.2	10.9
高新技术企业数量年均增长率(%)	33.2	10.8	19.0
产业转型升级的过程指标	**广佛肇**	**深莞惠**	**珠中江**
一、资金投入			
全社会固定资产投资总额年均增长率(%)	18.3	11.6	22.3
第二产业固定投资总额年均增长率(%)	14.1	2.8	19.9
第三产业固定投资总额年均增长率(%)	21.4	22.7	22.2
二、创新投入			
全社会研发经费支出占 GDP 比重年均增长率(%)	15.6	18.4	13.7
地方财政科技拨款占地方财政支出的比重年均增长率(%)	-4.7	7.5	4.4
工业企业 R & D 经费内部支出年均增长率(%)	25.4	29.4	38.4
三、环保投入			
水利、环境和公共设施管理业固定资产投入额占地方 GDP 比重年均增长率(%)	9.8	12.0	36.5

续表

产业转型升级的结果指标	广佛肇	深莞惠	珠中江
一、总体经济效益			
地区生产总值年均增长率(%)	14.1	12.7	13.4
地区生产总值增长率的年均增长率(%)	13.1	11.7	11.3
地方财政一般预算收入总额年均增长率(%)	16.5	18.6	18.6
地方财政一般预算收入增长率的年均增长率(%)	20.64	20.26	18.70
规模以上工业企业税金总额年均增长率(%)	−2.0	26.0	9.0
二、产业结构优化			
现代服务业增加值占地方 GDP 比重年均增长率(%)	0.4	2.0	4.2
先进制造业增加值占地方 GDP 比重年均增长率(%)	−1.3	−2.9	−1.2
高技术产业增加值占地方 GDP 比重年均增长率(%)	4.7	−2.0	1.4
先进制造业增加值占规模以上工业增加值比重年均增长率(%)	1.9	2.3	3.2
高技术制造业增加值占规模以上工业增加值比重年均增长率(%)	7.3	3.8	4.2
现代服务业增加值占服务业增加值比重年均增长率(%)	0.1	0.9	2.1
三、区域支柱产业竞争力提升			
规模以上工业企业利润总额年均增长率(%)	20.7	16.7	26.7
高新技术产品产值占规模以上工业总产值比重年均增长率(%)	7.4	0.4	5.7
一般贸易出口总额年均增长率(%)	11.3	21.7	13.3
加工贸易出口总额年均增长率(%)	8.1	9.2	3.4
四、可持续发展			
单位建设用地第二、三产业增加值年均增长率(%)	13.0	13.1	9.8
单位 GDP 能耗下降率年均增长率(%)	−7.6	−2.3	−5.5
工业废水排放总量年均增长率(%)	−23.3	0.7	−4.7
工业废水排放达标率年均增长率(%)	0.86	1.03	1.35
化学需氧量排放量年均增长率(%)	−2.2	−4.5	−1.4
工业废气排放总量年均增长率(%)	19.0	10.6	15.3

续表

二氧化硫排放量年均增长率(%)	-4.2	-0.4	-2.9
工业固体废物排放量总量年均增长率(%)	35.0	-9.0	-31.0
空气质量优良天数占全年总天数比例年均增长率(%)	0.94	-0.23	0.51
水环境功能区水质达标率年均增长率(%)	21.23	12.46	4.61
森林覆盖率年均增长率(%)	0.6	1.0	1.5
五、社会效益			
城镇居民人均可支配收入年均增长率(%)	11.07	10.30	10.41
农村居民人均纯收入年均增长率(%)	14.1	12.8 (未计算 深圳)	12.9
第二产业从业人员数量年均增长率(%)	3.3	9.9	2.8
第三产业从业人员数量年均增长率(%)	3.0	5.1	2.4

二、总结:成效和问题

(一)珠三角产业转型升级效果初显

珠三角产业转型升级在总体经济效益、产业结构优化、区域支柱产业竞争力提升、可持续发展和社会效益五个方面均取得初步成果。

1.地区生产总值仍然保持增长

珠三角地区生产总值 2011 年比 2008 年增长了 46%,年平均增长率为 13.4%,与全省(13.1%)相近,稍低于长三角(14.7%)。

珠三角地区生产总值 2012 年比 2008 年增长了 60%,年平均增长率为 12.5%。

2.地方财政一般预算收入增长较快

珠三角地区地方财政一般预算收入 2011 年比 2008 年增长了 63.5%,年平均增长率为 17.8%,稍低于全省(18.5%),与长三角(17.8%)持平。

珠三角地区地方财政一般预算收入 2012 年比 2008 年增长了 83.7%,年平均增长率为 16.4%。

3.现代服务业增加值占地方 GDP 比重略有上升

珠三角地区现代服务业增加值占地方 GDP 比重 2011 年比 2008 年增长了 7%,年平均增长率为 2.3%;2012 年比 2008 年增长了 11%,年平均增长率为 2.6%。

4.产业的国际竞争力仍然提高

(1)一般贸易出口总额的年均增长率明显高于全省和长三角

珠三角地区一般贸易出口总额 2011 年比 2008 年增长了 65.5%,年平均增长率为 17.1%,明显高于全省(16.5%)和长三角(11.0%)。

(2)加工贸易出口总额年均增长率明显高于全省和长三角

珠三角地区加工贸易出口总额 2011 年比 2008 年增长了 41.8%,年平均增长率为 8.3%,明显高于全省(6.0%)和长三角(6.4%)。

5.可持续发展效绩显著

(1)单位建设用地第二、三产业增加值增长显著

珠三角地区单位建设用地第二、三产业增加值 2011 年比 2008 年增长了 43.6%,年平均增长率为 12.8%;2012 年比 2008 年增长了 54.2%,年平均增长率为 11.4%。

(2)单位 GDP 能耗下降

珠三角地区单位 GDP 能耗下降率 2011 年比 2008 年下降了 11.5%,年平均增长率为-4.0%。

(二)珠三角产业转型升级存在的主要问题

1.产业结构高度化的目标未能真正实现

提高先进制造业和高新技术产业的比重是构建现代产业体系的重要举措,也是产业转型升级中产业结构高度化的重要标杆。

(1)先进制造业工业增加值占地方 GDP 比重明显下滑

珠三角地区先进制造业工业增加值占地方 GDP 比重呈下降趋势,2011 年比 2008 年下降了 13.8%,年平均增长率为-4.8%;2012 年比 2008 年下降了 20.6%,年平均增长率为-5.6%。

(2)高技术产业增加值占地方 GDP 比重略显下滑

珠三角地区高技术产业增加值占地方 GDP 比重 2011 年比 2008 年下降

了 7.1%,年平均增长率为-2.4%;2012 年比 2008 年下降了 8.4%,年平均增长率为-2.2%。

2.虽然科技创新环境改善、投入不菲,但是效果欠佳

首先,创新环境不断改善,2008 年至 2011 年年均增长率为:专利申请量 20.5%、专利授权量 27.8%、PCT 国际专利申请量 51.0%、国家重点实验室等创新平台数量 25.5%(2008—2012 年年均增长率为 28.1%)、省级工程技术开发中心数量 21.7%。其次,创新投入不断增加,2008 年至 2011 年,全社会研发经费支出占 GDP 比重年均增长 12%(2008—2012 年年均增长率为 11.2%)、地方财政科技拨款占地方财政支出比重年均增长 3%、工业企业 R&D 经费内部支出年均增长 29%。

产出结果如何呢? 反映创新能力的高新技术产品产值占规模以上工业总产值比重年均负增长 2.4%,2012 年比 2008 年下降了 8.4%。专利申请量和专业授权量虽然增长快,但是多数是外观设计等层次较低的专利,而且真正进入市场,实现价值的不多。

(三)指标体系有待开发和改进的方面

1.进一步完善指标体系的数据收集工作

由于时间和资源的限制,目前指标体系仅通过统计年鉴和相关政府部门提供的资料收集了部分 2008 年至 2011 年度的统计指标,其他指标数据的收集工作和原计划对九个地级市企业的调查尚未有条件开展,希望获得相关政府部门或机构的支持,2013 年能全面展开数据资料的收集。

2.建立珠三角产业转型升级电子数据库

系统整理和编辑本研究指标体系的数据,将其制成可供学术机构和政府部门浏览和下载使用的珠三角产业转型升级数据库。利用可视化软件展示珠三角产业转型升级环境、过程和结果等定量指标的变化趋势和各地级市之间的差异,使政府全面把握珠三角产业转型升级的动态。

3.以指标体系为基础,构建珠三角产业转型升级指数

参考相关的理论、方法和经验,以指标体系为基础,结合珠三角产业转型升级的特点,构建产业转型升级的指数,以一个简单的指数反映各地级市、三个圈层和珠三角整体产业转型升级的趋势及各地级市、三个圈层的差异。

第四节　宏观区域产业转型升级的举措和新动向

一、地级市产业转型升级的举措

表 5.6　地级市产业转型升级的举措

城市	举措
广州	1.重点发展商贸会展、金融保险、现代物流、文化旅游等现代服务业 2.加快建设完善国际化空港、海港等 12 大类 80 个战略性基础设施工程,培育壮大 15 个战略性主导产业及一批骨干企业 3.打造南沙新区、中新广州知识城等 27 个市级战略性发展平台
佛山	1.通过两化融合,对纺织服装、陶瓷、金属制品等传统行业进行改造提升 2.首创产业链招商模式,推动产业"建链、补链、强链",引进一批行业龙头企业和 1100 多个重大项目 3.加快建设国家旅游产业集聚试验区、广东现代服务业聚集区等,推进发展现代服务业
肇庆	1.以肇庆高新区为引领,打造重大产业发展平台,如高要金利小五金、广宁林浆纸一体化、高要精密压铸等省级产业集群 2.设立了市级专项扶持资金、科级创新资金等财政扶持政策,支持各类产学研和专利技术发明 3.建立市县两级节能减排工作协调机制和监管考评机制,落实各地区主要污染物总量减排责任,严格实行污染物排放总量控制
深圳	1.在全国率先形成六大战略性新兴产业振兴规划相关政策 2.以总部经济和龙头企业为突破口,出台鼓励总部企业聚集发展 29 条措施,吸引 18 家总部落户深圳 3.实施产业转型升级"1+6"政策,建立 8 大行业公共技术服务平台,以信息技术和先进实用技术推动高档服装、钟表、黄金珠宝等优势传统产业升级 4.加快创新科技投入方式,成立深圳市科技金融服务中心,实施"人才孔雀计划"促进人才队伍持续壮大
东莞	1.加工贸易转型升级实现"三个率先":率先建立公共管理服务平台加工贸易"四方联网",率先实现来料加工企业不停产转为法人企业,率先推行"内销集中申报"机制 2.推进"三重一大"建设,实施"1+5"招商引资政策,一站式解决项目引进、审批、布局、用地问题 3.每年投入 20 亿元实施"科技东莞"工程,制定实施科技金融产业融合的"1+4"政策,组建规模超 20 亿元的产业转型升级及创业投资引导基金

城市	举措
惠州	1.加快世界级石油化工产业基地、国家级电子信息产业基地、省清洁能源产业基地等五大基地大项目建设 2.实施"现代服务业提升工程",加快推进一批重点商贸、物流、金融项目建设 3.深化产学研合作,建设"省级产学研结合示范市",实施"科技领军人才(团队)引进工程",出台一系列政策吸引人才
珠海	1.以高栏港区为平台,打造高端制造业基地,初步形成以海洋工程装备制造、清洁能源、石油化工为主导,以港口物流业为支撑的"3+1"产业新格局 2.以横琴新区为平台,打造高端服务业基地;以珠海国家高新区为平台,打造高新技术产业基地;以珠海航空产业园为平台,大力发展航空业战略性新兴产业 3.深入实施"创新驱动"战略,出台《珠海经济特区科技创新促进条例》,在全国率先设立知识产权法庭和监察室
中山	1.实施"三个一百"战略,着力引进100家优质企业,做大做强100家内资企业,推动100家外资企业及来料加工企业转型升级 2.出台扶持中小企业发展一揽子政策措施,"一镇一策"推动专业镇转型升级,形成企业综合服务平台"小榄模式"和"中山经验" 3.大力发展珠江口西岸重要服务业基地,实施"三重(重点集聚区、重点项目、重点企业)"工程 4.建设省科技金融结合试点市
江门	1.大力整合工业园区,出台园区管理政策,在投资强度、生产规模、税收产出、环保标准等方面严格项目准入,确保项目的质量和效益 2.推进"四个100"工程,扶持100家企业实施工业设计成果产业化项目,推动重点工业园区100家企业服务外包,加快摩托车、水暖卫浴等10个国家级产业集群转型升级

二、促进产业转型升级的新导向

在2015年5月总结落实《珠江三角洲地区改革发展规划纲要(2008—2020年)》(以下简称《规则纲要》)当中的产业转型升级工作时,广东省政府强调产业转型升级是经济结构调整的核心,要坚持把握好《规划纲要》提出的促进信息化与工业化相融合,优先发展现代服务业,加快发展先进制造业,改造提升优势传统产业,积极发展现代农业,建设以现代服务业和先进制造业双轮驱动的主体产业群,形成产业结构高级化、产业发展集聚化、产业竞争力高端化的现代产业体系的大方向。从总体上看,推进产业转型升级就是推动产业向价值链的高端发展,加快建立现代产业体系。从方法上,必须加快新的先进生产力建设,使先进生产力的增量在结构调整中发挥作用;必须加快传统产业的改造升级,不断优化现有的经济存量;必须加快淘汰落后产能,用先进生产力代替落后生产力。珠三角产业转型升级正处于爬坡越坎的关键时期,要围绕提升增量、改造存量和淘汰落后产能,突出抓好项目建设、技术改造、重大平台、骨干企业和科技创新这"五大抓手",充分发挥市场导向作用、企业主体作用、政府引导作用,推动珠三角产业转型取得实质性突破。"五大抓手"的主要内容是:

(一)抓项目建设。新的生产力建设要靠项目建设。增量调整十分重要,项目越多,层次越高,就越能推动产业转型升级。增量调整关键在于提高增量的质量水平。要按照先进生产力的标准和建设现代产业体系的要求,严把项目建设的准入门槛,引进一批好项目、大项目。各市要结合自身产业建设的需要,瞄准代表行业先进水平的企业,在全球范围内主动招商、精确招商。要加快项目建设的进度,落实时间表,确保在建项目特别是重点项目如期建成投产,推动规划中的项目迅速落地。要按照建设一批、储备一批、谋划一批的要求,部署安排落实项目建设工作,形成项目建设持续发展的态势。

(二)抓技术改造。改造提升传统产业,最有效的抓手是技术改造。没有落后的产业,只有落后的产品,绝大多数传统产业通过技术改造可以提高产品的附加值,迈向产业价值链高端。2013年珠三角工业技改投资874.4亿元,仅占工业投资的一成多,远低于全国平均水平。必须补上技改这个短板,有效推动总量庞大的传统产业转型升级。技术改造包括装备水平提升、工艺流程再造、产品设计进步、管理水平提高等。要摸清传统产业的存量底数,制定传统产业技术改造的规划,推动形成技术改造的浓厚氛围。要加大技改资金和政策支持力度,充分调动企业开展技改的积极性。要引导企业瞄准高端,对标先进,努力提高工艺、装备、产品、管理水平,有条件的企业要争当行业技术领先者。要加强传统产业转型升级的公共服务平台建设,发挥政府和市场两个方面的作用,帮助企业解决技术改造过程中的共性问题。

(三)抓重大平台。先进生产力建设要有相应的聚集平台,重大平台建设就担负着这样的任务。要把重大平台建设好,使之成为承载重大项目、聚集新的先进生产力、带动区域经济、推动产业转型升级的新增长点。目前,珠三角已经拥有了一批国家级、省级和市级重大平台。要举全省、全市之力推进重大平台建设,集中资源,抽调优秀干部,加大工作力度,加快建设进度,使之尽快发挥作用。各地区各部门要形成合力,在基础设施、项目引进、资金配套等方面把资源向重大平台倾斜,落实强有力的具体举措和行动。要把重大平台建设成现代服务业、先进制造业、战略性新兴产业聚集发展的产业高地,发挥在推动转型升级上的示范带动作用。要重视管理体制创新,建设一流的营商环境,吸引优质企业和优质人才进入,同时要积极推进产城融合,形成产城互动、良性循环的局面。

(四)抓骨干企业。产业转型升级离不开企业的转型升级,骨干企业是产业转型升级的领头羊。必须要有一批带动能力强的骨干企业,支撑经济增长,推动产业升级,带动中小企业发展壮大。珠三角主营业务达千亿以上的企业有15家,百亿以上的有171家,但仍然与国内先进地区有一定差距。要高度重视大型骨干企业的培育,继续下大力做好这项工作。要大力发展民营经济,进一步清理政策障碍,为民营企业做大做强创造条件,推动更多民营企业成长为大型骨干企业和跨国公司。要大力促进中小微企业发展,发挥好大企业对中小企业的带动作用,形成大企业顶天立地,小企业铺天盖地,大中小企业协调发展的良好局面。

(五)抓科技创新。转型升级最终要靠创新驱动,科技创新是产业升级的根基。在科技创新上,珠三角的优势在于市场化程度比较高,配置科技资源的能力较强;劣势在于自主创新能力较弱,原始创新不足。要扬长补短,继续巩固和发挥市场化优势,尽快补齐自主创新能力薄弱这一短板。要完善以市场为导向、企业为主体、产学研相结合的区域创新体系,依托珠三角现有的各类创新平台和高新技术企业,进一步集聚国内外科技资源,把科技成果转化为现实生产力。要针对产业转型升级的核心技术和前沿技术开展攻关,掌握一批具有自主知识产权的关键技术。要加快国家重点实验室、工程中心、综合性研究院等科技创新平台建设,优化自主创新环境,提高自主创新能力。要集中力量支持办好一批高水平名牌大学,鼓励高校开展原始创新。要大力引进和培养创新领军人才和团队,建设一支具有世界先进水平的科技创新生力军,为转型升级提供强有力的科技人才支撑。

此外,广东省政府还强调要重视和发挥金融支撑作用。要发挥珠三角金融资源富集的优势,大力发展现代金融业,加大金融创新力度,用好金融手段,推动"五大抓手"取得扎实成效。

第六章　产业转型升级的政策评估

对于珠三角产业转型升级政策,本书选取顺德为例。顺德是国家工信部授予的制造业产业转型升级试点,地方政府推动转型升级的力度较大,形成了较完善的产业政策体系;顺德同时也是广东省综合体制改革试点,在政府职能转变和政府决策机制改革方面开创先河。顺德区政府在推动产业转型升级方面的经验和教训对珠三角其他区域具有重要的借鉴意义。

本章的结构如下:第一节从全局的视角和宏观层面对目前顺德产业政策体系进行总体评估。在分析顺德产业政策文件的基础上,结合政府部门、企业和行业协会等产业发展相关行动主体座谈以及深访,评估顺德产业政策框架以及政策过程和机制。第二节从微观的企业层面,通过问卷调查中企业对当地产业发展条件和现有各类型产业政策的定量评价,比较评估顺德传统产业和战略性新兴产业对不同类型的产业政策的需求,提出各类政策实施和完善的优先次序。第三节在前两节政策分析与评估的基础上,提出针对顺德情况的政策建议。最后,在本章结论的部分,讨论顺德政策评估案例对完善珠三角区域产业政策的启示,结合调研中对珠三角其他区域情况的了解,提出适用于珠三角各区域的共性政策建议。

本章主要采取的研究方法包括:

一、政策文件分析

对顺德区政府提供的 143 项顺德产业政策文件内容进行深入分析,评估顺德目前政策体系的现状和问题。根据政策功能对现行政策进行区分,分析人才政策、土地政策、融资政策、技术政策、市场开拓政策以及节能环保政策的政策目标、手段、考评和责任机制等。

二、企业问卷调查

利用问卷调查了解顺德企业对顺德目前产业政策的评价及其政策需求。被访者是全面了解公司运营情况的副总经理以上职务人员。根据顺德产业特征,调查分别对战略性新兴产业企业和传统产业企业进行随机抽样。样本总量为 600 份,其分布详见下表。

企业样本分布表

产业类型		企业数量
传统产业	家用电器	150
	家具制造	150
	机械装备	150
战略性新兴产业		150
合计		600

三、座谈会

根据研究需要,顺德区府办邀请区属主要行业协会、主要传统产业和战略性新兴产业的代表分别进行了六次座谈。本研究就座谈中各代表对顺德产业政策的评价、改进建议以及各产业的政策需求等意见进行梳理和分析。

座谈会列表

座谈会	座谈代表
区属主要行业协会座谈会	家电商会、机械装备制造业商会、电子信息商会、纺织商会、医药保健商会、涂料商会、包装印刷协会、中小企业促进会、工业设计协会的秘书长
家电行业座谈会	8 家家电企业负责人(4 家为"龙腾企业",4 家为非"龙腾企业")
机械装备行业座谈会	8 家装备制造企业负责人(4 家为"龙腾企业",4 家为非"龙腾企业")
家具行业座谈会	8 家家具企业负责人(4 家为"龙腾企业",4 家为非"龙腾企业")
"龙腾企业"座谈会(纺织、医药、涂料、印刷四大行业)	涂料、纺织、医药、印刷行业各 2 家"龙腾企业"负责人

续表

座谈会	座谈代表
战略性新兴产业座谈会	家电、机械装备、电子信息、工业设计行业各 2 家企业负责人

第一节　产业政策体系总体评估

一、产业转型升级政策体系的现状

顺德区政府在产业发展的过程中一直扮演着重要的角色,通过产业政策积极引导和干预产业发展,实现了经济的腾飞。自 2008 年金融危机以来,地方政府意识到产业转型升级的迫切性和必要性,加强对产业发展的支持,制定和实施了针对产业转型升级的多项政策措施。对顺德产业政策的粗略统计显示,目前执行中的产业政策的数量达 70 多项,形成了涵盖人才、土地、技术、融资、市场开拓、节能环保等领域的门类齐全的地方产业政策体系。其中,顺德区政府对技术政策相当重视并将其作为财政支持的重点。技术政策的数目在产业政策体系中所占的比例最大,包括鼓励企业引进吸收技术、开展技术改造和技术创新活动、支持组建研究平台和创新联盟、推进企业信息化建设、实施质量监管和标准化战略、推动区域品牌和企业品牌建设、培育与保护知识产权等方面。产业政策实现了从以扩大生产、出口能力为导向转变为以提升技术创新能力为导向的转型,以增强自主创新能力作为科技发展的战略要点,以调整产业结构、转变增长方式为中心环节。此外,产业政策逐步实现类别化,出台了针对特定产业、园区、企业类型的专项规划或者政策措施,提高了政策的针对性和有效性,例如"龙腾计划"和"星光工程"。

表 6.1　企业对产业政策机制现状满意度评价的均值

评分项目	满意程度
本地政府有中长期产业发展规划	6.57

续表

评分项目	满意程度
本地政府产业政策制定能针对企业需求	6.31
企业有机会参与产业政策的制定	5.84
产业政策的执行有监督、考核和申诉机制	6.01
本地政府积极扶持中小企业	6.48

　　企业调查数据表明,顺德企业对产业政策机制的评价较高。本研究请企业对顺德的产业政策决策和执行机制等五个方面现实情况的满意度进行评价,极不满意为1分,基本满意为5分,极其满意为9分,分数越高表明满意度越高。如表6.1所示,参与调查的600家企业对本地政府有中长期产业发展规划,本地政府产业政策制定能针对企业需求,企业有机会参与产业政策的制定,产业政策的执行有监督、考核和申诉机制,本地政府积极扶持中小企业的评价都高于中间值5分。其中,企业最为满意的是地方产业政策具有稳定性和可测性以及中小企业的发展得到政府的积极扶持。

　　企业问卷调查也表明,政府推行的各项产业政策得到地方企业的认可。调查请企业对其所在区域的人才政策、土地政策、融资政策、技术政策、引资扩资政策、节能环保政策、市场开拓政策等22项功能性政策的重要性和满意度进行评分,评分方式与上述产业政策机制的评分方式相同。分数越高表明企业对功能性政策的重要性评价越高和满意度越高。如表6.2所示,被访的600家企业对各项功能性政策重要程度评价的均值达7.28分,表明顺德企业认为政府在推动产业转型升级过程中所扮演的角色相当重要,产业转型升级需要这些政策的引导和支持。受访企业对于各项产业政策满意度评分的均值为5.73分,表明企业对目前已有的各项推动产业转型升级的功能性政策给予了高于基准分5分的评价,对政策成效基本满意。

　　综上所述,顺德产业政策体系已初步完善,建立了政府引导、企业主体、市场导向、产城互动、创新促动的政策导向,为提升区域竞争力,实现产业转型升级提供了强有力的支持。

表 6.2　企业各项产业政策重要程度和满意程度评价的均值

政策	重要程度	满意程度
引进培育高级人才	7.21	5.49
协助企业解决劳工荒问题	7.46	5.36
加强园区建设拓展用地空间	7.00	5.38
支持企业开展"三旧"改造	6.97	5.40
培育企业上市	6.60	5.50
支持中小企业融资	7.66	5.74
鼓励企业引进吸收技术	7.48	5.79
鼓励企业技术改造	7.57	5.84
鼓励企业开展技术创新活动	7.56	5.92
支持组建研究平台、创新联盟	7.09	5.66
推进企业信息化建设	7.34	5.77
实施质量监管和标准化战略	7.35	5.86
推动区域品牌建设	7.32	5.91
推动企业品牌建设	7.48	5.94
培育与保护知识产权	7.65	5.88
大力发展总部经济	6.70	5.69
加强招商引资	6.61	5.62
推进企业节能降耗	7.52	5.96
推进企业清洁生产	7.25	5.86
支持企业开拓国际市场	7.66	5.97
支持企业开拓国内市场	7.73	5.95
加强政府采购	6.91	5.50
各项政策得分的均值	7.28	5.73

二、产业转型升级政策体系存在的问题

（一）对产业转型升级政策的评估

1.政策扶持"撒胡椒面"，政策效应弱化

根据《佛山市顺德区工业产业结构调整实施方案》的附件《佛山市顺德区工业产业结构调整产品目录（2011—2015）》所列出的工业产业重点支持的领

域进行统计,属于鼓励类的产业达十三大类,接近 200 种产品、技术以及相关服务。除了工业以外,还有农业、服务业、基础设施等其他产业和领域需要政府的扶持。由于涉及的领域较多,而作为区一级政府可支配的财政资源有限,政府能为每一工业行业或者每一类别提供的支持明显不足。

经验案例一 产业选择如何做到"少而精"

随着市场经济的发展,产业政策重点支持的产业应遵循以下几个支持产业的选择原则:

◇增长后劲基准,即重点扶植那些对产业整体持续发展有重大意义的产业;

◇短缺替代弹性基准,即重点扶植具有无法替代的短缺性的产业,以满足社会最迫切而又必不可少的需求;

◇瓶颈效应基准,即重点扶植瓶颈效应大的产业,减少瓶颈制约所造成的其他产业发展的滞存;

◇市场失效基准,如投资高、风险大、投资回收期长、短期收益相对较低的产业。

来源:《中国产业政策效应研究》。

除了产业重点过于分散外,对重点产业的支持过于追求大而全。财政资金除了用于公认的需要政府支持的技术创新外,还需要在引进培育高级人才、支持企业开展"三旧"改造、培育企业上市、推动信息化与工业化融合、提升产品/服务质量、促进知识产权发展、发展总部经济、加强招商引资、推进节能环保、支持企业开拓国际市场等领域之间分配。在政府财政资源有限的情况下,政府干预的领域越多就意味着对每个领域的支持力度越弱,从而影响政策的有效性。

以技术创新政策为例,创新属于高风险、高投资、回报期长的活动,是需要政府重点支持的领域之一。顺德区政府所提供的技术改造和创新政策列表显示,用于支持顺德区中小企业技术改造重点项目扶持金额为 100 万元和 50 万元;用于鼓励科学技术活动的区科学技术奖金额由高至低依次为 15 万元、8 万元、5 万元、2 万元;用于科技型中小企业技术创新专项资金支持单个项目的金额约为 20 万元、30 万元、60 万元三个等级。可见,由于政府在每一项创新政策上能提供的支持力度有限,难以充分调动企业参与自主创新研发的积极性,影响政策目标的实现。

对产业的支持应体现"有所为,有所不为"的精神。政府对产业的干预是必要的,但是必须集中于政府具有比较优势的领域,即市场机制失灵的领域,如加大对基础性研发活动的投入。超过这个合理的界限越多,政府失灵的可能性越大,产业政策越容易失效。

2.以选择性的纵向政策为主,缺乏对竞争性的横向政策的重视

中国产业政策以对资源在特定地区、产业、企业的倾斜性分配为主,对一部分群体给予优惠政策和扶持措施,而对另外一部分群体的支持相对较少,即所谓的纵向政策。顺德在产业发展规划中对重点产业、重点项目和重点企业的选择以及部分具体功能性产业政策重点支持某些产业的发展表明,顺德与国内其他地区产业政策都具有倾斜性特征。

然而,由于主导产业的选择甚至产品以及产品的特定环节等均由政府来规划并且相对稳定,在市场变化迅速的情况下,某些扶持的领域、产品、环节容易被市场淘汰,导致产业政策在一定时期内与市场选择相违背,造成政策资源的浪费。例如,某企业在座谈会中以太阳能光伏产业中的薄膜太阳能电池为例,提出政府的规划往往赶不上市场需求的变化,该产品仍是政府支持的重点,但供应过盛的趋势越来越明显。此外,对产业过度扶持使产业缺乏竞争压力,容易导致产业在国内外竞争中逐渐被淘汰,保护政策代价巨大。在经济全球化背景下,中国加入世界贸易组织后,倾斜性的产业政策与国际经济规则要求的公平性之间存在冲突。因此,需适度减少采用行政手段和经济手段扶持特定产业的"倾斜型"产业政策,增加采取法律手段的从横向上为各类型企业和产业创造一种公平竞争的制度环境的"竞争型"产业政策,充分发挥市场机制的作用。

3.产业政策过于倚重产业结构政策,忽略了产业组织政策和产业空间配置政策

产业结构的调整影响产业组织的演变,产业组织状况也制约着产业结构的调整,产业组织关系协调合理才能实现资源在产业间合理配置与流动,形成

合理的产业结构。产业组织政策的本质是协调竞争与规模经济的关系,建立正常的市场秩序,是处理产业内部和产业间各企业关系的政策。当前整个珠三角产业政策主要着眼于产业结构调整,对产业组织方面的问题重视不够,产业结构政策的制定和实施与产业组织政策严重脱节,一定程度上影响产业政策整体的有效性。产业结构政策与产业组织政策需要有效衔接和配合,使产业结构合理化、高度化与产业组织合理化过程相互支撑。

根据珠三角的实际情况,产业组织政策的侧重点应有别于发达国家。发达国家产业组织政策的重点在于鼓励竞争、限制垄断、反托拉斯以及支持中小企业发展。相比而言,珠三角生产集中于某些大企业的情况尚不普遍,程度有限,垄断问题尚不突出。值得一提的是,集群化是珠三角产业的竞争优势,但是珠三角的产业集群具有"高度集聚、低度整合"的特点,企业虽然在空间上集聚,但是缺乏一体化的分工和有序的竞争,企业在人才、价格等方面恶性竞争严重,这样的产业组织严重制约了产业整体效益的提升。因此,产业组织政策除了鼓励大企业和集团参与国际竞争,培育中小企业以外,更需要着眼于鼓励中小企业进行专业化生产、与大企业分工协作,防止过度、无序竞争。

目前,顺德产业政策倾向于扶持高产出、高技术的大企业,虽然有扶持中小微企业的政策,但是对这类企业的支持力度仍有待提高。更重要的是顺德产业政策体系缺乏鼓励中小企业为大企业配套,两者在技术、人才、设备、资金等方面合作的政策措施。顺德区政府意识到促进中小企业与大企业配套协作、加强产业链之间合作的重要性,近期举办了"龙腾计划"企业与"星光工程"企业业务合作对接会,推动企业间在原料及配件供应、研发生产、市场销售等环节的协作,但是目前仍未将这个产业配套的导向制度化,使"龙腾计划"和"星光工程"相互呼应,在"龙腾计划"企业和"星光工程"企业给予支持的政策条款中强化鼓励两类企业合作的政策思路。

经验案例二 支持中小企业与大企业配套协作政策

北京东城区设立中小企业发展专项资金2000万元用以支持引导中小企业转型升级,其中包含了引导中小企业与主导企业进行配套生产协作的政策措施:

"鼓励中小企业与区内主导产业重点企业开展业务合作,对签署 3 年(含)以上合作协议并已执行完毕的,给予 5 万元一次性奖励;对签署 5 年(含)以上合作协议并已执行完毕的,给予 10 万元一次性奖励。"

来源:《关于印发中小企业标准暂行规定的通知》。

除了产业组织政策外,产业结构优化、高级化同样需要产业空间配置政策的配合,其根本目的是最大限度地提高区域经济的总体效率。对于顺德区而言,主要是指调整区产业与佛山市其他区产业的协调以及区内不同产业类型的分布和组合问题。土地资源的配置被视为顺德产业调整和升级的核心工具,项目引进主要以占地少、科技含量高、产出高、人才集聚为主要衡量标准,缺乏从产业配套和协作的角度考虑引导产业在区内合理布局的战略思路。

未来对产业转型升级政策的调整,需注意产业结构政策、产业组织政策和产业区域政策三类政策的相互配合与协调。

4.政策工具单一化

目前顺德产业政策工具以补助、贴息、税收减免、直接奖励等无偿性财政补贴为主,使用股权投资、"无偿借款、比例收回"等有偿、有条件的财政扶持手段不多。与无偿性奖励和补贴相比,有偿的财政支持更有助于充分发挥市场机制的调节作用,调动企业积极性,盘活政府财政资源。

在实地调研中,不少政府官员反映,由于税收方面由国家控制,可用的政策工具有限。政策工具按照政府所掌握的资源可以分为组织为本的工具(organization-based instruments)、权威为本的工具(authority-based instruments)、财力为本的工具(treasure-based instruments)和信息为本的工具(nodality-information-based instruments)四大类。除了政府官员所指的财力为本的工具外,还有三项工具可为政府所用。再者,若按照干预程度,政策工具还可以分为自愿性政策工具、混合性政策工具和强制性政策工具三大类。图 6.1 显示,除了补贴奖励、税收和使用费、管制等传统的政策工具以外,还有其他可供选择的政策工具。可见,若将政策工具进行细分,则可发现能为政府所用的工具还有不少。这反映了地方政府尚未认识到其他政策工具的重要性,尤其是信息和自愿性组织(即社会组织)等新政策工具的作用。

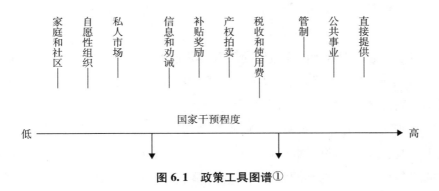

图6.1　政策工具图谱①

信息被认为是继资本、技术和人才之后企业竞争优势的重要来源。信息收集、管理与运用越来越受到企业的重视。随着市场竞争的白热化和社会信息化发展进程的加快,企业对人才、技术、融资、市场、质量标准、品牌建设等信息的需求大幅度提高,尤其是为企业提供决策和战略规划支持的信息和对可能出现的机遇和危险提供预警的战略信息。为在全球竞争中夺得先机,当今很多国家都建立产业预警机制(即监测国内外市场的销售、价格、技术等信息,为企业提供第一手的市场信息)和政策预警机制(即密切追踪有关国家和地区的政策,以便企业及时根据政策变动对市场的影响调整战略,同时有助于政府迅速进行协调和制定相应的政策应对外部政策的变动的影响)。建议顺德区政府加强信息引导手段,为企业提供信息服务、信息交换的场所以及传递市场信息。

经验案例三　天津提供信息指引为企业赢得竞争优势

长期以来,天津海关采取多项措施助力空港经济区高新加工企业转型升级天津保税区。海关及时了解企业转型需求,为企业建立资料库,整合企业的基本信息、料件和成品等相关数据制成加工贸易手册,为企业提供战略决策参考。在海关的扶持下,出口企业大大减少了流动资金的占

① Miachael Howlett and M.,Ramesh,Studying Public Policy:Policy Cycles and Policy Subsystems,Oxford University Press,2003.

压,赢得了进一步开拓国内市场和发展壮大的优势。

来源:国际商报《天津海关助力高新技术企业转型升级》。

对于企业转型升级同样重要的还有引导企业之间以及企业与相关机构之间互动、沟通与合作的信息。以技术创新政策为例,顺德的区域创新体系各要素基本完备,各类型的科研服务平台、公共创新平台、行业协会/商会、科技类民办和非民办企业服务机构都比较成熟,然而受访的顺德企业表示他们未能真正受益于这些外部的创新资源,其中一个重要的原因是他们对这些机构提供的服务并不了解,遇到问题不知道应向哪个机构求助。此外,顺德区各科研服务平台、公共创新平台、行业协会/商会、科技类民办和非民办企业服务机构之间的互动也不多,导致不同机构之间缺乏合作和资源整合,不同机构在同一领域重复投入的现象时有发生。这就需要政府为企业以及相关组织与机构之间的合作提供相关的信息,提高资源的利用效率。

解决市场失灵的主体,不仅限于政府,还有各类型的社会组织,包括行业协会/商会、教育培训机构、金融服务机构、管理咨询服务机构、社会服务机构、大众媒体等。随着政府职能的转变,各类型社会组织的市场中介作用逐步得到重视,引导社会组织为产业发展服务成为重要的政策议题。然而,在多数政策领域,社会组织所发挥的作用仍相当有限,政府在干预、调节和引导产业发展的过程中仍承担绝大部分的职责。对社会组织的支持仍停留在政策文本上,缺少相关具体的举措。

在对地方行业协会的调研中发现,行业协会在协助企业融资、保护知识产权、维护市场正常的竞争秩序、提供市场信息、形成集体行动等方面能为企业提供更有效的服务,积累了不少成功经验。珠三角行业协会等社会组织的成功经验值得深入研究和总结并在顺德推广,使其成为政府的得力助手。在产业转型升级的过程中,政府不需要大包大揽,什么事情都亲力亲为,可通过引入营利性服务机构并扶持、发展行业协会,形成多方行动主体,构建完善的产业转型升级的制度化网络。

5. 政策碎片化,协调性有待提高

顺德产业政策的系统性有待提高,实现政策联动、政策关联,具体需要在以下三个层面努力：

第一，从时序而言，若干政策是连续的，先出台的政策与后出台的政策相互呼应性较差，缺乏连续性。后续的政策设计应考虑与原有政策目标、政策工具之间相互联系和影响。例如，"龙腾计划"与原有的人才、科技、土地、融资等方面的政策支持存在重叠之处。不少"龙腾企业"在座谈会中表示，"龙腾计划"更多是一项政府工程，仅为被评定为"龙腾企业"提供绿色通道，并无实质的优惠和支持措施。

第二，从空间而言，纵向的不同行政级别之间，横向的同一行政级别之间，政策关联度低。顺德区的政策与佛山市其他地区之间的政策缺乏整合，顺德区内镇与镇之间也未形成优势互补、互相辐射的政策支持格局。

第三，从政策具体制定与实施的主体而言，经发改、科贸、地税、工商等部门之间的政策资源分散，政出多头，缺乏有效整合，导致政策效应弱化。尤其科技这一政策领域，重复投入的情况较为严重，若能最大限度地整合利用科技类的政策资金，则能大幅度提升政策的效率。

6.政策针对性欠佳，没有充分考虑企业需求的差异性

大部分产业政策为综合性政策，对象较为笼统。普遍存在政策的作用对象没有根据企业规模和产业特点进行清晰界定的问题，导致大企业挤兑小企业政策资源、个别重点产业难以受惠的现象时有发生。在顺德家具行业的座谈中发现，家具企业占地比较大，用地的需求高，急需"三旧"改造政策的支持，而企业反映家具行业分散性高、企业规模较小，几乎没有企业能符合"三旧"改造政策的要求。

从企业的政策需求而言，政策未能针对不同规模与不同产业企业需求的差异性，量身订造具体的扶持措施。中小企业认为政府应加大财政补贴、税率优惠等方面的支持力度。实力相对雄厚的大企业最需要政府支持的不是资金，而是政府多搭桥、搭平台和提供信息。企业调查表明，大企业认为政府对他们的财政扶持层次过低，更希望得到政府在可持续发展、参与国际竞争等方面的高层次政策支持，如支持大企业联合创新，协助支持企业建立上下游采购服务链，协助企业加强社会责任、生产质量与安全建设。例如，中小企业为大企业配套是竞争优势的重要来源。政府虽然对大企业没有用电限制，仅对中

小企业拉闸限电,但是限制了为大企业提供支撑的中小企业的用电,使其无法及时交货给大企业,无异于拉大企业的电闸,影响了企业间的专业化分工和协作。

经验案例四 杭州推出"一厂一策"服务

杭州进一步落实领导干部联系企业制度,深入企业了解企业困难,各级各部门以企业需求为第一信号,开展"一厂一策"服务,切实为企业解决实际困难。根据部门职责,排出一批干部联系企业名单,主动上门"送温暖",形成一级抓一级、一级带一级、一级对一级负责、层层抓好落实的责任链。对疑难问题和重大事项实行工作联系单协调解决制度,对各相关部门开展活动情况实行监督考核制度。同时,针对"送温暖"活动中发现的政策性瓶颈,及时研究、完善出台新的政策。用政策、用服务为企业增强信心,为企业营造促进发展的环境条件。

来源:杭州网《杭州工业:十大举措助推转型升级》。

(二)对政策过程的评估

1. 政策决策流程透明度有待提高、程序合理性有待完善

目前顺德产业政策以纵向政策为主,因而尊重市场发展规律、避免政府失灵、合理选择政策扶持的对象成为产业政策决策过程中的重要议题。同时,在各项备选的政策工具中,选取合理有效的政策组合对特定的政策对象进行扶持也是影响产业政策成效的重要因素。

目前顺德区政府已基本建立专家咨询与评估机制遴选优先支持的区域、产业、生产环节、产品列表和筛选政策工具,然而尚未充分运用成本效益分析、成本效率分析、最优化分析等科学的评估方法对政策的技术可行性、财政可行性、行政可操作性、有效性等进行系统的评估。政府在决策过程中主要通过召开座谈会了解部分企业的政策需求和建议,极少通过问卷调查全面了解区域各类型企业的政策需求和评估政策工具的可行性和有效性。相关行动者,如企业、行业协会等在决策过程中的话语权和决策权有待提高。

政策工具箱一 优化政策决策流程

◇政策咨询委员会。成立由企业、行业协会等社会机构以及其他利益相关者代表组成的政策咨询委员会,循序渐进地提高市场主体和民间机构在产业政策决策过程中的投票权,使得产业政策的决策更具有民意基础。

◇开展企业需求问卷调查。通过企业调查评估政策可行性和有效性。

◇运用科学政策评估方法。运用成本效益分析、成本效率分析、最优化分析等科学的评估方法对政策的技术可行性、财政可行性、行政可操作性、有效性等进行系统的评估。

企业问卷调查显示,顺德企业对参与产业政策决策过程重要性的评分均值高达7.8分(最低为1分,最高为9分,分数越高重要性程度越高),超过半数的被访企业认为赋予企业参与产业政策决策的权利是产业发展极其重要的条件之一,但是在所有政策机制中,参与调查企业对参与政策制定的现状的满意度最低,表明企业参与决策的机制有待改善和健全,尤其是对于传统产业企业而言。对传统产业发展条件的SWOT分析表明,参与调查的企业认为"企业有机会参与产业政策的制定"在众多条件中为急需改善的政府体制。

作为市场主体的企业参与决策有助于降低政策违背市场规律、政府失灵的可能性。以技术创新政策为例,目前政府对创新项目的财政补贴政策以事后奖励和补助为主,如果能成立由各个企业技术专家组成的委员会参与决策,决定开发哪些新产品、新技术并由各企业合力开发,政府给予相应的风险分摊和投资激励,则能有效整合资源、提高政府资源的利用效率。

2.企业对政策认知度偏低,影响政策的执行效果

企业及时了解各项政策措施是政策有效实施的重要前提条件之一。问卷调查表明,企业对于各类型产业政策的了解程度普遍偏低。不少企业在问卷调查中反映,企业对某些政策满意度低的根本原因是对政策不了解。企业了解相关政策信息的渠道有限,政策宣传滞后,某些政策措施从出台到结束企业

都可能不知情,或者即使企业得到消息,也因为对政策解读有误或者准备上报资料时间太短而错失得到政策支持的机会。因此,政府需加大各项政策宣传力度,使企业及时、充分了解各项政策。

政策工具箱二　提高政策认知度

◇建立政策咨询平台。

◇制作产业政策宣传册。将产业政策按产业、企业规模分类整理成册发给企业,并在每一项政策后附上相关政府部门联系人与电话,以便企业咨询。

◇拓宽政策宣传渠道。除了传统的电视、报纸和政府网页外,通过短信、电邮等方式将新出台的政策信息及时传达到企业,并与行业协会合作开展专题政策宣传说明会,为企业解读政策措施和具体操作流程。

3.政策的监督评估机制有待落实

政策出台后,对政策的执行情况进行动态跟踪和对政策实施的效果进行定期评估有助于决策者及时了解影响政策目标实现的潜在因素,为原有政策的调整和新政策的制定提供有力的依据。

政策工具箱三　政策监督评估研究

◇开展政策监督研究。探讨实施政策所需求的人力、物力等资源是否到位,政策是否按照预定的方案实施。

◇开展政策绩效评估研究。研究某项政策的有效性。如无效,探讨政策失效的缘由,如:相关部门的执行力度是否有所欠缺或者协调不足,政策的实际可执行性和操作性是否存在问题,政策条款是否落后于企业需求和市场发展的变化等。

企业调查数据显示,除了"企业有机会参与政策制定过程"外,企业对"产业政策的执行有监督、考核和申诉机制"这个政府体制条件的现状的满意度最低。目前,顺德大部分政策都建立了相关的执行保障机制,但是对具体政策执行情况的监督力度还有待加强。根据我们所掌握的资料和调研的情况,顺德区政府对产业政策效果的评估还不够重视,基本上没有开展政策绩效评估的调查和相关研究。

4.财政资助绩效考核机制有待进一步强化

财政补贴和奖励目前和今后一段时间仍是主要的产业政策工具。有效运用政府每年用于产业转型升级的每一分财政经费,发挥四两拨千斤的作用,需对财政资助对象进行阶段性的资金管理监督和绩效考核,对未达到预定绩效目标和不符合后续资助要求的组织或者个人取消其享受相关优惠政策的权利。

政策工具箱四　建立科学的绩效评价体系

一般而言,科学的绩效评价体系应有一个合理的逻辑框架,即条件——过程——结果。与逻辑框架相对应,指标体系的维度可以划分为条件类指标、过程类指标和结果类指标。以此逻辑框架构建的评价体系不但能用于绩效评估,而且有助于发现潜在问题,分析影响绩效的薄弱之处,为调整政策、进一步完善政府服务提供依据。

此外,对于结果类指标,还可以进一步细分为直接产出指标和间接产出指标。直接产出指标是指在投入一定人力、物力后某项行动所带来的直接产物,可以是产品或者服务;而间接产出指标则是指直接产出对目标群体以及社会所产生的正面或者负面的影响。

需要指出的是,与直接产出相比,间接产出的质与量容易受外部因素影响,具有一定的不可控性。不少评价体系没有区分直接产出和间接产出,或仅评估间接产出,导致高估或者低估考核对象的绩效,影响评价体系的科学性和有效性。

从顺德各项产业政策文件来看,绝大部分的政策列明资助监督和绩效评价的相关规定,表明政府意识到财政资助监督评估的重要性。在众多功能性政策中,高级人才引进和技术政策的考核机制相对完善,已建立了考核办法和考核指标体系,并根据考核体系定期实施绩效考核评价。但招商引资政策在该方面的机制建设相对滞后,需加快建立招商引资绩效考核体系,加强财政投入的事后监督与管理。

目前,顺德大部分评价体系的构建缺乏清晰的评价框架,不同类型的指标混在一起,不利于发挥指标体系的作用。

综上所述,顺德产业政策体系建设已取得不俗的成绩,然而为实现顺德产业转型升级的目标,提升和保持区域竞争力,未来仍需不断优化和改进,基于顺德以实体经济、规模经济和民营经济为主的产业特点建立完善的政策制定、执行、监督、考核与评估机制,以及结构合理的政策框架,即应重点突出、针对性强、系统性强、选择性政策和竞争性政策相结合,产业结构政策、产业组织政策和产业空间配置政策相协调。

第二节 产业政策需求定量分析

对于顺德产业政策的需求分析评估,主要通过分析顺德企业调查问卷中企业对当地产业发展条件和现有各类型产业政策的评价。本研究根据顺德的产业特征,把参与调查的企业类型划分为战略性新兴产业以及传统产业,其中传统产业细分为机械装备业、家具制造业和家电制造业三大类,以分析不同产业类型政策的共性和个性需求。

一、企业对产业发展条件的评价

根据波特的钻石模型针对顺德地方产业发展的相关条件,通过相关行动者的主观评价角度,在企业问卷调查中请企业负责人评价各项条件的重要程度和对该条件现状的满意程度,对条件的重要程度和现实状况的满意度的初始测量为1—9分。分数越高,重要程度和满意度越高。

本项研究对评价结果进行SWOT分析:根据条件重要程度均值(x轴)和满意程度均值(y轴)把每个条件转化为坐标中的点,落在第一、二、三、四象限,依次代表该条件是重点优势、保持优势、有待改善和急需改善。由于调查结果的分布比较集中,对重要性的评价均较高,需对数据进行调整,算出每个部分所有条件的重要程度和满意程度(同一幅图中所有点)的平均值,以该平均值作为坐标的原点,再计算每个点的相对位置进行 SWOT 分析作图。

SWOT 分析得到的是各产业发展条件的相对重要性和相对满意度,由此可以看出哪些条件是目前顺德产业发展的重点优势以及哪些是急需改善的条件。

(一)战略性新兴产业发展条件 SWOT 分析

图 6.2 和表 6.3 是顺德战略性新兴产业发展条件的 SWOT 分析。如图 6.2 所示,战略性新兴产业发展的重点优势为当地支援及相关产业、社会组织、政府体制和制度环境,急需改善的条件为生产要素条件和市场需求/贸易条件。

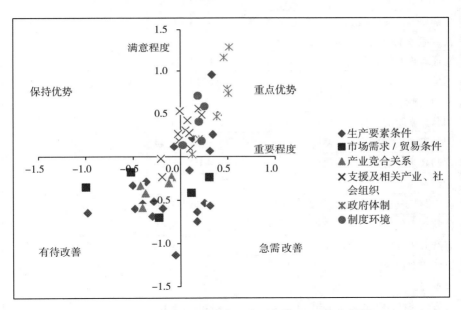

图 6.2　顺德战略性新兴产业发展条件 SWOT 分析图

表 6.3　顺德战略性新兴产业发展条件 SWOT 分析表格

企业发展条件	重要程度	满意程度	SWOT 分析结果			
			重点优势	保持优势	急需改善	有待改善
(一)生产要素条件						
自然资源						
能源充足	7.97	6.22	★			

续表

企业发展条件	重要程度	满意程度	SWOT 分析结果			
			重点优势	保持优势	急需改善	有待改善
能源成本低	8.02	5.37			★	
生产用地充足	7.66	5.41				★
生产用地成本低	7.79	4.87				★
达到环保标准成本低	7.55	5.32				★
基础设施/基本公共服务						
治安良好	8.24	6.48	★			
生活服务设施(餐饮、娱乐、绿化等)完善	7.78	6.12		★		
公共服务配套(教育/医疗/住房)完善	7.94	5.85			★	
交通运输网络完善	8.19	6.26	★			
通信设施完善	8.18	6.96	★			
人力资源						
招聘高素质的管理人员便捷	8.10	5.47			★	
招聘高素质的技术人员便捷	8.16	5.44			★	
招聘高素质的熟练工人便捷	8.02	5.26			★	
知识资源						
大学、科研机构为企业提供技术创新服务	7.56	5.49				★
公共技术创新平台为企业提供技术服务	7.45	5.46				★
有产业集群网站或者产业专业网站	7.37	5.40				★
有便于企业间沟通交流的场所和机会	7.49	5.72				★
资本资源						
有方便快捷的正式融资渠道	8.16	6.07	★			
有方便快捷的非正式融资渠道	6.87	5.36				★
有为企业提供贷款担保的机构	7.34	5.68				★
(二)市场需求／贸易条件						
国内市场的需求增长空间大	8.15	5.77			★	
国际市场的需求增长空间大	7.62	5.30				★
人民币币值稳定	7.96	5.59			★	
进出口关税壁垒低	7.32	5.83				★
非关税壁垒(如实施强制性技术、卫生、产品等标准)低	6.85	5.66				★

续表

企业发展条件	重要程度	满意程度	SWOT 分析结果			
			重点优势	保持优势	急需改善	有待改善
（三）产业竞合关系						
本地企业间良性竞争	7.75	5.77				★
本地企业间实行专业化的分工合作	7.43	5.67				★
本地企业在原材料采购方面合作紧密	7.72	5.70				★
本地企业在技术研发方面合作紧密	7.45	5.42				★
本地企业在市场营销方面合作紧密	7.48	5.59				★
（四）支援及相关产业、社会组织						
原材料、配件、设备均可在本地采购	7.65	5.77				★
本地物流配送服务业发达	8.04	6.56	★			
本地产品出口检验、报关、通关手续便捷	7.83	6.19		★		
本地产品质量监督检测机构完善	7.90	6.31	★			
本地教育培训、人才招聘服务机构完善	7.95	6.10	★			
本地金融服务机构完善	8.07	6.49	★			
本地管理咨询/信息服务机构完善	7.64	5.98				★
本地相关机构能有效解决劳资纠纷	7.92	6.43	★			
行业协会促进企业之间和企业与政府的沟通	7.84	6.53		★		
行业协会维护企业权益	7.82	6.27		★		
行业协会建立行约、行规和行业标准	7.94	6.28	★			
（五）政府体制						
本地工商/税务部门廉洁高效	8.36	7.29	★			
本地海关部门廉洁高效	8.31	7.16	★			
本地政府有中长期产业发展规划	8.34	6.80	★			
本地政府产业政策制定能针对企业需求	8.23	6.47	★			
企业有机会参与产业政策的制定	7.97	6.03	★			
产业政策的执行有监督、考核和申诉机制	8.04	6.21	★			
本地政府积极扶持中小企业	8.35	6.75	★			
（六）制度环境						
市场竞争环境良好	8.07	6.19	★			
物权、产权、债权保护制度完善	8.10	6.59	★			

续表

企业发展条件	重要程度	满意程度	SWOT 分析结果			
			重点优势	保持优势	急需改善	有待改善
安全生产监督管理制度完善	8.03	6.72	★			
行业技术标准完善	8.04	6.41	★			
行规、行约等非正式制度有约束力	7.87	6.14	★			

具体而言,顺德战略性新兴产业发展的重点优势在于:

1.生产要素条件:能源充足,治安良好,交通运输网络完善,通信设施完善,有方便快捷的正式融资渠道。

2.支援及相关产业、社会组织:本地物流配送服务业发达,本地产品质量监督检测机构完善,本地教育培训、人才招聘服务机构完善,本地金融服务机构完善,本地相关机构能有效解决劳资纠纷,行业协会建立行约、行规和行业标准。

3.政府体制:本地工商/税务部门廉洁高效,本地海关部门廉洁高效,本地政府有中长期产业发展规划,本地政府产业政策制定能针对企业需求,企业有机会参与产业政策的制定,产业政策的执行有监督、考核和申诉机制,本地政府积极扶持中小企业。

4.制度环境:市场竞争环境良好,物权、产权、债权保护制度完善,安全生产监督管理制度完善,行业技术标准完善,行规、行约等非正式制度有约束力。

制约战略性新兴产业发展的、急需改善的条件包括:

1.生产要素条件:能源成本低,公共服务配套(教育/医疗/住房)完善,招聘高素质的管理人员便捷,招聘高素质的技术人员便捷,招聘高素质的熟练工人便捷。

2.市场需求/贸易条件:国内市场的需求增长空间大,人民币币值稳定。

(二)传统产业发展条件 SWOT 分析

图 6.3 和表 6.4 是顺德传统产业发展条件的 SWOT 分析。如图 6.3 所示,传统产业发展的主要重点优势在于当地的支援及相关产业、社会组织、政府体制和制度环境,而急需改善的条件包括部分生产要素条件和市场需求/贸

易条件以及个别产业竞合关系、支援及相关产业、社会组织和政府体制。

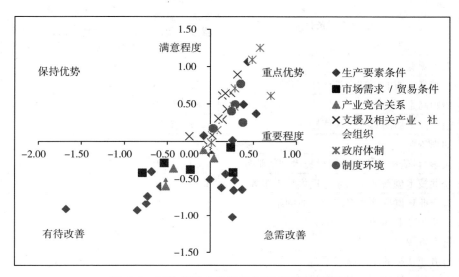

图 6.3　顺德传统产业发展条件 SWOT 分析图

表 6.4　顺德传统产业发展条件 SWOT 分析表格

企业发展条件	重要程度	满意程度	SWOT 分析结果			
			重点优势	保持优势	急需改善	有待改善
（一）生产要素条件						
自然资源						
能源充足	7.86	5.81			★	
能源成本低	7.87	5.16			★	
生产用地充足	7.73	5.20			★	
生产用地成本低	7.86	4.79			★	
达到环保标准成本低	7.60	5.31			★	
基础设施/基本公共服务						
治安良好	8.13	6.19	★			
生活服务设施（餐饮、娱乐、绿化等）完善	7.52	5.90		★		
公共服务配套（教育/医疗/住房）完善	7.59	5.83	★			
交通运输网络完善	7.99	6.31	★			
通信设施完善	8.03	6.88	★			

企业发展条件	重要程度	满意程度	SWOT 分析结果			
			重点优势	保持优势	急需改善	有待改善
人力资源						
招聘高素质的管理人员便捷	7.78	5.38			★	
招聘高素质的技术人员便捷	7.88	5.30			★	
招聘高素质的熟练工人便捷	7.97	5.18			★	
知识资源						
大学、科研机构为企业提供技术创新服务	6.75	4.89				★
公共技术创新平台为企业提供技术服务	6.86	4.99				★
有产业集群网站或者产业专业网站	6.87	5.08				★
有便于企业间沟通交流的场所和机会	7.02	5.22				★
资本资源						
有方便快捷的正式融资渠道	7.61	5.64			★	
有方便快捷的非正式融资渠道	5.92	4.91				★
有为企业提供贷款担保的机构	6.92	5.41				★
（二）市场需求／贸易条件						
国内市场的需求增长空间大	7.84	5.74			★	
国际市场的需求增长空间大	7.37	5.44				★
人民币币值稳定	7.86	5.40			★	
进出口关税壁垒低	7.06	5.53				★
非关税壁垒（如实施强制性技术、卫生、产品等标准）低	6.81	5.40				★
（三）产业竞合关系						
本地企业间良性竞争	7.64	5.59			★	
本地企业间实行专业化的分工合作	7.17	5.46				★
本地企业在原材料采购方面合作紧密	7.52	5.71				★
本地企业在技术研发方面合作紧密	7.08	5.27				★
本地企业在市场营销方面合作紧密	7.08	5.22				★
（四）支援及相关产业、社会组织						
原材料、配件、设备均可在本地采购	7.79	6.25	★			
本地物流配送服务业发达	7.91	6.71	★			
本地产品出口检验、报关、通关手续便捷	7.84	6.46	★			
本地产品质量监督检测机构完善	7.74	6.43	★			

续表

企业发展条件	重要程度	满意程度	SWOT 分析结果			
			重点优势	保持优势	急需改善	有待改善
本地教育培训、人才招聘服务机构完善	7.61	5.80			★	
本地金融服务机构完善	7.77	6.46	★			
本地管理咨询/信息服务机构完善	7.36	5.89		★		
本地相关机构能有效解决劳资纠纷	7.74	6.11	★			
行业协会促进企业之间和企业与政府的沟通	7.69	6.12	★			
行业协会维护企业权益	7.62	5.90	★			
行业协会建立行约、行规和行业标准	7.57	5.77				★
（五）政府体制						
本地工商/税务部门廉洁高效	8.17	7.07	★			
本地海关部门廉洁高效	8.08	6.91	★			
本地政府有中长期产业发展规划	7.88	6.53	★			
本地政府产业政策制定能针对企业需求	7.88	6.29	★			
企业有机会参与产业政策的制定	7.61	5.80			★	
产业政策的执行有监督、考核和申诉机制	7.68	5.97	★			
本地政府积极扶持中小企业	8.30	6.43	★			
（六）制度环境						
市场竞争环境良好	7.98	6.07	★			
物权、产权、债权保护制度完善	7.89	6.31	★			
安全生产监督管理制度完善	7.95	6.59	★			
行业技术标准完善	7.84	6.22	★			
行规、行约等非正式制度有约束力	7.63	5.99	★			

具体而言,顺德传统产业发展的重点优势在于:

1.生产要素条件:治安良好,公共服务配套(教育/医疗/住房)完善,交通运输网络完善,通信设施完善。

2.支援及相关产业、社会组织:原材料、配件、设备均可在本地采购,本地物流配送服务业发达,本地产品出口检验、报关、通关手续便捷,本地产品质量监督检测机构完善,本地金融服务机构完善,本地相关机构能有效解决劳资纠纷,行业协会促进企业之间和企业与政府的沟通,行业协会维护企业权益。

3.政府体制:本地工商/税务部门廉洁高效,本地海关部门廉洁高效,本地政府有中长期产业发展规划,本地政府产业政策制定能针对企业需求,产业政策的执行有监督、考核和申诉机制,本地政府积极扶持中小企业。

4.制度环境:市场竞争环境良好,物权、产权、债权保护制度完善,安全生产监督管理制度完善,行业技术标准完善,行规、行约等非正式制度有约束力。

制约传统产业发展的、急需改善的条件包括:

1.生产要素条件:能源充足,能源成本低,生产用地充足,生产用地成本低,达到环保标准成本低,招聘高素质的管理人员便捷,招聘高素质的技术人员便捷,招聘高素质的熟练工人便捷,有方便快捷的正式融资渠道。

2.市场需求/贸易条件:国内市场的需求增长空间大,人民币币值稳定。

3.产业竞合关系:本地企业间良性竞争。

4.支援及相关产业、社会组织:本地教育培训、人才招聘服务机构完善。

5.政府体制:企业有机会参与产业政策的制定。

(三)战略性新兴产业与传统产业发展条件 SWOT 分析比较

1.共性需求特点

调查显示,顺德完善的基础设施/基本公共服务、产业配套和社会服务组织、良好的制度环境和政府体制是当地战略性新兴产业和传统产业发展的重要优势,需继续保持发挥。

参与调查的企业认为能源成本偏高、各层次人才招聘难、国内市场需求不足和人民币币值波动是制约顺德产业发展的短板,急需政府采取措施改善相关的条件。

2.个性需求特点

公共服务配套(教育/医疗/住房)完善不足制约了顺德战略性新兴产业的发展,急需地方政府提供完善公共服务配套,更好地吸引人才和企业。

相对于战略性新兴产业来说,顺德传统产业对生产用地、土地成本、环保标准、正式融资渠道更为敏感,渴望得到改善。而对本地企业间良性竞争,本地教育培训、人才招聘服务机构完善,企业有机会参与产业政策的制定方面,顺德传统产业的诉求也高于战略性新兴产业。

二、企业对产业转型升级政策的评价

根据政策功能,将现有产业转型升级政策分为八大类,涉及人才政策、融资政策、技术政策、市场开拓政策等23项政策,全面反映地区产业转型升级的政策体系。

调查问卷为了解企业对现有政策的需求和对各项政策的了解程度,采取主观评分的方法,请企业负责人对顺德现有各项政策的了解程度、重要程度、满意程度进行评分,评分范围为1—9分,企业打分越高,表示其对该项政策的满意程度、了解程度、重要程度越高。

本研究按产业类型对问卷数据进行分类处理,首先对每项政策的了解程度、重要程度和满意程度的均值进行分析,然后进行SWOT分析。SWOT分析是根据政策重要程度均值(x轴)和满意程度均值(y轴)把每项政策的得分转化为坐标中的点,落在第一、二、三、四象限,依次代表该条件是重点优势、保持优势、有待改善和急需改善。SWOT分析得到的是政策的相对重要性和企业对政策的相对满意度,由此可以看出哪些政策是目前顺德产业发展重点优势以及哪些是急需改善的政策。

最后,本研究将对顺德战略性新兴产业和传统产业各项政策的了解程度、重要程度和满意程度的均值进行比较分析。

(一)顺德战略性新兴产业

战略性新兴产业企业对各项产业政策的了解程度有待提高,其中企业了解程度最低的政策包括:加强园区建设拓展用地空间,支持企业开展"三旧"改造,加强政府采购,大力发展总部经济,加强招商引资。

战略性新兴产业企业对各项政策重要性程度评价相当高,其中企业认为重要性最高的政策依次为鼓励企业技术改造,支持企业开拓国内市场,推进企业节能降耗,鼓励企业引进吸收技术,支持企业开拓国际市场。

战略性新兴产业企业对各项政策的满意程度有提高的空间,其中满意度最高的五项政策依次为支持企业开拓国际市场,鼓励企业技术改造,鼓励企业引进吸收技术,推进企业节能降耗,推进企业清洁生产,得分最低的五项是:协助企业解决劳工荒问题,加强园区建设拓展用地空间,引进培育高级人才,支持企业开展"三旧"改造,加强政府采购。

战略性新兴产业具体的 SWOT 分析结果如图 6.4 和表 6.5 所示。参与调查的顺德企业认为对其所在产业而言具有重点优势的政策为:

其中,具有重点优势的政策包括:

1.融资政策:培育企业上市,支持中小企业融资。

2.技术政策:鼓励企业引进吸收技术,鼓励企业技术改造、鼓励企业开展技术创新活动,推进企业信息化建设,实施质量监管和标准化战略,推动区域品牌建设,推动企业品牌建设,培育与保护知识产权。

3.节能环保政策:推进企业节能降耗,推进企业清洁生产。

4.市场开拓政策:支持企业开拓国际市场,支持企业开拓国内市场。

在这一产业的政策需求评估中,没有急需改善的政策项目。

有待改善的政策包括:

1.人才政策:引进培育高级人才,协助企业解决劳工荒问题。

2.土地政策:加强园区建设拓展用地空间、支持企业开展"三旧"改造。

3.引资扩资政策:大力发展总部经济,加强招商引资。

4.市场开拓政策:加强政府采购。

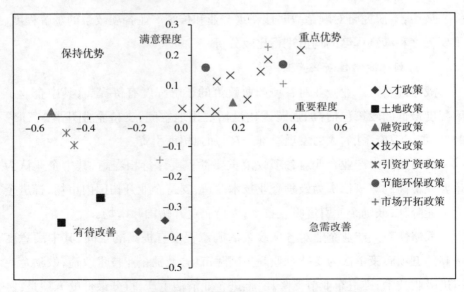

图 6.4　战略性新兴产业的产业政策 SWOT 分析图

表 6.5　战略性新兴产业的产业政策 SWOT 分析表格

政策条件	了解程度	重要程度	满意程度	SWOT 分析结果			
				重点优势	保持优势	急需改善	有待改善
（一）人才政策							
引进培育高级人才	5.84	7.47	5.69				★
协助企业解决劳工荒问题	5.94	7.36	5.65				★
（二）土地政策							
加强园区建设拓展用地空间	5.61	7.06	5.68				★
支持企业开展"三旧"改造	5.67	7.21	5.77				★
（三）融资政策							
培育企业上市	5.77	7.02	6.05		★		
支持中小企业融资	6.15	7.73	6.08	★			
（四）技术政策							
鼓励企业引进吸收技术	6.02	7.87	6.22	★			
鼓励企业技术改造	6.20	8.00	6.25	★			
鼓励企业开展技术创新活动	6.14	7.84	6.18	★			
支持组建研究平台、创新联盟	5.80	7.53	6.06		★		
推进企业信息化建设	5.88	7.60	6.06	★			
实施质量监管和标准化战略	5.93	7.66	6.05	★			
推动区域品牌建设	6.02	7.67	6.15	★			
推动企业品牌建设	5.97	7.72	6.17	★			
培育与保护知识产权	6.16	7.79	6.09	★			
（五）引资扩资政策							
大力发展总部经济	5.76	7.08	5.98				★
加强招商引资	5.76	7.11	5.94				★
（六）节能环保政策							
推进企业节能降耗	6.20	7.93	6.20	★			
推进企业清洁生产	6.01	7.63	6.19	★			
（七）市场开拓政策							
支持企业开拓国际市场	6.18	7.87	6.26	★			
支持企业开拓国内市场	6.04	7.93	6.14	★			
加强政府采购	5.75	7.45	5.89				★

政策条件	了解程度	重要程度	满意程度	SWOT 分析结果			
				重点优势	保持优势	急需改善	有待改善
均值	5.95	7.57	6.03				
标准差	0.18	0.18	0.19				

(二)顺德机械装备业

顺德机械装备企业对各项政策的了解程度有待进一步提高,其中企业最缺乏了解的政策包括:加强园区建设拓展用地空间,支持企业开展"三旧"改造,引进培育高级人才,培育企业上市,大力发展总部经济。

顺德机械装备企业对各类别政策重要程度评价比较高,其中被认为最重要的政策包括:支持企业开拓国内市场,支持企业开拓国际市场,培育与保护知识产权,推动企业品牌建设,鼓励企业开展技术创新活动。

从总体而言,当前的各项产业政策未能充分满足顺德机械装备业企业的需求。调查表明,企业对支持企业开拓国内市场,培育与保护知识产权,推进企业节能降耗,支持企业开拓国际市场,推动企业品牌建设等政策较为满意;但是对加强园区建设拓展用地空间,培育企业上市,协助企业解决劳工荒问题,支持企业开展"三旧"改造,引进培育高级人才不太满意。

顺德机械装备企业的 SWOT 分析结果如图 6.5 和表 6.6 所示。参与调查的企业认为该产业具有重点优势的政策为:

1.技术政策:鼓励企业引进吸收技术,鼓励企业技术改造,鼓励企业开展技术创新活动,实施质量监管和标准化战略,推动区域品牌建设,推动企业品牌建设,培育与保护知识产权。

2.节能环保政策:推进企业节能降耗。

3.市场开拓政策:支持企业开拓国际市场,支持企业开拓国内市场。

急需改善的政策是:

1.人才政策:引进培育高级人才。

2.融资政策:支持中小企业融资。

3.技术政策:推进企业信息化建设。

有待改善的政策有:

1.人才政策:协助企业解决劳工荒问题。

2.土地政策:加强园区建设拓展用地空间,支持企业开展"三旧"改造。

3.融资政策:培育企业上市。

4.技术政策:支持组建研究平台、创新联盟。

5.引资扩资政策:大力发展总部经济,加强招商引资。

6.市场开拓政策:加强政府采购。

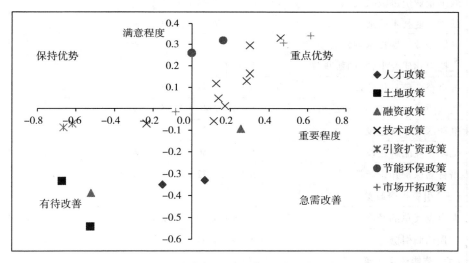

图 6.5 顺德机械装备企业的产业政策 SWOT 分析图

表 6.6 顺德机械装备企业的产业政策 SWOT 分析表格

政策类别	了解程度	重要程度	满意程度	SWOT 分析结果			
				重点优势	保持优势	急需改善	有待改善
(一)人才政策							
引进培育高级人才	5.21	7.33	5.38			★	
协助企业解决劳工荒问题	5.50	7.11	5.36				★
(二)土地政策							
加强园区建设拓展用地空间	5.18	6.73	5.16				★

续表

政策类别	了解程度	重要程度	满意程度	SWOT 分析结果			
				重点优势	保持优势	急需改善	有待改善
支持企业开展"三旧"改造	5.18	6.59	5.37				★
(三)融资政策							
培育企业上市	5.36	6.73	5.32				★
支持中小企业融资	5.76	7.51	5.61			★	
(四)技术政策							
鼓励企业引进吸收技术	5.56	7.43	5.72	★			
鼓励企业技术改造	5.82	7.54	5.84	★			
鼓励企业开展技术创新活动	5.85	7.56	5.87	★			
支持组建研究平台、创新联盟	5.51	7.02	5.64				★
推进企业信息化建设	5.59	7.37	5.65			★	
实施质量监管和标准化战略	5.66	7.40	5.75	★			
推动区域品牌建设	5.66	7.38	5.82	★			
推动企业品牌建设	5.89	7.56	6.00	★			
培育与保护知识产权	5.98	7.72	6.04	★			
(五)引资扩资政策							
大力发展总部经济	5.38	6.59	5.62				★
加强招商引资	5.44	6.64	5.64				★
(六)节能环保政策							
推进企业节能降耗	6.05	7.42	6.02	★			
推进企业清洁生产	5.92	7.26	5.96		★		
(七)市场开拓政策							
支持企业开拓国际市场	6.04	7.73	6.01	★			
支持企业开拓国内市场	6.08	7.87	6.05	★			
加强政府采购	5.66	7.17	5.69				★
均值	5.65	7.26	5.71				
标准差	0.29	0.39	0.26				

（三）顺德家具制造业

调查数据表明,顺德家具制造业企业对各类型产业政策缺乏深入的了解,其中了解程度最低的政策包括:培育企业上市,加强招商引资,引进培育高级人才,鼓励企业引进吸收技术,加强园区建设拓展用地空间。

该产业企业对政策重要程度评价较高,其中被认为最重要的政策包括:支持企业开拓国内市场,支持企业开拓国际市场,培育与保护知识产权,推动企业品牌建设,协助企业解决劳工荒问题。

顺德家具制造业企业对各项政策的满意度有待提高,其中满意度最高的政策为支持企业开拓国内市场,推动区域品牌建设,支持企业开拓国际市场,推动企业品牌建设,推进企业节能降耗,得分最低的五项是培育企业上市,支持组建研究平台、创新联盟,支持企业开展"三旧"改造,加强园区建设拓展用地空间,鼓励企业引进吸收技术。

该产业的政策 SWOT 分析结果如图 6.6 和表 6.7 所示。参与调查的企业认为具有重点优势的政策为:

1.融资政策:支持中小企业融资。

2.技术政策:推进企业信息化建设,推动区域品牌建设,推动企业品牌建设,培育与保护知识产权。

3.节能环保政策:推进企业节能降耗。

4.市场开拓政策:支持企业开拓国际市场,支持企业开拓国内市场。

急需改善的政策包括:

1.人才政策:引进培育高级人才,协助企业解决劳工荒问题。

2.土地政策:支持企业开展"三旧"改造。

有待改善的政策项目有:

1.土地政策:加强园区建设拓展用地空间。

2.融资政策:培育企业上市。

3.技术政策:鼓励企业引进吸收技术,鼓励企业技术改造,支持组建研究平台、创新联盟。

4.引资扩资政策:大力发展总部经济,加强招商引资。

5.市场开拓政策:加强政府采购。

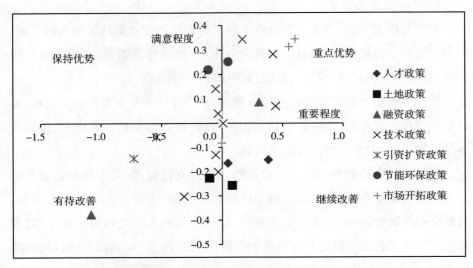

图 6.6　顺德家具制造业的产业政策 SWOT 分析图

表 6.7　顺德家具制造业的产业政策 SWOT 分析表格

政策类别	了解程度	重要程度	满意程度	SWOT 分析结果			
				重点优势	保持优势	急需改善	有待改善
（一）人才政策							
引进培育高级人才	5.47	7.09	5.55			★	
协助企业解决劳工荒问题	5.81	7.42	5.57			★	
（二）土地政策							
加强园区建设拓展用地空间	5.49	6.94	5.49				★
支持企业开展"三旧"改造	5.56	7.13	5.46			★	
（三）融资政策							
培育企业上市	4.95	5.96	5.34				★
支持中小企业融资	6.12	7.35	5.80	★			
（四）技术政策							
鼓励企业引进吸收技术	5.47	7.01	5.52				★
鼓励企业技术改造	5.62	6.99	5.59				★
鼓励企业开展技术创新活动	5.83	7.01	5.76		★		
支持组建研究平台、创新联盟	5.54	6.73	5.41				★

364

续表

政策类别	了解程度	重要程度	满意程度	SWOT 分析结果			
				重点优势	保持优势	急需改善	有待改善
推进企业信息化建设	5.81	7.05	5.72	★			
实施质量监管和标准化战略	5.95	6.99	5.86		★		
推动区域品牌建设	6.13	7.21	6.06	★			
推动企业品牌建设	6.14	7.46	6.00	★			
培育与保护知识产权	6.03	7.48	5.79	★			
（五）引资扩资政策							
大力发展总部经济	5.53	6.50	5.66				★
加强招商引资	5.32	6.31	5.57				★
（六）节能环保政策							
推进企业节能降耗	6.06	7.09	5.97	★			
推进企业清洁生产	6.00	6.93	5.94		★		
（七）市场开拓政策							
支持企业开拓国际市场	6.12	7.60	6.03	★			
支持企业开拓国内市场	6.07	7.65	6.06	★			
加强政府采购	5.61	7.04	5.64				★
均值	5.76	7.04	5.72				
标准差	0.32	0.41	0.22				

（四）顺德家用电器业

顺德家用电器业企业对各类型产业政策的了解程度在所有调查的产业中得分最低,其中该类型企业最缺乏了解的政策包括:培育企业上市,加强政府采购,加强园区建设拓展用地空间,加强招商引资,引进培育高级人才,支持组建研究平台、创新联盟。

顺德家用电器业企业对政策重要程度评价较高,其中被认为最重要的政策包括:支持中小企业融资,支持企业开拓国内市场,支持企业开拓国际市场,协助企业解决劳工荒问题,培育与保护知识产权。

顺德家用电器业企业对各项政策的满意度低于其他参与调查的产业,其中该类型企业满意度最高的政策为支持企业开拓国际市场,支持企业开拓国内市场,实施质量监管和标准化战略,推动区域品牌建设,鼓励企业开展技术创新活动;满意度最低的五项是协助企业解决劳工荒问题,支持企业开展"三旧"改造,加强园区建设拓展用地空间,加强政府采购,培育企业上市。

该产业的政策 SWOT 分析结果如图 6.7 和表 6.8 所示。参与调查的家用电器业企业认为具有重点优势的政策为:

1.融资政策:支持中小企业融资。

2.技术政策:鼓励企业引进吸收技术,鼓励企业技术改造,鼓励企业开展技术创新活动,推进企业信息化建设,实施质量监管和标准化战略,推动企业品牌建设,培育与保护知识产权。

3.节能环保政策:推进企业节能降耗。

4.市场开拓政策:支持企业开拓国际市场,支持企业开拓国内市场。

急需改善的是:

人才政策:协助企业解决劳工荒问题。

有待改善的是:

1.人才政策:引进培育高级人才。

2.土地政策:加强园区建设拓展用地空间,支持企业开展"三旧"改造。

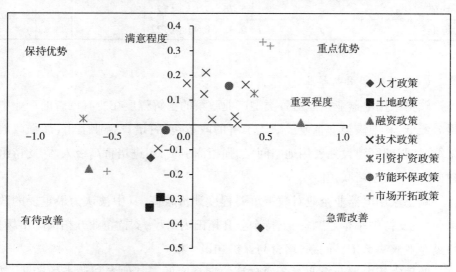

图 6.7 顺德家用电器业企业的产业政策 SWOT 分析图

3.融资政策:培育企业上市。

4.技术政策:支持组建研究平台、创新联盟。

5.引资扩资政策:加强招商引资。

6.节能环保政策:推进企业清洁生产。

7.市场开拓政策:加强政府采购。

表6.8　顺德家用电器业企业的产业政策 SWOT 分析表格

政策类别	了解程度	重要程度	满意程度	SWOT 分析结果			
				重点优势	保持优势	急需改善	有待改善
(一)人才政策							
引进培育高级人才	4.94	6.84	5.25				★
协助企业解决劳工荒问题	5.24	7.56	4.97			★	
(二)土地政策							
加强园区建设拓展用地空间	4.92	6.91	5.09				★
支持企业开展"三旧"改造	4.95	6.84	5.05				★
(三)融资政策							
培育企业上市	4.71	6.44	5.21				★
支持中小企业融资	5.53	7.82	5.39	★			
(四)技术政策							
鼓励企业引进吸收技术	5.02	7.39	5.42	★			
鼓励企业技术改造	5.17	7.40	5.39	★			
鼓励企业开展技术创新活动	5.18	7.46	5.55	★			
支持组建研究平台、创新联盟	4.94	6.89	5.29				★
推进企业信息化建设	5.21	7.24	5.41	★			
实施质量监管和标准化战略	5.28	7.20	5.59	★			
推动区域品牌建设	5.08	7.08	5.55		★		
推动企业品牌建设	5.10	7.19	5.51	★			
培育与保护知识产权	5.30	7.51	5.51	★			
(五)引资扩资政策							
大力发展总部经济	4.97	6.40	5.41		★		
加强招商引资	4.93	6.36	5.34				★
(六)节能环保政策							

续表

政策类别	了解 程度	重要 程度	满意 程度	SWOT 分析结果			
				重点 优势	保持 优势	急需 改善	有待 改善
推进企业节能降耗	5.31	7.35	5.54	★			
推进企业清洁生产	5.03	6.94	5.36				★
（七）市场开拓政策							
支持企业开拓国际市场	5.44	7.57	5.72	★			
支持企业开拓国内市场	5.43	7.62	5.70	★			
加强政府采购	4.86	6.56	5.20				★
均值	5.11	7.12	5.38				
标准差	0.21	0.42	0.20				

（五）战略性新兴产业与传统产业企业对现有政策评价比较

表 6.9 按照顺德战略性新兴产业和传统产业（包括装备制造业、家具制造业、家电制造业）两种产业类型划分，将顺德区企业对 22 项政策的重要性、了解程度和满意度的评分做了比较。

总体而言，顺德战略性新兴产业企业对所有政策的重要性评价、了解程度和满意度的评分均值都高于传统产业企业。对每一项政策各项评分的深入比较发现：

1.从政策重要性来看，顺德战略性新兴产业企业在对鼓励企业引进吸收技术、鼓励企业技术改造、支持组建研究平台、创新联盟、推动区域品牌建设、加强招商引资、推进企业节能降耗、推进企业清洁生产、加强政府采购八项政策的重要性评价上显著高于传统产业企业，而对其余政策的重要性评价两者区别不明显。

2.从政策了解程度来看，顺德战略性新兴产业企业对引进培育高级人才、培育企业上市、鼓励企业引进吸收技术、鼓励企业技术改造四项政策的了解程度上显著高于传统产业企业，而对其余政策的了解程度两者差异较小。

3.从政策满意程度来看，顺德战略性新兴产业企业对培育企业上市、鼓励企业引进吸收技术、鼓励企业技术改造、支持组建研究平台、创新联盟、加强政府采购五项政策的满意度显著高于传统产业企业,而其余政策的满意度两者均没有明显的差异。

表6.9 战略性新兴产业与传统产业企业对产业政策评价比较

政策类别	产业	政策重要性			政策了解程度			政策满意程度		
		均值	标准差	N	均值	标准差	N	均值	标准差	N
1.引进培育高级人才	传统产业	不显著			5.36	2.15	494	不显著		
	新兴产业				5.84	1.89	100			
2.协助企业解决劳工荒问题	传统产业	不显著			不显著			不显著		
	新兴产业									
3.加强园区建设拓展用地空间	传统产业	不显著			不显著			不显著		
	新兴产业									
4.支持企业开展"三旧"改造	传统产业	不显著			不显著			不显著		
	新兴产业									
5.培育企业上市	传统产业	不显著			5.14	2.24	489	5.39	2.11	487
	新兴产业				5.77	2.25	101	6.05	2.01	100
6.支持中小企业融资	传统产业	不显著			不显著			不显著		
	新兴产业									
7.鼓励企业引进吸收技术	传统产业	7.41	1.79	497	5.49	2.03	491	5.70	1.98	494
	新兴产业	7.87	1.40	101	6.02	1.96	101	6.22	1.96	100
8.鼓励企业技术改造	传统产业	7.48	1.79	496	5.68	2.03	493	5.76	2.07	495
	新兴产业	8.00	1.32	101	6.20	2.05	101	6.25	2.03	100
9.鼓励企业开展技术创新活动	传统产业	不显著			不显著			不显著		
	新兴产业									
10.支持组建研究平台、创新联盟	传统产业	6.99	2.00	495	不显著			5.58	1.98	494
	新兴产业	7.53	1.62	101				6.06	2.01	100
11.推进企业信息化建设	传统产业	不显著			不显著			不显著		
	新兴产业									

续表

政策类别	产业	政策重要性			政策了解程度			政策满意程度		
		均值	标准差	N	均值	标准差	N	均值	标准差	N
12.实施质量监管和标准化战略	传统产业	不显著			不显著			不显著		
	新兴产业									
13.推动区域品牌建设	传统产业	7.25	1.95	497	不显著			不显著		
	新兴产业	7.67	1.49	100						
14.推动企业品牌建设	传统产业	不显著			不显著			不显著		
	新兴产业									
15.培育与保护知识产权	传统产业	不显著			不显著			不显著		
	新兴产业									
16.大力发展总部经济	传统产业	不显著			不显著			不显著		
	新兴产业									
17.加强招商引资	传统产业	6.51	2.21	493	不显著			不显著		
	新兴产业	7.11	1.87	100						
18.推进企业节能降耗	传统产业	7.44	1.80	493	不显著			不显著		
	新兴产业	7.93	1.35	99						
19.推进企业清洁生产	传统产业	7.17	1.86	490	不显著			不显著		
	新兴产业	7.63	1.50	99						
20.支持企业开拓国际市场	传统产业	不显著			不显著			不显著		
	新兴产业									
21.支持企业开拓国内市场	传统产业	不显著			不显著			不显著		
	新兴产业									
22.加强政府采购	传统产业	6.80	2.25	493	不显著			5.42	2.15	487
	新兴产业	7.45	1.57	101				5.89	1.86	100

根据对企业的政策需求和政策评价的调整和分析,我们得出五个方面的结论:

1.改善生产要素条件是顺德发展的共性需求。其中,能源成本偏高和人力资源短缺是不同类型产业企业共同面临的问题。对现有产业的 SWOT 分析表明,目前的人才政策未能有效满足企业的需求,亟须地方政府加大对人才引进和留存的支持力度,提高政策的有效性。

顺德人才政策评估

人才是产业发展的重要要素资源。按照人才的技能水平区分,可以将其划分为"高端人才""中端人才"和"熟练工人"。高端人才主要是指高层次、高技能的创新创业领军型人才;中端人才主要是指拥有一定专业技术的基层技术骨干和中高级管理人才;熟练工人是指熟练掌握相对简单技能的一线生产工人。

诚然,推进产业结构调整,提高自主创新能力,需要加强高层次人才队伍建设,但是,对于产业的生存和发展,无论是战略性新兴产业还是优势传统产业,都需要充足、稳定的中端人才和熟练工人。参与问卷调查的企业认为亟须政府制定和实施有效政策解决的劳工荒,指的就是这两类劳工,而并非高端人才。企业反映这些劳工流失率高、流动性大、招工难,严重影响企业日常的生产运作。现有人才政策主要侧重于引进培育高级技术人才,缺乏针对性强、有效的政策体系协助企业解决用工荒的问题。

政府解决劳工荒的政策手段比较单一,主要是以举办招聘会为主,未能有效缓解企业用工难的问题。政府对劳务市场缺乏监管,在缺乏大规模人才市场的区域,市场被劳务中介和派遣机构垄断,企业被迫雇用临时工。临时工虽然会带来一时的用工方便,但是临时工用工成本高并且往往不愿意进入工厂做固定的工作,致使企业生产成本急剧上升的同时也扰乱劳工市场,企业难以招聘到长期工人,反而加剧了用工荒。

新劳动法实施后,劳资纠纷增多。企业反映存在某些无牌律师与员工合谋,利用新劳动法敲诈企业,使企业用人成本激增。某些企业即使有大订单,也因为担心被敲诈,宁愿放弃订单也不敢大规模招工。此外,由于用工需求大,产业中端人才恶性竞争情况严重。

引进人才战略固然重要,留住人才战略也不能忽视。所谓"安居"才能"乐业",无论是高级人才、中端人才还是熟练工人,解决用工紧缺的根本在于解决人才的生存环境问题。与长三角洲地区相比,顺德在社会治安、医疗、住房、交通、子女教育、养老、生活环境等人才综合环境方面都相对落后,普通打工者缺乏归属感和认同感,导致员工外流、劳工短缺情况严重。地方政府解决该问题的力度尚有待提高。

2.与相对成熟的传统产业企业相比,参与调查的战略性新兴产业企业认为产业的发展更需要政府的支持,其对现有产业政策的满意度高于传统产业企业。

3.比较不同类型产业企业对产业发展条件和现有政策评价的 SWOT 分析结果发现,战略性新兴产业与传统产业以及传统产业内部不同类型的产业的政策需求都具有一定的差异性。各类政策须以产业的政策需求为导向,分类制定与实施。

4.解决企业与政府脱节的问题,除了需要政策与企业需求相匹配以外,还需要政策资讯及时与企业对接。调查表明,各类型产业企业对各项政策了解程度普遍偏低,不同类型企业缺乏了解的政策类型具有差异性。

政府须针对战略性新兴产业和传统产业的政策需求以及各类企业对不同政策了解程度的差异性,加大政策宣传力度,使企业及时、充分了解各项政策。

5.技术创新政策须兼顾传统产业的诉求。技术创新是产业转型升级的重要手段。处于"微笑曲线"底部的传统产业的转型升级同样需要政府在技术引进、吸收、改造和创新等方面的大力支持。此次调查结果表明,目前的政策未能有效满足传统产业在技术创新方面的需求。去年受省科技厅委托的省部产学研创新联盟的调研也发现,与战略性新兴产业相比,现有创新政策对传统产业组建研究平台、创新联盟的支持不足。因此,政府须增强对传统产业技术创新的支持力度。

第三节　对产业政策的建议

一、对整个产业政策体系的建议

（一）在政府资源有限的情况下，产业选择宜"少而精"，以增长后劲基准、短缺替代弹性基准、瓶颈效应基准和市场失效基准为原则，并且对产业的支持应"有所为，有所不为"，集中政府具有比较优势的领域。

（二）减少采用行政手段和经济手段扶持特定产业的"倾斜型"纵向产业政策，增加采取法律手段的从横向上为各类型企业和产业创造一种公平竞争的制度环境的"竞争型"产业政策，充分发挥市场机制的作用。

（三）重视产业组织政策，尤其是鼓励中小企业进行专业化生产、与大企业分工协作的政策。

（四）加强产业空间配置政策，从产业配套和协作的角度考虑区内产业布局和重大项目引进，以提高区域总体的经济效率。

（五）加大采用有条件的财政扶持手段的力度，减轻政府的财政负担，同时重视利用以下两种新型政策工具：

1.信息引导。建立产业预警机制（即监测国内外市场的销售、价格、技术等信息，为企业提供第一手的市场信息）和政策预警机制（即密切追踪有关国家和地区的政策，以便企业及时根据政策变动对市场的影响调整战略）以及产业配套信息库（即人才、技术、融资、质量标准、品牌建设、产业服务机构等信息），为企业战略决策提供信息支持。

2.调动社会组织的力量。制定具体政策举措，引入营利性服务机构并扶持、发展行业协会，形成多方行动主体，构建完善的产业转型升级的制度化网络。

（六）提高产业政策的协调性，具体建议是：

1.新政策出台须考虑与原有政策相呼应，避免重叠。

2.同一行政级别以及不同行政级别之间的政策互相支持、优势互补。

3.将分散于不同部门的资源整合，并建立政策信息系统共享和交流相关领域的政策信息,避免重复投入。

(七)政策制定以企业需求为导向,根据不同规模与不同产业企业需求和特点的差异性,量身订造具体的扶持措施。建议参考杭州"一厂一策"长效服务机制,建立领导干部联系企业制度,切实掌握企业的政策需求。

1.与中小企业相比,大企业对财政扶持政策需求较低,但对可持续发展、参与国际竞争、企业社会责任等高层次的政策支持需求较高。因此对大企业的扶持应侧重采取高层次的政策。

2.本次调查数据表明,不同战略性信息产业的政策需求有一定的差异性,须根据其调查结果进一步强化各产业的优势政策和调整急需改善的政策项目。

二、对产业政策过程的建议

(一)优化产业政策决策流程,具体建议是:

1.提高企业参与产业制定的机会,循序渐进地提高市场主体和民间机构在产业政策决策过程中的参与程度,使得产业政策的决策更具有民意基础。

2.通过问卷形式调查评估政策可行性和有效性。

3.运用成本效益分析、成本效率分析、最优化分析等科学的评估方法对政策的技术可行性、财政可行性、行政可操作性、有效性等进行系统的评估。

(二)加大各项政策的宣传力度,使企业及时、全面了解各项政策。

1.建立政策咨询平台。

2.按照产业、企业规模分类整理产业政策宣传册,并在每一项政策后附上相关政府部门联系人与电话,以便企业咨询。

3.拓宽政策宣传渠道,通过短信、电邮等方式将新出台的政策信息及时传达到企业,并与行业协会合作开展专题政策宣传说明会,为企业解读政策措施和具体操作流程。

(三)加强政策监督研究和政策绩效评估研究。

(四)建立科学的绩效评估体系,对招商引资绩效和财政资助绩效进行考核、监督与管理。

三、对产业需求分析的建议

（一）改善生产要素条件是产业的共性政策需求，其中人才政策是企业认为最急需改善的政策，建议利用政府、企业和社会三方合力建立合理的人才梯队，具体的政策建议包括：

1.政府全方位解决人才环境，在改善高端人才环境的同时，也要考虑解决普通工人的后顾之忧，采取灵活的、人性化的方式管理流动人口，提高其幸福指数，吸引和挽留经验丰富的基层技术管理人员和熟练工人。

2.政府加强对临时工和社会中介服务组织的管理，防止用工派遣机构控制垄断劳工市场。

3.加强与省人力资源单位，内地相关高校、职校的合作，建立长期用工合作关系，切实为企业解决劳工资源短缺问题。

4.建立员工档案和双向评价制度，引导企业在人才方面的良性竞争，遏制恶性挖人，同时协助企业解决劳资纠纷。

5.加大人才政策的宣传力度和执行力度，使企业及时掌握相关人才信息。

（二）加大对传统产业组建创新平台、创新联盟的支持力度。

第七章　总结与讨论

第一节　总　结

一、产业转型升级的相关理论

本项研究将产业转型升级初步界定为产业由低技术水平、低附加价值、高能耗高污染状态向高技术、高附加价值、低能耗低污染状态演变的过程。终极目标是提高经济和社会效益。产业转型升级可以分为三个相互联系的分析层面：宏观区域层面、中观产业/集群层面、微观企业层面。不同的分析层面指涉的范畴、目标、升级形式和内容以及政策导向会有所差别。

在宏观层面，对于一个区域而言，产业转型升级主要是指通过优化产业结构层次提高区域经济竞争力和社会效益。包括：(1)区域传统三产结构的合理化：一产比重降低，二、三产业比重提高；(2)生产要素结构优化：区域产业所使用的生产要素结构沿着"劳动密集型→ 资本密集型 → 技术(知识)密集型"的趋势发展；(3)区域制造业内部结构的高度化：轻重工业比例合理化，从低加工度、低技术含量、低附加值制造业向高加工度、高技术含量、高附加值制造业占主导地位的方向演进，工业发展对原材料的依赖逐步相对下降；(4)区域服务业内部结构的高度化：由传统服务业向为社会提供高附加值、高层次、知识性生产服务和生活服务的现代服务业发展的趋势。区域层面的产业转型升级除了关注由产业结构层次优化所带来的直接经济效益以外，还关注产业发展对资源利用、环境保护、生活水平等间接社会环境效益的影响。

中观层次的分析主要涉及区域重点产业的转型升级，主要关注区域的重点产业(集群)的转型升级，通过价值链位置的提升提高产业的综合竞争力，

376

通过集群政策解决产业（集群）转型升级的系统失灵问题。强调集群产业升级主要通过相关行动者集群行动效率的提高、集群创新体系的完善、产业组织的优化、相关制度的适应性调整、社会资本因素的积累和提升。

对于珠三角区域而言，面临转型升级挑战最大的是地方传统制造业，包括服装、纺织、五金、灯具、电子等。珠三角地方传统制造业集群化程度高，因而，地方传统产业转型升级主要是地方产业集群升级。无论是地方传统产业还是地方产业集群的升级，目标都是通过价值链位置的提升提高产业的综合竞争力，包括工艺流程升级、产品升级和功能升级。根据全球价值链理论，工艺流程升级是指实施生产制造系统的改造升级、更新换代，产业逐步具备先进制造能力并掌握生产环节中的关键核心技术，实现从低级、辅助环节向较高附加值生产环节的转化，从而大幅度提高生产效率、降低生产成本；产品升级是指通过开发新产品或者提高产品质量达到提高产品档次和等级的目的，产业逐步具备产品自主设计和研发能力；功能升级是指从产业价值链中间低端制造环节向两端附加值较高的研发设计、营销、服务等环节延伸。由某一特定产业的企业大量集聚于某个区域所形成的产业升级与非集群化的产业升级相比，前者更强调产业集群各相关行动者的合作与协调提高集体行动效率，更加关注如何通过集群创新体系的完善、产业组织的提升（如网络化程度增强、行业协会作用增强）、相关制度的适应性调整以及与集群的成长密切相关的社会资本因素的积累和提升等方式，利用专业化以及分工紧密的优势沿着价值阶梯逐步提升。

微观层次的分析主要涉及企业。微观企业的转型升级是指企业迈向更具获利能力的领域，维持和提高企业竞争力的过程，其中涉及企业在行业间转换和在行业内转型升级两个方面。企业转行包括主业不变进入新行业；进入新的行业，但仍保留原行业；退出原行业、完全进入新行业等。企业在行业内转型升级，与全球价值链视角下产业层面的转型升级相对应，即企业在价值链上沿着原始设备装备（OEA）至原始设备制造（OEM）至自主设计制造（ODM）至自主品牌制造（OBM）的路径提升。企业竞争力的提升主要强调各种形式的创新，包括组织、管理、营销、产品、工艺等方面的创新，实现产品技术含量的提升、自主品牌的建立和声誉的提升、市场营销能力增强、产品市场结构的优化。

产业转型升级的概念是建构性的,其外延和内涵会随着时间和空间的改变而改变:不同经济发展阶段、不同产业发展阶段、不同企业发展阶段,产业转型升级的近期目标和长远目标具有差异性;对于不同区域、不同产业类型、不同企业类型,产业转型升级的意义也是有区别的。此外,相关行动主体包括各级党委、政府以及职能部门、各类型社会组织(如行业协会/商会、教育培训机构、金融服务机构、咨询管理机构、社会服务组织、大众媒体等)和各类型企业。对其所在地域或者产业的产业转型升级的认知、态度和战略目标也会有差别。

经济增长理论学派、国际贸易与外国直接投资学派、柔性专业化学派、加利福尼亚学派、"黏性地方"学派、新经济地理学派和战略管理学派从物质和人力资本的投入、生产要素的使用模式的优化、发挥比较优势的国际贸易、与空间区位有关的产业聚集、区域竞争优势如何形成等角度解释经济增长和发展,为后来产业升级的理论奠定基础。本项研究将产业转型升级理论归纳为三个范式:全球价值链和生产网络范式、创新动力和技术学习范式、产生集群和创新体系范式,概述每种范式赋予产业升级的含义和强调的重点,所主张的升级的过程、路径、机制环境及所倡议的产业升级的政策。三种范式的划分是人为的,是"理想型"的。

我们做了一个比喻,将经济体,尤其是微观的企业比喻为一辆汽车,这辆汽车欲驶往某一理想的目的地(获得更强的竞争力)。全球价值链和生产网络范式好比导航仪,可以指导企业辨认目前所处的位置,明确阶段性或最终的目标是什么,在什么条件下应选择什么路线,全球价值链和生产网络本身就是可供前进选择的路线图。

创新能力和技术学习好比动力系统,它解决的是转型升级的动力来源的问题,可以指导企业这辆汽车在目标路线既定的情况下,配置什么变速箱、发动机,如何换挡和踏油门才最有功效。

产业集群和创新体系好比服务区,它为进入其中的企业这辆汽车提供检测维修、加油等相关的配套服务,指导产业集群的相关行动者或推动者——企业、地方政府、行业协会/商会等如何建设基础设施、完善相关配套和政策法规,建构区域创新体系,使产业集群成"五星级"的服务区。

亚洲"四小龙"产业转型升级的经验主要是注重经济发展战略和增长方式,成功将低成本优势战略转换为新优势战略,实现产业结构高度化。在此过程中政府发挥主导作用,依托产业集群建立区域创新体系,致力于创新能力和机制建设,建立以大学和科研机构为核心的产学研创新联系。企业通过技术学习或模仿逐步实现技术创新,最终实现以创新为主要动力的产业转型升级。

二、微观企业的产业转型升级

微观层面的调查发现,2008 年金融危机以后,珠三角企业各种生产成本明显提高,尤其是用工成本,形成了企业转型升级的倒逼压力。面对危机,许多企业选择了节省成本、求生存的保守策略,也有不少企业注重自主研发和自主品牌建设。经济效益方面,虽然与 2008 年以前相比增长幅度和获利水平有所放缓和下降,但是仍然表现不俗,更可喜的是反映社会效益的各类指标明显提升,通过转型升级实现了经济和社会效益双丰收。

我们结合"环境—战略—效益"的分析路线,分析珠三角企业转型升级的环境条件及其战略选择如何影响企业绩效。从外部环境来看,企业的目标与战略选择受到周围环境中的各种资源要素的影响。这些环境条件包括市场需求条件、同业企业的合作状况、基本生产要素条件、高级生产要素条件和公共与制度环境五个方面。在对外部环境的满意程度方面,企业对市场需求条件普遍比较满意。在高级生产要素方面,熟练工人是目前企业认为最重要但又最缺乏的劳动力,企业迫切希望政府能帮助解决招聘不到熟练工人和技术工人的问题。与珠三角高级生产要素条件形成强烈反差的是企业对珠三角地区的各项公共服务与制度环境评价普遍较好,它们是五类环境条件中最令企业满意的条件。

全球价值链理论认为企业转型升级包括四种方式:生产流程升级、产品升级、功能升级和链条升级。另外,已有的实证研究和相关理论显示,企业技术创新和国际化战略也是提高企业可持续发展竞争力的重要措施。本项研究通过相关分析初步评估企业转型升级的战略选择对企业效益的影响。结果显示,生产流程升级、产品升级、功能升级、技术创新均对企业效益有显著的正向影响。根据相关系数的大小,对经济绩效提升作用最大的措施依次是技术创新、产品升级和功能升级;对社会效益提升作用最大的依次是产品升级和技术创新(二者并列)、功能升级。值得注意的是,并非所有措施均有利于企业的产业转型升级,链条升级以及其他一些措施(如企业法律地位和财务结构的变动、企业治理结构的变动、企业生产地点的转移和规模的扩大以及企业的并购重组和战略结盟等)是相对低效的转型升级手段。

在相关分析的基础上,我们进一步构建各种因素影响企业绩效的路径分析模型,将企业转型升级绩效的影响因素划分为内部的转型升级措施和外部的知识获取两类。企业内部的升级措施主要是企业实施四个主要的转型升级的措施,即生产工艺流程升级(以下简称"流程升级")、产品升级、功能升级和链条升级;外部的知识获取主要是作为企业技术学习的知识来源和流通渠道的外部社会网络,包括企业的生产关系网络、研发合作网络及企业与外国客户的关系。研究发现,技术创新是企业内部的转型升级措施和外部的知识获取两类变量影响企业绩效的中介变量。企业进行产品升级、功能升级,增强企业研发合作网络的联系频率和与外国客户的合作关系,都会通过提高技术创新水平作为中介而对企业财务绩效和社会绩效产生正向影响。可见,技术创新是企业转型升级的核心驱动力,企业战略和外部网络相辅相成,共同对企业效益产生重要影响,同时财务绩效与社会绩效之间也互相影响互相促进。

企业是产业转型升级的主体,企业要真正实现转型升级,必须满足两个条件:一个是转型升级的动力问题,另一个是转型升级的能力问题。提升企业技术创新能力,能使企业获得转型升级的核心驱动力,在此基础上,企业既要采取升级措施不断完善自身产品创新改造和功能拓展的能力,同时也要注重通过社会网络尤其是生产关系网络、研发合作网络及企业与外国客户的关系,从外界吸收新知识和信息。从"环境—战略—效益"三者关系看,企业转型升级能力的建设除了靠企业自身外,也离不开政府的力量,特别是通过在人才、资本、产业合作和配套服务等政策层面的鼓励、引导与扶持,能使大多数企业在关键领域(如技术研发、国际化和新产业等)进行长期投资、开发与创新,主动改进和提升自身的能力,以便在下一轮世界产业竞争中具有更高层次的优势。

三、中观产业转型升级

在产业转型升级中观层面的研究方面,我们认为产业转型升级意味着产业内和产业间的结构变动。我们对珠三角的产业和区域进行分类,将产业粗分为传统产业和新兴产业进行比较,区域选择珠江东岸以外源经济为主的 E 市和珠江西岸以内源经济为主的 W 区进行比较,试图反映产业转型升级的产业和区域差异。我们还分析了珠三角产业集群中公共服务的现状及其对产业集群升级的作用。

本项研究调查的企业所隶属的传统产业主要包括机械装备、家具制造、家用电器、通信设备和服装等,它们是在珠三角具有较长发展历史并已经形成一定规模的优势产业,往往形成产业集群,企业数量众多,以中小型民营企业为主,大多仍是劳动密集型或资本密集型。战略性新兴产业是被政府纳入规划未来大力扶持的高新技术产业,包括高端电子信息、LED、新能源汽车以及生物制药、节能环保、太阳能光伏产业等,它们发展的时间较短,以资本密集型和技术密集型为主,主要集中于科技园区重点项目和骨干企业、行业领先企业。

根据实证研究收集到的企业调查问卷数据,传统产业和战略性新兴产业转型升级情况的比较结果为:(1)传统产业和战略性新兴产业的总产值变化情况相近,战略性新兴产业的利润收益稍好于传统产业。(2)战略性新兴产业到达价值链上 OBM 阶段的企业远高于传统产业,传统产业仍有三分之一的企业停留在 OAM 或 OEM 阶段。(3)战略性新兴产业技术创新的投入和产出明显优于传统产业。(4)战略性新兴产业的国内国际市场情况均比传统产业有优势。(5)传统产业和战略性新兴产业转型升级有效措施和影响条件比较相似,功能升级、产品升级和技术创新这三项是传统产业与战略性新兴产业企业提升效益最有效的升级措施。影响传统产业与战略性新兴产业企业采取这些措施的力度的环境条件主要是社会网络、政府体制和制度环境。

珠三角东岸和西岸的经济发展模式形成了各自典型的特点,东岸是外源型经济,其传统制造业为出口型,产业形式为大量出口加工中小企业形成的产业集聚,而且许多企业为港台投资的企业。而西岸是内源型经济,其传统制造业主要以国内市场为导向,企业的规模较大,同行业在地理上相对集中,形成产业集群,企业的所有制以本地的民营企业为主。

根据实证研究收集到的企业调查问卷数据,E 市和 W 区企业转型升级情况的比较结果为:(1)W 区企业的经济效益稍好于 E 市企业,大部分 E 市企业的产值规模虽然增大但利润收益情况不佳。(2)到达价值链上 OBM 阶段的 W 区企业比例远高于 E 市企业,E 市仍有近 45% 的企业停留在 OAM 或 OEM 阶段。(3)W 区企业技术创新的投入和产出明显优于 E 市企业。(4)W 区企业的国内国际市场情况均比 E 市企业有优势。(5)E 市和 W 区企业转型升级有效措施比较相似,影响二者效益的相关系数最大的措施是技术创新、产品升级和功能升级;两岸企业的升级都要依托当地的产业集群,而 W 区的地方政府相比 E 市政府对产业转型升级更有影响力。

2008 年至 2011 年,珠三角专业镇中为集群企业提供的公共服务主要包括四个方面:第一,专业镇产业园区的建设,其表现是,专业镇所属政府在专业镇产业园区中投资建设了各项基础设施,大大降低了集群企业的运行成本;第二,专业镇创新平台的建设,这主要是政府或社会组织纷纷在专业镇中建设了创新中心,为集群企业提供全面的创新服务;第三,专业镇大力打造专业镇的区域品牌,一方面支持企业创建自身的品牌,另一方面着力推进集体商标注册工作;第四,在教育培训机构发展、公共信息交流、担保以及各类展销会的组织方面,地方政府发挥了重要作用。

珠三角产业集群的升级主要体现在专业镇价值链提升和专业镇企业技术创新能力提升两个方面。在价值链提升方面,珠三角在 2008 年后,进行自主品牌和原始设计的企业比例明显上升,说明珠三角专业镇的企业正在向价值链的高端攀升;在企业创新能力提升方面,集群企业在创新投入以及创新成果方面都有较大幅度的提升。

珠三角专业镇之间的竞争和合作对于产业集群的升级具有重要意义。根据调查,由于珠三角各专业镇的产品存在一定的相似性,因此专业镇之间竞争关系比较明显。在合作方面,珠三角专业镇之间在公共服务业以及基础设施建设方面的合作,由于目标明确,容易操作,因此进展明显,但在企业合作以及标准制定方面缺乏较好的制度去协调和推进合作。

在对珠三角专业镇的产业政策进行评价后,发现珠三角产业政策的重点优势主要集中于技术政策和引资扩资政策领域,而急需改善的领域主要集中于人才、土地以及资金等要素政策方面。

基于对专业镇的调查和分析,我们对珠三角产业集群的升级以及公共服务的提升提出了以下建议:高度重视集群化的传统优势产业的就地转型升级;进一步强化公共服务平台建设、区域品牌建设和园区建设"三大抓手",充分发挥"三大抓手"的服务功能;优化产业集群的产业组织,推进产业集群的"一体化"进程;完善集群要素支持和提升政策,为集群转型升级提供基础条件;进一步加强对集群企业的创新支持;充分发挥行业协会/商会的服务功能,助力集群产业转型升级。

四、宏观区域的产业转型升级

为贯彻落实《珠江三角洲地区改革发展规划纲要(2008—2020年)》,加快产业转型升级的战略部署和实施,遵循动态优化原则,兼顾区域特色原则、可持续发展原则、主观与客观评价相结合原则和定量与定性相结合原则,本项研究构建了珠三角产业转型升级指标体系。指标体系包括环境类指标、过程类指标和结果类指标。

从结果上看,经过近年的改革发展,珠三角地区产业转型升级初步形成现代产业体系格局,在总体经济效益、产业结构优化、区域支柱产业竞争力提升、可持续发展和社会效益五个方面都取得了初步成果。具体表现为:(1)地区生产总值仍然保持增长;(2)地方财政一般预算收入增长较快;(3)现代服务业增加值占地方GDP比重略有上升;(4)产业的国际竞争力仍在提高。一般贸易出口总额和加工贸易出口总额增长均超过全省和长三角;(5)可持续发展效绩显著。单位建设用地第二、三产业增加值增长显著的同时单位能耗减少。

与此同时,珠三角地区产业转型升级还存在着一些不足和需要进一步改善之处:(1)产业结构高度化的目标未能真正实现。先进制造业工业增加值和高技术制造业增加值占地方GDP比重下滑;(2)虽然科技创新环境改善、投入不菲,但是效果欠佳。

根据长三角和珠三角产业转型升级的环境条件指标、过程(投入)指标、经济效果指标以及社会效果指标数据分析结果,两地区的产业转型升级的36个指标的成效可谓平分秋色。从要素资源、科技水平、资金投入、总体经济效益等指标上来看,长三角要优于珠三角;而在基础设施、创新投入和环保投入、支柱产业竞争力以及社会效益、城乡居民人均收入增长和第二、三产业就业人员数量等指标上珠三角要强过长三角。珠三角内部三个圈层方面,广佛肇环境(条件)较差和投入较少,经济社会效果与深莞惠持平,可谓投入较少,产出较大。珠中江环境(条件)最好,投入最多,但是经济效果和社会效果却逊于另外两个圈层。

近年来广东省各地市均依托自身城市发展的实际情况,制定具有地方特色的产业政策,加快推进自身的产业转型升级。广州市重点发展现代服务业,加快建设战略性基础设施,着手打造市级战略性发展平台;佛山市通过两化融合对服装、陶瓷等传统产业进行改造提升,并首创产业链招商模式,加快发展现代服务业;肇庆市以高新区为引领,重点打造重大产业发展平台,同时在政策和资金等方面对技术研发予以支持,贯彻落实节能减排工作;深圳市在全国率先开展六大战略性新兴产业振兴规划,以总部经济和龙头企业为突破口鼓励聚集发展,实施产业转型升级"1+6"政策并加快对科技创新、金融服务及人才建设的发展;东莞市加快对加工贸易的转型升级,推进"三重一大"建设,实施"1+5"招商引资政策和"科技东莞工程";惠州市大力落实"五大基地"项目建设,实施"现代服务业提升工程",并进一步深化产学研合作,鼓励人才培养和引进;珠海市以高栏港区为平台,打造高端制造业基地并初步形成"3+1"产业新格局。同时积极打造高端服务业基地、高新技术产业基地和航空业战略性新兴产业,深入实施创新驱动和知识产权保护;中山市实施"三个一百"战略推动来料加工的转型升级,扶持中小企业发展,推进专业镇升级。同时大力发展珠江口西岸服务业基地,建设省科技金融结合试点市;江门市大力整合工业园区,提升项目质量和效益,同时进一步推进"四个100"工程,推动摩托车等10个国家级产业集群转型升级。

根据产业转型升级的现状,面对产业转型升级的发展目标,广东省提出促进产业转型升级的新导向,强调产业转型升级是经济结构调整的核心,要围绕提升增量、改造存量和淘汰落后产能,突出抓好以下"五大抓手":第一,抓项目建设。严把项目准入,加快项目建设进度及落地,形成项目持续发展态势;第二,抓技术改造。通过技术改造提升产品附加值,政府须加大资金和政策扶持力度,做好产业转型升级的公共服务平台建设;第三,抓重大平台。各地区、部门须合力在基础设施等方面把资源向重大平台倾斜,发挥重大平台的产业高地作用,强化管理体制创新,推进产城融合与互动;第四,抓骨干企业。政府须高度重视大型骨干企业培育,大力发展民营经济,促进中小微企业发展及其与大企业的协调互动;第五,抓科技创新。珠三角地区应扬长避短,发挥市场化程度较高,配置科技资源能力较强的优势,补齐自主创新能力薄弱这一短板,完善以市场为导向、企业为主体、产学研相结合的区域创新体系,依托珠三角现有的各类创新平台和高新技术企业,进一步集聚国内外科技资源,把科技成果转化为现实生产力。此外,广东省政府还强调要重视和发挥金融支撑作用。

五、产业转型升级的政策评估

我们试图通过总结顺德产业政策的经验和教训,获得对珠三角产业政策的启示。本项研究在应用的层面上的目标是为完善珠三角产业政策体系提供政策建议以及依据。对顺德产业政策的具体建议未必适用于其他区域,但是在以上顺德产业政策的评估基础上,从政府干预产业发展的适当范围、政策工具和政策有效性的影响因素三个角度总结顺德的经验和教训,并探讨政府在产业转型升级中的角色,为完善珠三角其他区域以及珠三角整体的产业政策体系提供参考。

对于政府干预的适当范围,总体而言,顺德政策体系大部分政策以弥补"市场失灵"为主,对纠正"系统失灵"重视不足,而在避免"政府失灵"上功过参半。具体而言,顺德的产业政策在弥补"市场失灵"方面制定了功能较为完善的政策体系,如针对正外部性问题的各类型技术创新政策、针对负外部性问题的节能环境政策、针对市场势力问题的支持高新技术产业发展的政策等。但是在纠正"系统失灵"方面,顺德则较为逊色。顺德目前面临的"系统失灵"问题较"市场失灵"问题严重,目前的产业政策未能有效解决"系统失灵"问题,具体表现在:其一,产业发展相关配套要素与产业发展水平不协调,如人力资源和城市化水平;其二,相关产业组织之间缺乏整合与合作,包括企业之间、企业与相关机构之间以及相关机构之间。在制度层面,顺德的产业政策体系如本章第一节所述,同样存在"系统失灵"问题。政策碎片化,协调性有待提高。此处所指的协调性不仅指新旧政策之间,还包括顺德区不同功能政策之间、顺德区与佛山市其他区域产业政策之间,以及顺德区与广东省其他区域在产业空间布局政策方面的协调。对于处理"政府失灵",顺德区政府自开展政府行政体制改革以来,主动"自我削权",构建"小政府、大社会、好市场"。顺德从全能型、管制型的"政府主导"模式逐步转变为服务型的"政府引导"模式。这在一定程度上降低了因政府干预不当导致扭曲市场资源配置而发生"政府失灵"的可能性。此外,顺德借鉴香港咨询机构的经验,引入决策咨询机构,让社会各界人士在政府决策之前充分表达其诉求,大幅度提高了决策民意的代表性。但是,调查显示,顺德政策制定、执行、监督和评估的整个政策过程的透明性、开放性和程序的合理性、科学性仍有待进一步提高。这增加了顺德区政府因决策信息的不完备而产生"政府失灵"问题的可能性。例如:由于对企业需求的把握不充分,部分政策欠缺针对性,未能有效满足不同产业、不同规模企业的差异化需求。

在政策工具方面,本项研究由于没有对不同政策工具进行系统、科学的绩效评价,所以无法为哪些政策工具更为有效提供严谨的答案与论证。对于政策工具有效性问题,本书仅能从理论出发,针对调研中发现的问题,根据企业在问卷调查以及访谈中所反映的政策需求提出相关的假设,留待日后研究验证。若根据政府所掌握的资源区分政策工具,根据上述的系统失灵理论,在政府财政预算有限的情况下,除了以财力为本的政策工具外,信息工具的运用显得尤为重要。政府应该在信息整合和供给上扮演重要的角色,为企业提供相关的市场信息、政策信息、产业配套信息,以及为企业之间、企业与相关组织机构之间、相关组织机构之间的互动和合作牵线搭桥,以实现资源的整合和有效利用。若根据政府干预的程度区分政策工具,根据政府失灵理论,政府宜减少直接干预市场,多运用自愿性组织工具,尤其是社会组织的力量。顺德在引入和扶持营利性和非营利性产业服务机构、发展行业协会/商会方面已取得不俗的成绩,已形成了多方行动主体共同推动顺德产业转型升级的格局。但是,多方行动主体缺乏合作与沟通,难以形成集体行动,制度化网络仍有待培育。同时,社会组织参与政策过程的机制与体制亦有待完善。

　　无论是政府干预的适当范围还是政策工具,都影响产业政策的有效性。对于政府干预的范围如何才恰当以及哪些政策工具才有效,本项研究发现对于不同的区域、不同的产业、不同的产业发展阶段、不同的企业类型都具有差异性,因而这两个问题没有一致的答案。但是,对于政府干预适当范围和政策工具的选择,最直接的影响因素是政策过程的公开性、透明性和程序的合理性、科学性。换言之,政策过程的机制和体制是产业政策有效性的潜在影响因素。产业政策的决策过程是一个"发现"的过程,需要通过政府、企业和利益相关者的通力合作、无缝对接来相互学习和切磋,辨识产业进一步发展的成本与机遇,共同形成产业战略、规划、项目和政策。本项研究的企业问卷调查显示,在对政府体制的评价中,无论是顺德还是珠三角其他区域企业对能否有机会参与产业政策的制定和产业政策执行的申诉机制的现实状况的评价最低。这反映了目前珠三角的产业政策过程机制和体制仍有改进的空间。同时,珠三角企业对现有的转型升级政策的了解程度都偏低,但却都表达了强烈的参与政策制定的愿望。珠三角的产业体系已经比较复杂,产业的结构变动正迈向中等发达经济体的水平。传统的"拍脑袋"的决策方式和命令式的实施方式已经不适应产业发展的需求,因此,产业转型升级战略和政策的制定、执行、监督、评估过程应更加科学化和系统化。例如,在产业发展战略和产业规划、产业政策形成阶段,应运用成本—收益分析、利益相关者分析、最优化分析等科学的政策/项目分析评估方法开展深入的可行性研究;建立科学的评估指标体系,邀请各相关行动者对各项产业政策的实施开展监督与绩效评估,并根据评估的结果适时调整政策。

　　过往对政府作用的研究,大部分是从政府在产业发展所采取的手段或者产业发展成效的角度判断政府的角色。例如,对成熟的竞争性产业,政府应扮演"守护神"的角色,对于已建立但是尚未成熟的产业,政府应扮演"促进者"的角色,而对少数高风险的新兴产业,政府则扮演着"企业家"的角色,亲自操刀,直接干预该产业。这些话语基本上是目标或者结果取向,往往忽略了政府在政策过程中的角色以及在此过程中政府与社会之间的关系。对亚洲"四小龙"的研究表明,产业升级成功的秘诀并不在于寻找国家有形力量和市场无形之手的平衡点,而是构建有助于国家机构、市场中的企业和社会中各种相关机构间有效互动与沟通的制度。换言之,政府与企业、社会组织在政策过程中的有效沟通与协调比起特定的政策工具更加重要。由国家、市场、社会形成的产业政策社群与政策网络有助于收集各方的意见、凝聚各方的共识、协调各方的利益诉求,从而为制定有效的产业政策提供重要依据。绩效欠佳的产业政策往往源于在政策制定、执行、监督与评估过程中缺乏企业与社会组织的参与。

因此,对于政府在产业发展中的作用,本项研究认为应该重视政策过程中政府所扮演的统筹与协调的角色。政府推动产业发展的能力不在于政府干预的强度以及政策工具的选择,而在于政府与企业、相关社会组织有效沟通、协调,制定有效的政策以应对产业发展各项挑战的能力。发挥国家、社会、市场的合力推动产业转型升级不仅仅体现在具体的政策手段上,更重要的是体现在政策制定、执行、监督与评估的过程中三者的紧密合作,这样才能保证国家、社会、市场有效、合理分工,形成最大的合力。

顺德的产业政策案例研究对珠三角产业政策的启示在于:珠三角不同地区产业转型升级路径和产业发展阶段以及地区内部不同产业和不同企业类型的政策需求存在差异,珠三角产业转型升级不存在"万灵药"。要识别出各地区产业转型升级的病症并对症下药,即明确政府干预的适当范围——弥补"市场失灵"和"系统失灵"、防止"政府失灵",并找出最有效的政策手段和工具,则需要完善珠三角产业政策参与体制与决策机制。对于各下级行政区而言,应通过制度创新调动企业和各类社会组织参与政策制定、执行、监督与评估的积极性并提高决策程序的合理性和科学性。对于上级政府而言,在政策过程中,需要调动其各下级行政区的政策社群参与上级政府的政策制定、执行、监督与评估并提高决策程序的合理性和科学性,促进区域经济发展的专门化和协调化,协调各下级行政区的政策体系,实现资源在各下级行政区之间的合理配置。

第二节　讨　论

一、转型升级的政策范式:政策目标和政策手段演变

中国 20 世纪 70 年代末改革开放,将发展的重心从政治中心主义转为经济中心主义,将经济发展作为首要任务。改革的重点之一是从计划经济向社会主义市场经济过渡,主要目的就是要释放市场的力量,解决过往激励不足,经济效率低下的问题。同时改革开放刚好迎来全球化的第二次浪潮。历史和国际经验表明,全球化浪潮高涨时,通常会伴随对外开放,释放市场力量和经济效率至上。内在需求和外在环境使得中国改革开放之初便打上经济效率至上的烙印。为追求经济效率,农村实行家庭承包责任制,乡镇集体企业和城市公有企业也追随农村改革的路子,实行产权分解,在所有权没有发生根本变化的条件下,以层层承包的方式将经营权、部分的剩余索取权赋予经营者和生产者。为了激励地方发展经济的积极性,中央政府实行财政分权,分灶吃饭。珠三角改革开放的前三十年,政府政策目标明显是将追求经济增长放在首位,以GDP 论英雄。政策手段上,为了实现经济快速增长的目标,大力招商引资、开拓海外市场。早年的传统产业升级无论是专业镇创新中心建设还是产业集群示范区计划,各项举措也少见将社会效益作为目标。虽然当时中央也提出经济、社会协调发展,但是实践的结果是重经济、轻社会。经济高速发展,但是带来环境污染、资源耗费、贫富分化、社会矛盾日渐加剧的负面效应。

2008 年的金融危机使全球化趋势逆转。国际需求疲软,发达国家号召"离家出走"的跨国公司打道回府,实行"再制造化",贸易保护主义盛行。珠三角一方面要面对国际金融危机,另一方面要应付经济发展带来的各种社会问题,如果社会问题得不到解决,经济也无法继续发展。社会公平、和谐日益受到重视。政策目标的天平开始调整为经济发展和社会和谐并重。广东省政府提出的"产业转型升级为手段,幸福广东建设为目标"是重要的例证。省政府考核各地级市政府落实规划纲要工作的评级指标体系中,社会指标占相当的比重,还委托中山大学珠三角改革发展研究院每年做 9 个地级市老百姓对

当地收入、就业、交通、教育、环境等方面的满意度调查,将调查结果作为评分的依据之一。

政策目标从偏重追求经济效益到经济社会协调发展,政策手段则从过去鼓励投资、鼓励出口为主,转变为鼓励自主创新、鼓励开拓国内市场。广东省政府的转型话语便是转变增长方式,从投资、出口带动转变为创新带动、出口和内销兼备。我们进行的产业转型升级政策案例分析发现,在诸多的政策中,以政策功能划分,最多的是科技政策,在政策投入方面,财政投入最多的是技术创新和技术改造。其次帮助企业开拓内销的举措也不在少数。珠江东岸以对外加工贸易为主的地级市出台鼓励"三来一补"转三资(外资独资、中外合资、民营)的政策,将之作为转型的重要任务,其中一个重要原因是"三来一补"企业不能内销,转为三资才能开拓国内市场。

过往产业转型升级的研究虽然提及以提升竞争力为目标,但是并没有提及将提升社会效益或社会竞争力为目标,而且有时无形中把手段作为目标,例如将现代服务业增加值比例的提升,"微笑曲线"的攀升,这些本来属于产业转型升级的手段异化为产业转型升级的目标。与转型升级政策范式的转变一致,我们的研究明确将转型升级的目标界定为经济效益和社会效益的提高。宏观和微观层面的研究均表明,2008年后珠三角虽然遇到危机,经济增长比以前放慢,但是仍然处于增长状态,与其他国家和地区相比,可谓表现不俗。社会效益更可喜,各项社会效益指标均有提高。从宏观区域指标的比较分析发现,与长三角相比,两地的经济、社会发展难分伯仲,珠三角的经济效益略逊于长三角,社会效益略优于长三角。

我们认为可以将省政府的"产业转型升级为手段,幸福广东建设为目标"细化为"产业转型升级为手段,经济效益和社会效益提升为目标"。经济效益和社会效益提升本身也是手段,最终目标是提升人民的主观幸福感。我们研究的贡献之一便是丰富对产业转型升级的手段、目标的理解,没有将手段作为目标,这有利于我们寻找有效的手段以达到目标,从而为政府制定产业政策时找准着力点,而不是引导企业采取无效或效能欠佳的转型升级举措。

二、转型升级的治理结构：国家、市场与社会的善治

经济发展的治理包括国家治理、市场治理和社会治理。从国际经验来看，一个国家或地区的产业能够顺利地实现转型升级，仅仅依靠市场调节的力量是远远不够的，还需要政府和社会组织在其中扮演恰当的角色，最终形成国家、市场和社会三方协同促进产业转型升级的氛围和善治的局面。那么，珠三角在产业转型升级过程中，国家和社会的作用是什么呢？

如果说经济制度可以分为社会主义和资本主义的话，资本主义又可细分为以英美为代表的自由市场资本主义和以德日为代表的协调市场资本主义。自由市场资本主义强调保护和释放市场的力量，国家主要扮演规则的制定者、市场守护神的角色，以市场治理为主。协调市场资本主义强调保护社会、国家协调各种社会群体和势力的利益平衡，企业依赖非市场机制协调关系，互相之间合作多于竞争，以社会治理为主。中国历史上就是强国家、弱民间，市民社会发育不足。社会主义国家独特的政治制度赋予了国家强大的力量，即使从计划经济向市场经济过渡，国家仍然是经济社会发展的主导力量，国家治理的格局没有发生根本性的变化。

我们的研究发现，珠三角产业转型升级过程中，代表国家的地方政府发挥着主导的作用，从产业转型升级的提出，地区产业转型升级规划的制定，产业结构调整的导向，对产业转型升级的土地、金融、财政、税收、科技、人才各方面的支持，地方政府都扮演着至关重要的角色。

我们参与过许多产业规划或产业政策的评审，几乎每一次都会提出这些规划或政策对如何发挥行业协会、商会的作用考虑不足。我们组织珠三角专业镇的镇长考察意大利产业集群时，随行的经贸委领导每到一处，都十分敬业地问当地接待考察的人，当地政府采取什么措施促进产业集群升级。接待者无一例外地回答，政府没有直接采取什么措施促进产业集群升级，只是培育、扶助行业协会/商会，让它们作为产业集群升级的主要推手。我们曾参加过一次江门市水口镇水暖器材产业集群举办产品博览的筹备座谈会。当地的行业协会会长说，政府老是说"政府搭台，企业唱戏"，而没有考虑协会的作用，其实让我们"卖卖票也好呀"。

我们这次调查发现,企业参与行业协会/商会的活动,与他们互动的频率和对他们信任程度越高,就越有利于企业实施转型升级的举措和提升经济和社会效益。虽然行业协会/商会总体而言发育不全,作用发挥不充分,但是我们多年的研究也发现也有一些产业集群的行业协会/商会在集群升级中发挥了很好的作用。潮州庵埠食品行业协会通过建立诚信协议解决商标仿冒的问题;南海平洲玉石行业协会通过组织玉石毛料拍卖会解决交易过程中的欺诈问题;中山大涌红木家具商会组织会员企业共同采购,以集体行动节省采购成本;顺德燃气具行业协会组织创新专业委员,为会员企业提供创新服务。这些为数不多的成功案例显示,行业协会/商会在产业转型升级中的作用是不容忽视的。

党的十八届三中全会提出要将发挥市场的基础作用转变为发挥市场的决定性作用。虽然各级政府对市场调节的重视程度不断提高,但是强势的政府在决策时往往还没有真正顺应市场规律,对市场的调节作用重视不足。例如前几年,尤其是金融危机以后,省政府大力提倡以产业转移、"腾笼换鸟"解决传统产业的出路问题。近几年,大力提倡培育战略性新兴产业。但是调查发现金融危机以后企业采取产业转移、异地设厂,进入新行业措施的很少,更重要的是产业转移和进入新行业对提高经济和社会效益没有什么贡献。有些地区过分强调"腾笼换鸟",结果旧"鸟"赶走了,新"鸟"引不来,出现产业空洞化的危机。有些地区过分强调"跨越式发展",忽略传统优势产业提升,将资源大量投入培育战略性新兴产业,结果传统产业日渐衰落,战略性新兴产业的培育不尽如人意。我们的调查发现,总的来说,地方政府的决策取向基本上是自上而下,更多地看上级政府的口风、话语和指挥棒,较少顺应市场规律和了解及满足企业的真正需求。

如何形成国家、市场和社会产业转型升级的合力,我们的调查也发现有成功的范例。东莞台商当年在台湾产业转型升级的第一步是对企业的经营管理进行诊断,找出转型升级的切入点。承袭这一路径,东莞市政府支持台商进行转型升级的诊断。政府给愿意接受诊断的台商每家2万元的"诊断费",如果诊断后需要跟踪进行咨询、策划,政府最高补贴到30万元。台商协会的角色是回到台湾组织当年做过诊断的顾问公司到东莞为台商提供服务。诊断者和受诊断者都是市场主体。我们认为在未来的研究中,国家、市场和社会产业转型升级中应扮演什么角色、如何形成共同治理的善治格局是十分重要的课题。

三、转型升级的方向选择:比较优势与创造优势的协调

广东省的产业转型升级,从最初的建立创新中心和建设产业集群升级为示范区,注重传统产业的集群升级,到大力培养战略性新兴产业以及多管齐下建立现代产业体系。面对多重的产业发展目标,地方政府在资源有限的条件下究竟应如何平衡和选择? 根据多年的观察和本次的调查结果,我们有两个观点,第一是在近期,甚至中期内应以传统优势产业的改造为基础,现代服务业、高技术产业、先进制造业的发展与优势传统产业尽可能接轨或为之提供上、下游的配套服务。

经济学有发挥比较优势与创造优势之争。珠三角优势传统产业的升级有比较优势,传统优势产业规模大、空间集中、配套完善、集群化程度高、产业内升级或集群升级风险小。现代服务业、高技术产业和先进制造业比传统制造业生产要素层次高,附加值高,是优势产业,如果这些能发展则是创造了优势,但是如果本地没有基础,包括大学、科研机构弱小,缺乏高素质的人力资源,以及本地缺乏相关配套和市场,发展的风险是比较大的。

在发挥比较优势和创造优势上,珠三角有失败的教训,也有成功的经验。失败的教训是某地级市经济发展在珠三角中不算高的,强调"跨越式发展",将有限资源投在三大战略性新兴产业的培育上,结果由于各种原因三大战略性新兴产业发展不尽如人意。传统优势产业由于被忽略,升级并不成功。成功的经验是佛山市顺德区,该区的产业转型升级将比较优势和创造优势有机结合,将集群化的家电、家具和装备制造三大传统产业作为产业转型升级的重点,升级的具体目标是从"制造"到"智造",运用电子信息技术改造、优化传统产业。为了实现这一目标,针对本地传统产业的研发能力不足的问题,引进清华大学、西安交通大学等学术团队,建立 17 个科研平台为企业提供研发服务;针对本地传统产业的产品设计落后的问题,建立广东工业设计园,引进产品设计公司为企业提供产品设计服务;针对缺乏知识产权交易和科技融资难的问题,筹建知识专利交易市场和进行科技金融创新。这些本身就是属于现代服

务业的生产性服务,直接服务于传统产业的转型升级。在企业层面,生产传统热水器的万家乐公司引进太阳能光伏作为电能和天然气的补充,利用新兴产业的成果,但是并没有被"忽悠"进入新兴产业的生产。科达公司顺应属于新兴产业的节能环保产业的发展需求,将生产传统建材机械转变为生产节能环保建材机械,用生产出来的节能环保墙砖砌房子,同等条件下比普通墙砖砌的房子温度低两度。均安镇牛仔服装生产企业运用电子信息技术,通过手机拍照传递,为消费者量身订造牛仔服。顺德区被认为是珠江两岸真正实现从投资带动转为创新带动产业转型升级最成功的地区。与其他地区相比,顺德的投资增加不多,但是 GDP、财政、税收和单位土地的产出增加最多。

国际经验表明传统产业或制造业为主并不意味不具优势。2003 年意大利驻广州总领事馆请我们做"广东人心目中的意大利"的调查,告诉我们很多人不了解意大利的经济,意大利面积虽小,但是集群化的传统产业使意大利的GDP 在全世界排第七。我们 2012 年赴德国考察产业转型升级,图灵根州的经济贸易部长自豪地说,我们的优势是制造业占了 70%。一些曾放弃制造业的西方国家,金融危机后都重新重视实体经济,主张"再制造化"。

我们的另一个观点是,没有最佳的产业,只有最佳的选择。珠三角各地级的发展条件基础和路径有别,在转型升级中是以产业内升级为主还是产业间跨越为主,是以制造业为主还是以现代服务业为主,应该因地制宜,不应一刀切。珠三角规划纲要的核心主题是一体化,一体化在经济上意指各地区的经济发展应该避免同质化,各地区应扬长避短,形成优势互补、分工合作的局面。广东省政府考核各地级市政府,将现代服务业增加值比重的提升作为产业转型升级是否成功的重要指标。这对于广州、深圳这样的中心城市是合适的,但是对于佛山等以制造业为主的地级市就不一定合适了。2017 年初跟随一位主管规划纲要落实的省领导去佛山考察产业转型升级的情况,考察的课题是佛山经济表现不错,但是现代服务业的比重为什么上不去。在我们看来,一方面,佛山市的制造业基础雄厚,规模庞大,要减少比重很难;另一方面,佛山市的城市化程度不足,大力发展现代服务业有局限性。而且广佛同城化早已启动,可能根本就不应逼佛山"退二进三",佛山高层次的现代服务可以由广州提供,为什么不能佛山制造,广州服务呢?

四、转型升级的核心动力：技术创新和国际化双擎驱动

我们从一开始就认为，全球价值链理论为发展中国家加入全球价值链却处于低附加值的制造环节打抱不平，但是也暗指加入全球价值链是发展中国家发展的重要途径。因此我们在研究设计中将国际化作为升级的一种手段，测量国际化对应付危机、提高经济和社会效益的作用。结果表明，国际化虽然比不上技术创新对经济社会效益的贡献大，但是关系是正向且显著的。总结珠三角三十多年的发展经验，国际化、加入全球价值链是重要法宝。我们曾经承担联合国教科文组织一项有关珠三角产业集群创新动力的研究，法国国家发展研究院的 Rigas 教授参与了我们研究。在珠三角从事两年的研究后，他留下一份研究报告，核心的结论是珠三角产业集群创新动力源于与外商做生意。我们十多年的研究中也有举不胜举的例子。一位为欧洲买家做卫浴OEM 的老板告诉我们，开始他们无法接欧洲国家的订单，因为他们产品的环保标准，抽水马桶要求 3 升水必须冲走五个乒乓球。为了达标，他们费尽心思进行虹吸设计。我们调查发现 2008 年以后，珠三角有不少企业，例如佛山建陶行业的企业利用金融危机的契机和自身的资金优势收购意大利和西班牙的建陶企业及其品牌在当地生产，用原来厂家的品牌在欧洲销售，取得成功。改革之初我们国际化的主要方式是招商引资，利用我们的劳动力和土地优势吸纳海外资金，学习先进技术和管理经验，进行"三来一补"等对外加工贸易。2008 年金融危机后，我们应对国际市场需求疲软的局面，提出要调整市场结构、扩大内需，对如何在新形势下坚持国际化的关注不够。我们认为国际化的法宝不能丢，我们应探索珠三角新形势下国际化的路子，例如利用我们的资金、产业规模和产业组织形态以及强大的制造能力等方面的优势，实施"走出去"战略。

创新能力和现代创新体系理论在我们的研究中得到充分的验证。在所有转型升级的手段中，技术创新对经济和社会效益的贡献是最大的。理论上创新几乎等同于升级，创新是升级的主要途径的命题是成立的。而且实践上广东省政府提出从投资带动转变为创新带动，强调自主创新，在所有促进转型升级政策中创新政策最多，在支持转型升级的财政投入上创新投入最大，理论与

实践是一致的。但是我们的研究也发现,对珠三角来说真正实现创新带动,无论在理论上还是实践上都是远未完善、亟待探索的课题。首先,国外最新的研究和经验表明,企业的创新潜力是十分重要的概念。对政府而言,帮助企业提升创新潜力比补贴企业的研发经费更加重要,前者是给企业一把刀,后者是给企业一捆柴。其次,地方政府的创新政策偏重解决"市场失灵"的问题,忽略了解决"系统失灵"的问题。地方政府已意识到构建现代创新体系的重要性。一些地区投入大量的资源引进创新团队,建立创新平台,完善专业镇创新中心,建立产学研联盟。现代创新体系的各个要素基本齐备,但是各个要素之间缺乏分工合作,没有形成互相联系的创新网络,虽然创新要素高度集中,但是低度整合,使创新资源的利用和创新效率的提升大打折扣。"系统失灵"成为真正实现创新驱动的主要障碍。地方政府对"系统失灵"的认知不足,缺乏整合的意识,更缺乏整合的政策工具。最后,不少地方政府创新政策的目标、标的不清楚,政策工具单一,政出多头,重复投入。政策的制定缺乏企业的参与,实施过程缺乏监督,创新效果缺乏评估,创新可以说是事倍功半。因此珠三角如何运用创新能力和现代创新体系理论完善创新政策,提高创新效率还有很长的路要走。珠三角创新带动的实践也能为完善创新能力和现代创新体系理论提供范例和启示。

技术创新和国际化成为有效的产业转型升级动力有赖于区域公共服务提供,已形成产业的区域分工和空间集聚的产业集群的地区,公共服务以及相关的产业配套尤其重要。现有的理论范式中技术创新和产业集群的重要性已有论述,国际化的作用隐含在全球价值理论之中,但是并没有被明确作为转型升级的主要动力之一,因此在未来的研究中可以提出一个包括两种动力,一个服务平台的"双擎驱动理论"。

五、转型升级的社会视角:嵌入在社会结构中的经济行为

经济社会学核心的命题是经济嵌入社会结构中,作为经济社会学研究者,我们在产业转型升级研究过程中特别关注社会因素如何构造和约束企业的产业转型升级的认知、态度和行为。珠三角历史上有浓厚的商业意识,悠久的产业传统,具有包容、务实、进取和创新的岭南文化特质以及广泛的海外联系。

这些因素对珠三角过去的产业成长和未来的产业发展都有正面的影响。但是我们意识到珠三角的产业转型升级面临另一些社会因素的制约。根据我们对珠三角产业转型升级的观察，结合在日本研究的经验，我们试图从社会学视角分析社会因素对珠三角产业转型升级的影响。

第一是"倒丁字型"的阶层结构。珠三角转变经济增长方式的路径之一是从以出口带动为主转变为出口和内需共同带动。内需能否带动产业转型升级与国内的消费能力和品位有关。消费能力和品位的提升有赖于一定规模的中产阶级的形成。根据日本的国民生活舆论调查，日本"新中产阶级"人数比重从 1955 年的 25.5% 上升到 1995 年的 43.2%。自认为属于"中上"和"中下"阶层者超过 70%，素有"一亿总中流"的说法（日本人口约 1.3 亿）。中产阶级在消费偏好方面具有明显特征——追求舒适、享受和有品位的生活方式以及对住房、汽车和其他中高档家庭耐用品有较大需求。日本庞大的中产阶级成为消费带动产业升级的重要社会基础。

社会学家认为随着科技进步和经济发展，社会结构将会由"金字塔型"向"橄榄型"转型。"橄榄型"社会结构的特征是上层阶级和下层阶级都比较少，中间阶级数量庞大。李强认为中国社会结构发展成"畸形的金字塔型"，即"倒丁字型"。全国至少有 80% 的个体都处于社会的下层阶层。中产阶级占比总体不足 10%。李春玲的研究提出中产阶级约占总人口的 7%；陆学艺的研究提出中产阶级占总人口的 15%。我们认为"倒丁字型"阶层结构的出现意味着社会流动的通道堵塞，人力资本的投资在政治或权力资本、关系资本的挤压下得不到回报，不但不利于社会的稳定和谐，而且阻碍产业转型升级。治理之道在于打破行业垄断，去除以权谋私，建立和完善竞争的劳动力市场和公平的分配机制，搬走压在年轻一代有知识的"蚁族"和"蜗居"者头上的"三座大山"，提供医疗、住房和子女教育保障。只有这样，"橄榄型"的阶层结构才有可能出现，内需带动产业转型升级才有希望实现。

第二是"低度整合"的产业组织。广东的传统产业具有集群化的优势。但是根据多年的研究，我们认为广东的产业集群具有"高度集中、低度整合"的特点。高度集中指相关产业在特定空间内聚集、规模庞大。低度整合指企业之间缺少分工合作，整合程度低。根据集群进化理论，集群的演进过程伴随着专业化分工合作程度的提升。但是珠三角产业集群不但专业化分工合作程度不高,而且有倒退的趋势。潮州一位陶瓷大企业的老板说早年曾经将一部分订单或生产环节包给中小企业做,开始时合作还不错,但是后来一些合作的中小企业接到其他利润更高的订单后,置合同于不顾,影响了交货期,从此后就不再合作了。当地政研室的同志说,当地的陶瓷企业之间很少合作,除了合同执行得不到制度保障,以及知识产权、债权得不到保护外,文化观念的影响也很重要,别看潮州人在外地很团结,但是在本地个个都宁可当鸡头,不愿做凤尾。

亚当·斯密早就指出专业化分工有利于效率的提高。经济学以外部规模效应解释产业集群的竞争优势,即产业集群由于空间聚集而便于形成企业之间的分工合作,分工合作可以在单个企业不扩大规模的情况下通过生产环节的分工或产品类型的分工实现专业化,从而提高效率。但是实际空间上的聚集只是提高了分工合作的可能性或提供了便利条件,可能性转化为现实性有赖于包括文化观念、社会诚信、社会网络和法制环境的完善和优化,以及有效的政策导向作为保障。

青木昌彦认为日本式的产业组织是日本产业竞争力的源泉。中小企业与大企业之间形成较为稳定的分工关系及分工结构。相当一部分中小企业为大企业生产零部配件,成为订单和劳动力的储水池。也有一部分中小企业单独面对市场生产终端产品,但是它们一般不与大企业争市场、打价格战,而是选择细分市场。日本的餐馆橱窗很多都有塑料的饭菜样板,这些东西大企业不愿意生产,中小企业乐此不疲。

纵观珠三角的中小企业,很多都直面大规模的消费品市场,与大企业直接进行低成本竞争。珠三角几乎所有的产业集群都具有产业总体规模越来越大,单位利润率越来越低的趋势。许多珠三角的中小企业抱怨金融危机时接不到订单,近年订单多了,但是接不起单,原材料和劳动力价格提高了,产品价格却无法提高,直接原因是产品饱和、无序竞争。这与珠三角的产业组织结构不无关系。产业组织虽然是经济现象,但是这种组织形态与文化观念、制度安排等社会因素关系密切。

政府在这方面的作为在于,首先打造有利于企业分工合作的经营环境,完善保护知识产权、债权等政策法规，加大执行的力度，加快社会诚信体系的建设。其次是通过政策引导大中企业与中小企业的合作。例如对大企业研发项目的经费支持，以有小企业参与为条件或前提，各种政策向大企业中与中小企业有合作关系者倾斜。

第三是"富不过三代"的诅咒。中国历来有"富不过三代"的诅咒，老一辈创下的家业许多后代都难以传承。珠三角产业升级转型与民营企业的传承也有关系。许多第一代的企业家已达知天命之年。那么子女愿意接班的比例有多大呢？全国工商联最近的一项调查显示，广东省371家被访企业子女愿意接班的只有20%。传统产业中子女愿意接班的比例可能更低。我们在东莞大朗与十多位毛织业的老板吃饭，席间问及大朗毛织业企业家的子女有多少愿意接班，他们商议后回答说不足一成。中国的富二代是在特定环境下长大的。他们没有经历过上一代创业家的艰辛。"文化大革命"使上一代失去正常的成长机会，许多人都怀有将自己失去的在下一代补偿的心态，加上独生子女政策导致上一代对富二代更为娇纵。富二代虽然教育水平比上一代高，但是在吃苦耐劳、冒险拼搏、承受压力、承担责任方面不如上一代，因此接班的意愿和能力都不强。如果富二代不能接班，能否通过聘请职业经理人的方式解决传承的问题呢？东莞大朗的老板的回答是，目前的环境下请职业经理人无异于引狼入室，劝人请职业经理人等于劝人跳楼。产业转型升级需要企业长期投入，东莞大朗的老板说大朗毛织业产业升级的一个重要途径是设备改造、更新，逐步提高自动化水平，需要长期大量的资金投入，虽然镇政府对设备购买有补贴，但是如果接班传承问题不能解决，对未来没有预期，他们也不会投入。事实上大朗已有不少较有实力的老板将资金投入能短期获得回报的二三线城市的房地产，对毛织业持看一步行一步的态度。

政府如何协助民营企业解决传承问题，长三角地区政府牵头组织培训富二代的经验或可参考。我们认为可以通过各种途径引导民营企业家改变传承的传统观念。中、日同属儒家文化圈，但是中国的家族企业传承过分强调血缘关系，传男不传女，限制了接班人选择的范围，一旦儿子不争气，家道便会衰落。这可能也是"富不过三代"的原因之一。相反，日本的家族企业有不少百年老店，如三越百货已有三多百年的历史。原因之一是日本的家族企业强调

"家名"代代相传,但是传承者不一定有血缘关系,有不少是"婿养子"。日本家族企业就像一根中间空心,但是节节伸延的竹子。在日本做研究时,日本家族企业的一些老板表示他们儿子有本事可以让他接班,没有本事让他玩去,关键是培养好女儿,选个"金龟婿"接班。在日本,女婿入赘不丢脸,改姓无所谓。如果中国的民营企业家能够抛弃办企业是为香火传承、光宗耀祖的传统观念,将企业视作社会的企业,可以让有能力的女儿、女婿做接班人,产业转型升级成功的机会也许会提高。

第四是从"企业家"到"弃业家"。近年来珠三角的民营企业家移民和资金外流成为热门话题。我们认识的较有实力的民营企业家无一例外有海外护照或身份证,人在国内,身份在外。一位几年前经常问在珠三角周边有什么投资机会的民营企业家告诉我们,他在国内不打算做长线投资了,只做些短平快项目,已经将 50 亿的资金投在中国香港的公司。除了上述企业传承的困境外,更深层的原因是对私有财产保护缺乏信心。

从长远来看,不少民营企业家认为我国没有完善的保护私有财产的法规,加上税收过重、官员寻租,不少人的第一桶金都有偷税漏税、行贿等的原罪。他们担心不知什么时候会有第二次社会主义改造,没收私有财产。从近期来看,许多民营企业家觉得国家加大对弱势群体,尤其是劳工的保护无可厚非,但是企业家的权益得不到相应的保障。

我们在东莞寮步进行调研时,一位做化工原料的民营企业家说,最近他很可能要破产了,因为一个员工得了癌症,将企业告上法院,提出化学原料导致他患上癌症,要求赔偿 80 万人民币。法院的判决是除非这个企业家能证明员工的癌症与家族遗传基因有关,否则必须赔偿。他是小本经营企业,如果真的要赔偿 80 万,只好破产了。一位中山大涌镇原来做牛仔服装的老板几年前已经意识到劳动成本和雇佣风险的升高,将生产车间租给曾为自己打工的外来的管理和技术人员经营。承租者突然跑了,欠下工人 700 多万的工资。镇政府为了维持稳定,二话没说垫付了工人的工资,然后对那位老板说,除非能抓到逃跑的家伙,否则 700 多万由你偿还。那位老板将 700 多万还给镇政府后,将车间卖掉,从做生产到做物业,从做物业到弃业。

上述两个例子可能比较极端,但是民营企业家对财产保护缺乏信心,对未来没有确切预期,很可能会选择移民、转移资产,企业家便会成为"弃业家"。因此,如果上述问题得不到改善或解决,民营企业的产业转型升级难免成为空话。应该发挥社会学的优势加强对产业转型升级社会因素的研究。

六、转型升级的理论回应:建构性的概念和三种范式的整合

通过文献回顾和实证研究,我们对转型升级理论有了进一步的理解。产业转型升级是一个组合的概念,转型强调形态的变化,升级强调等级的提升。形态变化和等级提升的界限并不清楚,有时主张从一种形态向另一种形态的转变本身就暗含后者更能适应环境的变化或带来附加值的提高。有时主张的升级也是通过从一种形态转变成另一种形态实现的。结合珠三角的实践,广东省政府提出从投资和出口带动转为创新带动和出口与内销共同带动。投资带动转为创新带动升级成分大一些,与投资尤其是粗放型的投资相比,创新带动的经济增长依赖的是技术和知识,资源耗费少,环境友好,投入小,产出大。而出口带动转为出口、内销共同带动是因特殊环境作出的市场结构的调整,因此转型的成分小一些。综合前人的论述,结合珠三角的实践,我们认为可以将产业转型升级明确界定为由低技术水平和低附加值、高能耗和高污染状态向高技术和高附加值、低能耗和低污染状态的演变过程。

研究产业转型升级不但要关注过程,更要关注目标。以往的产业转型升级理论甚少强调目标,尤其是社会目标。随着经济社会的发展和意识形态的转变,我们提出产业转型升级的目标是经济效益和社会效益的双提升。

以往的产业转型升级理论甚少区分研究的层面,结合珠三角的实践,我们明确提出产业转型升级的研究可区分为三个互相联系,又有差别的层面:宏观区域,中观产业/集群和微观企业。因为我们发现三个不同层面有不同的行动主体,它们对产业转型升级的认知、态度、策略会有差别。如果能找出形成差异的原因,本身便有理论和实践价值。而且不同层面的研究单位的资料收集、分析的方法也不一样。最后我们提出产业转型升级概念是建构性的,其内涵会随着时间、空间和主体的不同而改变。

在理论上,我们将经济增长理论等七个理论称为相关理论,总结了这些理论解释经济发展的主要视角,将直接与产业转型升级有关的理论归纳为三个

范式:全球价值链和生产网络范式、创新能力和技术学习范式以及产业集群和创新体系范式,概述每种范式赋予的产业升级的含义和强调的重点,所主张的升级的过程、路径、机制和环境,及所倡导的产业升级的政策。三种范式的划分是人为的,是"理想型"的。我们做了一个比喻,将经济行动主体,主要是微观的企业比喻为一辆汽车,这辆汽车欲驶往某一理想的目的地(获得更高的经济和社会效益或更强的竞争力)。全球价值链和生产网络范式好比导航仪,可以指导企业辨认目前所处的位置,明确阶段性或最终的目标是什么,在什么条件下应选择什么路线,是从 OEM 到 ODM 再到 OBM,还是从 OEM 直接奔向 OBM。全球价值链和生产网络本身就是可供前进选择的路线图。创新能力和技术学习好比动力系统,它解决的是转型升级的动力来源的问题,可以指导企业这辆汽车在目标路线既定的情况下,配置什么变速箱、发动机,如何换挡和踏油门才最有功效。产业集群和创新体系理论好比服务区,它为进入其中的企业这辆汽车提供检测维修、加油等相关的配套服务,指导产业集群的相关行动者或推动者——企业、地方政府、行业协会/商会等如何建设基础设施、完善相关配套和政策法规,建构区域创新体系,积累社会资本,使产业集群成为"五星级"的服务区。

通过实证研究,我们发现三个范式都有助于我们从不同角度解释珠三角的产业转型升级。

全球价值链和生产网络理论主张从事 OEM 的发展中国家应实行向 ODM 和 OBM 两端攀升的功能升级。2008 年以来珠三角的许多企业的确实施了功能升级,ODM 和 OBM 的比例都有明显的提高,也有相当一部分企业并没有向两端攀升,而是向属于制造环节的附加值较高的方向伸延。他们的策略和路线是多种多样的,就算是向两端延伸,途径也是五花八门的。例如本书分析台商和港商升级的两个附件中提及,港商当年以前店后厂的方式将曾在香港进行的生产环节转到珠三角,他们原来在香港接单生产时就没有研发设计的经验,因此进入珠三角后也很少选择 ODM 的升级手段。即使进行研发设计,也并非为了获得自主的知识产权。我们访问中国香港著名的为海外买家在中国大陆下单的利丰公司,他们说他们新举措之一是贴近买家的销售市场设立研发机构,帮助买家进行市场调查、进行适应性研发设计,目的是让买家更多下单。在东莞原来做割草机 OEM 的港资公司科创没有自己打品牌,而是在 OEM 过程中学习技术,了解销售网络,最后购买买家的品牌。我们发现许多港商都是利用自身广泛的海外联系和对市场敏锐的触觉,首先建立销售网络而不是首先进行 ODM。台商选择的则是另一种策略。在珠三角的台商许多也是做 OEM 的,只是将生产从台湾转移到珠三角。2008 年后东莞台商也响应东莞市政府的号召开拓大陆市场,但是他们不是单打独斗地铺设销售渠道或打品牌或买品牌。地方政府为他们提供土地便利,他们通过台商协会组织在东莞的台商合资组建名为"大麦客"的类似超市的贸易公司。以"大麦客"的集体商标在大陆推广台商的产品。现在"大麦客"已经开始在大陆的地级市布点,发展颇快。不但做"大麦客",还已经在东莞办起了名为"小麦客"的便利店。我们估计这条路子如果走得通,一些台商可能从生产商蜕变为贸易商,或者扮演双重角色。如果台商梦想成真,全球价值链理论中关于买家驱动和生产者驱动的概念和分类便要修改。

产业集群理论在珠三角的学术界和地方政府可谓家喻户晓。产业集群升级在珠三角已有十多年的实践。我们的研究发现,2008 年以后珠三角的产业集群升级的势头良好,产业集群在公共设施建设、工业园区建设、公共服务平台搭建以及所提供的研发、设计、信息、培训、知识产权等方面的服务表现不俗。但是地方政府对于建立产业转型升级的"服务区",将"服务区"的重点放在为企业提供急需、必要的服务的意识不够清楚和强烈。不少专业镇的镇长对我们说,我们的专业镇原来发展不错,但是现在土地快用完了,工资水平和环保成本不断提高,能源供应越来越紧缺,未来的路不知该怎样走。哈佛大学商学院的研究团队曾用波特的钻石模型为分析框架,收集全世界八百多个产业集群的数据,检验六个要素中什么要素最影响集群的兴衰,结果发现,除生产要素以外,影响最大的是相关的产业配套。我们的研究发现已经失去上述生产要素成本优势的珠三角产业集群最重要的优势是先发优势,先发优势体现在经过多年的发展形成比较完整的产业配套,企业之所以在珠三角失去生产要素成本的优势后仍然愿意留在珠三角,是因为产业配套对他们至关重要。因此,我们的回答是你们所说的基本都是刚性的生产要素条件,政府难以改变。产业配套是非刚性的,政府作为的空间比较大。政府最关键是与时俱进,把握在产业发展的不同阶段企业最需要的配套是什么,对症下药地为企业提供相关的配套。我们举的例子是我们的研究发现江门摩托车产业集群的摩托车生产是 20 世纪 80 年代末江门的摩托车产品专业市场带动的,当时产品专业市场配套十分重要。但是近年来生产企业尤其是大企业都有了自己的销售渠道和网络,产品的专业市场对集群的重要性降低。相反,由于当地缺乏生产零部件所需的原材料的专业市场,有不少配套厂商难以在江门落户。因此这个阶段急需的配套是零部件生产所需的原材料专业市场。在本项研究中我们使用了以前做产业集群发展战略常用的方法:将波特的钻石模型作为理论框架,根据所研究的产业特征将之操作化为产业发展所需的各种要素,测量企业对每种要素的重要程度和满意程度评价,从中找出企业认为最重要,但是最不满意的要素,作为政府完善配套的政策选择的参考。我们认为,这种有理论依据的定量的 SWOT 分析方法可以作为提高"服务区"效率的研究方法。

总而言之,三种理论范式对于解释珠三角产业转型升级各有所长,各司其职,但是仍有进一步完善、丰富的巨大空间。运用三种理论范式进行研究,在实践上我们向省政府提出,珠三角产业转型升级靠两个引擎(技术创新和国际化)和一个服务区推动,着力技术创新,利用好国际化的法宝,完善产业集群的配套服务至关重要。

附 件

一、背景报告：产业转型升级的
企业问卷调查数据分析报告

第一部分 产业转型升级的环境因素

一、企业升级的外在因素

（一）生产成本

表 1.1 企业 2011 年以来各项生产成本的变化情况

各项生产成本（总体）	频数			百分比（％）		
	增长	无变化	下降	增长	无变化	下降
管理层工资成本	1820	185	28	89.5	9.1	1.4
技术人员工资成本	1879	117	14	93.5	5.8	0.7
熟练工人工资成本	1907	103	17	94.1	5.1	0.8
融资成本	1064	498	37	66.5	31.1	2.3
能源成本	1514	364	48	78.6	18.9	2.5
土地成本	1075	625	17	62.6	36.4	1.0
生产原料成本	1857	128	35	91.9	6.3	1.7
运输成本	1841	155	26	91.1	7.7	1.3
环保成本	1611	334	15	82.2	17.0	0.8

与 2008 年相比,除土地成本外,80% 以上的企业都认为其他生产成本呈现增长的态势,其中,熟练工人工资成本、技术人员工资成本和生产原料成本

是增长最明显的生产成本,占样本总量的 94.1%、93.5% 和 91.9%,排名前三位。相比较而言,对于各项生产成本认为呈现下降态势的企业均不到 3%。

表 1.2　东莞企业 2011 年以来各项生产成本的变化情况

各项生产成本(东莞)	频数			百分比(%)		
	增长	无变化	下降	增长	无变化	下降
管理层工资成本	463	53	7	88.5	10.1	1.3
技术人员工资成本	496	22	2	95.4	4.2	0.4
熟练工人工资成本	495	22	5	94.8	4.2	1.0
融资成本	206	138	2	59.5	39.9	0.6
能源成本	389	85	15	79.6	17.4	3.1
土地成本	232	182	3	55.6	43.7	0.7
生产原料成本	491	23	7	94.2	4.4	1.3
运输成本	472	45	3	90.8	8.7	0.6
环保成本	410	87	5	81.7	17.3	1.0

与 2008 年相比,除土地成本外,80% 以上的东莞企业都认为其他生产成本呈现增长的态势,其中,技术人员工资成本、熟练工人工资成本和生产原料成本增长最明显,占样本总量的 95.4%、94.8% 和 94.2%,排名前三位。相比较而言,仅有 1% 的东莞企业认为各项生产成本呈现下降的态势,3.1% 的东莞企业认为能源成本有所下降。

表 1.3　顺德企业 2011 年以来各项生产成本的变化情况

各项生产成本(顺德)	频数			百分比(%)		
	增长	无变化	下降	增长	无变化	下降
管理层工资成本	493	38	5	92.0	7.1	0.9
技术人员工资成本	519	13	3	97.0	2.4	0.6
熟练工人工资成本	518	12	4	97.0	2.3	0.8
融资成本	390	87	4	81.1	18.1	0.8
能源成本	448	66	4	86.5	12.7	0.8
土地成本	360	121	2	74.5	25.1	0.4

各项生产成本（顺德）	频数			百分比（%）		
	增长	无变化	下降	增长	无变化	下降
生产原料成本	509	21	4	95.3	3.9	0.8
运输成本	509	20	2	95.9	3.8	0.4
环保成本	444	80	1	84.6	15.2	0.2

与 2008 年相比，除土地成本外，80% 以上的顺德企业都认为其他生产成本呈现增长的态势，其中，技术人员工资成本、熟练工人工资成本和运输成本增长最明显，占样本总量的 97%、97% 和 95.9%，排名前三位。相比较而言，仅有 1% 的顺德企业认为各项生产成本呈现下降的态势。

表 1.4　惠州企业 2011 年以来各项生产成本的变化情况

各项生产成本（惠州）	频数			百分比（%）		
	增长	无变化	下降	增长	无变化	下降
管理层工资成本	474	32	10	91.9	6.2	1.9
技术人员工资成本	478	26	4	94.1	5.1	0.8
熟练工人工资成本	495	16	4	96.1	3.1	0.8
融资成本	257	113	13	67.1	29.5	3.4
能源成本	378	96	17	77.0	19.6	3.5
土地成本	236	174	9	56.3	41.5	2.2
生产原料成本	477	27	10	92.8	5.3	2.0
运输成本	478	27	10	92.8	5.2	1.9
环保成本	419	72	4	84.7	14.6	0.8

与 2008 年相比，除土地、能源和融资成本外，80% 以上的惠州企业都认为其他生产成本呈现增长的态势，其中，熟练工人工资成本、技术人员工资成本、运输成本和生产原料成本增长最明显，占样本总量的 96.1%、94.1%、92.8% 和 92.8%，排名前四位。相比较而言，认为各项生产成本呈现下降的态势的企业数量很少（不足 4%）。惠州企业中认为土地成本上升的相对较少

（56.3%）。

表 1.5　中山企业 2011 年以来各项生产成本的变化情况

各项生产成本（中山）	频数			百分比（%）		
	增长	无变化	下降	增长	无变化	下降
管理层工资成本	390	62	6	85.2	13.5	1.3
技术人员工资成本	386	56	5	86.4	12.5	1.1
熟练工人工资成本	399	53	4	87.5	11.6	0.9
融资成本	211	160	18	54.2	41.1	4.6
能源成本	299	117	12	69.9	27.3	2.8
土地成本	247	148	3	62.1	37.2	0.8
生产原料成本	380	57	14	84.3	12.6	3.1
运输成本	382	63	11	83.8	13.8	2.4
环保成本	338	95	5	77.2	21.7	1.1

与 2008 年相比,除土地、能源和融资成本外,80%以上的中山企业都认为其他生产成本呈现增长的态势,其中,熟练工人工资成本、技术人员工资成本、管理层工资成本增长最明显,占样本总量的 87.5%、86.4%、85.2%,排名前三位。与其他三个城市相比,中山企业对各项生产成本改变的判断相对乐观。其中上升最不明显的是融资成本,仅 54.2%的企业认为该成本增长。

（二）企业公共关系

"联系频率"用于衡量企业与以下机构的交往情况。评分标准为 0 分至 9 分:0 分代表贵公司与该机构没有任何往来,1 分代表极少往来,5 分代表互动频率一般,9 分代表往来的频率极高。（分数越高,联系频率越高）

"信任程度"用于衡量企业对以下机构的信任情况。评分标准为 0 分至 9 分:0 分代表贵公司对该机构不了解因而无法评分,1 分代表对该机构极不信任,5 分代表信任程度一般,9 分代表信任程度极高。（分数越高,信任程度越高）

表 1.6　企业与各类机构联系交往情况

机构名称	联系频率（均值）	信任程度（均值）
同行业竞争对手	4.8	4.7
本地供应商、配套厂商、分包厂商	6.6	6.2
本地分销商、国内贸易商及零售商	5.4	5.4
海外客户	5.3	5.4
当地政府部门	5.9	6.4
行业协会/商会	5.2	5.8
本地技术创新中心	4.1	4.9
国内高校、科研院所	3.4	4.6
本地教育培训、人才招聘服务机构	4.9	5.3
本地金融服务机构	5.8	6.1
本地管理咨询、信息服务机构	4.8	5.3
本地解决劳资纠纷的相关机构	5.1	5.9
媒体	3.2	4.4
本地的会展及市场推广机构	4.4	5.0

在联系频率方面,企业与本地供应商、配套厂商、分包厂商,当地政府部门和本地金融服务机构的联系频率最为频繁,它们的均值分别为 6.6、5.9 和5.8,排名前三名。相比较而言,企业联系频率较少的机构是与国内高校、科研院所和媒体,它们的均值分别为 3.4 和 3.2,排名最后两位。在信任程度方面,企业对当地政府部门,本地供应商、配套厂商、分包厂商,本地金融服务机构的信任程度最高,它们的均值分别为 6.4、6.2 和 6.1。相比较而言,企业对媒体,国内高校、科研院所和同行业竞争对手的信任程度较低,它们的均值分别为 4.4、4.6 和 4.7。

表 1.7　新兴产业和传统产业企业与各类机构联系交往情况对比

机构名称	新兴产业		传统产业	
	联系频率（均值）	信任程度（均值）	联系频率（均值）	信任程度（均值）
同行业竞争对手	4.9	4.8	4.7	4.7

409

机构名称	新兴产业		传统产业	
	联系频率（均值）	信任程度（均值）	联系频率（均值）	信任程度（均值）
本地供应商、配套厂商、分包厂商	6.8	6.3	6.6	6.1
本地分销商、国内贸易商及零售商	5.6	5.5	5.3	5.3
海外客户	5.8	5.8	5.2	5.4
当地政府部门	6.5	6.9	5.7	6.3
行业协会/商会	5.7	6.1	5.2	5.8
本地技术创新中心	5.0	5.5	3.9	4.7
国内高校、科研院所	4.6	5.4	3.2	4.4
本地教育培训、人才招聘服务机构	5.6	5.7	4.7	5.2
本地金融服务机构	6.3	6.4	5.7	6.1
本地管理咨询、信息服务机构	5.3	5.5	4.7	5.3
本地解决劳资纠纷的相关机构	5.4	6.2	5.0	5.9
媒体	3.8	4.7	3.1	4.4
本地的会展及市场推广机构	5.0	5.4	4.2	5.0

在联系频率方面，无论对于新兴产业还是传统产业，企业与本地供应商、配套厂商、分包厂商，当地政府部门和本地金融服务机构联系最为频繁。在信任程度方面，从事新兴产业的企业对本地供应商、配套厂商、分包厂商（6.8），当地政府部门（6.5）和本地金融服务机构（6.3）最为信任。从事传统产业的企业对本地供应商、配套厂商、分包厂商（6.6），当地政府部门（5.7）和本地金融服务机构（5.7）的信任程度最为信任。

（三）企业行业协会/商会的参与

表1.8　企业参与行业协会/商会的情况

参与类型	频数	百分比（%）
（一）行业协会/商会的成员		
行业协会/商会的成员	947	46.6

参与类型	频数	百分比（%）
（二）行业协会/商会的活动参与情况		
政府部门沟通交流	996	60.1
行业标准、行约、行规建设等活动	567	34.6
教育培训	541	33.1
市场开拓和产品推广	604	36.9
技术、法律咨询	465	28.6
知识产权培育和保护	365	22.5
维护市场竞争秩序	361	22.2

在成员资格方面,近半数(46.6%)的企业都是行业协会/商会的成员。在活动参与方面,企业最为积极参加的行业协会/商会的活动成员为与政府部门沟通交流、市场开拓和产品推广,二者分别占样本总量的 60.1%和 36.9%。相比较而言,仅有 22.5%的企业参与过知识产权培育和保护,仅 22.2%的企业参与过维护市场竞争秩序的活动。

表 1.9　四个城市企业参与行业协会/商会的情况对比

参与类型	东莞		顺德		惠州		中山	
	频数	百分比（%）	频数	百分比（%）	频数	百分比（%）	频数	百分比（%）
（一）行业协会/商会的成员资格								
是行业协会/商会的成员	213	40.8	410	77.7	200	39.1	124	26.3
（二）行业协会/商会的活动参与情况								
政府部门沟通交流	255	56.0	352	71.0	217	61.1	172	48.9
行业标准、行约、行规建设等活动	107	24.1	256	52.7	128	36.2	76	21.5
教育培训	111	24.9	208	42.7	102	29.1	120	34.1
市场开拓和产品推广	119	26.7	264	53.9	113	32.3	108	30.6
技术、法律咨询	125	28.3	161	33.5	101	28.8	78	22.1

参与类型	东莞		顺德		惠州		中山	
	频数	百分比（%）	频数	百分比（%）	频数	百分比（%）	频数	百分比（%）
知识产权培育和保护	75	17.0	166	34.4	62	17.7	62	17.6
维护市场竞争秩序	58	13.1	153	31.7	74	21.0	76	21.5

在成员资格方面,77.7%的顺德企业是行业协会/商会的成员,相比其他城市高很多,中山的比例最少,仅有26.3%的企业是行业协会/商会的成员,二者相差约50%。在活动参与方面,四个城市的企业最为积极参加的行业协会/商会的活动都是与政府部门沟通交流。顺德企业参加各项活动的数量均相对较多。知识产权培育和保护、维护市场竞争秩序是四个城市的企业比较少参加的活动。

（四）企业与外国客户的合作

表 1.10　企业 2008 年以来与外国客户合作变化情况

与外国客户合作的内容	频数 & 百分比（总体）			
	合作减少	合作不变	合作增加	无合作
外国客户委派技术人员帮助贵公司提高技术水平	6.8%（75）	34.5%（382）	20.1%（222）	38.6%（427）
外国客户为贵公司提供国外市场信息	6.9%（77）	41.9%（466）	29.2%（324）	22.0%（244）
外国客户与贵公司共同开发新产品	6.6%（73）	32.9%（365）	28.4%（315）	32.0%（355）
外国客户邀请贵公司参观访问外方	7.3%（81）	36.3%（401）	25.3%（279）	31.1%（343）
外国客户帮助贵公司降低生产和物流成本	5.3%（58）	35.9%（393）	15.3%（167）	43.5%（476）
外国客户为贵公司提供融资支持	3.3%（36）	20.9%（228）	6.2%（67）	69.6%（759）
外国客户在结算方面对贵公司提供支持	5.1%（56）	46.4%（507）	11.6%（127）	36.8%（402）

续表

与外国客户合作的内容	频数 & 百分比（总体）			
	合作减少	合作不变	合作增加	无合作
外国客户在价格方面对贵公司提供支持	9.4% （102）	46.5% （505）	12.8% （139）	31.4% （341）
外国客户帮助贵公司提高产品质量	4.6% （50）	38.0% （418）	32.2% （354）	25.3% （278）
外国客户在设备和部件供应方面提供帮助	5.2% （57）	31.2% （340）	15.5% （169）	48.0% （523）
外国客户为贵公司提供人员培训	4.6% （50）	29.61% （323）	12.28% （134）	53.53% （584）
外国客户配合贵公司解决知识产权和产品仿冒问题	3.42% （37）	32.0% （346）	11.4% （123）	53.3% （577）
外国客户向贵公司提供竞争者信息	4.1% （45）	33.1% （361）	14.6% （159）	48.2% （525）

总体而言,企业与外国客户合作增加主要体现在外国客户帮助贵公司提高产品质量（32.2%）、外国客户为贵公司提供国外市场信息（29.2%）、外国客户与贵公司共同开发新产品（28.4%）三个方面。在其他与外国客户合作方面,企业与 2008 年相比处于较为平稳的状态,选择合作不变的企业占样本总量的多数。但值得注意的是,69.6%的企业并没有与外国客户有融资方面的合作。

二、企业升级的内在条件

（一）企业技术创新情况

在企业技术创新情况方面,39.0%的企业以创新为主,18.6%的企业创新多于模仿,24.4%的企业创新与模仿相若,仅有约 18%的企业以模仿为主或模仿多于创新。相比较而言,顺德企业的技术创新水平比较突出,有 52.8%以创新为主,比东莞、惠州、中山企业各多 15.9%、14.8%、25.8%。中山的企业创新与模仿相若的企业较多,占企业样本的 32.0%,以创新为主的企业仅占 27.0%。

表 1.11　企业技术创新情况

企业技术创新情况	总体		东莞		顺德		惠州		中山	
	频数	百分比（%）	频数	百分比（%）	频数	百分比（%）	频数	百分比（%）	频数	百分比（%）
以创新为主	800	39.0	192	36.9	282	52.8	196	38.0	130	27.0
创新多于模仿	381	18.6	92	17.7	97	18.2	86	16.7	106	22.0
创新与模仿相若	501	24.4	122	23.4	109	20.4	116	22.5	154	32.0
模仿多于创新	188	9.2	53	10.2	31	5.8	52	10.1	52	10.8
以模仿为主	182	8.8	62	11.8	15	2.8	66	12.7	39	8.2
合计	2052	100	521	100	534	100	516	100	481	100

表 1.12　新兴产业和传统产业企业技术创新情况对比

企业技术创新情况	新兴产业		传统产业	
	频数	百分比（%）	频数	百分比（%）
以创新为主	196	56.2	604	35.5
创新多于模仿	56	16.1	325	19.1
创新与模仿相若	65	18.6	436	25.6
模仿多于创新	21	6.0	167	9.8
以模仿为主	11	3.1	171	10.0
合计	349	100	1703	100

从事新兴产业并采取以创新为主、创新多于模仿、创新与模仿相若的企业占样本超过90%，比从事传统产业的企业比例高约10%。

1.企业主要技术来源

企业的主要技术来源主要体现在自主研发和与客户合作两个方面，它们分别占样本总量的60.9%和64.4%。然而，仅有10%左右的企业与专业研究机构合作研发技术，与其他企业、大专院校及研究机构多方合作研究的企业比例更是不到8%。这种特点也同时存在于各个城市和产业分类的交互分析中。顺德企业以自主研发作为主要技术来源的比例最大，高达83%。

表 1.13　企业技术来源

技术来源	总体		东莞		顺德		惠州		中山	
	频数	百分比（%）	频数	百分比（%）	频数	百分比（%）	频数	百分比（%）	频数	百分比（%）
自主研发	1246	60.9	283	55.9	444	83.0	283	54.4	236	48.6
与大专院校合作	199	9.9	41	8.3	91	17.9	47	9.0	20	4.1
与专业研究机构合作	203	10.1	59	11.8	77	15.3	32	6.2	35	7.2
与客户合作	1311	64.4	380	74.1	276	53.5	354	68.1	301	61.9
与其他企业合作	597	29.6	188	37.2	118	23.3	159	30.6	132	27.2
与其他企业、大专院校及研究机构多方合作研究	145	7.2	29	5.9	59	11.6	33	6.4	24	4.9
购买技术专利、设备	400	19.9	87	17.4	129	25.5	116	22.4	68	14.0
模仿他人技术（无自有专利、也未购买他人专利）	353	17.6	98	19.4	40	8.0	100	19.3	115	23.8

2.企业专利发明情况

表 1.14　企业专利发明情况

专利发明	频数 & 百分比（%）（总体）			
	0件	1件	2—4件	5件以上
专利发明	75.5%（1267）	8.5%（143）	7.7%（130）	8.3%（139）
实用新型专利	66.4%（1113）	4.2%（70）	7.2%（120）	22.3%（374）
外观设计专利	72.8%（1206）	5.3%（87）	7.7%（127）	14.3%（236）
产品认证	59.6%（981）	11.5%（189）	14.5%（239）	14.3%（236）
管理体系认证	38.6%（660）	29.3%（502）	29.7%（508）	2.3%（40）

在专利发明方面(见表1.14),75.5%以上的企业并没有专利发明,专利发明在4件以下的企业超过样本总量的90%。在实用新型专利方面,超过66.4%的企业并没有实用新型专利,实用新型专利4件以下的企业超过样本总量的77%。在外观设计专利方面,72.8%的企业并没有外观设计专利,外观设计专利在4件以下的企业超过样本总量的85%。在产品认证方面,59.6%的企业并没有进行产品认证,4件以下的产品认证企业超过样本总量的85%。在管理体系认证方面,38.6%的企业没有进行管理体系认证。这种特点同样存在于四个城市企业、新兴产业和传统产业的交互分析中。

3.企业品牌建设/商标注册情况

在企业品牌建设/商标注册情况方面,42.7%的企业并没有注册商标,25.4%的企业虽然有注册商标但品牌知名度较低,二者共占样本总量的68.1%。

表1.15　企业品牌建设/商标注册情况

企业品牌建设/商标注册情况	总体		东莞		顺德		惠州		中山	
	频数	百分比（%）	频数	百分比（%）	频数	百分比（%）	频数	百分比（%）	频数	百分比（%）
无注册商标	867	42.7	285	55.2	63	11.9	283	55.3	236	49.6
在筹备注册商标	147	7.2	37	7.2	25	4.7	29	5.7	56	11.8
已注册商标但品牌知名度较低	516	25.4	125	24.2	176	33.3	102	19.9	113	23.7
已注册商标且品牌知名度较高	502	24.7	69	13.4	264	50.1	98	19.1	71	14.9
合计	2032	100	516	100	528	100	512	100	476	100

通过比较东岸和西岸的企业,我们发现,55.2%的东莞企业并没有注册商标,顺德仅有11.9%的企业没有注册商标,二者相差约43%。惠州、中山的情况与东莞类似,没有注册商标的企业各占55.3%和49.6%。50.0%的顺德企业已有注册商标且品牌知名度较高,该比例远高于其他三个城市,仅有13.4%的东莞企业已有注册商标且品牌知名度较高,二者相差约37%。

表 1.16　新兴产业和传统产业企业品牌建设/商标注册情况对比

企业品牌建设/ 商标注册情况	新兴产业		传统产业	
	频数	百分比（%）	频数	百分比（%）
无注册商标	106	30.5	761	45.2
在筹备注册商标	27	7.8	120	7.1
已注册商标但品牌知名度较低	84	24.1	432	25.7
已注册商标且品牌知名度较高	131	37.6	371	22.0
合计	348	100	1684	100

　　通过比较新兴产业和传统产业,我们发现,30.5%从事新兴产业的企业并没有注册商标,45.2%从事传统产业的企业没有注册商标,二者相差约15%。37.6%从事新兴产业的企业已有注册商标且品牌知名度较高,22.0%从事传统产业的企业已有注册商标且品牌知名度较高,二者相差约16%。

　　4.企业信息化建设情况

表 1.17　企业信息化建设情况

企业信息化建设情况 （总体）	频数		百分比（%）	
	无	有	无	有
互联网/局域网	338	1714	16.5	83.5
电子商务平台	1230	793	60.1	39.2
cad/cam 等设计系统	1538	472	76.5	23.5
数控技术系统	1747	245	87.7	12.3
零售 pos 系统	1898	85	95.7	4.3
客户关系管理（crm）	1576	426	78.7	21.3
供应链管理（scm）	1597	411	79.5	20.5
企业资源计划（erp）	1261	765	62.2	37.8
以上信息化建设均无	1879	95	95.2	4.8

在企业信息化建设方面,大多数企业都有互联网/局域网,占样本总量的83.5%。然而,拥有数控技术系统和零售 pos 系统的企业数量相对较少,仅占样本总量的 12.3%和 4.3%。这种特点也存在于四个城市企业、新兴产业和传统产业的交互分析中。

(二)企业的议价能力/融资方式

1.企业的议价能力

表 1.18　企业主要产品价格制定的方式

定价方	频数	百分比（%）
按海外母公司或投资方要求定价	132	6.4
由买方客户来定价	171	8.3
通过与买方讨价还价来谈判定价	943	45.7
由本企业自己来定价	770	37.3
其他	49	2.4
合计	2065	100

在议价能力方面,超过 80%企业的价格制定方式为通过与买方讨价还价来谈判定价或由本企业自己来定价。这种特点也存在于四个城市企业、新兴产业和传统产业的交互分析中。

2.企业主要的融资方式

在企业融资方面,57.9%的企业主要融资方式为自有资金积累,34.1%的企业主要融资方式为银行贷款,二者共占样本总量的 92.0%。这种特点也存在于新兴产业和传统产业中。通过比较四个珠三角城市,我们发现东莞和中山企业主要融资方式为自有资金积累,占样本的 72.9%和 70.0%,顺德企业主要融资方式为银行贷款,占样本的 53.5%,惠州的企业则是通过自有资金积累和银行贷款并重。

表 1.19　企业的主要融资方式

企业主要的融资方式	总体		东莞		顺德		惠州		中山	
	频数	百分比（%）	频数	百分比（%）	频数	百分比（%）	频数	百分比（%）	频数	百分比（%）
自有资金积累	1194	57.9	381	72.9	196	36.6	274	53.3	343	70.0
企业间借贷/民间借贷	52	2.5	14	2.7	10	1.9	18	3.5	10	2.0
银行贷款	704	34.1	104	19.9	287	53.5	194	37.7	119	24.3
信托/担保公司担保贷款	36	1.8	5	1.0	23	4.3	6	1.2	2	0.4
其他	77	3.7	19	3.5	20	3.7	22	4.3	16	3.3
合计	2063	100	523	100	536	100	514	100	490	100

（三）企业文化

"相符程度"主要用于衡量企业实际情况与以下描述的吻合情况。评分标准为 1 分至 9 分:1 分代表描述与贵公司的实际情况完全不相符,5 分代表基本相符,9 分代表高度相符。(分数越高,描述与贵公司实际情况的相符程度越高)

表 1.20　企业的企业文化

企业文化	相符程度（均值）
贵公司有明确的发展目标和长远的战略规划	6.7
贵公司注重企业外部交流与合作	6.5
贵公司重视企业内部团队合作、部门协作	7.2
贵公司鼓励创新和冒险,勇于变革和承担风险	6.4
贵公司为员工营造良好的工作气氛和个人发展环境	7.0
贵公司坚持客户至上原则	7.6
贵公司注重新知识/技术、管理经验的引进和吸收	7.1
贵公司具有社会责任感	7.3

企业文化方面的均值都在 6.5 分以上,其中,"贵公司具有社会责任感"的相符程度最高。四个城市对比,顺德企业在企业文化方面做得比其他三个城市

企业好,各项文化因素得分均更高;从事新兴产业的企业在文化方面表现比从事传统产业的企业好,各项文化因素得分均高于从事传统产业的企业。

表1.21 四个城市企业的企业文化对比

相符程度	东莞(均值)	顺德(均值)	惠州(均值)	中山(均值)
贵公司有明确的发展目标和长远的战略规划	6.6	7.3	6.5	6.2
贵公司注重企业外部交流与合作	6.5	7.1	6.4	6.1
贵公司重视企业内部团队合作、部门协作	7.2	7.8	7.1	6.7
贵公司鼓励创新和冒险,勇于变革和承担风险	6.3	7.1	6.2	6.0
贵公司为员工营造良好的工作气氛和个人发展环境	6.9	7.5	6.9	6.5
贵公司坚持客户至上原则	7.7	8.1	7.5	7.2
贵公司注重新知识/技术、管理经验的引进和吸收	7.1	7.8	7.0	6.6
贵公司具有社会责任感	7.3	7.8	7.1	6.9

表1.22 新兴产业和传统产业企业的企业文化对比

相符程度	新兴产业(均值)	传统产业(均值)
贵公司有明确的发展目标和长远的战略规划	7.3	6.6
贵公司注重企业外部交流与合作	7.2	6.4
贵公司重视企业内部团队合作、部门协作	7.6	7.1
贵公司鼓励创新和冒险,勇于变革和承担风险	7.1	6.3
贵公司为员工营造良好的工作气氛和个人发展环境	7.4	6.9
贵公司坚持客户至上原则	7.9	7.5
贵公司注重新知识/技术、管理经验的引进和吸收	7.6	7.0
贵公司具有社会责任感	7.8	7.2

第二部分　企业转型升级的过程(战略措施)

一、企业转型升级的方向

在企业经营方针方面,44.0%的企业经营重点在于降低生产成本,解决生存问题;29.1%的企业经营重点在于从生产向营销转变,加强品牌建设和市场开拓;23.4%的企业经营重点在于从生产向研发转变,加强研发设计能力。

表 1.23　2008 年以来企业经营重点的转变

企业经营重点	总体		东莞		顺德		惠州		中山	
	频数	百分比 (%)	频数	百分比 (%)	频数	百分比 (%)	频数	百分比 (%)	频数	百分比 (%)
降低生产成本,解决生存问题	883	44.0	274	52.7	112	21.3	262	51.5	235	52.1
从生产向研发转变,加强研发设计能力	469	23.4	125	24.0	139	26.4	116	22.8	89	19.7
从生产向营销转变,加强品牌建设和市场开拓	584	29.1	101	19.4	254	48.2	120	23.6	109	24.2
其他	71	3.5	20	3.9	22	4.1	11	2.1	18	4.0
合计	2007	100	520	100	527	100	509	100	451	100

通过比较四个城市企业,我们发现,东莞、惠州、中山的企业均有 50% 以上将经营重点放在降低生产成本,解决生存问题上;然而该比例在顺德仅为 21.3%,有一定差距。四个城市的企业经营重点在于从生产向研发转变,加强研发设计能力的比例相若。对于从生产向营销转变,加强品牌建设和市场开拓这种经营重点改变,东莞(19.4%)与顺德(48.2%)的差距较大,二者相差约 29%。

表 1.24　2008 年以来新兴产业和传统产业企业经营重点的转变

企业经营重点	新兴产业		传统产业	
	频数	百分比（%）	频数	百分比（%）
降低生产成本,解决生存问题	95	27.4	788	47.5
从生产向研发转变,加强研发设计能力	104	30.0	365	22.0
从生产向营销转变,加强品牌建设和市场开拓	130	37.5	454	27.4
其他	18	5.1	53	3.1
合计	347	100	1660	100

通过比较新兴产业和传统产业,我们发现,从事新兴产业的企业经营重点在于从生产向研发转变,加强研发设计能力和从生产向营销转变,加强品牌建设和市场开拓分别占样本的 30.0% 和 37.5%。从事传统产业的企业经营重点在于降低生产成本,解决生存问题,占样本的 47.5%。

二、企业提升竞争力的措施

"实际作用"用于衡量以下措施对提高企业竞争力的实际情况。评分标准为 1 分至 9 分:1 分代表该举措对提高贵公司竞争力没有任何作用,5 分代表作用一般,9 分为作用很大。(分数越高,作用越大)

表 1.25　企业提升竞争力的措施的实际作用

提升企业竞争力的措施	符合情况的企业数（家）	实际作用（均值）
从非法人企业转变为法人企业	714	5.4
成为上市公司	759	6.3
建立自主品牌	1330	7.1
进行自主研发	1501	7.1
参与产学研合作研发	1105	6.3
参与产业战略联盟	1101	6.2

企业在提升竞争力的各项措施中,实际作用均值得分最高的是进行自主

研发和建立自主品牌,均值都为7.1,其次为参与产学研合作研发和成为上市公司,均值都为6.3。实施作用最小的是从非法人企业转变为法人企业,均值仅5.4。

表1.26　四个城市企业提升竞争力措施的实际作用对比

提升企业竞争力的实际作用	东莞		顺德		惠州		中山	
	符合的企业数（家）	实际作用（均值）	符合的企业数（家）	实际作用（均值）	符合的企业数（家）	实际作用（均值）	符合的企业数（家）	实际作用（均值）
从非法人企业转变为法人企业	148	5.5	166	6.0	173	5.7	227	4.6
成为上市公司	173	6.7	248	7.1	174	6.5	164	4.3
建立自主品牌	265	6.9	457	8.0	279	6.7	329	6.2
进行自主研发	329	7.0	494	8.0	352	6.9	326	6.3
参与产学研合作研发	222	6.3	386	7.1	238	6.4	259	5.2
参与产业战略联盟	231	6.2	377	6.9	240	6.2	253	5.2

通过比较四个城市的企业,我们发现,顺德企业采取各项措施提升竞争力的实际作用均明显高于其他三个城市的企业。在实施各项提升竞争力措施的企业数量上,同样是顺德企业最多。顺德企业提升竞争力的投入能力和积极性最强,尤其在进行自主研发和建立自主品牌方面。

三、企业转型升级的路径选择

(一)销售和研发是企业转型升级的主要着力点

自2008年全球金融危机爆发以来,珠三角企业面临的政策环境和市场环境发生了明显的改变,转型升级成为众多企业求生存、促发展的主要战略选择。企业推进转型升级的行为会反映在其内部职能部门的调整和设置上。如

表 1.27 所示,2008 年以来,近 50% 的受访企业新设立了有预算并实际投入运作的市场营销与销售部门,超过 41% 的受访企业新设立了研发部门。这间接地说明了大多数企业将销售和研发作为推进企业转型升级的主要抓手。

表 1.27　2008 年以来企业新设立职能部门的情况

部门类型	百分比(%)
市场营销与销售部门	49.4
研发部门	41.2
采购原材料中心或物流管理部门	32.8
售后服务部门	25.5
战略规划、市场研究部门	14.2
IT 部门	12.2
投资管理部门	9.1

(二)内卷化的转型升级战略占主导

在本次调查中,研究者列举了若干项企业转型升级的具体措施,然后让受访企业根据本企业在 2008 年以来的实施力度进行打分(1—5 分),力度最小赋值 1 分,较小赋值 2 分,力度一般赋值 3 分,力度较大赋值 4 分,力度最大赋值 5 分。统计结果表明,2008 年以来,珠三角大多数企业的转型升级措施主要放在企业内部的产品质量提升、成本控制上,但是,通过这些措施取得的企业效益提高会很快被劳动力价格上升、市场供求关系紧张所抵消。借用黄宗智先生对华北小农经济的行为描述,珠三角企业转型的措施选择可称之为一种内卷化的转型升级战略。相反,通过外部的产业转移与扩张、完善产业链条、开拓新兴产业以实现企业的转型升级方面,实施力度都是最小的(见表 1.28)。

表 1.28　2008 年以来企业转型升级措施实施力度比较

力度最大的措施	平均值	力度最小的措施	平均值
提高产品质量	8.2	海外投资建厂	1.8
安全生产规章制度建设	7.6	并购重组	2.0
员工技能培训	7.4	在国内其他地区投资设厂	2.8

续表

力度最大的措施	平均值	力度最小的措施	平均值
优化工时管理制度	7.0	培养子女作为接班人	2.8
质量管理体系建设	7.0	引进职业经理人	2.9
优化库存物流管理	6.9	将生产基地转移到更低成本地区	3.1
研发新产品	6.8	进入新行业	3.2
改善售后服务	6.7	与高校、科研院所合作研发	3.8

（三）顺德企业转型升级的力度最强

为了分析比较的方便,本次调查将企业转型升级分为技术创新、生产流程升级、产品升级、功能升级、链条升级、国际化战略六类。技术创新主要指企业进行自主研发或合作研发,增加研发人员和项目的投入。生产流程升级主要指生产制造能力的提高和深化,如采用新技术、员工培训、安全生产、质量管理、库存物流管理等。产品升级主要指产品的升级换代和新产品研发。功能升级主要指企业研发能力、品牌能力、服务能力、市场营销能力的建设。链条升级主要指企业产业链的完善与拓展。国际化战略主要指企业国际化发展,开拓国际市场和海外投资。通过统计分析发现,顺德企业在上述六类转型升级措施的实施力度都明显高于另外三个城市的企业(见表 1.29),四个城市的企业均在实施生产流程升级和产品升级上的力度较大。

表 1.29　四个城市企业转型升级力度比较

地区	指标	技术创新	生产流程升级	产品升级	功能升级	链条升级	国际化战略
东莞	平均值	67.1	79.1	81.4	71.7	43.5	44.8
	企业数	312	518	369	247	516	322
顺德	平均值	75.8	86.7	89.8	76.1	54.7	48.8
	企业数	473	571	589	577	577	302
惠州	平均值	63.8	76.3	79.4	68.9	38.5	45.4
	企业数	332	508	422	270	513	273

续表

地区	指 标	技术创新	生产流程升级	产品升级	功能升级	链条升级	国际化战略
中山	平均值	61.4	71.4	76.3	70.6	44.9	37.2
	企业数	296	473	389	279	476	136

（四）新兴产业企业转型升级的力度高于传统产业企业

理论上讲，区域经济的转型升级不是要摒弃传统产业，所以，传统产业企业也面临转型升级的挑战和机遇。但是，由于新兴产业转型升级的空间要明显大于传统产业，所以新兴产业企业转型升级的力度也往往高于传统产业企业，本次调查证实了此种假设，如表1.30所示，六类升级措施中，新兴产业的实施力度都明显大于传统产业企业。

表1.30　不同产业企业转型升级力度比较

产业类型	指 标	技术创新	生产流程升级	产品升级	功能升级	链条升级	国际化战略
新兴产业	平均值	76.6	83.8	87.7	75.9	52.6	48.1
	企业数	302	345	322	258	351	189
传统产业	平均值	65.7	77.5	80.9	71.5	43.9	44.5
	企业数	1111	1681	1355	975	1675	844

四、企业的国际化战略

（一）海外投资少，但意愿明显增强

投资国际化是企业转型升级的重要途径，但是从表1.31来看，目前，珠三角企业海外投资行为并不是主流，只有2.4%的受访企业有海外投资并且获利，有3.7%的受访企业有海外投资但没有明显获利。但是，受访企业海外投资意愿在增强，有12.2%的受访企业表示没有海外投资，但在近几年内有海外投资计划。

表 1.31　企业海外投资情况

海外投资情况	百分比(%)
有,并且获利	2.4
有,但没有明显获利	3.7
没有,但在近几年内有海外投资的计划	12.2
没有,也没有计划	81.8
总数=2051	

(二)海外投资方式以温和型为主,跨国并购少

从本次调查来看,跨国并购并不是珠三角企业海外投资的主流方式。如表 1.32 所示,在受访企业中,只有 5.0%的企业选择了"通过并购海外公司获得原材料或零部件",有 6.3%的企业选择了"通过收购海外企业获取先进技术和研发成果",有 3.0%的企业选择了"收购海外市场上的品牌"。相反,大多数海外投资企业选择了以建立办事处、生产企业的方式,避免了与当地企业之间的直接冲突。有 23.5%的企业选择了"在海外建立办事处、代表处等",有 19.0%的企业选择了"在海外新建同行业生产企业或销售渠道"。

表 1.32　企业海外投资方式比较

海外投资方式	百分比(%)
在海外建立办事处、代表处等	23.5
聘请和引进海外、外籍管理和技术人员	17.8
在海外新建同行业生产企业或销售渠道	19.0
通过并购海外公司获得原材料或零部件	5.0
通过收购海外企业获取先进技术和研发成果	6.3
收购海外市场上的品牌	3.0

第三部分　转型升级的效益分析

一、经济效益

(一)产值仍然增长

2008 年以后产值增长的企业仍占多数,但是增长显得乏力。2008 年是珠三角企业发展的一个分水岭,2008 年之前,凭借低成本优势,大多数企业风光无限,发展迅速,而 2008 年以后,低成本优势不复存在。大多数企业正在感受到转型升级中的阵痛。如表 1.33 所示,只有 21.6%的受访企业表示,2011 年本企业的产值与 2008 年相比迅速增长,有超过三成的受访企业表示,本企业产值与 2008 年相比没有明显变化或有所下降。

表 1.33　与 2008 年相比 2011 年企业产值增长情况

增长情况	百分比(%)
迅速增长	21.6
缓慢增长	43.6
无明显变化	13.9
缓慢下降	16.7
迅速下降	4.2
总数＝2068	

(二)利润增长缓慢

在转型升级过程中,多数企业面临"只经营,不赚钱"的处境,经营的目的只是为了维持企业的基本运转。如表 1.34 所示,只有 14.3%的受访企业表示企业利润与 2008 年相比迅速增长,34.3%的受访企业表示企业利润与 2008 年相比缓慢增长,有超过半数的受访企业表示利润与 2008 年相比没有明显变化或有所下降。

表 1.34　与 2008 年相比 2011 年企业利润增长情况

增长情况	百分比（%）
迅速增长	14. 3
缓慢增长	34. 3
无明显变化	18. 3
缓慢下降	24. 7
迅速下降	8. 4
总数＝2070	

（三）顺德企业经营效益增长高于东莞企业

如果将企业各项经营指标的不同增长情况赋值,迅速增长赋值 9 分,缓慢增长赋值 7 分,无明显变化赋值 5 分,缓慢下降赋值 3 分,迅速下降赋值 1 分,通过统计分析发现,顺德企业的经营效益增长状况明显好于东莞企业。如表 1.35 所示,总产值、营业收入、利润总额、资产总值四个经营指标,四个城市的差距不明显,唯东莞企业的利润总额分值相对较低,说明东莞企业 2008 年以来的利润总额总体呈现下降趋势,经营状况不如其他三个城市的企业。

表 1.35　四个城市企业经营效益增长情况比较

地区	指标	总产值	营业收入	利润总额	资产总值
东莞	平均值	5. 5	5. 4	4. 8	5. 5
	企业数	522	524	524	519
顺德	平均值	6. 7	6. 6	5. 6	6. 7
	企业数	536	536	536	534
惠州	平均值	6. 8	6. 7	6. 1	6. 6
	企业数	520	520	520	519
中山	平均值	5. 9	5. 9	5. 2	5. 6
	企业数	490	490	490	484

（四）新兴产业企业效益增长高于传统产业企业

不同产业的企业,经营业绩的增长情况也存在明显差异。如表 1.36 所示,新兴产业企业的总产值、营业收入、利润总额、资产总值与2008年相比,其增长幅度都高于传统产业企业。这说明,在传统经济发展模式难以为继之时,新兴产业通过转型升级,实现跨越式发展的机会要大于传统产业企业。

表1.36 新兴产业企业与传统产业企业效益增长比较

产业类型	指 标	总产值	营业收入	利润总额	资产总值
新兴产业	平均值	6.6	6.5	5.9	6.7
	企业数	354	355	355	355
传统产业	平均值	6.2	6.1	5.3	6.0
	企业数	1715	1715	1715	1703

二、社会效益

(一)安全生产显著改善

企业的转型升级,就是要从原有的依靠低劳动力成本、低环境污染成本、低安全生产成本、低社会保障成本转型到依靠技术进步、生产率提升而获得企业的发展。因此,成功的企业转型升级将会带来良好的社会效益。在安全生产方面,有16.5%的受访企业认为,与2008年相比,现在的企业安全生产状况有了迅速的改善,还有43.0%的受访企业认为安全生产状况有缓慢的改善(见表1.37)。

表1.37 企业安全生产改善情况

改善情况	百分比(%)
迅速改善	16.5
缓慢改善	43.0
无明显变化	37.6
缓慢下降	2.5
迅速下降	0.3
总数=2070	

（二）节能成效显著改善

从表1.38可以看出，与2008年相比，有近六成的企业认为节能成效有迅速改善或缓慢改善，无明显变化的企业占37.5%。这表明，自2008年金融危机以来，大部分企业在节能方面做了一些工作，正在向好的方向转变，但速度、力度仍需进一步加大。

表 1.38　企业节能成效改善情况

增长情况	百分比（%）
迅速改善	13.2
缓慢改善	45.9
无明显变化	37.5
缓慢下降	3.0
迅速下降	0.4
总数 = 2070	

（三）减排成效显著改善

与节能相联系的是减排，在各级政府部门的政策高压之下，企业的减排成效呈现止跌向好的态势。如表1.39所示，有超过半数的受访企业认为，与2008年相比，其企业减排工作有迅速改善或缓慢改善，有近四成的受访企业认为，与2008年相比，企业减排工作没有明显变化，只有约5%的企业认为，减排工作有下降的趋势。

表 1.39　企业减排成效改善情况

增长情况	百分比（%）
迅速改善	13.0
缓慢改善	43.1
无明显变化	39.3
缓慢下降	3.9
迅速下降	0.8
总数 = 2070	

（四）就业岗位总数有增有减

企业就业岗位数量的变化反映了企业为社会提供就业机会,缓解失业压力的能力。从调查结果来看,2008年到2011年,有31.2%的企业就业岗位有缓慢改善,23.2%出现缓慢下降,其中有5.7%呈现迅速下降趋势(见表1.40)。这种情况可能与经济危机下,不少企业采取降低生产成本、裁员以求生存的策略有关,整体而言,企业提供就业岗位总数的能力有待提高。

表1.40　企业就业岗位总数

增长情况	百分比（%）
迅速改善	8.4
缓慢改善	31.2
无明显变化	31.6
缓慢下降	23.2
迅速下降	5.7
总数＝2070	

（五）员工福利明显改善

与安全生产、节能减排、就业岗位总数的发展趋势不同,员工福利待遇改善非常明显。如表1.41所示,有24.8%的受访企业认为,与2008年相比,员工福利待遇有迅速改善,有57.6%的企业认为有缓慢改善,二者相加超过80%。认为无明显变化的受访企业只占15.3%。员工福利待遇的改善,既是企业转型升级的表现,也是其转型升级的动力。一方面,劳动力供求结构的变化,逼迫企业改善员工的福利待遇;另一方面,员工福利待遇的改善压缩了企业主的利润空间,逼迫企业通过技术进步、生产率提高来赚取利润。

表1.41　企业员工福利待遇改善情况

增长情况	百分比（%）
迅速改善	24.8
缓慢改善	57.6
无明显变化	15.3

增长情况	百分比（%）
缓慢下降	2.0
迅速下降	0.3
总数＝2066	

（六）企业社会效益改善的地区差异

如果将企业安全生产、节能、减排、员工福利改善情况进行打分，迅速改善赋值9分，缓慢改善赋值7分，无明显变化赋值5分，缓慢下降赋值3分，迅速下降赋值1分，统计分析显示，与2008年相比，四个城市的企业在安全生产、节能、减排方面的效益并无显著差异，就业岗位总数方面东莞企业情况相对较差；员工福利方面，中山企业不及其他三地，需要进一步提高。

表1.42　四个城市企业社会效益改善情况比较

地区	指　标	安全生产	节能	减排	就业岗位总数	员工福利
东莞	平均值	6.3	6.3	6.2	4.8	7.1
	企业数	524	524	524	524	522
顺德	平均值	6.9	6.9	6.8	5.8	7.4
	企业数	536	536	536	536	536
惠州	平均值	6.4	6.3	6.2	5.4	7.2
	企业数	520	520	520	520	520
中山	平均值	6.2	6.1	5.9	5.0	6.7
	企业数	490	490	490	490	488

三、市场开拓

（一）出口增长乏力

自2008年以来，出口形势一直处于低迷之势，对珠三角企业的出口影响甚大。从表1.43可以看出，只有12.6%的企业认为，与2008年相比，企业出口形势有迅速改善,有24.1%的企业认为出口有缓慢下降,还有8.3%的企业认为出口呈现迅速下降。

表 1.43　出口增长情况

增长情况	百分比(%)
迅速增长	12.6
缓慢增长	32.6
无明显变化	22.4
缓慢下降	24.1
迅速下降	8.3
总数 = 1582	

(二)出口发达国家比例下降明显

从表1.44可以看出,无论是出口到发达国家还是发展中国家,与2008年相比,其比重的增长都是以缓慢增长或无明显变化为主,其中,销往发达国家的比重出现下降的受访企业占18.8%,明显高于销往发展中国家的14.6%。

表 1.44　出口到不同国家的产品比例增长情况比较

增长情况	销往发展中国家的比例(%)	销往发达国家的比例(%)
迅速增长	8.0	7.9
缓慢增长	26.0	26.0
无明显变化	51.5	47.4
缓慢下降	11.8	13.3
迅速下降	2.8	5.5

(三)内销比例增长缓慢

从表1.45可以看出,自2008年以来,珠三角企业开拓内销市场的情况也是差强人意。有42.0%的企业认为,与2008年相比,企业内销比例没有明显变化,32.0%的受访企业认为内销比例有缓慢增长,认为有迅速增长的受访企业只占10.1%,另外还有15.9%的企业认为,内销比例比2008年有所下降。

表 1.45　内销比例增长趋势

增长情况	百分比（%）
迅速增长	10.1
缓慢增长	32.0
无明显变化	42.0
缓慢下降	12.8
迅速下降	3.1
总数 = 1581	

（四）品牌影响力提升较为明显

从表 1.46 可以看出,有 14.4%的受访企业认为,与 2008 年相比,企业自主品牌的影响力有迅速改善,34.3%的受访企业认为有缓慢改善,认为无明显变化的企业占受访企业总数的 44.2%。这说明大部分已有品牌企业的品牌影响力是在明显提升,但需要留意的是仅约半数的企业（1264 家）回答了该问题。

表 1.46　品牌影响力发展趋势

增长情况	百分比（%）
迅速增长	14.4
缓慢增长	34.3
无明显变化	44.2
缓慢下降	5.9
迅速下降	1.2
总数 = 1264	

四、技术创新

（一）新产品数量增长明显

企业的转型升级最根本的要依靠技术的进步。如表 1.47 所示,有 15.9%的受访企业认为,与 2008 年相比,企业新产品数量增长迅速,有 45.1%的受访企业认为新产品数量有缓慢的增长,认为无明显变化的企业占受访企业的30.7%。这说明在外部市场环境的压力下,大部分企业加大了新产品的研发力度,新产品数量增长明显。

表 1.47 新产品数量增长情况

增长情况	百分比(%)
迅速增长	15.9
缓慢增长	45.1
无明显变化	30.7
缓慢下降	7.0
迅速下降	1.2
总数=1726	

(二)新产品销售额比重增长较快

随着新产品数量的增长,新产品销售额在企业总销售额中的比重也明显提高。如表 1.48 所示,有 14.7%的受访企业认为,与 2008 年相比,企业新产品销售额的比重在迅速增长,有 43.4%的受访企业认为有缓慢增长,无明显变化的企业占受访企业总数的 33.9%。

表 1.48 新产品销售额比重增长情况

增长情况	百分比(%)
迅速增长	14.7
缓慢增长	43.4
无明显变化	33.9
缓慢下降	6.5
迅速下降	1.5
总数=1194	

(三)研发人员比重有较明显的提高

研发人员比重的提高也是企业转型升级的重要表现之一。从表 1.49 可以看出,与 2008 年相比,认为研发人员比重有所提高的企业约占受访企业总数的五成。

表 1.49　研发人员比重增长情况

增长情况	百分比（%）
迅速增长	13.3
缓慢增长	36.7
无明显变化	42.1
缓慢下降	6.3
迅速下降	1.6
总数 = 1680	

（四）技术研发项目数量增长较快

从表 1.50 可以看出，大多数企业的技术研发项目数量有较快的增长。有 17.2%的受访企业认为，与 2008 年相比，技术研发项目的数量迅速增长，有 40%的受访企业认为，技术研发项目的数量有缓慢增长，认为技术研发项目的数量无明显变化的企业只占受访企业总数的 33.8%。

表 1.50　技术研发项目数量变迁趋势

增长情况	百分比（%）
迅速增长	17.2
缓慢增长	40.0
无明显变化	33.8
缓慢下降	7.5
迅速下降	1.5
总数 = 1500	

五、运营模式升级成效

（一）OAM 销售额比重升降参半

珠三角大多数企业特别是珠江东岸的企业，大多发端于改革开放之初的"三来一补"企业，为国外大型跨国公司提供来样/图加工装配产品的服务

（OAM），从中赚取微薄的加工费。2008年金融危机的爆发，使得这些位于产业链最低端的企业感到了危机，所以，这些企业的转型升级，主要内容就是降低OAM的比重，提高自主生产、自主设计的能力。但是从表1.51可以看出，在目前仍进行OAM产品生产的企业中，约28%的企业认为，与2008年相比，其OAM的销售额比重有迅速增长或缓慢增长，约17%的企业认为OAM销售额比重有迅速下降或缓慢下降。这说明，相当一部分企业仍然没有跳出OAM代工生产的路径依赖。

表1.51　OAM销售额比重变迁情况

增长情况	百分比（%）
迅速增长	4.1
缓慢增长	24.1
无明显变化	55.0
缓慢下降	13.8
迅速下降	3.1
总数=988	

（二）OEM销售额比重稳中有升

从表1.52可以看出，在目前仍进行OEM产品生产的企业中，有53.6%的企业认为，与2008年相比，企业OEM贴牌生产产品销售额比重无明显变化，有28.2%的企业认为，OEM产品销售额比重比2008年有所提高，有18.2%的企业认为OEM产品销售额比重比2008年有所下降。整体上看，OEM产品销售额比重呈现稳中有升的发展趋势。

表1.52　OEM销售额比重变迁情况

增长情况	百分比（%）
迅速增长	6.7
缓慢增长	21.5
无明显变化	53.6
缓慢下降	14.2
迅速下降	4.0
总数=950	

（三）ODM 销售额比重明显提高

原始设计产品（ODM）体现了企业自主生产、提升竞争力的努力，从表
1.53 可以看出，在目前进行 ODM 产品生产的企业中，有 42% 的企业认为，企
业 ODM 销售额比重比 2008 年提高了，有 10.7% 的企业认为 ODM 销售额比重
比 2008 年下降了。整体上看，ODM 产品销售额比重提升较为明显。

表 1.53　ODM 销售额比重变迁情况

增长情况	百分比（%）
迅速增长	11.0
缓慢增长	31.0
无明显变化	47.4
缓慢下降	9.3
迅速下降	1.4
总数 = 1020	

（四）OBM 销售额比重明显提高

企业自主品牌产品（OBM）的销售比重也在不断增加。如表 1.54 所示，
在目前进行 OBM 产品生产的企业中，有近半数（48.8%）的企业认为，本企业
OBM 产品销售额比重比 2008 年提高了。

表 1.54　OBM 销售额比重变迁情况

增长情况	百分比（%）
迅速增长	14.3
缓慢增长	34.5
无明显变化	43.2
缓慢下降	6.4
迅速下降	1.5
总数 = 1077	

（五）企业自主生产能力的地区差异

从表 1.55 可以看出,在受访的 473 家顺德企业中,有 86.1%的企业进入了 OBM 阶段,只有 6.6%的受访企业仍然停留在 OAM 和 OEM 阶段。而在受访的 515 家东莞企业中,只有 36.7%的企业进入 OBM 阶段,有 44.7%的企业仍然停留在 OAM、OEM 阶段。受访的 295 家中山企业也大部分都进入 OBM 阶段(达 76.3%),受访的 328 家惠州企业中停留在 OAM 和 OEM 阶段的企业较多,分别为 15%和 21.7%。

表 1.55　四个城市企业自主生产情况比较

地　区	指　标	OAM 阶段	OEM 阶段	ODM 阶段	OBM 阶段
东莞	企业数	123	107	96	189
	百分比	23.9	20.8	18.6	36.7
顺德	企业数	23	8	35	407
	百分比	4.9	1.7	7.4	86.1
惠州	企业数	49	71	32	176
	百分比	15.0	21.7	9.8	53.7
中山	企业数	28	20	22	225
	百分比	9.5	6.8	7.5	76.3

（六）新兴产业企业自主生产能力高于传统产业企业

新兴产业企业起步较晚,起点一般也较高,所以新兴产业企业的自主生产能力明显高于传统产业企业。如表 1.56 所示,在受访的 287 家新兴产业企业中,进入 OBM 阶段的占 81.0%,而在受访的 1324 家传统产业企业中,达到 OBM 阶段的企业只占 57.8%,有超过 30.1%的受访企业仍然停留在 OAM 和 OEM 阶段。

表 1.56　新兴产业企业与传统产业企业自主生产能力比较

地　区	指　标	OAM 阶段	OEM 阶段	ODM 阶段	OBM 阶段
新兴产业	企业数	23	8	24	232
	百分比	8.0	2.8	8.4	81.0

续表

地区	指标	OAM 阶段	OEM 阶段	ODM 阶段	OBM 阶段
传统产业	企业数	200	198	161	765
	百分比	15.1	15.0	12.1	57.8

六、产业转型升级的手段与效益的相关分析

将产业转型升级的具体措施共分为七大类,即生产流程升级、产品升级、功能升级、链条升级、技术创新、国际化战略和其他。通过相关分析看这七类手段与企业转型升级效益的关系,由此可以找出对企业转型升级效益提升影响最显著的措施。

表 1.57　珠三角企业转型升级的战略措施与企业效益指标的相关表

企业转型升级采取的战略措施	经济效益		社会效益	
	系数	排序	系数	排序
生产流程升级	0.2027*	4	0.3429*	4
产品升级	0.4376*	2	0.5884*	1
功能升级	0.3161*	3	0.4538*	3
链条升级	0.1035*	6	0.1711*	6
技术创新	0.4439*	1	0.5884*	1
国际化战略	0.1480*	5	0.2764*	5
其他	0.0594*	7	0.1321*	7

备注:(1)表中数值为皮尔逊相关系数,它用于测量两个数值型变量之间的关联程度,值域范围介于0—1之间,系数越大表明两个变量之间的关系越强。(2)*代表皮尔逊相关系数在99%的置信区间内能够通过检验,二者的关联程度是可信的。

七种手段都与企业的财务效益呈正相关,也就是说企业采取这些手段的力度越大,程度越深,其转型升级的财务效益就越高。表 1.57 数据表明,生产流程升级、产品升级、功能升级、链条升级、技术创新和国际化战略均对企业效益有显著的正向影响。具体而言,在经济效益方面,技术创新对企业经济效益的提升作用最大,产品升级的作用次之,功能升级的作用再次之。在社会效益

方面,产品升级和技术创新对企业社会效益的提升作用最大,功能升级的作用次之。相比较之下,生产流程升级、国际化战略、链条升级和其他措施对提升企业效益的效果较小。

（一）生产流程升级

表1.58数据结果显示,生产流程升级的各种手段有助于提升企业竞争力和效益。在经济效益方面,投资采用新生产机器设备/技术和员工技术培训对企业经济效益的影响排名分别为第5、10名。质量管理体系/制度建设、安全生产规章制度建设、优化库存物流管理和优化工时管理制度对企业经济效益的影响排名均为中游水平。在社会效益方面,投资采用新生产机器设备/技术、质量管理体系/制度建设和员工技能培训对企业社会效益的影响排名分别为第5、6、8名。优化库存物流管理、安全生产规章制度建设和优化工时管理制度对企业社会效益的影响排名均为中游水平。

表1.58　珠三角企业转型升级的生产流程升级
手段与企业效益指标的相关表

企业转型升级采取的生产流程升级手段	经济效益		企业转型升级采取的生产流程升级手段	社会效益	
	系数	排序		系数	排序
投资采用新生产机器设备/技术	0.2360^*	5	投资采用新生产机器设备/技术	0.3124^*	5
员工技能培训	0.1817^*	10	质量管理体系/制度建设	0.3097^*	6
质量管理体系/制度建设	0.1721^*	12	员工技能培训	0.2977^*	8
安全生产规章制度建设	0.1603^*	14	优化库存物流管理	0.2878^*	11
优化库存物流管理	0.1599^*	15	安全生产规章制度建设	0.2836^*	13
优化工时管理制度	0.1478^*	19	优化工时管理制度	0.2779^*	16

备注:(1)表中数值为皮尔逊相关系数,它用于测量两个数值型变量之间的关联程度,值域范围介于0—1之间,系数越大表明两个变量之间的关系越强。(2)*代表皮尔逊相关系数在99%的置信区间内能够通过检验,二者的关联程度是可信的。

（二）产品升级

表 1.59 数据结果表明,产品升级的手段与企业效益呈现显著的正向关系。在经济效益方面,研发新产品,提高产品差异化水平和提高产品质量对企业经济效益的影响分别排名第 7、16 位。在社会效益方面,提高产品质量和研发新产品,提高产品差异化水平对企业社会效益的影响分别排名第 9、12 位。

**表 1.59　珠三角企业转型升级的产品升级手段
与企业效益指标的相关表**

企业转型升级采取的产品升级手段	经济效益		企业转型升级采取的产品升级手段	社会效益	
	系数	排序		系数	排序
研发新产品,提高产品差异化水平	0.2108*	7	提高产品质量	0.2912*	9
提高产品质量	0.1536*	16	研发新产品,提高产品差异化水平	0.2847*	12

备注:(1)表中数值为皮尔逊相关系数,它用于测量两个数值型变量之间的关联程度,值域范围介于0—1 之间,系数越大表明两个变量之间的关系越强。(2)*代表皮尔逊相关系数在 99% 的置信区间内能够通过检验,二者的关联程度是可信的。

（三）功能升级

表 1.60 数据结果表明,功能升级的各种手段有助于提升企业竞争力和效益。无论在经济效益还是在社会效益方面,销售服务网络建设、改善售后服务、开拓国内市场和开拓国际市场对企业效益的影响均排名在中游水平。

**表 1.60　珠三角企业转型升级的功能升级手段
与企业效益指标的相关表**

企业转型升级采取的功能升级手段	经济效益		企业转型升级采取的功能升级手段	社会效益	
	系数	排序		系数	排序
自主品牌建设	0.2038*	8	自主品牌建设	0.2830*	14
销售服务网络建设	0.1754*	11	改善售后服务	0.2809*	15
开拓国内市场	0.1698*	13	销售服务网络建设	0.2664*	17

续表

企业转型升级采取的功能升级手段	经济效益		企业转型升级采取的功能升级手段	社会效益	
	系数	排序		系数	排序
改善售后服务	0.1508*	18	开拓国内市场	0.2426*	18
开拓国际市场	0.1457*	20	开拓国际市场	0.2178*	19

备注:(1)表中数值为皮尔逊相关系数,它用于测量两个数值型变量之间的关联程度,值域范围介于0—1之间,系数越大表明两个变量之间的关系越强。(2)*代表皮尔逊相关系数在99%的置信区间内能够通过检验,二者的关联程度是可信的。

(四)链条升级

表1.61数据结果表明,链条升级各种措施手段对企业竞争力提升的作用比较有限。与其他转型升级手段相比,在本行业中向下游产业延伸、在本行业中向上游产业延伸和进入新行业对企业效益的影响较小,三者均排在20名之后。

表1.61　珠三角企业转型升级的链条升级手段与企业效益指标的相关表

企业转型升级采取的链条升级手段	经济效益		企业转型升级采取的链条升级手段	社会效益	
	系数	排序		系数	排序
在本行业中向下游产业延伸	0.1163*	22	在本行业中向下游产业延伸	0.1485*	22
在本行业中向上游产业延伸	0.0746*	26	在本行业中向上游产业延伸	0.1444*	24
进入新行业	0.0597*	27	进入新行业	0.1329*	26

备注:(1)表中数值为皮尔逊相关系数,它用于测量两个数值型变量之间的关联程度,值域范围介于0—1之间,系数越大表明两个变量之间的关系越强。(2)*代表皮尔逊相关系数在99%的置信区间内能够通过检验,二者的关联程度是可信的。

(五)企业的技术创新

表1.62数据结果表明,与其他手段相比,技术创新是促进企业转型升级的突破口和提升企业效益的关键环节。在经济效益方面,技术研发项目的数量、新产品销售额占总销售额比例、研发人员比例、新产品数量和提升企业自

主研发能力对企业经济效益的影响分别排名第1、2、3、4、6位。在社会效益方面,技术研发项目的数量、新产品数量、新产品销售额占总销售额比例、研发人员比例和提升企业自主研发能力对企业社会效益的影响分别排名第1、2、3、4、7位。

表 1.62　珠三角企业转型升级的技术创新手段
与企业效益指标的相关表

企业转型升级采取 的技术创新手段	经济效益		企业转型升级采取 的技术创新手段	社会效益	
	系数	排序		系数	排序
技术研发项目的数量	0.4459*	1	技术研发项目的数量	0.5652*	1
新产品销售额占总销售额比例	0.4360*	2	新产品数量	0.5547*	2
研发人员比例	0.4325*	3	新产品销售额占总销售额比例	0.5495*	3
新产品数量	0.4275*	4	研发人员比例	0.5366*	4
提升企业自主研发能力	0.2117*	6	提升企业自主研发能力	0.3019*	7

备注:(1)表中数值为皮尔逊相关系数,它用于测量两个数值型变量之间的关联程度,值域范围介于0—1之间,系数越大表明两个变量之间的关系越强。(2)*代表皮尔逊相关系数在99%的置信区间内能够通过检验,二者的关联程度是可信的。

（六）企业的国际化战略

表 1.63 数据结果表明,与其他转型升级的手段相比,企业的国际化战略手段对企业效益和竞争力的影响明显减弱。在经济效益方面,与外国客户合作、开拓国际市场和海外投资项目对企业经济效益的影响排名分别为第17、20、23名。在社会效益方面,开拓国际市场、与外国客户合作和海外投资项目对企业社会效益的影响排名分别为第19、20、25位。此外,无论在经济效益抑或社会效益方面,在海外投资建厂均对企业效益没有显著的影响。

**表 1. 63 珠三角企业转型升级的国际化战略手段
与企业效益指标的相关表**

企业转型升级采取的国际化手段	经济效益		企业转型升级采取的国际化战略手段	社会效益	
	系数	排序		系数	排序
与外国客户合作	0.1513*	17	开拓国际市场	0.2178*	19
开拓国际市场	0.1457*	20	与外国客户合作	0.2167*	20
海外投资项目	0.0894*	23	海外投资项目	0.1420*	25
在海外投资建厂	-0.0255		在海外投资建厂	0.0220	

备注:(1)表中数值为皮尔逊相关系数,它用于测量两个数值型变量之间的关联程度,值域范围介于0—1之间,系数越大表明两个变量之间的关系越强。(2)*代表皮尔逊相关系数在99%的置信区间内能够通过检验,二者的关联程度是可信的。

（七）相对低效的企业升级手段

随着"转型升级"成为热门词汇,一些基本的战略管理工具也变成企业转型升级的手段并流行起来。我们的调查也涉及了这些现在常被认定为重要的企业转型升级的措施,包括:企业法律地位和财务结构的变动、企业治理结构的变动、企业生产地点的转移和规模的扩大,以及企业的并购重组和战略结盟等。如表 1.64 数据结果所示,虽然这些措施大多数对提高企业效益和综合竞争力的作用是正面的,但与前述珠三角企业转型升级的战略手段相比,其效果并不明显。而如果考虑到实施这些措施时企业所要付出的成本,则可以判断这些措施基本上对于今后珠三角企业转型升级是低效率的,故不应被推广为企业转型升级的主打战略。现对这些手段及其对企业升级的低效率性做详述如下。

**表 1. 64 珠三角企业转型升级的其他手段
与企业效益指标的相关表**

企业转型升级采取的其他手段	经济效益	企业转型升级采取的其他手段	社会效益
所有权和经营权分离,引进职业经理人	0.1057*	所有权和经营权分离,引进职业经理人	0.1472*
在国内其他区域投资建厂	0.0823*	从非法人企业转变为法人企业	0.1222*
成为上市公司	0.0484	将生产基地转移到成本更低地区	0.0867*
并购重组	0.0296	并购重组	0.0506

企业转型升级采取的其他手段	经济效益	企业转型升级采取的其他手段	社会效益
培养企业家子女来掌管公司	-0.0141	成为上市公司	0.0476
将生产基地转移到成本更低地区	0.0054	培养企业家子女来掌管公司	0.0215

备注:(1)表中数值为皮尔逊相关系数,它用于测量两个数值型变量之间的关联程度,值域范围介于0—1之间,系数越大表明两个变量之间的关系越强。(2)*代表皮尔逊相关系数在99%的置信区间内能够通过检验,二者的关联程度是可信的。

七、产业转型升级的手段与环境条件的相关分析

　　企业的环境主要包括 6 大方面条件,即生产要素条件、市场需求、产业竞合关系、支援及社会组织、政府体制和制度环境。本次调查让企业评价了这几方面条件的情况,通过将企业对各种条件的评价和其采取的战略措施的力度进行相关分析,结果显示支援及社会组织、政府体制和制度环境这三方面与各项升级措施的相关均较强,是珠三角企业转型升级力度的主要的环境因素,这三方面条件要素越优越,企业进行转型升级的力度越大,程度越深入(见表1.65)。在前文第六项分析中已经指出了对企业经济效益和社会效益提升作用最显著的三类转型升级战略措施,即技术创新、产品升级和功能升级。首先,珠三角企业的产品升级和功能升级与其所在地的生产服务业发展、行业协会作用紧密关联,同时在一定程度上受政府制定的产业政策及对企业的扶持、市场制度的规范性的影响。而企业进行技术创新的力度与市场需求的相关最高,企业在对国内外市场预期较高时比较倾向于投入更多精力开展技术创新。

表 1.65　资源条件与企业转型升级战略的相关分析

资源条件	流程升级	产品升级	功能升级	链条升级	技术创新	其他手段
生产要素条件	0.2730*	0.1761*	0.2315*	0.2038*	0.1904*	0.1409*
自然资源	0.2155*	0.1274*	0.1463*	0.1126*	0.1477*	0.0777*
基础设施/基本公共服务	0.2298*	0.1494*	0.2018*	0.0913*	0.1340*	0.0566
人力资源	0.1956*	0.1216*	0.1234*	0.1630*	0.1133*	0.1023*

资源条件	流程升级	产品升级	功能升级	链条升级	技术创新	其他手段
知识资源	0.2307*	0.1405*	0.2168*	0.2465*	0.1765*	0.1810*
资本资源	0.2168*	0.1572*	0.2275*	0.2239*	0.1864*	0.1726*
市场需求	0.2876*	0.2208*	0.2462*	0.2021*	0.2321*	0.1617*
产业竞合关系	0.2511*	0.1417*	0.2256*	0.2113*	0.1322*	0.1350*
支援及社会组织	0.3279*	0.2066*	0.2712*	0.1635*	0.1940*	0.0973*
政府体制	0.3120*	0.1997*	0.3032*	0.1520*	0.1923*	0.0563
制度环境	0.3319*	0.1999*	0.3094*	0.1347*	0.1842*	0.0828*

备注:(1)表中数值为皮尔逊相关系数,它用于测量两个数值型变量之间的关联程度,值域范围介于0—1之间,系数越大表明两个变量之间的关系越强。(2)*代表皮尔逊相关系数在99%的置信区间内能够通过检验,二者的关联程度是可信的。

第四部分　企业基本资料

一、企业总经理基本资料

(一)年龄

年龄	频数	百分比(%)
1)20—30岁	69	3.4
2)31—40岁	544	26.5
3)41—50岁	977	47.6
4)51—60岁	382	18.6
5)60岁以上	79	3.9
合计=2051		

(二)性别

性别	频数	百分比(%)
1)男性	1890	91.7
2)女性	172	8.3

性别	频数	百分比（%）
合计＝2062		

（三）学历

学历	频数	百分比（%）
1）初中及以下	101	5.0
2）高中/中专	497	24.3
3）大学专科	585	28.6
4）大学本科	591	28.9
5）硕士或以上	273	13.2
合计＝2047		

学历	新兴产业		传统产业	
	频数	百分比（%）	频数	百分比（%）
1）初中及以下	7	2.0	94	5.6
2）高中/中专	43	12.2	454	26.8
3）大学专科	78	22.1	507	30.0
4）大学本科	131	37.1	460	27.0
5）硕士或以上	94	26.6	179	10.6
合计	353	100	1694	100

（四）身份

身份	频数	百分比（%）
1）创始人	1295	63.3
2）第一代接班人	190	9.3
3）第二代接班人	100	4.9
4）外聘	461	22.5
合计＝2046		

二、企业成立年限

成立年限	频数	百分比（%）
1）5 年及以下	529	26.0
2）6—10 年	706	34.7
3）11—15 年	409	20.1
4）16—20 年	274	13.5
5）20 年以上	115	5.7
合计＝2033		

三、企业员工

（一）企业员工总数

员工总数	频数	百分比（%）
1）50 人以下	408	19.9
2）51—100 人	298	14.5
3）101—200 人	371	18.1
4）201—300 人	249	12.1
5）301—500 人	283	13.8
6）501—1000 人	231	11.3
7）1000 人以上	214	10.3
合计＝2054		

（二）不同类型员工人数

1.管理层人数	频数	百分比（%）
1）10 人及以下	604	29.8
2）11—20 人	359	17.7
3）21—35 人	364	18.0

4) 36—50 人	215	10.6
5) 51—90 人	228	11.3
6) 90 人以上	257	12.6
合计	2027	100
2. 研发/设计人员数量	**频数**	**百分比（%）**
1) 10 人及以下	1221	59.2
2) 11—20 人	241	14.5
3) 21—35 人	144	8.6
4) 36—50 人	89	4.8
5) 51—90 人	91	6.1
6) 90 人以上	117	6.8
合计	1903	100
3. 技术工人数量	**频数**	**百分比（%）**
1) 10 人及以下	669	33.9
2) 11—20 人	285	14.4
3) 21—35 人	218	11.0
4) 36—50 人	157	8.0
5) 51—90 人	183	9.3
6) 91—180 人	212	10.7
7) 180 人以上	252	12.7
合计	1976	100
4. 非技术工人数量	**频数**	**百分比（%）**
1) 50 人以下	781	39.6
2) 51—100 人	302	15.3
3) 101—200 人	288	14.6
4) 201—300 人	172	8.7
5) 301—500 人	163	8.3
6) 501—1000 人	138	7.0
7) 1000 人以上	129	6.5
合计	1973	100

（三）不同学历员工人数

1.大专及以上的员工数量	频数	百分比（%）
1）10 人及以下	662	33.7
2）11—20 人	281	14.3
3）21—35 人	233	11.9
4）36—50 人	186	9.5
5）51—90 人	185	9.4
6）91—180 人	200	10.2
7）180 人以上	218	11.0
合计	1965	100
2.初中及以上的员工数量	频数	百分比（%）
1）50 人以下	478	24.5
2）51—100 人	321	16.5
3）101—200 人	373	19.1
4）201—300 人	194	10.0
5）301—500 人	238	12.2
6）501—1000 人	177	9.1
7）1000 人以上	169	8.6
合计	1950	100

四、投资来源

投资来源	频数	百分比（%）
1）有外商投资企业，投资方为非台港澳	195	9.5
2）台港澳投资企业	726	35.4
3）无外商投资的国有企业、集体企业等	46	2.2
4）无外商投资的民营企业	971	47.4
5）其他	111	5.5
合计 = 2049		

投资来源	东莞		顺德		惠州		中山	
	频数	百分比(%)	频数	百分比(%)	频数	百分比(%)	频数	百分比(%)
1)有外商投资企业,投资方为非台港澳	73	14.0	30	5.6	64	12.4	28	5.9
2)台港澳投资企业	294	56.2	123	23.0	252	48.7	57	12.1
3)无外商投资的国有企业、集体企业等	1	0.2	8	1.5	7	1.4	30	6.4
4)无外商投资的民营企业	142	27.2	348	65.0	165	31.9	316	67.0
5)其他	13	2.4	27	4.90	30	5.6	41	8.6
合计	523	100	536	100	518	100	472	100

投资来源	新兴产业		传统产业	
	频数	百分比(%)	频数	百分比(%)
1)有外商投资企业,投资方为非台港澳	46	13.0	149	8.8
2)台港澳投资企业	119	33.5	607	35.8
3)无外商投资的国有企业、集体企业等	6	1.7	40	2.4
4)无外商投资的民营企业	162	45.6	809	47.8
5)其他	22	6.1	89	5.2
合计	355	100	1694	100

第五部分　企业升级的外在环境条件和政策评估

一、产业发展需要的条件

"重要程度"用于衡量企业发展所需要素的重要程度,评分标准由1分至9分:1分代表该条件对产业发展极不重要,5分代表中等,9分代表极为重要。(分数越高,重要程度越高)

　　"现实情况"用于衡量企业对所在地区不同要素实现的满意程度,评分标准由 1 分至 9 分:1 分代表满意度极低,5 分代表中等,9 分代表极好。(分数越高,对当前情况的满意度越高)

测量项目	重要程度(均值)	现实情况(均值)
(一)生产要素条件	7.12	5.31
自然资源	7.38	5.37
能源充足	7.54	5.82
能源成本低	7.54	5.15
生产用地充足	7.20	5.56
生产用地成本低	7.36	5.04
达到环保标准成本低	7.26	5.29
基础设施/基本公共服务	7.62	5.96
治安良好	7.80	5.74
生活服务设施(餐饮、娱乐、绿化等)完善	7.39	5.75
公共服务配套(教育/医疗/住房)完善	7.46	5.62
交通运输网络完善	7.71	6.11
通信设施完善	7.75	6.60
人力资源	7.51	5.18
招聘高素质的管理人员便捷	7.41	5.27
招聘高素质的技术人员便捷	7.51	5.21
招聘高素质的熟练工人便捷	7.62	5.06
知识资源	6.41	4.76
大学、科研机构为企业提供技术创新服务	6.24	4.58
公共技术创新平台为企业提供技术服务	6.39	4.74
有产业集群网站或者产业专业网站	6.41	4.79
有便于企业间沟通交流的场所和机会	6.61	4.95
资本资源	6.41	4.95
有方便快捷的正式融资渠道	6.99	5.19
有方便快捷的非正式融资渠道	5.77	4.68
有为企业提供贷款担保的机构	6.46	4.97
(二)市场需求/贸易条件	7.02	5.30
国内市场的需求增长空间大	7.29	5.36

测量项目	重要程度（均值）	现实情况（均值）
国外市场的需求增长空间大	6.98	5.14
人民币币值稳定	7.49	5.39
进出口关税壁垒低	6.82	5.34
非关税壁垒(如实施强制性技术、卫生、产品等标准)低	6.51	5.27
（三）产业竞合关系	6.89	5.33
本地企业间良性竞争	7.11	5.47
本地企业间实行专业化的分工合作	6.80	5.32
本地企业在原材料采购方面合作紧密	7.07	5.48
本地企业在技术研发方面合作紧密	6.72	5.16
本地企业在市场营销方面合作紧密	6.77	5.23
（四）支援及相关产业、社会组织	7.28	5.84
原材料、配件、设备均可在本地采购	7.40	5.86
本地物流配送服务业发达	7.54	6.33
本地产品出口检验、报关、通关手续便捷	7.44	6.02
本地产品质量监督检测机构完善	7.35	5.99
本地教育培训、人才招聘服务机构完善	7.21	5.61
本地金融服务机构完善	7.30	5.96
本地管理咨询/信息服务机构完善	6.99	5.58
本地相关机构能有效解决劳资纠纷	7.37	5.92
行业协会促进企业之间和企业与政府的沟通	7.18	5.75
行业协会维护企业权益	7.17	5.61
行业协会建立行约、行规和行业标准	7.10	5.56
（五）政府体制	7.60	6.12
本地工商/税务部门廉洁高效	7.89	6.60
本地海关部门廉洁高效	7.81	6.49
本地政府有中长期产业发展规划	7.58	6.23
本地政府产业政策制定能针对企业需求	7.57	6.06
企业有机会参与产业政策的制定	7.26	5.64
产业政策的执行有监督、考核和申诉机制	7.33	5.74
本地政府积极扶持中小企业	7.73	6.07

测量项目	重要程度（均值）	现实情况（均值）
（六）制度环境	7.48	6.00
市场竞争环境良好	7.59	5.89
物权、产权、债权保护制度完善	7.53	6.02
安全生产监督管理制度完善	7.61	6.28
行业技术标准完善	7.45	5.99
行规、行约等非正式制度有约束力	7.25	5.84

在重要程度方面,企业认为基础设施/基本公共服务、政府体制和人力资源最为重要,均值分别为 7.62、7.60 和 7.51。在现实情况方面,企业对政府体制、制度环境和基础设施/基本公共服务方面的满意程度较高,均值分别为 6.12、6.00 和 5.96。

二、政策评估

"政策了解程度"用于衡量企业决策层对不同类别政策的内容和相关操作流程的熟悉程度,评分标准由 1 分至 9 分:1 分代表完全不了解,5 分代表有一定了解,9 分代表十分了解。(分数越高,了解程度越深)

"政策重要性"用于衡量企业认为转型升级政策的重要程度,评分标准由 1 分至 9 分:1 分代表极不重要,5 分代表重要程度一般,9 分代表极为重要。(分数越高,重要性越高)

"政策满意度"主要衡量企业对不同类别政策的满意度。评分标准由 1 分至 9 分:1 分代表极不满意,5 分代表基本满意,9 分代表极为满意。(分数越高,满意度越高)

政策类型	政策了解程度（均值）	政策重要性（均值）	政策满意度（均值）
（一）人才政策	5.44	6.96	5.34
引进、培育高级人才	5.31	6.77	5.37
协助企业解决劳工荒问题	5.56	7.14	5.30

政策类型	政策了解程度（均值）	政策重要性（均值）	政策满意度（均值）
（二）土地政策	5.05	12.62	5.24
加强园区建设拓展用地空间	5.05	6.29	5.23
支持企业开展"三旧"改造	5.05	6.33	5.26
（三）融资政策	5.32	13.07	5.33
培育企业上市	5.06	6.14	5.22
支持中小企业融资	5.57	6.94	5.44
（四）技术政策	5.44	6.80	5.59
鼓励企业引进吸收技术	5.40	6.87	5.55
鼓励企业技术改造	5.51	6.95	5.63
鼓励企业开展技术创新活动	5.48	6.90	5.63
支持组建研究平台、创新联盟	5.25	6.53	5.46
推进企业信息化建设	5.40	6.76	5.56
实施质量监管和标准化战略	5.49	6.80	5.64
推动区域品牌建设	5.37	6.64	5.56
推动企业品牌建设	5.45	6.78	5.61
培育与保护知识产权	5.56	6.95	5.68
（五）引资扩资政策	5.26	6.34	5.44
大力发展总部经济	5.19	6.26	5.39
加强招商引资	5.33	6.41	5.49
（六）节能环保政策	5.80	7.00	5.82
推进企业节能降耗	5.84	7.13	5.83
推进企业清洁生产	5.77	6.98	5.81
（七）市场开拓政策	5.48	6.80	5.55
支持企业开拓国际市场	5.58	6.95	5.63
支持企业开拓国内市场	5.64	7.11	5.70
加强政府采购	5.20	6.33	5.31
（八）专项政策（仅用于东莞卷）	—	—	—
加快加工贸易企业转型升级	5.84	6.68	5.85

企业对政策的了解程度普遍偏低,其中,了解程度排在前四位的是节能环

保政策、市场开拓政策、技术政策和人才政策,其均值分别为 5.80、5.48、5.44 和 5.44。在政策重要性方面,企业认为融资政策、土地政策和节能环保政策排名前三位,均值分别为 13.07、12.62 和 7.00。在政策满意度方面,企业对政策实施情况的满意度普遍偏低,节能环保政策、技术政策和市场开拓政策排名前三位,均值分别为 5.82、5.59 和 5.55。

二、中观产业集群转型升级问卷 A

专业镇基本情况调查问卷（A 卷）

问卷编号：_____

填写说明：

（1）填充题：请将答案填写在横线上；

（2）选择题：请在所选答案后面的□内打"√"，没有特别说明的均为单选题；

（3）填写金额、数量时请特别留意其单位；

（4）请分别提供 2008 年度的数据和 2011 年度的数据；

（5）集体荣誉称号指国家有关协会授予的荣誉称号；

（6）所有机构、园区、协会等请填写全称，协会开展的活动要求简要说明。

＊＊请将专业镇特色产业近年来的相关工作报告、政策法规文件、发展战略和发展规划等作为本调查问卷的附件连同问卷一并提交。

填写问卷的机构/部门名称：_____

联系人：_____

联系方式：_____

第一部分　专业镇基本情况

1.专业镇名称：_____

2.特色产业的特色产品(包括原材料产品、中间产品、终端产品):_____

_____

3. 专业镇总面积:_____(平方公里)

4. 特色产业的发展历程:_____

_____

_____

_____

_____

_____

5.特色产业已建成产业园区名称:_____

(1)产业园区已建成面积(平方公里):_____

(2)产业园区专门管理机构名称:_____

(3)产业园区环保管理机构名称:_____

(4)产业园区环保是否符合要求:　　①是　□　②否　□

(5)产业园区消防是否符合规范:　　①是　□　②否　□

(6)产业园区安全是否符合要求:　　①是　□　②否　□

(7)产业园区是否集中供热(冷):　　①是　□　②否　□

(8)产业园区是否集中供气:　　①是　□　②否　□

(9)产业园区是否集中供水:　　①是　□　②否　□

(10)产业园区是否集中处理污水:　①是　□　②否　□

(11)产业园区是否集中处理固体废弃物:　①是　□　②否　□

(12)产业园区有否建立环境管理体系:　①是　□　②否　□

6.特色产业建设过程中的产业园区名称:_____

7.特色产业目前有无新的产业园区建设规划:_____

(1)产业园区建设规划是否通过环评:_____

(2)产业园区规划面积:_____

8.专业镇特色产业的技术创新服务机构名称:_____

9.专业镇特色产业服务的实验室名称:_____

10.专业镇特色产业的质量检测检验中心名称:_____

11.专业镇特色产业的知识产权保护机构名称：＿＿＿＿＿＿＿＿＿＿

12.专业镇特色产业的专业网站名称：＿＿＿＿＿＿＿＿＿＿＿＿＿

13.专业镇特色产业的专业市场名称：＿＿＿＿＿＿＿＿＿＿＿＿＿

14.专业镇特色产业的会展机构名称：＿＿＿＿＿＿＿＿＿＿＿＿＿

15.专业镇特色产业的教育培训机构名称：＿＿＿＿＿＿＿＿＿＿＿

16.专业镇特色产业的担保机构名称：＿＿＿＿＿＿＿＿＿＿＿＿＿

17.专业镇特色产业行业商会（协会）名称：＿＿＿＿＿＿＿＿＿＿

18.专业镇特色产业行业商会（协会）开展的实质性活动：＿＿＿＿＿＿＿

＿＿＿＿＿＿＿＿＿＿＿＿＿＿＿＿＿＿＿＿＿＿＿＿＿＿＿＿＿＿

＿＿＿＿＿＿＿＿＿＿＿＿＿＿＿＿＿＿＿＿＿＿＿＿＿＿＿＿＿＿

＿＿＿＿＿＿＿＿＿＿＿＿＿＿＿＿＿＿＿＿＿＿＿＿＿＿＿＿＿＿

＿＿＿＿＿＿＿＿＿＿＿＿＿＿＿＿＿＿＿＿＿＿＿＿＿＿＿＿＿＿

第二部分　专业镇 2008 年度和 2011 年度的相关情况

内容		2008 年度的情况	2011 年度的情况
19. 专业镇人口规模	① 总人口		
	② 户籍人口		
	③ 外来人口		
	④ 从业人口		
20.专业镇可建设用地存量（平方公里）			
21.专业镇特色产业用地缺口（平方公里）			
22.专业镇特色产业税金总额（百万元）			
23. 专业镇特色产业产值情况	23a.特色产业产值总额（亿元）		
	23b.特色产业产值占国内相应行业产值比例（%）		
	23c.特色产业产值增长率（%）		
	23d.特色产业产值增长率与国内相应行业产值增长率比率（%）		
24.特色产业增加值（亿元）			

内容		2008 年度的情况	2011 年度的情况
25.特色产业销售收入总额(亿元)			
26.专业镇特色产业产值占前三位的主要特色产品名称		产品 A:＿＿＿＿ 产品 B:＿＿＿＿ 产品 C:＿＿＿＿	产品 A:＿＿＿＿ 产品 B:＿＿＿＿ 产品 C:＿＿＿＿
26a. 特色产业产品 A 的情况	26a 1.产品 A 的产量(件、台、辆等)		
	26a 2.产品 A 产值占国内同类产品比重(%)		
	26a 3.产品 A 产值占国际同类产品比重(%)		
	26a 4.产品 A 的国内市场占有率(%)		
	26a 5.产品 A 的国际市场占有率(%)		
26b. 特色产业产品 B 的情况	26b 1.产品 B 的产量(件、台、辆等)		
	26b 2.产品 B 产值占国内同类产品比重(%)		
	26b 3.产品 B 产值占国际同类产品比重(%)		
	26b 4.产品 B 的国内市场占有率(%)		
	26b 5.产品 B 的国际市场占有率(%)		
26c. 特色产业产品 C 的情况	26c 1.产品 C 的产量(件、台、辆等)		
	26c 2.产品 C 产值占国内同类产品比重(%)		
	26c 3.产品 C 产值占国际同类产品比重(%)		
	26c 4.产品 C 的国内市场占有率(%)		
	26c 5.产品 C 的国际市场占有率(%)		
27.特色产业就业人数			
28.特色产业工程技术人员数			
29.专业镇各类产业的企业总数			
30.特色产业生产企业数			
31.特色产业配套企业数			
32.特色产业规模以上企业数			
33.特色产业新增企业数			

内容		2008 年度的情况	2011 年度的情况
34.特色产业外迁企业数			
35. 特色产业各类型企业的比例	35a.来样/图加工装配企业（OAM）占企业总数比例（%）		
	35b.贴牌生产企业（OEM）占企业总数比例（%）		
	35c.原始设计企业（ODM）占企业总数比例（%）		
	35d.自主品牌企业（OBM）占企业总数比例（%）		
36.特色产业外销企业占企业总数比例（%）			
37.特色产业从外销转内销的企业数量			
38.特色产业企业出口总额（亿美元）			
39.特色产业企业内销总额（亿元）			
40.特色产业园区的产值（亿元）			
41.特色产业园区基础设施建设累计投入的资金总额（万元）			
42.特色产业已注册的集体商标			
43.特色产业使用集体商标的企业数			
44.特色产业获得的集体荣誉称号			
45.特色产业中国驰名商标数			
46.特色产业广东省著名商标数			
47.特色产业中国名牌产品数			
48.特色产业广东省名牌产品数			
49.专业镇专业市场和会展机构的特色产业交易额（万元）			
50.专业镇教育培训机构为特色产业培训的人次			
51.专业镇担保机构担保的特色产业企业数			
52.专业镇担保机构为特色产业担保的金额（万元）			
53.专业镇特色产业行业协会/商会会员数			
54.专业镇特色产业省级及以上企业技术中心（工程中心）数量			
55.专业镇特色产业完成的技术创新项目个数			
56.专业镇特色产业完成的技术改造项目个数			
57.专业镇特色产业完成的产学研项目个数			

续表

内容		2008 年度的情况	2011 年度的情况
58.专业镇特色产业研发 R＆D 投入情况	58a.特色产业企业研究与发展经费支出总额（亿元）①		
	58b.专业镇政府对特色产业的财政科技拨款（亿元）		
59.专业镇特色产业列入省级以上新产品数			
60. 专业镇特色产业专利情况	60a.发明专利申请量（件）		
	60b.发明专利授权量（件）		
	60c. PCT 国际专利申请量（件）		
61.专业镇特色产业销售额前 10 位企业中制定信息化规划的企业比例（％）			
62.专业镇特色产业销售额前 10 位企业建立门户网站比例（％）			
63.专业镇特色产业销售额前 10 位企业信息化覆盖主要业务流程比例（ERP 等）（％）			
64.专业镇特色产业销售额前 10 位企业装备达到国际先进水平比例（％）			
65.专业镇特色产业销售额前 10 位企业装备达到国内先进水平比例（％）			
66.专业镇特色产业销售额前 10 位企业工艺达到国际先进水平比例（％）			
67.专业镇特色产业销售额前 10 位企业工艺达到国内先进水平比例（％）			
68.专业镇特色产业销售额前 10 位企业采用国家或国际标准的比例（％）			
69.专业镇特色产业销售额前 10 位企业采用行业或地方标准的比例（％）			
70.专业镇特色产业销售额前 10 位企业通过国际质量体系认证比例（％）			
71.专业镇特色产业销售额前 10 位企业参与制定／修订国际标准、国家标准的数量			
72.专业镇特色产业销售额前 10 位企业参与制定／修订行业标准、地方标准的数量			

---

① 研究与发展经费支出：指报告期内用于研究与发展课题活动（基础研究、应用研究、实验发展）的全部实际支出。包括用于研究与发展课题活动的直接支出，还包括间接用于研究与发展活动的一切支出（院、所管理费，维持院、所正常运转的必需费用和与研究发展有关的基本建设支出）。

三、中观产业集群转型升级问卷 B

专业镇基本情况调查问卷（B 卷）

问卷编号：_____

填写说明：

（1）填充题：请将答案填写在横线上；

（2）选择题：请在所选答案后面的□内打"√"，没有特别说明的均为单选题；

（3）填写金额、数量时请特别留意其单位。

填写问卷的机构/部门名称：_____

联系人：_____

联系方式：_____

1.专业镇特色产业企业在国外投资的情况：

（1）完全没有　　□　　　　（2）比例较少　　□

（3）一般　　□　　　　　　（4）比例较多　　□

2.近三年专业镇特色产业有没有组织本地企业参加外地（即东莞以外）的展销会、洽谈会？

（1）有　　□　　　（2）没有　　□

（请回答"有"者继续回答第 3 题，否则跳到第 4 题）

3.如果有，主要是谁组织的？（可多选）

（1）政府部门　　□

（2）创新中心（或为专业镇发展提供公共产品、公共服务的机构） □

（3）行业协会/商会 □

（4）企业自发组织 □

（5）其他 □（请注明_____）

4.近三年专业镇特色产业有没有在东莞本地举办特色产品的展销会？

（1）有 □ （2）没有 □

（请回答"有"者继续回答第5a、5b题，否则跳到第6题）

5a.如果有，主要是谁主办的？（可多选）

（1）政府部门 □

（2）创新中心（或为专业镇发展提供公共产品、公共服务的机构） □

（3）行业协会/商会 □

（4）企业自发组织 □

（5）其他 □（请注明_____）

5b.最近一次专业镇特色产业在东莞举办展销会/洽谈会共有_____家本地企业参展，_____家国内其他地区的企业参展，_____家国外企业参展，贸易额_____元，投资项目_____宗，共_____元。

6.专业镇特色产业有没有兴建交易中心、会展中心或是博览城？

（1）有 □ （2）没有 □

（请回答"有"者继续回答第7a、7b题，否则跳到第8题）

7a.如果有，主要由谁投资的？（可多选）

（1）政府部门 □

（2）创新中心（或为专业镇或发展提供公共产品、公共服务的机构） □

（3）行业协会/商会 □

（4）企业自发组织 □

（5）其他 □（请注明_____）

7b.共投资_____元，年交易额_____元。

8.专业镇特色产业有没有建立本专业镇的公共信息（产业、产品、公司信息等）网站？

（1）有 □ （2）没有 □

（请回答"有"者继续回答第9题,否则跳到第10题）

9.如果有,是由谁投资的？（可多选）

（1）政府部门　□

（2）创新中心（或为专业镇发展提供公共产品、公共服务的机构）　□

（3）行业协会/商会　□

（4）企业自发组织　□

（5）其他　□（请注明_____）

10.专业镇特色产业有没有建立行业协会/商会或行业性技术协会？

（1）有　□　　　（2）没有　□

（请回答"有"者继续回答第11题,否则跳到第12题）

11.专业镇特色产业行业协会/商会在哪些方面起了作用？（可多选）

（1）加强企业间信息沟通　□

（2）规范行业管理　□

（3）避免企业削价等恶性竞争　□

（4）引导企业建立网站　□

（5）制定行规,保护知识产权,提高产品质量　□

（6）举办/协办展销会和博览会　□

（7）进行对外宣传,推动产品销售　□

（8）收集行业市场、政策等信息　□

（9）作为政府与企业沟通的桥梁　□

（10）为企业融资提供协助　□

（11）其他　□（请注明_____）

12.专业镇特色产业创新中心（或为专业镇发展提供公共产品、公共服务的机构）为更好地发展这个产业设立的服务机构,政府或者私人的都可（不以盈利为目的）,名称是:_____,占地_____平方米,投资_____元,去年运作费_____元。

13.专业镇特色产业创新中心（或为专业镇发展提供公共产品、公共服务的机构）的主要功能是:（可多选）

（1）新产品开发　□

（2）工艺设计服务　□

（3）质量检测服务和产品分析服务　□

（4）技术信息咨询服务　□

（5）技术培训服务　□

（6）设备交易服务　□

（7）寻求与大专院校、科研机构合作　□

（8）搭建电子交易平台　□

（9）为中小企业提供财务、税务、企业管理、知识产权、质量论证、策划等服务　□

（10）其他　□（请注明_____）

14.专业镇特色产业创新中心（或为专业镇发展提供公共产品、公共服务的机构，如支持多家企业的技术共享或者扩散，带动整个产业的发展）有没有与大专院校和研究机构合作？

（1）有　□　　　（2）没有　□

（请回答"有"者继续回答第15a、15b题，否则跳到第16题）

15a.有_____家合作机构？

15b.合作的方式是：（可多选）

（1）项目合作　□　（2）组建公司　□　（3）其他　□（请注明_____）

16.专业镇特色产业龙头企业的产品、工艺等的创新情况：

（1）以创新为主　□　　　（2）创新多于模仿　□

（3）创新与模仿相若　□　　　（4）模仿多于创新　□

（5）以模仿为主　□

17.专业镇特色产业企业品牌的经营情况：

	（1）是	（2）否
A.多数企业为国外企业贴牌生产	□	□
B.多数大企业拥有自己的品牌	□	□
C.多数中小企业拥有自己的品牌	□	□
D.多数中小企业为大企业贴牌生产	□	□

18a.专业镇特色产业企业之间的竞争情况：

	（1）显著	（2）不显著

A.产品差异化竞争　□　□

B.价格竞争　□　□

（如回答"价格竞争显著"，请继续回答第18b题，否则跳到第18d题）

18b.导致专业镇特色产业企业价格竞争显著的主要因素是：

（1）以缩小利润空间为代价的压价　□

（2）低成本导致的低价格　□

（3）其他因素　□（请注明_____）

（如选择"低成本导致的低价格"，请继续回答第18c题，否则跳到第18d题）

18c.导致专业镇特色产业企业低成本的主要因素是：

（1）技术创新　□　　（2）劳动力成本降低　□

（3）其他因素　□（请注明_____）

18d.除了产品差异化竞争和价格竞争，专业镇特色产业企业是否明显存在其他竞争：

（1）是　□（请注明是哪些竞争：_____）

（2）否　□

19.请根据专业镇特色产业的实际情况回答以下每项描述：

	（1）是	（2）否

A.特色产业有核心大企业　□　□

B.特色产业的发展有历史传统　□　□

C.特色产业以贸易起家　□　□

D.特色产业以生产起家　□　□

E.从规模看，特色产业主要以中小企业为主　□　□

F.专业镇特色产业是产品的生产基地　□　□

G.专业镇特色产业是商品的集散地（比如专业的批发市场、物流中心）　□　□

H.专业镇特色产业存在完善的配套体系（本地上下游产业链是否完善）　□　□

I.专业镇特色产业企业的根植性强 ☐ ☐

J.专业镇特色产业企业的外贸依存度高 ☐ ☐

20.专业镇特色产业的各类企业所占的比例:

(1)"三来一补",占_____% (2)个体、私营企业,占_____%

(3)外商独资,占_____% (4)中外合资,占_____%

(5)其他(请注明:_____)

21.专业镇特色产业内是否有企业主导建立省部产学研创新联盟?

(1)是 ☐(请注明联盟名称:_____)

(2)否 ☐

22.专业镇特色产业内是否有企业是省部产学研创新联盟(该联盟由非本专业镇企业组建)的成员?

(1)是 ☐(请注明联盟名称:_____)

(2)否 ☐

23.与2008年相比,专业镇特色产业以下各项生产成本如何变化?

各项生产成本	增长	无明显变化	下降	不适用(无)
(1)管理层工资成本	☐	☐	☐	☐
(2)技术人员工资成本	☐	☐	☐	☐
(3)熟练工人工资成本	☐	☐	☐	☐
(4)融资成本	☐	☐	☐	☐
(5)能源成本	☐	☐	☐	☐
(6)土地成本	☐	☐	☐	☐
(7)生产原料成本	☐	☐	☐	☐
(8)运输成本	☐	☐	☐	☐
(9)环保成本	☐	☐	☐	☐

24a.在东莞其他镇,有无与本专业镇特色产业同行业的其他专业镇?

(1)有 ☐ (2)没有 ☐

如果有,请列举几个主要镇的名称:

_____

（如选择"有"，请继续回答第 24b—24f 题，否则跳到第 25 题）

24b.本专业镇特色产业与东莞其他同行业专业镇的竞争程度如何？

(1)激烈　□　(2)有一定的竞争　□　(3)不存在竞争　□

24c.本专业镇特色行业东莞各镇之间产品差异化程度如何？

(1)差异较大　□　(2)有一定差异　□　(3)差异不大,很相似　□

24d.本专业镇特色产业与东莞其他同行业专业镇是否有上下游关系？

(1)有　□　　　(2)没有　□

24e.如果本专业镇特色产业与东莞的其他专业镇存在上下游关系则请列出作为上游供应商的专业镇：

_____

请列出下游客户的专业镇：_____.

请列出兼有上、下游关系的专业镇：

_____

24f.以下是本专业镇特色产业东莞各镇之间合作的情况,请根据您的感受,就该因素的重要程度和对现实情况的满意程度进行评估,在评分栏中相应分数上打"√"。

●"您认为的重要程度"评分标准由 1 分至 9 分:1 分代表该因素对本专业镇特色产业的发展极不重要,5 分代表中等,9 分代表极为重要。(分数越高,重要程度越高)

●"现实情况的满意度"评分标准由 1 分至 9 分:1 分代表您对该方面的现实情况满意度极低,5 分代表中等,9 分代表极好。(分数越高,对当前情况的满意度越高)

评分内容 本特色产业 东莞各镇之间的合作	您认为的重要程度	现实情况的满意度
（一）企业间合作		
75)各镇同行业上下游企业间紧密合作	1 2 3 4 5 6 7 8 9	1 2 3 4 5 6 7 8 9
76)各镇企业间良性竞争	1 2 3 4 5 6 7 8 9	1 2 3 4 5 6 7 8 9
77)各镇企业在原材料采购方面紧密合作	1 2 3 4 5 6 7 8 9	1 2 3 4 5 6 7 8 9

本特色产业 东莞各镇之间的合作　　　评分内容	您认为的重要程度	现实情况的满意度
78）各镇企业在技术研发方面紧密合作	1 2 3 4 5 6 7 8 9	1 2 3 4 5 6 7 8 9
79）各镇企业在市场营销方面紧密合作	1 2 3 4 5 6 7 8 9	1 2 3 4 5 6 7 8 9
（二）公共设施建设合作		
80）各镇合作完善区域交通运输网络	1 2 3 4 5 6 7 8 9	1 2 3 4 5 6 7 8 9
81）各镇合作完善通信基础设施	1 2 3 4 5 6 7 8 9	1 2 3 4 5 6 7 8 9
82）各镇共建行业信息网站	1 2 3 4 5 6 7 8 9	1 2 3 4 5 6 7 8 9
（三）公共服务合作		
83）各镇共同打造东莞区域品牌	1 2 3 4 5 6 7 8 9	1 2 3 4 5 6 7 8 9
84）各镇共同举办产品展销会、洽谈会等	1 2 3 4 5 6 7 8 9	1 2 3 4 5 6 7 8 9
85）各镇共创便于同行企业间沟通交流的场所和机会	1 2 3 4 5 6 7 8 9	1 2 3 4 5 6 7 8 9
86）各镇合作招聘、培训高素质人才	1 2 3 4 5 6 7 8 9	1 2 3 4 5 6 7 8 9
87）鼓励人才在各镇间自由流动	1 2 3 4 5 6 7 8 9	1 2 3 4 5 6 7 8 9
88）各镇合作为企业提供融资服务	1 2 3 4 5 6 7 8 9	1 2 3 4 5 6 7 8 9
89）各镇技术创新中心共同攻克产业核心关键技术	1 2 3 4 5 6 7 8 9	1 2 3 4 5 6 7 8 9
90）各镇合作为企业提供技术培训和技术信息咨询服务	1 2 3 4 5 6 7 8 9	1 2 3 4 5 6 7 8 9
91）各镇合作为企业提供产品质量检测服务	1 2 3 4 5 6 7 8 9	1 2 3 4 5 6 7 8 9
（四）标准制定合作		
92）各镇共同制定完善产业环保标准	1 2 3 4 5 6 7 8 9	1 2 3 4 5 6 7 8 9
93）各镇共同制定完善行业技术标准	1 2 3 4 5 6 7 8 9	1 2 3 4 5 6 7 8 9
94）各镇共同制定完善安全生产管理制度	1 2 3 4 5 6 7 8 9	1 2 3 4 5 6 7 8 9
95）各镇合作制定行规、行约，共同维护企业权益	1 2 3 4 5 6 7 8 9	1 2 3 4 5 6 7 8 9

25.政府为促进产业发展采取了政策措施，请您对以下各类政策进行评价，在评分栏中相应分数上打"√"。

●"政策重要性"评分标准由 1 分至 9 分，请您对该类政策对专业镇特色产业发展的重要程度给予评分：1 分代表极不重要，5 分代表重要程度一般，9

分代表极为重要。（分数越高,重要性越高）

•"政策有效性"评分标准由 1 分至 9 分,请您对目前该类别政策有效性给予评分:1 分代表有效性极低,5 分代表基本满意,9 分代表有效性极高。（分数越高,有效性越高）

政策类别　　　　　评分内容	政策重要性	政策有效性
(一)人才政策		
46)引进培育高级人才	1 2 3 4 5 6 7 8 9	1 2 3 4 5 6 7 8 9
47)协助企业解决劳工荒问题	1 2 3 4 5 6 7 8 9	1 2 3 4 5 6 7 8 9
(二)土地政策		
48)加强园区建设拓展用地空间	1 2 3 4 5 6 7 8 9	1 2 3 4 5 6 7 8 9
49)支持企业开展"三旧"改造	1 2 3 4 5 6 7 8 9	1 2 3 4 5 6 7 8 9
(三)融资政策		
50)培育企业上市	1 2 3 4 5 6 7 8 9	1 2 3 4 5 6 7 8 9
51)支持中小企业融资	1 2 3 4 5 6 7 8 9	1 2 3 4 5 6 7 8 9
(四)技术政策		
52)鼓励企业引进吸收技术	1 2 3 4 5 6 7 8 9	1 2 3 4 5 6 7 8 9
53)鼓励企业技术改造	1 2 3 4 5 6 7 8 9	1 2 3 4 5 6 7 8 9
54)鼓励企业开展技术创新活动	1 2 3 4 5 6 7 8 9	1 2 3 4 5 6 7 8 9
55)支持组建研究平台、创新联盟	1 2 3 4 5 6 7 8 9	1 2 3 4 5 6 7 8 9
56)推进企业信息化建设	1 2 3 4 5 6 7 8 9	1 2 3 4 5 6 7 8 9
57)实施质量监管和标准化战略	1 2 3 4 5 6 7 8 9	1 2 3 4 5 6 7 8 9
58)推动区域品牌建设	1 2 3 4 5 6 7 8 9	1 2 3 4 5 6 7 8 9
59)推动企业品牌建设	1 2 3 4 5 6 7 8 9	1 2 3 4 5 6 7 8 9
60)培育与保护知识产权	1 2 3 4 5 6 7 8 9	1 2 3 4 5 6 7 8 9
(五)引资扩资政策		
61)大力发展总部经济	1 2 3 4 5 6 7 8 9	1 2 3 4 5 6 7 8 9
62)加强招商引资	1 2 3 4 5 6 7 8 9	1 2 3 4 5 6 7 8 9
(六)节能环保政策		
63)推进企业节能降耗	1 2 3 4 5 6 7 8 9	1 2 3 4 5 6 7 8 9
64)推进企业清洁生产	1 2 3 4 5 6 7 8 9	1 2 3 4 5 6 7 8 9

续表

政策类别　　　　　评分内容	政策重要性	政策有效性
（七）市场开拓政策		
65）支持企业开拓国际市场	1 2 3 4 5 6 7 8 9	1 2 3 4 5 6 7 8 9
66）支持企业开拓国内市场	1 2 3 4 5 6 7 8 9	1 2 3 4 5 6 7 8 9
67）加强政府采购	1 2 3 4 5 6 7 8 9	1 2 3 4 5 6 7 8 9

26.请简述以上有效性评分最低的三项政策得分低的原因,请从政府干预强度的合理性、政策工具的有效性(信息提供、补贴奖励、税费、管制、直接提供)、政策的公平性、效率、行政可操作性、财政可行性和政治可行性以及政策执行的组织协调保障和监督管理等方面进行评价并提出改进的建议。(请对照上表,清晰列明政策编号和名称)

_____

_____

_____

_____

_____

_____

_____

_____

_____

_____

_____

_____

27.以下是专业镇特色产业发展的相关条件,请根据您的感受,就该条件的重要程度和您对专业镇特色产业现实情况的满意程度进行评估,在评分栏中相应分数上打"√"。

● "您认为的重要程度"评分标准由 1 分至 9 分:1 分代表该条件对专业镇特色产业的发展极不重要,5 分代表中等,9 分代表极为重要。(分数越高,重要程度越高)

● "现实情况的满意度"评分标准由 1 分至 9 分:1 分代表您对专业镇特色产业在该方面的现实情况满意度极低,5 分代表中等,9 分代表极好。(分数越高,对当前情况的满意度越高)

特色产业发展的相关条件 ＼ 评分内容	您认为的重要程度	现实情况的满意度
（一）生产要素条件		
自然资源		
96）能源充足	1 2 3 4 5 6 7 8 9	1 2 3 4 5 6 7 8 9
97）能源成本低	1 2 3 4 5 6 7 8 9	1 2 3 4 5 6 7 8 9
98）生产用地充足	1 2 3 4 5 6 7 8 9	1 2 3 4 5 6 7 8 9
99）生产用地成本低	1 2 3 4 5 6 7 8 9	1 2 3 4 5 6 7 8 9
100）达到环保标准成本低	1 2 3 4 5 6 7 8 9	1 2 3 4 5 6 7 8 9
基础设施/基本公共服务		
101）治安良好	1 2 3 4 5 6 7 8 9	1 2 3 4 5 6 7 8 9
102）生活服务设施（餐饮、娱乐、绿化等）完善	1 2 3 4 5 6 7 8 9	1 2 3 4 5 6 7 8 9
103）公共服务配套（教育/医疗/住房）完善	1 2 3 4 5 6 7 8 9	1 2 3 4 5 6 7 8 9
104）交通运输网络完善	1 2 3 4 5 6 7 8 9	1 2 3 4 5 6 7 8 9
105）通信设施完善	1 2 3 4 5 6 7 8 9	1 2 3 4 5 6 7 8 9
人力资源		
106）招聘高素质的管理人员便捷	1 2 3 4 5 6 7 8 9	1 2 3 4 5 6 7 8 9
107）招聘高素质的技术人员便捷	1 2 3 4 5 6 7 8 9	1 2 3 4 5 6 7 8 9
108）招聘高素质的熟练工人便捷	1 2 3 4 5 6 7 8 9	1 2 3 4 5 6 7 8 9
知识资源		
109）大学、科研机构为企业提供技术创新服务	1 2 3 4 5 6 7 8 9	1 2 3 4 5 6 7 8 9

续表

特色产业发展的相关条件 / 评分内容	您认为的重要程度	现实情况的满意度
110)公共技术创新平台为企业提供技术服务	1 2 3 4 5 6 7 8 9	1 2 3 4 5 6 7 8 9
111)有产业集群网站或者产业专业网站	1 2 3 4 5 6 7 8 9	1 2 3 4 5 6 7 8 9
112)有便于企业间沟通交流的场所和机会	1 2 3 4 5 6 7 8 9	1 2 3 4 5 6 7 8 9
资本资源		
113)有方便快捷的正式融资渠道	1 2 3 4 5 6 7 8 9	1 2 3 4 5 6 7 8 9
114)有方便快捷的非正式融资渠道	1 2 3 4 5 6 7 8 9	1 2 3 4 5 6 7 8 9
115)有为企业提供贷款担保的机构	1 2 3 4 5 6 7 8 9	1 2 3 4 5 6 7 8 9
(二)市场需求／贸易条件		
116)特色产品国内市场的需求增长空间大	1 2 3 4 5 6 7 8 9	1 2 3 4 5 6 7 8 9
117)特色产品国外市场的需求增长空间大	1 2 3 4 5 6 7 8 9	1 2 3 4 5 6 7 8 9
118)人民币币值稳定	1 2 3 4 5 6 7 8 9	1 2 3 4 5 6 7 8 9
119)进出口关税壁垒低	1 2 3 4 5 6 7 8 9	1 2 3 4 5 6 7 8 9
120)非关税壁垒(如实施强制性技术、卫生、产品等标准)低	1 2 3 4 5 6 7 8 9	1 2 3 4 5 6 7 8 9
(三)产业竞合关系		
121)本专业镇企业间良性竞争	1 2 3 4 5 6 7 8 9	1 2 3 4 5 6 7 8 9
122)本专业镇企业间实行专业化的分工合作	1 2 3 4 5 6 7 8 9	1 2 3 4 5 6 7 8 9
123)本专业镇在原材料采购方面合作紧密	1 2 3 4 5 6 7 8 9	1 2 3 4 5 6 7 8 9
124)本专业镇在技术研发方面合作紧密	1 2 3 4 5 6 7 8 9	1 2 3 4 5 6 7 8 9
125)本专业镇在市场营销方面合作紧密	1 2 3 4 5 6 7 8 9	1 2 3 4 5 6 7 8 9
(四)支援及相关产业、社会组织		
126)专业镇地区品牌知名度高	1 2 3 4 5 6 7 8 9	1 2 3 4 5 6 7 8 9
127)原材料、配件、设备均可在本地采购	1 2 3 4 5 6 7 8 9	1 2 3 4 5 6 7 8 9
128)本地物流配送服务业发达	1 2 3 4 5 6 7 8 9	1 2 3 4 5 6 7 8 9
129)本地产品出口检验、报关、通关手续便捷	1 2 3 4 5 6 7 8 9	1 2 3 4 5 6 7 8 9
130)本地产品质量监督检测机构完善	1 2 3 4 5 6 7 8 9	1 2 3 4 5 6 7 8 9
131)本地具备便捷的品牌认证(如 ISO 认证等)渠道	1 2 3 4 5 6 7 8 9	1 2 3 4 5 6 7 8 9
132)本地教育培训、人才招聘服务机构完善	1 2 3 4 5 6 7 8 9	1 2 3 4 5 6 7 8 9

特色产业发展 的相关条件 ＼ 评分内容	您认为的重要程度	现实情况的满意度
133）本地金融服务机构完善	1 2 3 4 5 6 7 8 9	1 2 3 4 5 6 7 8 9
134）本地管理咨询/信息服务机构完善	1 2 3 4 5 6 7 8 9	1 2 3 4 5 6 7 8 9
135）本地相关机构能有效解决劳资纠纷	1 2 3 4 5 6 7 8 9	1 2 3 4 5 6 7 8 9
136）行业协会促进企业之间和企业与政府的沟通	1 2 3 4 5 6 7 8 9	1 2 3 4 5 6 7 8 9
137）行业协会维护企业权益	1 2 3 4 5 6 7 8 9	1 2 3 4 5 6 7 8 9
138）行业协会建立行约、行规和行业标准	1 2 3 4 5 6 7 8 9	1 2 3 4 5 6 7 8 9
（五）政府体制		
139）本地工商/税务部门廉洁高效	1 2 3 4 5 6 7 8 9	1 2 3 4 5 6 7 8 9
140）本地海关部门廉洁高效	1 2 3 4 5 6 7 8 9	1 2 3 4 5 6 7 8 9
141）本地政府有中长期产业发展规划	1 2 3 4 5 6 7 8 9	1 2 3 4 5 6 7 8 9
142）本地政府产业政策制定能针对企业需求	1 2 3 4 5 6 7 8 9	1 2 3 4 5 6 7 8 9
143）企业有机会参与产业政策的制定	1 2 3 4 5 6 7 8 9	1 2 3 4 5 6 7 8 9
144）产业政策的执行有监督、考核和申诉机制	1 2 3 4 5 6 7 8 9	1 2 3 4 5 6 7 8 9
145）本地政府积极扶持中小企业	1 2 3 4 5 6 7 8 9	1 2 3 4 5 6 7 8 9
（六）制度环境		
146）市场竞争环境良好	1 2 3 4 5 6 7 8 9	1 2 3 4 5 6 7 8 9
147）物权、产权、债权保护制度完善	1 2 3 4 5 6 7 8 9	1 2 3 4 5 6 7 8 9
148）安全生产监督管理制度完善	1 2 3 4 5 6 7 8 9	1 2 3 4 5 6 7 8 9
149）行业技术标准完善	1 2 3 4 5 6 7 8 9	1 2 3 4 5 6 7 8 9
150）行规、行约等非正式制度有约束力	1 2 3 4 5 6 7 8 9	1 2 3 4 5 6 7 8 9

28.目前专业镇特色产业迫切需要解决的问题是:（请按迫切程度填写三个问题）

（1）最迫切:＿＿＿＿＿＿＿＿＿＿＿＿＿＿＿＿＿＿＿＿＿

＿＿＿＿＿＿＿＿＿＿＿＿＿＿＿＿＿＿＿＿＿＿＿＿＿＿＿＿＿

＿＿＿＿＿＿＿＿＿＿＿＿＿＿＿＿＿＿＿＿＿＿＿＿＿＿＿＿＿

（2）其次:＿＿＿＿＿＿＿＿＿＿＿＿＿＿＿＿＿＿＿＿＿＿＿＿

（3）再次：_____

四、微观企业转型升级调查问卷

产业转型升级企业问卷

问卷编号：_____

尊敬的企业负责人：

您好！××大学产业转型升级研究课题组受顺德区规划纲要办委托实施"顺德产业转型升级研究"课题。为做好课题研究工作，深入了解和掌握企业对产业转型升级的真实意愿，遇到的问题及困难，应对困难的做法，对顺德产业转型升级政策的评价和政策需求，比较不同类型企业的产业转型升级态度和行为差异，对现有的产业转型升级政策进行科学评估，提出针对性强、有扎实依据的政策建议，课题组与顺德调查队合作进行"顺德产业转型升级企业问卷调查"。

本次调查仅用于研究参考，所有涉及您个人及企业的资料，我们都将严格保密，请您放心填写。问卷答案无正确错误之分，请您根据企业的实际情况填写并恳请您赐名片一张。

衷心感谢您的支持与合作！

××研究院
产业转型升级研究课题组
2012 年 5 月

填写说明：

(1)选择题：请在所选答案后面的□内打"√"；

(2)评分题：请在评分栏所选的分数上打"√"；

（3）填充题：请将答案填写在横线上；

（4）问卷中有不少问题涉及2008年度和2011年度的比较，请以各年度年末的实际情况为准。

填写问卷的企业名称：_____

填写问卷的企业所在镇：_____

填写问卷的企业所属的行业：_____

填写人姓名：_____

填写人职位：_____

填写人手机号码：_____

填写人邮政地址：_____

1.自2008年以来，贵公司的经营重点在于？（单选）

（1）经营重点在于降低生产成本，解决生存问题　□

（2）经营重点从生产向研发转变，加强研发设计能力　□

（3）经营重点从生产向营销转变，加强品牌建设和市场开拓　□

（4）其他　□（请注明：_____）

2.与2008年相比，贵公司2011年以来以下各项的变化情况如何？请在合适的方框内打"√"。

评价内容 ＼ 评价标准	迅速增长	缓慢增长	无明显变化	缓慢下降	迅速下降	不适用（无）
1）总产值	□	□	□	□	□	□
2）营业收入	□	□	□	□	□	□
3）利润总额	□	□	□	□	□	□
4）应缴所得税	□	□	□	□	□	□
5）留存收益	□	□	□	□	□	□
6）资产总值	□	□	□	□	□	□
7）固定资产净值	□	□	□	□	□	□
8）出口额	□	□	□	□	□	□
9）产品内销比例	□	□	□	□	□	□

评价内容＼评价标准	迅速增长	缓慢增长	无明显变化	缓慢下降	迅速下降	不适用（无）
10）销往贫穷落后国家/地区产品比例	□	□	□	□	□	□
11）销往发展中国家/地区产品比例	□	□	□	□	□	□
12）销往发达国家/地区产品比例	□	□	□	□	□	□
13）自主品牌市场影响力	□	□	□	□	□	□
14）客户更换率	□	□	□	□	□	□
15）来样/图加工装配产品（OAM）销售额占总销售额比例	□	□	□	□	□	□
16）贴牌生产产品（OEM）销售额占总销售额比例	□	□	□	□	□	□
17）原始设计产品（ODM）销售额占总销售额比例	□	□	□	□	□	□
18）自主品牌产品（OBM）销售额占总销售额比例	□	□	□	□	□	□
19）技术研发项目的数量	□	□	□	□	□	□
20）研究人员比例	□	□	□	□	□	□
21）新产品销售额占总销售额比例	□	□	□	□	□	□
22）新产品数量	□	□	□	□	□	□
23）新产品研发速度	□	□	□	□	□	□
24）安全生产成效	□	□	□	□	□	□
25）节能成效	□	□	□	□	□	□
26）减排成效	□	□	□	□	□	□
27）就业岗位总数	□	□	□	□	□	□
28）管理层平均福利待遇	□	□	□	□	□	□
29）工人平均福利待遇	□	□	□	□	□	□

3.贵公司技术创新的情况是:(单选)

(1)以创新为主　□　　　　　(2)创新稍多于模仿　□

(3)创新与模仿相若　□　　　(4)模仿稍多于创新　□

(5)以模仿为主　□

4.贵公司生产工艺的技术含量是:(单选)

(1)很高　□　(2)较高　□　(3)中等　□

(4)较低　□　(5)很低　□

5.贵公司的主要技术来源是:(请选三项)

(1)自主研发　□　　　　　　(2)与大专院校合作　□

(3)与专业研究机构合作　□　(4)与客户合作　□

(5)与其他企业合作　□

(6)与其他企业、大专院校及研究机构多方合作　□

(7)购买技术专利、设备　□

(8)模仿他人技术(无自有专利,也未购买他人专利)　□

(9)其他　□(请注明:_____)

6.贵公司到目前为止获得_____项发明专利,_____项实用新型专利,_____项外观设计专利,_____项产品认证,_____项管理体系认证。

7.贵公司的品牌建设/商标注册情况如何?(单选)

(1)无注册商标　□

(2)在筹备注册商标　□

(3)已注册商标但品牌知名度较低　□

(4)已注册商标且品牌知名度较高　□

8.贵公司主要产品的价格是如何制定的?(单选)

(1)按海外母公司或投资方的要求定价　□

(2)由买方客户来定价　□

(3)通过与买方讨价还价的谈判定价　□

(4)由本企业自己来定价　□

(5)其他　□(请注明:_____)

9.贵公司主要的融资方式是:(单选)

(1)自有资金积累　□　　　(2)企业间借贷/民间借贷　□

(3)银行贷款　□　　　　　(4)信托/担保公司担保贷款　□

(5)其他　□(请注明:_____)

10.请评价以下举措对提高贵公司竞争力的实际作用大小,在评分栏中相应分数上打"√"。

●"实际作用大小"的评分标准为1分至9分:1分代表该举措对提高贵公司竞争力没有任何作用,5分代表作用一般,9分为作用很大。(分数越高,作用越大。如贵公司没有采取该措施,请选择"不适用")

举措	实际作用大小									
1)从非法人企业转变为法人企业	1	2	3	4	5	6	7	8	9	不适用
2)成为上市公司	1	2	3	4	5	6	7	8	9	不适用
3)建立自主品牌	1	2	3	4	5	6	7	8	9	不适用
4)进行自主研发	1	2	3	4	5	6	7	8	9	不适用
5)参与产学研合作研发	1	2	3	4	5	6	7	8	9	不适用
6)参与产业战略联盟	1	2	3	4	5	6	7	8	9	不适用

11.政府为加快转型升级采取了政策措施,请您对以下各类政策进行评价,在评分栏中相应分数上打"√"。

●"政策重要性"评分标准由1分至9分,请您对目前该类政策对转型升级的重要程度给予评分:1分代表极不重要,5分代表重要程度一般,9分代表极为重要。(分数越高,重要性越高)

●"政策了解程度"评分标准由1分至9分,请您对贵公司决策层对目前该类别政策的内容和相关操作流程的熟悉程度给予评分:1分代表完全不了解,5分代表有一定了解,9分代表十分了解。(分数越高,了解程度越深)

●"政策满意度"评分标准由1分至9分,请您对目前该类别政策满意度给予评分:1分代表极不满意,5分代表基本满意,9分代表极为满意。(分数越高,满意度越高)

评分内容 政策类别	政策重要性	政策了解程度	政策满意度
（一）人才政策			
68）引进培育高级人才	1 2 3 4 5 6 7 8 9	1 2 3 4 5 6 7 8 9	1 2 3 4 5 6 7 8 9
69）协助企业解决劳工荒问题	1 2 3 4 5 6 7 8 9	1 2 3 4 5 6 7 8 9	1 2 3 4 5 6 7 8 9
（二）土地政策			
70）加强园区建设拓展用地空间	1 2 3 4 5 6 7 8 9	1 2 3 4 5 6 7 8 9	1 2 3 4 5 6 7 8 9
71）支持企业开展"三旧"改造	1 2 3 4 5 6 7 8 9	1 2 3 4 5 6 7 8 9	1 2 3 4 5 6 7 8 9
（三）融资政策			
72）培育企业上市	1 2 3 4 5 6 7 8 9	1 2 3 4 5 6 7 8 9	1 2 3 4 5 6 7 8 9
73）支持中小企业融资	1 2 3 4 5 6 7 8 9	1 2 3 4 5 6 7 8 9	1 2 3 4 5 6 7 8 9
（四）技术政策			
74）鼓励企业引进吸收技术	1 2 3 4 5 6 7 8 9	1 2 3 4 5 6 7 8 9	1 2 3 4 5 6 7 8 9
75）鼓励企业技术改造	1 2 3 4 5 6 7 8 9	1 2 3 4 5 6 7 8 9	1 2 3 4 5 6 7 8 9
76）鼓励企业开展技术创新活动	1 2 3 4 5 6 7 8 9	1 2 3 4 5 6 7 8 9	1 2 3 4 5 6 7 8 9
77）支持组建研究平台、创新联盟	1 2 3 4 5 6 7 8 9	1 2 3 4 5 6 7 8 9	1 2 3 4 5 6 7 8 9
78）推进企业信息化建设	1 2 3 4 5 6 7 8 9	1 2 3 4 5 6 7 8 9	1 2 3 4 5 6 7 8 9
79）实施质量监管和标准化战略	1 2 3 4 5 6 7 8 9	1 2 3 4 5 6 7 8 9	1 2 3 4 5 6 7 8 9
80）推动区域品牌建设	1 2 3 4 5 6 7 8 9	1 2 3 4 5 6 7 8 9	1 2 3 4 5 6 7 8 9
81）推动企业品牌建设	1 2 3 4 5 6 7 8 9	1 2 3 4 5 6 7 8 9	1 2 3 4 5 6 7 8 9
82）培育与保护知识产权	1 2 3 4 5 6 7 8 9	1 2 3 4 5 6 7 8 9	1 2 3 4 5 6 7 8 9
（五）引资扩资政策			
83）大力发展总部经济	1 2 3 4 5 6 7 8 9	1 2 3 4 5 6 7 8 9	1 2 3 4 5 6 7 8 9
84）加强招商引资	1 2 3 4 5 6 7 8 9	1 2 3 4 5 6 7 8 9	1 2 3 4 5 6 7 8 9
（六）节能环保政策			
85）推进企业节能降耗	1 2 3 4 5 6 7 8 9	1 2 3 4 5 6 7 8 9	1 2 3 4 5 6 7 8 9
86）推进企业清洁生产	1 2 3 4 5 6 7 8 9	1 2 3 4 5 6 7 8 9	1 2 3 4 5 6 7 8 9

评分内容 政策类别	政策重要性									政策了解程度									政策满意度								
（七）市场开拓政策																											
87）支持企业开拓国际市场	1	2	3	4	5	6	7	8	9	1	2	3	4	5	6	7	8	9	1	2	3	4	5	6	7	8	9
88）支持企业开拓国内市场	1	2	3	4	5	6	7	8	9	1	2	3	4	5	6	7	8	9	1	2	3	4	5	6	7	8	9
89）加强政府采购	1	2	3	4	5	6	7	8	9	1	2	3	4	5	6	7	8	9	1	2	3	4	5	6	7	8	9

12.请简述以上满意度评分最低的三项政策贵公司满意度低的原因,请从政府干预强度的合理性、政策工具的有效性(信息提供、补贴奖励、税费、管制、直接提供)、政策的公平性、效率和可操作性等方面进行评价并提出改进的建议。(请对照第 11 题的政策序号,清晰列明政策编号和名称)

_____

_____

_____

_____

13.与 2008 年相比,贵公司 2011 年以来以下各项生产成本的变化情况如何,请在合适的方框内打"√"。

各项生产成本	迅速增长	缓慢增长	无明显变化	缓慢下降	迅速下降	不适用（无）
19）管理层工资成本	□	□	□	□	□	□
20）技术人员工资成本	□	□	□	□	□	□
21）熟练工人工资成本	□	□	□	□	□	□
22）融资成本	□	□	□	□	□	□
23）能源成本	□	□	□	□	□	□
24）土地成本	□	□	□	□	□	□
25）生产原料成本	□	□	□	□	□	□
26）运输成本	□	□	□	□	□	□
27）环保成本	□	□	□	□	□	□

14.以下所列情况如与贵公司生产经营的实际相符,请填写 2008 年与 2011 年数据。如不相符,则不填。

实际情况	2008 年	2011 年
1)如果贵公司按客户的订单要求加工零件、部件或其他中间产品,贵公司产品出售给客户的价格占该客户产品市场售价的比例是:	%	%
2)如果贵公司按客户要求进行贴牌生产,贵公司给客户的产品售价占其最终市场售价的比例是:	%	%
3)如果贵公司生产的是自己设计的产品,然后卖给客户以其品牌出售,贵公司产品的售价占客户产品的最终市场售价的比例是:	%	%
4)如果贵公司生产拥有自主品牌的产品给客户经销,该经销商从贵公司的进货价占产品最终市场售价的比例是:	%	%
5)以上四种情况下,如果贵公司要向其他供应商采购零部件和原材料,则这部分购入材料成本占贵公司销售额的比例是:	%	%
6)如果贵公司为客户来样/图加工装配产品,零部件和原材料等由客户方提供,贵公司所收取的加工费占最终产品市场售价的比例是:	%	%

15. 2008 年以来,企业内部新设立的有预算并实际投入运作的职能部门有哪些?(可多选)

(1)市场营销与销售部门 □   (2)售后服务部门 □

(3)研发部门 □   (4)投资管理部门 □

(5)IT 部门 □   (6)采购原材料中心或物流管理部 □

(7)战略规划,市场研究等部门 □

(8)其他 □(请注明:_____)

16.从 2008 年金融危机爆发以来到 2011 年,面对国内外形势的变化,贵公司都采取了哪些应对措施?请根据贵公司的情况对每项措施的力度进行评分,在评分栏相应分数上打"√"。

•"贵公司采取措施的力度"的评分标准为 0 分至 9 分:0 分代表完全没有采取措施,9 分代表采取措施的力度最大。分数越高,代表采取措施的力度越大。

企业转型升级所采取的措施	贵公司采取措施的力度									
1）投资采用新生产机器设备/技术	0	1	2	3	4	5	6	7	8	9
2）与高校、研究机构、其他企业进行合作研发	0	1	2	3	4	5	6	7	8	9
3）质量管理体系/制度建设	0	1	2	3	4	5	6	7	8	9
4）优化库存物流管理	0	1	2	3	4	5	6	7	8	9
5）优化工时管理制度	0	1	2	3	4	5	6	7	8	9
6）安全生产规章制度建设	0	1	2	3	4	5	6	7	8	9
7）员工技能培训	0	1	2	3	4	5	6	7	8	9
8）提高产品质量	0	1	2	3	4	5	6	7	8	9
9）研发新产品，提高产品差异化水平	0	1	2	3	4	5	6	7	8	9
10）自主品牌建设	0	1	2	3	4	5	6	7	8	9
11）提升企业自主研发能力	0	1	2	3	4	5	6	7	8	9
12）改善售后服务	0	1	2	3	4	5	6	7	8	9
13）销售服务网络建设	0	1	2	3	4	5	6	7	8	9
14）开拓国内市场	0	1	2	3	4	5	6	7	8	9
15）开拓国际市场	0	1	2	3	4	5	6	7	8	9
16）在本行业中向上游产业延伸，如原材料	0	1	2	3	4	5	6	7	8	9
17）在本行业中向下游产业延伸，如分销	0	1	2	3	4	5	6	7	8	9
18）进入新行业	0	1	2	3	4	5	6	7	8	9
19）将生产基地转移到更低成本地区	0	1	2	3	4	5	6	7	8	9
20）在国内其他区投资建厂	0	1	2	3	4	5	6	7	8	9
21）在海外投资建厂	0	1	2	3	4	5	6	7	8	9
22）并购重组	0	1	2	3	4	5	6	7	8	9
23）所有权和经营权分离，引进职业经理人	0	1	2	3	4	5	6	7	8	9
24）培养企业家子女将来接管贵公司	0	1	2	3	4	5	6	7	8	9
25）其他（请注明：_____）	0	1	2	3	4	5	6	7	8	9

17.以下是产业发展所需要的一些条件，请根据您的感受，就该条件的重要程度和您对当地区域在该方面的现实情况的满意程度进行评估，在评分栏中相应分数上打"√"。

●"您认为的重要程度"评分标准由 1 分至 9 分:1 分代表该条件对产业发展极不重要,5 分代表中等,9 分代表极为重要。(分数越高,重要程度越高)

●"所在区域的现实情况"评分标准由 1 分至 9 分:1 分代表贵公司对所在区域在该方面的现实情况满意度极低,5 分代表中等,9 分代表极好。(分数越高,对当前情况的满意度越高)

产业发展所需要的条件 \ 评分内容	您认为的重要程度	所在区域的现实情况
(一)生产要素条件		
自然资源		
151)能源充足	1 2 3 4 5 6 7 8 9	1 2 3 4 5 6 7 8 9
152)能源成本低	1 2 3 4 5 6 7 8 9	1 2 3 4 5 6 7 8 9
153)生产用地充足	1 2 3 4 5 6 7 8 9	1 2 3 4 5 6 7 8 9
154)生产用地成本低	1 2 3 4 5 6 7 8 9	1 2 3 4 5 6 7 8 9
155)达到环保标准成本低	1 2 3 4 5 6 7 8 9	1 2 3 4 5 6 7 8 9
基础设施/基本公共服务		
156)治安良好	1 2 3 4 5 6 7 8 9	1 2 3 4 5 6 7 8 9
157)生活服务设施(餐饮、娱乐、绿化等)完善	1 2 3 4 5 6 7 8 9	1 2 3 4 5 6 7 8 9
158)公共服务配套(教育/医疗/住房)完善	1 2 3 4 5 6 7 8 9	1 2 3 4 5 6 7 8 9
159)交通运输网络完善	1 2 3 4 5 6 7 8 9	1 2 3 4 5 6 7 8 9
160)通信设施完善	1 2 3 4 5 6 7 8 9	1 2 3 4 5 6 7 8 9
人力资源		
161)招聘高素质的管理人员便捷	1 2 3 4 5 6 7 8 9	1 2 3 4 5 6 7 8 9
162)招聘高素质的技术人员便捷	1 2 3 4 5 6 7 8 9	1 2 3 4 5 6 7 8 9
163)招聘高素质的熟练工人便捷	1 2 3 4 5 6 7 8 9	1 2 3 4 5 6 7 8 9
知识资源		
164)大学、科研机构为企业提供技术创新服务	1 2 3 4 5 6 7 8 9	1 2 3 4 5 6 7 8 9
165)公共技术创新平台为企业提供技术服务	1 2 3 4 5 6 7 8 9	1 2 3 4 5 6 7 8 9

产业发展所需要的条件＼评分内容	您认为的重要程度	所在区域的现实情况
166）有产业集群网站或者产业专业网站	1 2 3 4 5 6 7 8 9	1 2 3 4 5 6 7 8 9
167）有便于企业间沟通交流的场所和机会	1 2 3 4 5 6 7 8 9	1 2 3 4 5 6 7 8 9
资本资源		
168）有方便快捷的正式融资渠道	1 2 3 4 5 6 7 8 9	1 2 3 4 5 6 7 8 9
169）有方便快捷的非正式融资渠道	1 2 3 4 5 6 7 8 9	1 2 3 4 5 6 7 8 9
170）有为企业提供贷款担保的机构	1 2 3 4 5 6 7 8 9	1 2 3 4 5 6 7 8 9
（二）市场需求／贸易条件		
171）国内市场的需求增长空间大	1 2 3 4 5 6 7 8 9	1 2 3 4 5 6 7 8 9
172）国外市场的需求增长空间大	1 2 3 4 5 6 7 8 9	1 2 3 4 5 6 7 8 9
173）人民币币值稳定	1 2 3 4 5 6 7 8 9	1 2 3 4 5 6 7 8 9
174）进出口关税壁垒低	1 2 3 4 5 6 7 8 9	1 2 3 4 5 6 7 8 9
175）非关税壁垒（如实施强制性技术、卫生、产品等标准）低	1 2 3 4 5 6 7 8 9	1 2 3 4 5 6 7 8 9
（三）产业竞合关系		
176）本地企业间良性竞争	1 2 3 4 5 6 7 8 9	1 2 3 4 5 6 7 8 9
177）本地企业间实行专业化的分工合作	1 2 3 4 5 6 7 8 9	1 2 3 4 5 6 7 8 9
178）本地企业在原材料采购方面合作紧密	1 2 3 4 5 6 7 8 9	1 2 3 4 5 6 7 8 9
179）本地企业在技术研发方面合作紧密	1 2 3 4 5 6 7 8 9	1 2 3 4 5 6 7 8 9
180）本地企业在市场营销方面合作紧密	1 2 3 4 5 6 7 8 9	1 2 3 4 5 6 7 8 9
（四）支援及相关产业、社会组织		
181）原材料、配件、设备均可在本地采购	1 2 3 4 5 6 7 8 9	1 2 3 4 5 6 7 8 9
182）本地物流配送服务业发达	1 2 3 4 5 6 7 8 9	1 2 3 4 5 6 7 8 9
183）本地产品出口检验、报关、通关手续便捷	1 2 3 4 5 6 7 8 9	1 2 3 4 5 6 7 8 9
184）本地产品质量监督检测机构完善	1 2 3 4 5 6 7 8 9	1 2 3 4 5 6 7 8 9
185）本地教育培训、人才招聘服务机构完善	1 2 3 4 5 6 7 8 9	1 2 3 4 5 6 7 8 9
186）本地金融服务机构完善	1 2 3 4 5 6 7 8 9	1 2 3 4 5 6 7 8 9
187）本地管理咨询/信息服务机构完善	1 2 3 4 5 6 7 8 9	1 2 3 4 5 6 7 8 9
188）本地相关机构能有效解决劳资纠纷	1 2 3 4 5 6 7 8 9	1 2 3 4 5 6 7 8 9

续表

评分内容 产业发展所 需要的条件	您认为的重要程度	所在区域的现实情况
189）行业协会促进企业之间和企业与政府的沟通	1 2 3 4 5 6 7 8 9	1 2 3 4 5 6 7 8 9
190）行业协会维护企业权益	1 2 3 4 5 6 7 8 9	1 2 3 4 5 6 7 8 9
191）行业协会建立行约、行规和行业标准	1 2 3 4 5 6 7 8 9	1 2 3 4 5 6 7 8 9
（五）政府体制		
192）本地工商/税务部门廉洁高效	1 2 3 4 5 6 7 8 9	1 2 3 4 5 6 7 8 9
193）本地海关部门廉洁高效	1 2 3 4 5 6 7 8 9	1 2 3 4 5 6 7 8 9
194）本地政府有中长期产业发展规划	1 2 3 4 5 6 7 8 9	1 2 3 4 5 6 7 8 9
195）本地政府产业政策制定能针对企业需求	1 2 3 4 5 6 7 8 9	1 2 3 4 5 6 7 8 9
196）企业有机会参与产业政策的制定	1 2 3 4 5 6 7 8 9	1 2 3 4 5 6 7 8 9
197）产业政策的执行有监督、考核和申诉机制	1 2 3 4 5 6 7 8 9	1 2 3 4 5 6 7 8 9
198）本地政府积极扶持中小企业	1 2 3 4 5 6 7 8 9	1 2 3 4 5 6 7 8 9
（六）制度环境		
199）市场竞争环境良好	1 2 3 4 5 6 7 8 9	1 2 3 4 5 6 7 8 9
200）物权、产权、债权保护制度完善	1 2 3 4 5 6 7 8 9	1 2 3 4 5 6 7 8 9
201）安全生产监督管理制度完善	1 2 3 4 5 6 7 8 9	1 2 3 4 5 6 7 8 9
202）行业技术标准完善	1 2 3 4 5 6 7 8 9	1 2 3 4 5 6 7 8 9
203）行规、行约等非正式制度有约束力	1 2 3 4 5 6 7 8 9	1 2 3 4 5 6 7 8 9

18.请贵公司评估目前与以下各机构的联系频率和信任程度,在评分栏中相应分数上打"√"。

• "联系频率"评分标准为0分至9分:0分代表贵公司与该机构没有任何往来,1分代表极少往来,5分代表联系频率一般,9分代表往来的频率极高。(分数越高,联系频率越高)

• "信任程度"评分标准为0分至9分:0分代表贵公司对该机构不了解因而无法评分,1分代表对该机构极不信任,5分信任程度一般,9分代表信任程度极高。(分数越高,信任程度越高)

机构名称＼评分内容	联系频率	信任程度
同行业竞争对手	0 1 2 3 4 5 6 7 8 9	0 1 2 3 4 5 6 7 8 9
本地供应商、配套厂商、分包厂商	0 1 2 3 4 5 6 7 8 9	0 1 2 3 4 5 6 7 8 9
本地分销商、国内贸易商及零售商	0 1 2 3 4 5 6 7 8 9	0 1 2 3 4 5 6 7 8 9
海外客户	0 1 2 3 4 5 6 7 8 9	0 1 2 3 4 5 6 7 8 9
当地政府部门	0 1 2 3 4 5 6 7 8 9	0 1 2 3 4 5 6 7 8 9
行业协会/商会	0 1 2 3 4 5 6 7 8 9	0 1 2 3 4 5 6 7 8 9
本地技术创新中心	0 1 2 3 4 5 6 7 8 9	0 1 2 3 4 5 6 7 8 9
国内高校、科研院所	0 1 2 3 4 5 6 7 8 9	0 1 2 3 4 5 6 7 8 9
本地教育培训、人才招聘服务机构	0 1 2 3 4 5 6 7 8 9	0 1 2 3 4 5 6 7 8 9
本地金融服务机构	0 1 2 3 4 5 6 7 8 9	0 1 2 3 4 5 6 7 8 9
本地管理咨询、信息服务机构	0 1 2 3 4 5 6 7 8 9	0 1 2 3 4 5 6 7 8 9
本地解决劳资纠纷的相关机构	0 1 2 3 4 5 6 7 8 9	0 1 2 3 4 5 6 7 8 9
媒体	0 1 2 3 4 5 6 7 8 9	0 1 2 3 4 5 6 7 8 9
本地的会展及市场推广机构	0 1 2 3 4 5 6 7 8 9	0 1 2 3 4 5 6 7 8 9

19.目前贵公司信息化的建设情况是:(可多选)

(1)互联网/局域网　□　　　　(2)电子商务平台　□

(3)CAD/CAM 等设计系统　□　(4)数控技术系统　□

(5)零售 POS 系统　□　　　　(6)客户关系管理(CRM)　□

(7)供应链管理(SCM)　□　　(8)企业资源计划(ERP)　□

(9)以上信息化建设均没有　□

20.贵公司在海外是否有投资的项目运作?（单选）

(1)有,并且获利　□　(2)有,但没有明显获利　□

(3)没有,但在近几年内有海外投资的计划　□

(4)没有,也没有计划　□

21.贵公司如果有海外投资,以下哪些为投资项目? 如果没有海外投资,请跳过此题。（可多选）

(1)引进海外投资者进入贵公司　□

(2)在海外证券市场上市融资　□

（3）收购贵公司产品在海外市场的销售渠道　□

（4）收购海外市场上的品牌　□

（5）通过并购海外公司获得原材料或零部件　□

（6）通过收购海外企业获取先进技术和研发成果　□

（7）对海外企业的同行业生产设施进行兼并收购　□

（8）在海外新建同行业生产企业或销售渠道　□

（9）跨行业对海外公司进行投资并购　□

（10）购买海外不动产　□

（11）聘请和引进海外、外籍管理和技术人员　□

（12）在海外建立办事处、代表处等　□

（13）直接与在海外的顾问服务机构等接洽　□

22.请问贵公司是否为行业协会/商会的成员？若是，请指明是哪一年加入行业协会/商会的。（单选）

（1）是　□,＿＿＿＿年成为会员　　（2）不是　□

23.请问贵公司参与行业协会/商会的哪些活动？（可多选）

（1）与政府部门沟通交流　□　　（2）行业标准、行约、行规建设　□

（3）教育培训　□　　　　　　　（4）市场开拓和产品推广　□

（5）技术、法律咨询　□　　　　（6）知识产权培育和保护　□

（7）维护市场竞争秩序　□

（8）其他　□（请注明：＿＿＿＿）

24.如果企业有与外国客户合作，请对2008年以来企业与外国客户合作的具体内容进行评估，并在合适的方框内打"√"。如果没有与外国客户合作，请跳过此题。

与外国客户合作的内容	合作减少	合作不变	合作增加	无合作
1)外国客户委派技术人员帮助贵公司提高技术水平	□	□	□	□
2)外国客户为贵公司提供国外市场信息	□	□	□	□
3)外国客户与贵公司共同开发新产品	□	□	□	□
4)外国客户邀请贵公司参观访问外方	□	□	□	□

续表

与外国客户合作的内容	合作减少	合作不变	合作增加	无合作
5)外国客户帮助贵公司降低生产和物流成本	☐	☐	☐	☐
6)外国客户为贵公司提供融资支持	☐	☐	☐	☐
7)外国客户在结算方面对贵公司提供支持	☐	☐	☐	☐
8)外国客户在价格方面对贵公司提供支持	☐	☐	☐	☐
9)外国客户帮助贵公司提高产品质量	☐	☐	☐	☐
10)外国客户在设备和部件供应方面提供帮助	☐	☐	☐	☐
11)外国客户为贵公司提供人员培训	☐	☐	☐	☐
12)外国客户配合贵公司解决知识产权和产品仿冒问题	☐	☐	☐	☐
13)外国客户向贵公司提供竞争者信息	☐	☐	☐	☐

25.请评价以下关于企业文化的描述与贵公司实际情况相符程度,在评分栏中相应分数上打"√"。

●"相符程度"的评分标准为 1 分至 9 分:1 分代表描述与贵公司的实际情况完全不相符,5 分代表基本相符,9 分代表高度相符。(分数越高,描述与贵公司实际情况的相符程度越高)

企业文化的描述　　　　　　评分内容	相符程度								
贵公司有明确的发展目标和长远的战略规划	1	2	3	4	5	6	7	8	9
贵公司注重企业外部交流与合作	1	2	3	4	5	6	7	8	9
贵公司重视企业内部团队合作、部门协作	1	2	3	4	5	6	7	8	9
贵公司鼓励创新和冒险,勇于变革和承担风险	1	2	3	4	5	6	7	8	9
贵公司为员工营造良好的工作气氛和个人发展环境	1	2	3	4	5	6	7	8	9
贵公司坚持客户至上原则	1	2	3	4	5	6	7	8	9
贵公司注重新知识/技术、管理经验的引进和吸收	1	2	3	4	5	6	7	8	9
贵公司具有社会责任感	1	2	3	4	5	6	7	8	9

26.自 2008 年以来,贵公司在供应商管理的内部流程制度化、规范化建设和与供应商的合作沟通协作两方面发生了怎样的变化? 请在合适的方框内打"√"。

评价内容＼评价标准	流程规范化程度			合作沟通情况		
	降低	保持	强化	减弱	保持	加强
1) 新供应商的开发	☐	☐	☐	☐	☐	☐
2) 对供应商的前期评审	☐	☐	☐	☐	☐	☐
3) 签订采购协议	☐	☐	☐	☐	☐	☐
4) 价格确定和下订购单	☐	☐	☐	☐	☐	☐
5) 订货跟进和收货检验	☐	☐	☐	☐	☐	☐
6) 对供应商制造流程的监控	☐	☐	☐	☐	☐	☐
7) 更改采购订单内容和采购的临时变更	☐	☐	☐	☐	☐	☐
8) 采购付款	☐	☐	☐	☐	☐	☐
9) 分散采购风险	☐	☐	☐	☐	☐	☐
10) 对供应商的辅导、培训与技术支持	☐	☐	☐	☐	☐	☐

企业基本资料

27.贵公司总经理的年龄是:_____岁

28.贵公司总经理的性别是:(1)男 ☐ (2)女 ☐

29.贵公司总经理的学历是:(单选)

(1)初中及以下 ☐ (2)高中/中专 ☐ (3)大学专科 ☐

(4)大学本科 ☐ (5)硕士研究生或以上 ☐

30.贵公司总经理是:(单选)

(1)创始人 ☐ (2)第一代接班人 ☐

(3)第二代接班人 ☐ (4)外聘的 ☐

31.贵公司的成立时间:_____年

32.目前贵公司的员工人数:_____人。按员工类型区分,管理层____

人,研发/设计人员＿＿＿＿＿人,技术工人＿＿＿＿＿人,非技术工人＿＿＿＿＿
人。按员工学历区分,大专及以上的员工＿＿＿＿人,初中及以上的员工＿＿
人。

33.贵公司的投资来源性质是:(单选)

(1)有外商投资企业,投资方为非台港澳　□

(2)台港澳投资企业　□

(3)无外商投资的国有企业、集体企业等　□

(4)无外商投资的民营企业　□

(5)其他　□(请注明:＿＿＿＿＿)

如果贵公司为台资企业,请继续填写以下的台资企业卷(第34题至54题);

如果贵公司为港资企业,请继续填写以下的港资企业卷(第55题至63题);

如果贵公司不属于这两类企业,则本问卷到此结束,感谢您长时间的填写!

在此对您表示衷心的感谢! 恳请您赐名片一张,谢谢!

台资企业卷

34.ECFA 早期收获清单对于台商建立产业群落是否有正面帮助?

(1)有　□　(2)无　□　原因为何?

_____

35.ECFA 的签订是否增加竞争力?

(1)有　□　(2)无　□　原因为何?

_____

36.ECFA 的签订有无影响经营策略?

(1)有　□　(2)无　□　如果有,影响为何?

_____

37.台商与陆商在顺德所享有的待遇有无不公平的差别?

（1）有　□　（2）无　□　如果有,是什么？

_____

38.进入中国大陆内销市场,有无遇到法律的阻碍？

（1）有　□　（2）无　□　如果有,最大的阻碍是什么？

_____

39.相较其他阻碍,法规的阻碍对于进入中国大陆内销市场是否重大？

（1）是　□　（2）不是　□　如果有,阻碍的程度有多大？

_____

40.有无遇过投资相关之法律纷争？

（1）有　□　（2）无　□　如果有,如何应对？

_____

41.在顺德有没有打官司的经验？

（1）有　□　（2）没有　□　如果有,法院的判决是否公平？

_____

42.土地厂房的使用是否遇到过法律上的困难？

（1）有　□　（2）没有　□　如果有,是什么？

_____

43.当遇到法律纠纷时,在中国大陆是否有可信赖的解决管道？

（1）有　□　（2）没有　□　如果有,管道为何？ 如果没有,则遇到法律纠纷时如何应对？

_____

44.贵公司在公元_____年于中国大陆成立。

45.您（台商）个人在公元_____年开始于中国大陆经商。

46.请问您（台商）是否同意融入当地社会对台商在中国大陆经营企业有关键影响力？（单选）

（1）非常同意　□　　（2）同意　□　　（3）没有意见　□

（4）不同意　□　　（5）非常不同意　□

47.您（台商）过去一年回台_____次,每次在台停留约_____天。

48.除了工作或业务相关之外,请问您（台商）平常与无雇佣关系的当地人

互动机会多不多?(单选)

(1)几乎每天都有机会　□　　(2)一星期1—2次　□

(3)一个月1—2次　□　　　(4)半年1—2次　□

(5)一年1—2次　□　　　　(6)几乎没有机会　□

49.请问您(台商)的日常生活用品的来源为:(单选)

(1)几乎全都由台湾带来　□　　　(2)八成都由台湾带来　□

(3)一半由台湾带来,一半在当地购买　□

(4)八成都在当地购买　□　　　(5)几乎全都在当地购买　□

50.如果您(台商)日后不再在中国大陆经商,请问您是否会继续留在中国大陆?(单选)

(1)一定会　□　　(2)八成会　□　　(3)可能会　□

(4)八成不会　□　　(5)一定不会　□

51.请问您(台商)目前的婚姻与家庭状况为下列哪一种?(单选)

(1)已婚,配偶为中国台湾人并住在中国台湾　□

(2)已婚,配偶为中国台湾人并住在中国大陆　□

(3)已婚,配偶为大陆人并住在中国台湾　□

(4)已婚,配偶为大陆人并住在中国大陆　□

(5)目前无配偶(含未婚、离婚、丧偶)　□

(6)其他　□(请说明:＿＿＿＿＿＿＿＿＿＿＿＿＿＿＿＿＿)

52.请问您是否来自中国台湾?

(1)是　□　(2)否　□　若选是,来到顺德有多久了?

＿＿＿＿＿＿＿＿＿＿＿＿＿＿＿＿＿＿＿＿＿＿＿＿＿＿＿＿

53.是否曾通过法院解决纷争?

(1)是　□　(2)否　□　若选是,所发生的是何种纷争?

＿＿＿＿＿＿＿＿＿＿＿＿＿＿＿＿＿＿＿＿＿＿＿＿＿＿＿＿

54.是否曾通过法院以外的正式渠道(例如调解、仲裁)解决纷争?

(1)是　□　(2)否　□　若选是,所发生的是何种纷争?以哪种方式解决?

＿＿＿＿＿＿＿＿＿＿＿＿＿＿＿＿＿＿＿＿＿＿＿＿＿＿＿＿

港资企业卷

55.贵公司是否仍有保留香港的业务？

（1）是　□　（如选此项,请跳过第56、57题）　（2）否　□

56.如果否,何时终止业务？_____年

57.如果否,为何终止业务？（单选）

（1）内地单位已可取代香港公司的功能　□　（2）香港成本太高　□

（3）需要更接近生产基地(例如方便管理)　□　（4）内地更有优势　□

（5）其他　□（请注明：_____）

58.如果是(即仍在香港有业务),现时在港的公司主要负责哪些活动?（可多选）

（1）生产　□　　（2）物料或生产技术研发　□

（3）产品设计、发展新产品　□　　（4）市场推广　□

（5）接触海外买家,商业洽谈　□　（6）融资、金融借贷、财务管理　□

（7）统筹区内(国内或东南亚一带)各生产单位的业务　□

（8）其他　□（请注明：_____）

59.如果是(即仍在香港有业务),那近年在运作上有何变化? 请选择 10 年前主要负责的是哪些活动,5 年前是哪些活动?（可多选）

	生产	物料或生产技术研发	产品设计、发展新产品	市场推广	接触海外买家	财务管理	统筹区内业务
5 年前	□	□	□	□	□	□	□
10 年前	□	□	□	□	□	□	□

60.如果是(即仍在香港有业务),在未来的日子里,香港业务的重要性主要在于哪些方面?（可多选）

（1）生产　□

（2）物料或生产技术研发　□

（3）产品设计、发展新产品　□

（4）市场信息　□

（5）接触海外买家,商业洽谈　□

（6）商业、专业服务的支持　□

（7）融资、财务管理、银行服务　□

（8）协调、统筹区内(国内或东南亚一带)各生产单位的业务　□

（9）市场推广　□

（10）建立自主品牌　□

（11）开设门市　□

（12）其他　□(请注明:＿＿＿＿＿＿＿＿＿＿＿＿＿＿＿＿＿＿＿)

61.到顺德设厂后,跟以前只在香港经营,有何主要转变?（可多选）

（1）扩大生产规模,提升产量　□

（2）增加原有产品的品种(如原来生产手表,现生产不同款式的手表)□

（3）发展新的生产部门、产品(例如由生产手表扩展至生产电镀手饰)□

（4）垂直整合:扩大经营范围,进入上游的工序(例如物料的生产)或下游的工序(例如包装)□

（5）改变香港的业务重点,在港业务多元化　□

（6）开始自行设计生产　□

（7）开始发展自主品牌　□

（8）开始发展物料或生产技术研发　□

（9）其他　□(请注明:＿＿＿＿＿＿＿＿＿＿＿＿＿＿＿＿＿)

62.到顺德设厂之前,是否就已经在香港有开设工厂进行生产?

（1）是　□　　（2）不是　□(如选此项,请回答第63题)

63.如果无,那么当时贵公司如何运作?

（1）来到顺德才开始做制造业　□

（2）只有贸易或出入口生意,生产一直由其他人处理　□

五、适应新环境:珠三角港商的经验

吕大乐

提　要

香港厂商向来以市场触觉敏锐、适应力强和做事具备弹性见称,但这同时也就是说他们并不擅长科技升级和创新。面对经营环境转变,他们大多是转向寻找新的市场、商机,而不是坚持下来,进行组织上的革新。同时,他们也很少尝试以升级来应付不利的环境。这种经营方式很大程度上与香港厂商强于商业联系和对海外市场有丰富经验有关。他们懂得如何迅速响应市场信息,他们也能充分利用香港在财经、商业方面的制度优势,向外接触海外买家。不少厂商能很快地把制造业结合到商业、贸易上,以求在新的经营环境里找到生存的空间。本书尝试从以上角度来看香港厂商的处境,从中分析他们在珠三角的成就和不足之处。

关键词:产业升级、商业联系、弹性生产

一、导　言

有关产业升级的分析,不少研究员都尝试从政府、市场与社会三方面相互之间的互动出发,以解释其成败。但我相信,同样重要的另一个方面是厂家本身的特性。究竟他们是哪一种取向的厂家? 他们在一般情况下对经营环境的转变会做出怎样的回应? 这些问题对于产业升级能否成功实现有相当重要的相关性。毕竟,政府、市场、社会均只属于制度环境,最终推行产业升级的行动者,是企业/厂家。他们如何理解环境的转变? 怎样回应? 采取哪种策略? 直接影响到产业能否升级。

在比较理想的情况下,我们应该在企业层面上分析环境及组织因素产生怎样的作用。但本书作为初步的探讨,只会利用一些产业调查的描述性数据,概括处于珠三角的香港厂家的面貌。这样的做法尽管有其不足之处,但也不失为一种尝试了解厂家的角色的方法。当然,我必须在此补充一点,以下的讨论并无香港厂家都是铁板一块,只有一种性格或采取单一策略的含义。与来自其他地方的厂家一样,在众多的香港制造商当中,不同的生产规模和不同的技术水平,使他们以不同的策略响应经营环境的转变。但我们又不难察觉到在不同的香港厂家之中,多多少少也有一些习性和共通的取向。也就是说,在一般情况下,我们会观察到香港厂家通常采用的经营策略。本书想突出的,正是很多香港厂家都拥有的一些特质、营商作风、响应环境转变的手法和推动公司进一步发展的视野,并从这个角度来分析目前一般香港厂家在珠三角的处境。

下面的分析与讨论主要以 2012 年东莞港商调查为基础①,了解他们在产业升级问题上的态度和表现。一如既往地,港商以灵活见称,可是这种响应环境转变的手段也有其局限性,而在产业升级这一环尤其明显。

二、香港的产业升级的经验

在讨论东莞港商目前的经营策略之前,这里先简单描述一下香港制造业自 20 世纪 80 年代中期以来在产业升级方面的经验。②

香港制造业是出口导向,主要靠取得海外买家的订单,按其要求进行生产。香港产业与世界经济的联系,主要不在于外来直接投资,而是通过进出口业及其相关的商业网络接到外国订单,由本地厂商进行生产,供应外国的品牌、百货公司等。这样的发展形式给予本地中小企业很多发展机会,而它们也成了香港制造业的主力,并凭以下几项特点,闯出世界。从"全球商品链"

---

① 　该调查成功访问了 158 家在东莞营运的港资工厂。

② 　这部分的分析是以前有关研究的概要,参考 Chiu, Ho and Lui(1997);Chiu and Lui(1995 及 2009);Lui and Chiu(1993 及 1994)。

(global commodity chains)的分析角度来看,香港厂家是通过一种由买家驱动的商品链与世界经济体系联系起来。他们也因此对商业及市场环境特别敏感,懂得看清潮流走向,不断由一种产品转到另一种产品,以顺应市场趋势,寻找发展的机会。他们的生存策略或企业传统并不是锁定于某一类产品,然后不断深化产品开发,或在生产程序上提高技术水平,超过竞争对手。他们的长处在于灵活变通,快速响应市场的转变。这在很大程度上与上面提到的他们是通过商业网络而与世界经济体系连接起来有关,这令他们善于处理市场变化,并凭这种市场触觉去开拓新的产品、市场,不断接到海外订单。回顾自 20世纪五六十年代香港产业起飞,由制造塑料玩具、设计简单的成衣、家庭电器加工、编织人造假发,到制造电子产品、生产时装等,一直以来都表现出这种对市场的触觉和开拓新市场的敏锐反应,并凭此多次克服海外市场与需求出现变化而造成的挑战。

在 20 世纪 80 年代中期以前,港商以其灵活性在全球制造业中取得骄人成绩,除了因为他们具备敏锐的市场触觉之外,还因为在香港存在着一个弹性的生产系统,使他们可以调节生产,以应付市场的变化和波动。这个弹性生产系统建立在一大群小厂商所交织的生产网络之上,通过外判及其他非正规的生产方式(例如包工、外发等),提高生产的灵活性。这种弹性生产对劳工其实没有什么保障,但在制造业兴旺的年代,工人不愁没有工作机会,因此这个问题也没有成为社会争议的主要问题。弹性的生产系统加上港商的市场触觉,使"香港制造"产品一度畅销世界各地。

然而,在劳动市场日趋紧张(劳工短缺、工资上升)的情况下,这种弹性生产系统逐渐受到压力。事实上,早在 20 世纪 70 年代中期已有市场信号——除了生产成本上升之外,还有海外市场保护主义的问题——提示香港厂家需要进行升级。但当时香港突然涌现出数十万的非法移民,暂时舒缓了劳动市场的紧张状况,而内地推行"四个现代化"、成立经济特区和试验开放改革,也使香港的转口贸易又再度蓬勃起来,经济环境显著好转。社会各界(包括殖民政府、本地商会及个别厂家)对工业多元化和产业升级的关注也随之转淡了。所以,香港的劳动密集型产业在 70 年代末并没有响应当时的压力而进行升级。

　　到了20世纪80年代中期，随着内地开放改革效果的初现，一直以劳动密集方式进行生产，没有在生产方面通过升级提高竞争力的香港厂家开始察觉到珠三角一带能提供土地和劳动力等资源，这对他们应付经营环境的转变可能是一条出路。最初考虑迁厂的主要集中在几个行业，后来这逐渐成为整个制造业的生产策略。在1988年至1999年间，短短十年左右的时间里，香港制造业企业由51671家降至20380家，制造业的就业人数也大幅下降。香港的产业"空洞化"在短时间之内完成，而香港厂家的生产基地基本上转到珠三角。

　　对香港厂家而言，工厂北移不但使他们找到新的、廉价的资源，提升了竞争力，更为他们创造了扩大生产的机会。也就是说，珠三角为香港厂家所提供的条件，不但降低了生产成本，使他们可以继续以其熟悉的生产方式进行生产，而且还提供了很多中小企以前在寸金寸土的香港难以发展的优势——规模效应。尽管很多厂家并没有提升生产技术或转向生产高增值的产品，但可以在生产规模扩大、产量大增的情况下，既发挥规模效应的好处（每个生产单元的成本降低），又因增产而显著增加收入。不过，从香港制造业整体及长远发展的角度考虑，厂家又再次以其他手段回避了产业升级的问题。香港厂家大举北移，将生产线迁到珠三角，使他们可以利用内地生产成本低廉的条件继续以劳动密集的方式进行生产。这既是香港厂家的组织惰性，也是因为他们多数是中小企业，在财政上难以负担生产技术升级所需要的投资。再加上英国殖民政府坚持其不干预的做法，不会协助产业升级，香港厂家便朝另一个方向来面对国际竞争加剧、成本上升的问题。直接地说，香港工业北移，是产业升级失败的结果。

　　当然，香港工业北移不但带动了珠三角的工业化和城市化，而且推动香港快速转型为一种"大都会经济"（Tao and Wong，2002），中港的经济联系以"前店后厂"（即香港集中做接订单、市场发展、产品设计、商业服务等方面，利用珠三角作为生产基地）的格局表现出来。当时的一种说法是，所谓"香港制造"已不再是指于香港境内生产，而是由香港厂家所制造。在这样一个产业调整的过程之中，不少劳工需要转行以适应一个以服务业为主体的经济，厂家却可以利用这个机会扩大生产，帮助他们在没有进行技术升级的情况下，也可以利用低成本及新的生产规模优势,继续在世界经济体系中维持一定的竞争力。

三、商业导向的中国香港厂家

当然,产业升级的意思并不只局限于生产技术及科技的方面。严格来说,香港厂家也并不是完全没有升级,只是生产技术升级没有成为主流的升级手段而已。事实上,他们在组织上有一定的发展,学会如何为海外买家及下订单的顾客提供更全面的服务。尽管他们一直以做 OEM 为主,但并不是只停留在简单加工的阶段。在过去的日子里,中国香港厂家大大扩充了他们处理 OEM 的功能与角色,包括将产品多元化、整合不同工序和部门、协助海外买家协调不同生产地的管理与最后的制成品、参与产品设计与开放等,令买家可以通过他们得到所需的产品。对很多海外买家来说,香港能为他们提供"一站式"服务,只要来到这个城市,便可以找到制造商、代理人及所提供的服务,最终找到自己所需要的制成品。那些制成品通常都不是在当地制造,但中国香港就是一个中心,产品设计、物料选择、生产等程序,以至最后送到海外的销售点,均以高效率的方式运作。在丰富 OEM 的角色方面,中国香港厂家确实是走出了狭义的生产功能,做了很多原来买家所需要承担的工作。所以,认真地说,香港厂家也有在生产与组织上的升级,只是他们并没有在生产技术、科技方面突破,长期停滞在劳动密集型产品的生产上。

从中国香港产业升级(或者应该说是未能成功升级)的经验来看,我们可以更清楚了解 2012 年东莞港商调查所展示出来的状况。大体上,在搬厂或在东莞设厂进行生产之后,大部分香港厂家仍然应用他们熟悉的一套,没有在生产技术与科技上有所突破。调查数据显示,在 2008 年至 2012 年间,多数中国香港厂家(61.3%)是以降低生产成本,解决生存问题作为公司经营的重点。港商在其经营手段与取向方面没有太大变化。受访厂家中,只有 28.0%以"创新为主"来形容其技术创新状况。而其生产工艺的技术含量,49.4%自我定位为"中等"。只有 42.1%表示其主要技术来源是"自主研发",与客户合作开发者则占 78.7%。由此可见,在生产维度上,他们还未有真正的走出 OEM 的角色。

　　表附 5.1 反映了中国香港厂家采取转型升级的情况。可见面对转型升级,有相当数量的香港厂家在以下几个方面完全没有采取措施。

表附 5.1　转型升级的措施

采取的措施	百分比
1.研发及品牌发展: 与高校、研究机构、其他企业进行合作研发 自主品牌建设 提升企业自主研发能力	54.5% 50.0% 35.0%
2.向外拓展: 销售网络建设 在本行业中向上游延伸 在本行业中向下游延伸 进入新行业 将生产基地转移到更低成本地区 在国内其他地区投资建厂	40.0% 34.6% 51.3% 64.1% 57.4% 67.5%
3.企业组织的重整与未来规划: 并购重整 引进职业经理人 培养子女将来接管公司	79.0% 68.8% 67.3%

　　由此可见,很多港商在企业组织层次上的转变及整合意识相当薄弱,其中在企业组织的重整与未来规划及研发和品牌发展的两大方面尤其少下功夫。

　　总的来说,尽管在东莞设厂的港商面对一个相当困难的外在环境,但仍然有可为。当被问到跟 2008 年的状况作比较情况如何时,他们在以下几方面仍然是增长的比下降的多。

表附 5.2　总产值和营业收入增长情况

指标	迅速或缓慢增长	迅速或缓慢下降
总产值	47.8%	34.4%
营业收入	47.1%	37.6%

　　可是在利润总额方面,只有 47.1% 的受访厂家有迅速或缓慢增长,过半数(37.6%)是迅速或缓慢下降。

　　这些在东莞经营的中国香港厂家基本上保留港商的特色,其中有趣的一点是,他们往往既是制造商,同时又是贸易及商业服务的商人。如前文所提到的,他们拥有敏锐的商业触觉,善于灵活变通。

事实上,在这些中国香港厂家当中,不少是从事进出口业务、商业服务起家的。在受访厂家中,只有28%在东莞设厂之前已在港设立生产线,接近四分之三的受访厂家之前并没有在中国香港设厂进行生产。在那些没有在港设厂的港商中,78.3%是来到东莞后才开始做制造业的,其余是当时只从事贸易或进出口生意,而生产的部分则一直交给其他人处理。这是港商的一个特点——不少商人在通过贸易网络取得订单之后,察觉到商机的存在,才转为生产产品的制造商;与此同时,也有不少原来是生产厂商,因应营商环境的转变而放下生产,转为集中从事与制造业有关的商业活动。这一种灵活性反映出他们懂得在不断变化的环境里找新机会。但从另一个角度来看,这是港商常见的弱点,就是在生产创新方面鲜有重大突破。

他们到东莞设厂与以前在中国香港经营时最主要的转变是扩大规模,提升产量(78.7%)。这也就是说,进入内地生产,很大程度上是着眼于规模效应,是一种在量的方面的提升(例如不是升级至生产技术水平或增值较高的产品,而是因为产量增加而提高利润)。当问到有无增加原有产品的品种时,只有28.5%的受访者表示有此转变,发展新的生产部门和产品的只有20.9%。开始自行设计生产的只有五分之一左右(20.3%),而开始发展自主品牌的就更少,只是11.4%。

受访的中国香港厂家大多(93.6%)保留在港业务。在港的公司过去所主要负责的业务见表附5.3。

表附5.3　在港公司过去主要负责的业务

时间	生产	接触海外买家	市场推广	财务管理	统筹区内业务	产品设计发展新展品	物料或生产技术研发
目前	2.5%	85.0%	59.0%	53.1%	29.3%	24.6%	16.7%
5年前	8.1%	80.8%	64.1%	60.7%	39.2%	25.5%	18.7%
10年前	15.8%	73.0%	60.4%	56.3%	38.6%	24.8%	27.9%

我们将上面所列出的业务分类大概可以分为四类,它们分别是生产、商

务、统筹管理和研发。我们可以清楚地看到,仍然留在中国香港的业务,生产方面的功能基本上已经毫不重要;从 10 年前到现在的情况,趋势是逐年递减,而且减至一个极低的水平。在研发方面,无论是开展新产品还是物料或生产技术研发,基本不是重点所在。物料或生产技术研发本来就不是重点或强项,而在过去 10 年更是日益变得不重要。有在产品设计和发展新产品方面投入工作的约占受访者的四分之一,相信这与争取海外订单有关,可是这明显也不是在港业务的焦点。至于以香港作为统筹区内业务的平台,似乎也有减少的趋势。这究竟与部分港商进一步将工厂往内陆迁移有没有关系,仍有待观察。如果生产厂房逐步迁到离开中国香港更远的地方时,中国香港的功能和角色又会需要调整了。剩下来的主要就是商业服务,但在财务管理或市场推广这些方面有活动的受访者也比 5 年前的少。到了今天,在港公司的主要功能在于接触海外买家。中国香港作为一个全球化的城市,仍是大量买家会现身的地方,他们出席展销会,通过中国香港的进出口商及厂家接触整个地区(中国及东南亚)的生产网络。作为窗口,中国香港在这方面的功能仍然保持强势。

　　至于面向未来,受访的香港厂家的响应大致上跟前面的相当一致(见表附 5.4):

表附 5.4　在港公司未来主要负责的业务

主要负责的业务	百分比
接触海外买家,商业洽谈	79.6%
市场推广	59.0%
市场信息	55.3%
融资,金融借贷或财务管理	51.0%
协调、统筹区内(国内或东南亚一带)各生产单位的业务	30.8%
产品设计、发展新产品	28.9%
物料或生产技术研发	28.9%
商业、专业服务的支持	22.3%
建立自主品牌	12.9%
开设门市	3.6%
生产	2.9%

留在中国香港的主要业务是接触海外买家,商业洽谈,继而是其他在商业及金融服务方面的,如市场推广、融资,金融借贷或财务管理。

经反复追问,受访者的答案一而再地突出了中国香港厂家的商业取向,而他们留在中国香港的业务,亦基本上以商业服务为主。

细看这次东莞港商调查的资料,香港与内地业务上的分工基本上仍然是一直以来的"前店后厂"模式。但假如在工厂的生产与运作方面没什么突破,不能创造新优势的话,那前面的店铺又能否维持竞争力呢? 这确实是对香港及港商的挑战。

四、总　结

以上东莞港商的调查结果与香港工业总会(2012)在2012年的调查结果相当接近。① 该调查的受访者大多关注经营成本上升和劳工短缺的问题。关于前者,与上一年同期比较,总体经营成本平均增幅为10%,其中以工资的增幅最高,达15%。至于劳工短缺,则有74%受访者认为有这样的状况。在成本增加的情况下,过半受访者(57%)表示不能转嫁到买家身上。换言之,多数受访厂家要想办法应付成本上升的问题。

当然,我们必须明白,企业调查需要小心解读——比如那些长期依赖廉价劳动力的厂家,很有可能早已采取迁厂到内陆作为应付策略,而没有留在珠三角,并因此而令有关的调查无法接触到这类受访者。这也就是说,调查涵盖的厂家多数仍希望以珠三角为基地,并会尝试寻求应变策略。因此,在香港工业总会的调查中,有70%的受访者表示会逐步以生产自动化来降低对人手的需求,有53%会尝试生产较高附加值的制成品,逐步升级。如果把以上响应放到受访者对未来业务转变的评估中来一并考虑,则不难发现,所谓逐步升级,仍然进展缓慢。该问卷向受访港商提问,评估不同的营运模式占总营业额的比重,OEM在2011年占61%,未来三年调低至53%;ODM在2011年占37%,

① 香港工业总会所做的调查对象只限于其制造业会员企业,而这些企业的地理分布遍及珠三角内不同城镇。所以,该调查的数据不能直接跟上引的东莞港商调查作比较。该调查在2012年5月进行,回收86份问卷,详见香港工业总会(2012)。

在未来三年上升至 42%；而 OBM 则由 32% 增长至 46%。显然，在营运模式上虽有调整，但不能算是显著的升级。当我们看到受访者在开发高附加值产品方面的评估时，情况便更清楚了：研发开支占总营业额的百分比由去年的 7% 上升至 10%，而产品设计也由 8% 增长至 12%。同样，在开发高附加值产品上，会有所改善，但谈不上有什么重大改变。期望短期内在珠三角投资的中国香港厂家会有脱胎换骨的转变是有点不切实际的。

中国香港厂家不是不努力求变，也不是不创新，但会在生产技术、科技及开发高增值产品方面作出最大努力的，恐怕只是少数。他们的企业传统不在于以生产为基本，不断升级改良生产程序、产品等，而是凭着市场触觉，懂得找寻买家，并且为买家提供最全面的服务。这一套方法曾令中国香港的制造业在世界经济中扮演一个重要的角色，把"香港制造"打造为一个金漆招牌。问题是随着周边环境的变化，这样的发展模式总有一天会走过巅峰，再而逐步呈现出各种问题。在众多问题之中，"前店后厂"的布局也需要不断创新和改革。假如在腹地进行生产的工厂未能升级，则走在前面的市场联系和推广也会有所限制。换言之，"前店"与"后厂"两者之间其实是互相紧扣，互相影响对方的进一步发展的。"前店"能否可以继续运作下去，依靠"后厂"本身能否维持其竞争力。在某种意义上，港商进入珠三角后主要利用短期的优势（如压低生产成本），而没有在产业升级方面早做准备并且投入其中，是必须好好反思的一件事情。到了外在营商环境出现进一步变化的时候，香港厂家便会发现自己处于一个困局之中，不再能简单地凭着过去那种市场触觉突围而出了。

参考资料：

Chiu，Stephen W.K.，K.C.Ho，and Tai-lok Lui，1997，*City-States in the Global Economy：Industrial Restructuring in Hong Kong and Singapore*.Boulder：Westview.

Chiu，Stephen W.K.，and Tai-lok Lui，1995，"Hong Kong：Unorganized Industrialism"，G.Clarke and W.B.Kim（eds）*Asian NIEs and the Global Economy*.Baltimore：Johns Hopkins University Press.

Chiu, Stephen W.K., and Tai-lok Lui, 2009, *Hong Kong: Becoming a Chinese Global City*. London: Routledge.

Lui, Tai-lok, and Stephen W.K. Chiu. 1993. "Industrial Restructuring and Labour-market Adjustment under Positive Noninterventionism", in *Environment and Planning A*, Vol.25, No.1.

Lui, Tai-lok, and Stephen W.K. Chiu. 1994. "A Tale of Two Industries: The Restructuring of Hong Kong's Garment-making and Electronics Industries", in *Environment and Planning A*, Vol.26, No.1.

Tao, Z., and Richard Y.C. Wong. 2002. "Hong Kong: From an Industrialised City to a Centre of Manufacturing-related Services", in *Urban Studies*, Vol. 39, No.12.

香港工业总会:《珠三角港贸企业现况与前景问卷调查报告》,香港工业总会 2012 年。

六、淘汰、转型、升级？

——东莞台商的困境与转变

张维安[*]、丘海雄[**]、李宗义[***]

摘　要

　　20 世纪 70—80 年代,受到生产成本提升的影响,位于核心国家的生产体系开始转移,使得许多制造业都建立起一条全球商品链(global commodity chains),从早期的成衣、制鞋,一直到晚近的电子,从上游的研发到下游的生产,从 OEM 到 ODM、OBM 的品牌代工模式,延续许多品牌大厂的命脉,也促进后进工业化国家的经济发展(Greffi,1994)。本文从商品链的角度针对台商在广东东莞市投资的产业进行考察,我们认为东莞台商正面临新一波商品链转移的挑战,同样是因为生产成本的提高(尤其是人力成本),东莞本地制造业的传统竞争优势逐渐流失,为了让企业得以生存,台商必须想办法改变,可以选择转移到其他生产成本较低的地区,维持自己在商品链之中的位置,又或者是脱离原本的商品链,凭借着品牌与通路的建立以及需求逐渐旺盛的内销市场,进行产业的升级与行销模式的改变,提升产品的附加价值。在这个背景下,东莞市政府提出转型升级的策略,一方面以"腾笼换鸟"的政策思维,消极地劝退不适合的台商转移到其他生产成本的地方;另一方面则是与台资企业协会合作,协助企业进行升级与转型——升级是从中国台湾引进 14 家产业服务机构进行企业的诊断与辅导,提升企业经营的效能与效率;转型则是通过通路的建立,协助台商建立品牌,拓展通路,提升竞争力,其中的代表就是大麦客

　　* 张维安,中国台湾交通大学人文社会学系教授、台湾清华大学社会学研究所合聘教授。
　　** 丘海雄,广州中山大学社会系教授。
　　*** 李宗义,中国台湾清华大学社会学研究所博士候选人。

商场。本书根据 2012 年的问卷调查资料,分析东莞台资企业的困境与转变,我们发现东莞台商在这段时间受到当地社会、环境成本增加的影响,例如安全生产成效、节能成效、减排成效、管理层的福利待遇、工人的福利待遇等。受影响的厂商有赢有输,有些台商在资产利得、市场开发方面呈现激烈下降,有些则相对增加,尤其是技术研发方面更是有明显的提升,这些现象显示在这波冲击中有些台商顺利地进行了升级的转型。

关键词:东莞、台商、产业升级、金融危机、"腾笼换鸟"

一、前言:夕阳产业的宿命

2008 年 1 月 1 日,中国内地正式实施《劳动合同法》,这份以"明确劳动合同双方当事人的权利和义务,保护劳动者的合法权益"为目标的法律,其目的是改变中国内地时常出现的劳资争议,特别是资方在未签订详细的用人合同下,片面扭曲工人的劳动条件,压低工人的薪资,减少工人的福利。观察者认为《劳动合同法》的实施代表着中国低工资时代的结束,自此中国的经济发展将慢慢走出世界工厂的生产模式,进行产业的升级与转型。正当《劳动合同法》的争议与影响逐渐发酵之际,2008 年底全球又遭逢第二次世界大战之后最严重的金融海啸重击,全球的经济萎缩,国际贸易的进出口数字下滑,以中国为例,从 2008 年 11 月开始,中国的进出口就呈现下滑趋势,特别是进口的数字下滑比出口还要明显,2009 年 1 月中国出口与进口的年比率变化分别是 -17.5% 以及 -43.1%,这显示中国的出口受到金融海啸的影响,过去进口原料再加工出口的模式在内外环境的夹击下,订单大量流失,面临发展的瓶颈。

这样的场景对于台湾中小企业并不陌生。20 年前台商带着他们即将被淘汰的生产设备进入内地,靠着他们在台湾所累积的实力,继续占据世界生产体系的一环,并且在内地制造业的技术尚不成熟,资金短缺的时候,带动 1992 年之后中国内地工业改革的成长。① 历经 20 年的快速成长,内地走过所有

---

① 改革开放一般被切割为两个阶段,第一个阶段是 1992 年之前的农村改革,以农村产权改革为基础,释放农民的劳动生产力,让多余的劳动力进入集体所有制的乡镇企业。第二个阶段则是 1992 年邓小平"南方谈话"确定了市场化改革之路,自此城市的工业开始发展。

新兴工业的困局,当人力成本提升,产业失去原本的竞争优势之后,都要问:"产业的下一步在哪?"对此,中国政府一方面把经济发展的重心拉到亟待开发的内需市场,另一方面则是通过地方政府的力量进行产业的淘汰、转移与升级。

2011年中国推出新一轮的五年发展规划(2011—2015),在此次规划中首次将"扩大内需"单独成章,并作为"十二五"规划的首要任务,显见中国政府面对加工出口贸易的衰退,亟须把刺激内需市场作为下一轮经济成长的主要动能,以期使中国内地社会消费品零售总额,生产资料销售总额,批发、零售等重要消费品市场的经营规模快速成长。中国的国内生产总值占全球的8.5%,但消费只占全世界的5.4%,根据"十二五"规划,中国政府将致力于提升居民收入增长,以每年超过三万亿的幅度递增,消费市场空间将大幅扩张(毛艳华,2011)。①

另外,各地方政府早就对于产业的转型与升级有所准备,因此纷纷出台各种政策因应产业可能的外移,并且协助地方企业打开内需市场。以加工产业大省广东为例,从2008年起,广东省就率先推出"产业转移"和"劳动力转移"的双转移规划,也就是指珠三角的劳动密集型产业向东西两翼及粤北山区转移,较高素质的劳动力向发达的珠三角地区转移。双转移的规划背后还带着一套"腾笼换鸟"的思维,也就是淘汰不合适的企业,引进先进的制造业,提升产品的附加值。而为了促进台商产业的升级转型,广东省政府还在2009年颁布《广东省政府支持港澳台资企业应对国际金融危机和加快转型升级若干政策措施》,推出了九款三十条的优惠措施,其中最重要的策略就是鼓励并补助台资企业创立品牌,打开内需市场。

本书即是以东莞的台商为例,说明台商在内地面临的困境,并且解读在此困境之下台商转变的路径。我们根据2012年对于191家台资企业的问卷,探讨台商在内外不佳的环境下其企业自身的认知,以及此认知如何改变企业所采取的策略。以下主要分成四个部分,首先我们分析东莞台商的形成与发展,

---

① 毛艳华:《"十二五"中国内需消费市场发展:珠三角企业的机遇与挑战》,《信息》2011年夏季号。

了解其产业升级的背景。接下来我们分别探讨广东省的"腾笼换鸟"政策以及金融风暴对台商的冲击,探讨地方政府的产业政策,如何改变台商的发展策略,以及台商如何因应金融风暴对于产业的影响。最后,我们通过问卷调查的资料,了解台商在 2009—2011 年之间的变化。

二、东莞台商及其产业升级背景

台商对内地的投资始于 1987 年 11 月中国台湾当局开放民众到内地探亲,之后逐步扩大到经贸投资,目前内地已经是台湾最大的贸易与投资伙伴。童振源(2011)在《从渐进三通到 ECFA》一文中指出,2010 年底台商累计对内地投资 1897 亿美元,内地来台投资累计到 2010 年底共计 1.32 亿美元。根据台湾地区电机电子工业同业公会的调查,台商回台投资意愿在 2008 年时为 9.88%,2011 年为 5.26%;台商规划结束台湾业务方面的部分在 2008 年时为 5.02%,2011 年为 7.69%。资料显示五成台商规划扩大在内地投资,①但也有一些台商选择回台湾发展。台商对内地投资的第一波主要集中在东莞、深圳、中山与顺德等大东莞地区。早期台商在内地投资以外销为主,2008 年经济不景气带来一个非常关键的变化,即升级与转型的要求逐渐明显。杨友仁与夏铸九(2005)指出事实上更早便有转型与升级需求,大东莞地区的资讯电子产业聚落,已经从台商的外销飞地转化为内销的桥头堡,同时过去有利于出口贸易的若干地方性制度却成为转型的制度瓶颈。

企业的淘汰、转型与升级是企业生命周期过程中会不断面临的问题。由于商品的全球化以及劳动分工的细致化,为了以较低的成本生产产品,为企业开创更多获利的空间,全球资本在世界各地攻城略地,试图找到最佳的合作对象,将低阶、技术门槛不高的产品,外包(outsource)到第三世界国家,并且通过当地厂商的协力网络,让整体的生产成本降低,台湾作为全球商品链的一环,也在这个过程中占据世界生产体系的"半边陲"地位(郑陆霖,1999;龚宜君,

---

① 《只剩 5.26% 中国台商回台投资意愿跌谷底》,http://www.libertytimes.com.tw/2011/new/aug/17/today-e1.htm(2011.10.28)。

2005）。

理解台商企业的转型与升级,必须回到台湾本身的经济发展历史。我们认为东莞台商此时在内地所面临的困境,与他们外移之前在台湾所面对的困局相仿。首先,台湾因为环境保护,提出了"产业升级"的口号,期待将原本低价、高耗能、高污染的制造业,提升为高价、低耗能且低污染的先进制造业,乃至于从代工厂走向品牌的构想。其次,台湾劳动条件、劳工福利与劳工薪资的提升,造成企业整体的经营成本增加,如此一来,过往以低价抢单的代工策略由于工人薪资无法压低,挤压了获利的空间。最后,台湾出超美国的现象引起美国国内的关注,政治上的施压就会通过汇率的操作,强迫台币升值让台湾本土制造业在国际的竞争力下滑,过往依靠低价抢单的优势,逐渐比不上其他劳动力更为充沛价格也更为低廉的后进国家。

在这几层因素交互作用之下,这些被打上"夕阳产业"标签的中小型制造业如果不想被淘汰,就必须另谋生存之道。有些企业在本地进行转型与升级,逐渐往商品链的上游移动,想办法研发或掌握关键技术,提高代工的价值与不可取代性,也就是从 OEM 向 ODM 甚至 OBM 的方向移动(瞿宛文、安士敦,2003;瞿宛文,2006)。但是,有些企业受到企业本身能力所限制,转型与升级有其难以跨越的门槛,为了延续企业的接单能力,只好选择外移。

自 20 世纪 80 年代开始,台湾许多中小企业外移。这波外移的台商之中,多数位处全球商品链的末端,提供廉价劳动力与便宜土地、厂房,在产品的附加价值提高之后,运送至全球各地。这种类型的台商多数属于劳力密集型企业,其特征为:研发能力低、资本运作能力弱、市场开发能力有限,而竞争优势主要来自于低廉生产成本与生产弹性。在前述内外两股压力之下,这种类型的制造业不得不开始思索"逐水草而居"的可能性,只要哪里设厂成本低廉,只要可以延续企业的生命就莫不大胆地跨出去,将其产业转移到其他国家。如此一来,就形成了由台湾负责接单而厂房外移到国外进行生产的跨境代工模式。在外移地点的选择上,有些选择离美国市场比较近的中南美洲盟邦,有些则是选择可以减少运输成本的东南亚,而更多的是趁着内地 1978 年的改革开放的浪潮,前往内地落脚。

中国的改革开放提供了夕阳台商另一个施展拳脚的机会。由于内地有庞大廉价的劳动力,因此让劳力密集型的产业可以照搬台湾的成功模式,到内地寻找企业的"第二春"。另外,中国政府为了吸引外商直接投资(FDI),由中央政府带头,提供各种政策上的优惠,包括土地、厂房与税收减免,就是希望可以让更多的资金涌入。各地方政府为了吸引有限的外来资本落户投资,争相加码,希望所有的资金都可以确实到位。① 在这种情况下,语言与文化上的优势,让台商与地方政府一拍即合,在沿海几个经济特区,到处可见台商在当地复制台湾的成功模式,进行"三来一补"的加工产业(邢幼田,1996)。东莞就是在这一波外移的浪潮中逐渐崭露头角,成为台商在中国聚集最密集的地区之一的。

然而,在经历过二十几年的高速成长之后,中国的发展也出现许多发展中国家都要面临的瓶颈,特别是发展比较早的珠江三角洲。从 20 世纪 90 年代中期开始,资讯革命带动电子产品的需求,原本位居中国制造业中心的珠江三角洲,凭借着港资的注入与台资企业的迁入,一直是中国经济发展最主要的动力来源,然而从 90 年代中期之后,长江沿岸在上海的带动下,逐渐以上海、杭州、苏州、无锡等地为核心形成一个长三角的工业带。这些地区改革开放的速度比较慢,自此才开始逐渐放开企业所有权的限制,让一大批强制完成私有化的企业投入新一波的制造业之中(刘雅灵,2002),而与此同时以台湾资讯制造业为首的产业链也挟着庞大的协力网路,蜂拥长江三角洲,尤其是苏州周边的昆山、吴江等地,更是聚集了来自全球各地的资讯制造业(张家铭,2006)。

在此消彼长的情况下,珠三角在中国经济中的龙头地位逐渐面临长江三角洲的挑战。根据表附 6.1 的资料我们可以得知,广东、珠三角地区一直都是中国出口以及加工出口最重要的地区。1995 年,广东的出口额占全国的38%,珠三角也有三成以上的比重,而大长三角一带才占 20.1%。但是从1999 年之后,珠三角出口在内地的比重就逐渐下滑,而长三角则是不断上升,2004 年长三角首度超越珠三角,成为内地出口最重要的产业聚落,而且两者之间的差距也不断扩大,到了 2008 年两者已经相差有 10% 左右,长三角出口

---

① 一般来说,外资制造业到中国内地投资享有所谓的"两免三减半"税收优惠,但各地方政府为了争夺外国资金到本地投资,除了提供免费的土地以外,甚至打上"五免五减半"的优惠标签,各地争相加码的现象越演越烈,大开外资在中国的方便之门。

占内地出口 38.6%,而珠三角是 27.1%。除了出口的差距值得注意之外,另外一个引起我们关切的数据是加工出口。内地的加工出口在 1996—2007 年基本上都占整体出口的 50% 以上,但是近年却逐渐下滑,而且在 2008 年首度跌落五成以下。这也表示,内地过去以"三来一补"作为经济成长主力的模式正出现转变,加工出口在内地的经济地位下滑,也意味仰赖加工出口的外资在内地的重要性降低。此外,加工出口代表着一个时代的经济模式,如台湾早期的加工出口是因为台湾本身消费力尚不足以支撑本国工业动能,因此只好把大量的产品外销。后来,人民收入提高,对于民生工业用品的需求提高,因此进口替代逐渐取代加工出口,成为新一波的产业动能。由此推导内地加工出口下滑的意义,我们一方面看到内地内需市场的崛起,也就是当全球经济自2008 年金融风暴不景气之后,内地必须仰赖内需来支撑工业的成长,另一方面加工出口的下滑,也代表着以加工出口为主的代工模式在内地的发展面临瓶颈。①

表附 6.1　中国、珠三角及长三角的出口及加工出口

年份	中国		广东		珠三角	大长三角		长三角	
	出口	加工出口	出口	加工出口	出口	出口	加工出口	出口	加工出口
1995	148.780 (100)	73.700 (49.5)	56.592 (38.0)	42.276 (28.4)	46.106 (31.0)	29.967 (20.1)	10.789 (7.3)	29.215 (19.6)	10.518 (7.0)
1996	151.048 (100)	84.330 (55.8)	59.346 (39.3)	47.156 (31.2)	53.735 (35.6)	32.777 (21.7)	——	32.731 (21.7)	——
1997	182.797 (100)	99.602 (54.5)	74.564 (40.8)	54.831 (30.0)	61.412 (33.6)	38.975 (21.3)	——	38.547 (21.1)	——
1998	183.712 (100)	104.454 (56.9)	75.618 (41.2)	58.361 (31.8)	66.278 (36.1)	42.159 (22.9)	18.209 (9.9)	41.933 (22.8)	18.111 (9.9)
1999	194.931 (100)	110.882 (56.9)	77.705 (39.9)	60.398 (31.0)	67.439 (34.6)	49.471 (25.4)	21.157 (10.9)	47.800 (24.5)	20.443 (10.5)

---

① 　请参阅表附 6.1《中国、珠三角及长三角的出口及加工出口》。

续表

年份	中国		广东		珠三角	大长三角		长三角	
	出口	加工出口	出口	加工出口	出口	出口	加工出口	出口	加工出口
2000	249.203 (100)	137.652 (55.2)	91.919 (36.9)	71.780 (28.8)	84.741 (34.0)	69.854 (28.0)	28.406 (11.4)	67.102 (26.9)	27.287 (10.9)
2001	266.098 (100)	147.433 (55.4)	95.421 (35.9)	76.502 (28.7)	90.829 (34.1)	78.720 (29.6)	31.300 (11.8)	75.096 (28.2)	29.859 (11.2)
2002	325.596 (100)	179.928 (55.3)	118.458 (36.4)	93.186 (28.6)	112.608 (34.6)	98.924 (30.4)	38.970 (12.0)	94.199 (28.9)	37.109 (11.4)
2003	438.228 (100)	241.851 (55.2)	152.848 (34.9)	118.145 (27.0)	145.056 (33.1)	156.580 (33.4)	63.785 (14.6)	141.336 (32.3)	61.503 (14.0)
2004	593.326 (100)	327.970 (55.3)	191.569 (32.3)	145.629 (24.5)	181.845 (30.6)	215.375 (36.3)	100.637 (17.0)	208.338 (35.1)	97.349 (16.4)
2005	761.953 (100)	416.467 (54.7)	238.171 (31.3)	175.068 (23.0)	227.122 (29.8)	286.370 (37.6)	139.410 (18.3)	275.418 (36.1)	134.079 (17.6)
2006	968.978 (100)	510.355 (52.7)	301.948 (31.2)	208.384 (21.5)	288.745 (29.8)	369.789 (38.2)	180.453 (18.6)	355.399 (36.7)	173.431 (17.9)
2007	1220456 (100)	617.560 (50.6)	369.239 (30.3)	246.167 (20.2)	354.085 (29.0)	469.396 (38.5)	220.760 (18.1)	450.674 (36.9)	211.955 (17.4)
2008	1430693 (100)	675.182 (47.2)	404.188 (28.3)	261.359 (18.3)	387.208 (27.1)	552.843 (38.6)	242.549 (17.0)	530.630 (37.1)	232.790 (16.3)

备注:括弧内之数字代表占全国总出口的百分比。大长三角的加工出口数字来自表附6.2,本书假定"大长三角"和"长三角"这两个区域其加工出口占总出口的比例相同,从而估算长三角的加工出口。
资料来源:宋恩荣(2010)。

　　既然如此,以加工出口为主的珠三角首当其冲,除了在中国经济地位下滑所引发的危机感之外,劳动成本的增加也是珠三角加工模式难以为继的主要原因之一。国际社会在中国经济崛起之后开始紧盯中国劳动条件,以改善工人劳动环境为诉求带动工人薪资的上涨。早期对于中国工厂的批评,大都集中在对珠三角工人恶劣的工作条件的描述方面(Anita Chan 2001;Lee Ching-Kwan 1998;潘毅,2007),现在珠三角也成为工资调涨呼声最高的地区,而偏偏此地的劳力密集型产业又是对工资反应最敏感的产业,因此工资与工人福利的上涨让珠三角的传统产业面临生存的压力。另外就是环境成本的压力,从2008年奥运会之前,中国就以"绿色发展"作为对国际社会的承诺,开始慢慢淘汰传统的高耗能、高污染的产业,对于产业的鼓励也不再是有资本就好,还必须审查其投资项目、产业类别,还有对环境所带来的负担等因素。如此一来,传统的产业失去政策上的优势,也失去继续在中国苟活的理由。夕阳产业从台湾的"弃儿"变成珠三角各地方政府眼中的"王子",而现在又再度沦为"弃儿",是地方政府想要淘汰的产业。

最后一个重要的因素就是全世界局势的影响,特别是美国的消费需求在2008年金融风暴之后急速萎缩,直接影响到供给面的疲软。由于美国是中国产品最主要的出口地,当美国人勒紧裤带过活,中国的经济势必要受到冲击。台商一直以外贸为主要的收入,此时必须重新思考拟定一套新的策略,来适应内地经济规划的转变,从广东省的"十一五"规划到国家的"十二五"规划,我们可以看到中国有意识地将经济发展的动能转移到刺激国内的需求上,就是为了弥补出口可能的损失。

内外两股力量让内地的整个经济结构有转型的需求,也让依附在此结构之下的台资企业面临升级的压力。台商面临被淘汰、继续寻找另一个外移地或进行转型升级与持续经营的选择。以下我们继续处理台商升级的内外动因,内部的动力来自于珠三角(尤其是广东)产业政策的调整,广东从"十一五"规划起省政府就明确提出:"珠三角要提升产业发展层次,继续做优做强,实现品牌输出、产业转移、拓展空间、高新引进、优化结构、再上台阶。逐步将劳动密集型产业向东西两翼、山区转移,拓展发展空间。"[1]这背后带来一个"腾笼换鸟"的新思维,也就是要把原本的企业换掉,引进一批技术更高、利润更大的企业。如果台商不愿意成为被腾走的鸟转向广东省的东西两翼或北部山区,只有选择升级。具体来说,当地"腾笼换鸟"的政策以及全球金融海啸是这段时间影响台商产业的两大因素,下面我们将分析这两股力量对于台商的影响及台商的应对策略。

---

① 《国家自主创新基础能力建设"十一五"规划》,中国新闻网,2007年2月26日,http://big5.xinhuanet.com/gate/big5/news.xinhuanet.com/tech/2007-02/26/content_5772934.htm,访问日期:2013年4月30日。

三、"腾笼换鸟"政策对台商的影响

1."腾笼换鸟"政策的背景

"腾笼换鸟"政策的提出和东莞在 20 世纪 80 年代的发展背景有密切的关系,因为东莞大量承接了亚洲"四小龙"的夕阳产业。吴晓峰(2011)指出"自 20 世纪 60 年代起推行出口导向型战略的韩国、新加坡和台湾、香港,开始进入产业转移时期。内地的对外开放使资本积累达到一定程度的港、澳、台商开始将劳动密集型、资源消耗型的低端产业向中国沿海地区转移。东莞抓住国家对外开放和国际产业转移的机遇,将'三来一补'作为发展经济的突破口,1978 年 8 月底,东莞办起了全国第一家来料加工企业——太平手袋厂"。东莞的经济活动开跑得很早,当时所能承接的机会似乎也注定后来发展的限制,并在很短的时间内走到需要转型的阶段。

广东推出产业"腾笼换鸟"策略,主要是发现当地经济产业发展存在相当严重的问题,吴晓峰(2011)细致地指出了以下若干问题:(1)长期以来,东莞在承接国际产业转移时,承接的大都是低附加值产业,未形成产品从研发到市场过程这一完善的产业链条;(2)东莞过去在发展制造业的过程中,主要依靠低廉土地和劳动力等生产要素的大量投入,实现规模和产值的外延式扩张,导致能源供应日趋紧张、土地资源匮乏、环境破坏;(3)东莞供地由各村镇自主支配,缺乏统一规划,土地利用效率低;(4)东莞存在大量高耗能、重污染企业,生态环境代价高;(5)东莞企业主要是以来料加工起步的企业,普遍缺乏自主技术及自主品牌企业,根植性不强;(6)高层次人才短缺。这些现象既说明东莞产业的特色,也说明当地政府提倡产业升级的必要性。《商务周刊》(2008)的封面故事更指出:"广东的产业经济在持续多年的高速增长之后,珠三角这个世界制造业重地在接连遭遇'劳工荒'、'电荒'、'油荒'、土地、劳动力、能源价格等大幅上涨的形势下,如何继续发展,成为广东地方政府和企业的大抉择。于是加快推进产业转移工作便成为一个重要手段。"张公岿(2008)也得出了相似的论点:"广东的专业镇经济经过二十几年的发展,出现了衰退的迹象。外源型集群出现了'候鸟经济',导致集群'空洞化',内源型集群由于发展过程中存在的'路径依赖',随着原有的比较竞争优势逐渐丧失,集群经济的发展出现了瓶颈。所以,产业集群升级是目前非常急迫的问题,不升级就无法保持集群的竞争力,无法维持经济的持续协调发展。"

东莞推动产业升级的动作并非从 2008 年全球金融危机开始,广东省政府于 2005 年 3 月所颁布的《关于我省山区及东西两翼与珠江三角洲联手推进产业转移的意见(试行)》,以及随后陆续发布的一些《通知》《意见》和《办法》,推动产业升级、转型和转移的政策措施,鼓励珠江三角洲产业向山区及东西两翼转移,就已经是具体的动作了(吴晓峰,2011),只是 3 年实行的效果并不明显(《商务周刊》,2008)。直到 2008 年广东省省长黄华在"两会"期间,提出"腾笼换鸟"政策之后(郑海鉴,2010),这个政策才更为明确清晰。不过这一政策一出台,就遇上了金融危机(郑永年,2012),政府引导的产业升级政策受到瞩目。

2."腾笼换鸟"的做法与影响

"腾笼换鸟"是指改变高投入、高消耗、高排放的粗放型增长方式,换来的是质量与效益、经济与社会协调的增长方式。"是经济发展过程中的一种战略举措,就是把现有的传统制造业从目前的产业基地'转移出去',再把'先进生产力'转移进来,以达到经济转型、产业升级"。吴晓峰(2011)进一步解释:"东莞'腾笼换鸟'应按照'退、转、引、变'和产业、劳动力'双转移'的思路,通过共建产业转移园、促进加工贸易升级、大力发展总部经济、深化粤港澳产业合作、构建人才培训等方式,把劳动密集型的低端制造业向外转移,引进先进制造业、现代服务业和价值链高端产业,实现'旧鸟出'、'新鸟进'。"

这个政策鼓励劳动密集型产业向广东省山区、东西两翼转移(《商务周刊》,2008)。"珠三角的一些产业可以转移到广东的边缘地区,或者中国的其他地区,这就是'腾笼',即为引入先进的产业腾出空间来。当然,'腾笼'实际上也可以为其他地区的发展作出贡献。例如把深圳的一些产业转移到汕尾,那么汕尾就会发展起来。同时,珠三角也可以通过提升产品的技术,追求同一产业链的升级。这两种方式都可以提升产品的附加值。"(郑永年,2012;王忠宏、贾涛,2012)指出在这个阶段广东省想要走的路是"打造省内'东部服务、西部制造'的产业功能布局,同时坚持经济发展与环境保护双赢,探索以产业转移促进产业转型升级的发展新路"。

具体来看这个政策规划的转型时间落在 2008—2020 年,"以先进制造业和现代服务业为驱动的两轴","希望从目前的外销、传统制造业转向内销、高附加价值与服务业"(彭涟漪,2010)。在具体的做法上"为了增加对高科技产业的吸引力,东莞最新在东南边依山傍水的区域开辟了松山湖高科技园区,72 平方公里的区域内,特地拨出 7 平方公里作为'台湾高科技园'专区"(彭涟漪,2010)。这个坐落在东部山区的台湾高科技园之目标就是吸引台湾高科技业者的投资,笔者在当地参访时发现,松山湖凯悦酒店就矗立在湖的旁边,当地有许多与产业发展配合的设施。这类以具体的硬件措施来吸引高科技投资的做法,除了东莞之外,中山市有吸引绿色能源产业为目标的"火炬高技术产业开发区","广东省 21 个县市可说'几乎'都有高新产业园区,都在抢台商入驻,给的优惠也大同小异"(彭涟漪,2010)。

"腾笼换鸟"的实施,迫使珠三角许多低端产业关闭、淘汰和搬迁,"以广州为例,2008 年以来全市共停产关闭搬迁企业(专案)5600 多家(个);2010 年完成 100 多家'退二'企业搬迁和关停并转出工作,腾出工业用地 240 万平方米"(王忠宏、贾涛,2012)。在这个"换鸟"的过程中台商的角色是什么?(彭涟漪,2010)指出,"转型政策虽好,新产业尚未引进,却已让不少企业加速外移脚步。最著名的例子是工资提高等问题,已引发富士康集团展开大举北移的动作"。以富士康科技集团为例,在河南省鹤壁市、武汉、重庆、淮安、天津等地开始大量招聘员工,显示要弃过去的大本营广东而去。彭涟漪(2010)指出:惠州是广东省台资第四大投资地,有七成以上是传统产业,广东省希望它们升级转型,但"隔行如隔山,如何转型"?张秋进指出,"不少台商都只是中小企业,研发能力不足,升级困难;而做内销、做品牌牵涉到人流、金流、物流等,都很复杂,怎么做?""惠州不是个案,台商在广东前三大投资地:广州、深圳及东莞,碰到的情况都很类似"。一些台商在广东所遇到的问题与他们移出台湾时所面临的问题非常相似,"这种传统的发展模式已经走到尽头。无论是克服产业结构和产业发展模式缺陷的内在要求,还是应对国内外经济环境变化的压力,都决定了调整发展模式、转型升级产业结构的必要性"(吴晓峰,2011)。一部分台商在这一波产业转型中渐渐失去舞台,也有一部分台商在这个过程中发展得更为优质,业绩与资产同步上扬。

四、金融风暴对台商的影响

正当广东推动"腾笼换鸟"的政策,国际整体经济环境的恶化也让珠三角以出口为主的发展策略面临考验。2008 年美国次贷危机(Subprime Mortgage Crisis)所引发的金融危机席卷全球,不仅压垮美国华尔街的金融体系,也造成银行的信贷紧缩,加上个人财产的因为股市崩盘而下滑,使得整体消费萎靡不振。根据统计,2007 年 6 月到 2008 年 11 月间,美国人失去了超过其资产净值的四分之一。2008 年 11 月初,美国股市标准普尔 500 指数从 2007 年的高点下跌了 45%。房价从 2006 年的高峰下跌了 20%。美国住房资产净值从 2006 年价值 13 兆美元的高峰,下降到 2008 年中期的 8 兆 8 千亿美元,并且 2008 年底时持续下降。美国第二大的家庭资产——整体退休资产,减少了 22%,由 2006 年时的 10 兆 3 千亿美元下降到 2008 年中期的 8 兆美元。在同一时期内,储蓄和投资的资产(除退休储蓄)有 1 兆 2 千亿美元损失,而养老金资产有 1 兆 3 千亿美元损失。两者合计,这些损失总额达到 8 兆 3 千亿美元。有人将此次风暴誉为是自 1929 年美国股市崩盘经济大恐慌以来最严重的一场经济危机,市场呈现一幅萧条衰退的景象。①

个人财产下滑与信贷紧缩使得消费者信心指数不足,整体的消费也迅速跌到谷底。由于美国消费支出占 GDP 的 70% 以上,因此当市场消费信心下滑,整体的经济动能也将失去支撑的力量,使得美国的经济从 2008 年之后就陷入长期的低迷,不仅房价泡沫已经出现,股市也回不到之前的高点。此外,由于美国是世界各国主要的外销地,当美国的消费下滑,世界各国的国内需求无法弥补美国经济进口需求的减少,特别是以外贸为主的日本、中国大陆、中国台湾、韩国等亚洲工业化国家和地区。以中国大陆为例,美国经济增长每下降 1%,中国大陆对美出口就会下降 5%—6%。此外,次贷危机进一步强化美

---

① 次贷危机(Subprime Mortgage Crisis)in Wikipedia:https://en.wikipedia.org/wiki/Subprime _mortgage_crisis.Date:2013/4/29。

元的弱势地位,加速了美元的贬值速度,从而降低了出口产品的优势,中国大陆出口产品价格优势降低,对美出口形成挑战。在上述因素的作用下,中国大陆出口呈现减速迹象(陶红武,2009)。

比较台湾地区与大陆近几年的贸易数据,可以明显地发现,自2008年美国金融风暴爆发之后,两岸的贸易数字,尤其是对美国的出口,下跌非常明显。从表格中我们可以发现,2009年台湾与大陆不论整体的出口或者是对美国的出口都较前一年剧烈下跌。

表附6.2　台湾地区与大陆出口的变化:2007—2011年

年份	台湾(千美元)		大陆(亿美元)	
	对美国出口	出口总值	对美国出口	出口总值
2007	32077102	246676.90	3215	12180.1
2008	30790956	255628.70	3378	14285.5
2009	23552856	203674.60	2964	12016.6
2010	31466029	274600.60	3469	15779.3
2011	36364294	308257.30	3993	18986.0

资料来源:笔者根据台湾当局相关财政部门与中国海关公布的历年数据整理。

再以金融风暴的起始点2008年的细部数据来看,从2008年中至年底,台湾地区与大陆的股市分别下挫56%与70%,两岸出口已经各下跌20%,台湾地区对大陆出口下跌50%(童振源,2009)。整体的出口下滑,势必直接冲击以外贸为主的台商。早在2008年初,政府为抑制过热的经济而实施经贸新措施所造成的出口衰退,加上9月美国引发的全球金融海啸,更使得台商自2008年1月1日《劳动合同法》实施以来的发展困局雪上加霜。沿海地区一向是台商主要的根据地,特别是珠三角与长三角一带,深圳、上海、苏州与东莞居于大陆进出口总值的前四位,东莞是台商产业聚集最密的地区,在金融海啸中所受的影响也特别大,尤其是传统的劳力密集代工型产业(黄健群,2009)。

由于东莞主要的经济主体为外资经济,而外资经济中又以加工经济为主,根据统计,东莞外向型经济占该市工业总产值的80%左右,占出口总额的90%以上,因此对外依存度极高,对国际经济波动极为敏感。因此,当国际金融海啸发生时,东莞制造业受到的影响就非常大。美国是东莞最大的出口地,每年东莞有170亿美元的商品直接出口美国,130亿美元商品通过中国香港转销美国。所以当美国的次贷危机引发的全球性金融危机造成需求衰退,对主要以出口欧美为主的珠三角企业来说冲击相当大。更进一步来说,订单减少是以出口为导向的东莞产业界自金融危机以来普遍遇到的难题(黄健群,2009)。

东莞有所谓八大支柱产业,分别为电子资讯、电气机械、纺织服装、家具、玩具、造纸及纸制品、食品饮料、化工制品等。这八大支柱产业或多或少都受到这一波金融海啸的冲击,但关厂歇业主要仍集中在传统型、低技术、高耗能的行业,包括家具、玩具和服装,而其他如五金塑胶、电子产品、陶瓷建材等,也有许多台资企业关厂歇业。而这些关厂歇业的东莞台商都是以中小规模、劳力密集度高、低附加价值、没有自主接单能力的传统产业为主,如制鞋、纺织服装、家具、陶瓷、玩具等产业(黄健群,2009)。

除了生产方面的压力,金融危机给内地台商还带来两个方面的影响。首先,由于信贷紧缩,原本在内地贷款就比较困难的台商更难进行融资。台湾地区的银行也在次贷风暴中受伤,对于贷款更加谨慎小心,造成台商不容易借到款项进行企业的升级与转型。其次,美国的金融危机最后的解决之道往往就是采取量化宽松政策,也就是印更多的美钞来支付美国的国债,这直接造成美元的国际竞争力下滑,美元下跌相对来说就是人民币、台币的升值,使出口产业出现竞争上的劣势,原本已经不断飙高的人力成本再加上人民币的升值压力,压缩了台商获利的空间,压缩了台商喘息的机会。

从内部的政策与外部的环境来看,身在东莞的台商正面临一个淘汰、转型或升级的关键时点,以下我们通过具体的调查来理解这些变化对东莞台商实际的冲击。外在环境的变化如何改变台商对于自身企业发展的认知,还有对未来的评估,假如整体政策已经不支持企业的存在,而内、外环境也无法容许企业转型或升级,那台商就必须选择外移或关厂淘汰一途。然而,此时中国也逐渐开始刺激国内市场的需求,假如台商觉得有机会抢占内地内需市场,过去以出口为主的加工产业,将会根据国内市场与政策的需求,调整在中国发展的策略,这时候他们需要的是一个升级的策略,问题在于他们是否有能力从

OEM 转向 ODM,再走向品牌发展的策略,这都取决于他们在环境变化之下的策略是否会带领他们走向微笑曲线的两端(研发与品牌),提高企业获利的空间。

五、2008—2011 年的东莞台商产业

表附 6.3　2008 年与 2011 年相比受访东莞台商各项指标变化情况表

指标	增加 (N)	不变 (N)	减少 (N)	增加 (%)	不变 (%)	下降 (%)	有效 N
1.资产与利得							
(1)产业值	84	28	78	0.44	0.15	0.41	190
(2)营业收入	82	27	82	0.43	0.14	0.43	191
(3)利润总额	66	28	97	0.35	0.15	0.51	191
(4)应缴所得税	83	44	61	0.44	0.23	0.32	188
(5)留存收益	53	43	85	0.29	0.24	0.47	181
(6)资产总值	72	57	61	0.38	0.30	0.32	190
(7)固定资产净值	48	63	78	0.25	0.33	0.41	189
(8)出口额	69	32	83	0.38	0.17	0.45	184
2.销售与市场							
(9)产品内销比例	49	40	19	0.45	0.37	0.18	108
(10)销往贫穷落后国家	8	54	12	0.11	0.73	0.16	74
(11)销往发展中国家	21	78	29	0.16	0.61	0.23	128
(12)销往发达国家	40	73	42	0.26	0.47	0.27	155
(13)自主品牌市场影响力	28	37	11	0.37	0.49	0.14	76
(14)客户更换率	36	102	24	0.22	0.63	0.15	162
(15)OAM 销售额占总销售额比例	32	62	26	0.27	0.52	0.22	120
(16)OEM 销售额占总销售额比例	26	56	22	0.25	0.54	0.21	104

续表

指标	增加 （N）	不变 （N）	减少 （N）	增加 （%）	不变 （%）	下降 （%）	有效 N
（17）ODM 销售额占总销售额比例	23	51	17	0.25	0.56	0.19	91
（18）OBM 销售额占总销售额比例	20	32	11	0.32	0.51	0.17	63
3.技术与研发							
（19）技术研发专案的数量	56	43	16	0.49	0.37	0.14	115
（20）研究人员比例	51	55	17	0.41	0.45	0.14	123
（21）新产品销售额占总销售额比例	68	49	21	0.49	0.36	0.15	138
（22）新产品数量	71	44	23	0.51	0.32	0.17	138
（23）新产品研发速度	63	46	15	0.51	0.37	0.12	124
4.社会与环境							
（24）安全生产成效	102	77	7	0.55	0.41	0.04	186
（25）节能成效	107	70	11	0.57	0.37	0.06	188
（26）减排成效	102	68	13	0.56	0.37	0.07	183
（27）就业岗位总数	46	60	84	0.24	0.32	0.44	190
（28）管理层平均福利待遇	135	41	13	0.71	0.22	0.07	189
（29）工人平均福利待遇	155	26	8	0.82	0.14	0.04	189

根据本项研究在 2012 年调查所得资料,191 家受访厂商的一般性发展趋势的大致情形是劳动与社会成本普遍增加,研发与创新有相当成效。关于经营利得则呈现出两个相反的发展方向,有些厂商在这三年间有相当的发展（增加）,有些则回答三年来营业、资产、出口都明显下降。

1.资产与利得

以下先就表附 6.3 的资料做初步的说明。第（1）项到第（8）项是产业值、营业收入、利润总额、应缴所得税、留存收益、资产总值、固定资产净值、出口额,所指涉的内容为营业、利润、资产等。本书将问卷中的迅速增加与缓慢增加合并为"增加",将缓慢下降与迅速下降合并为"下降",未明显变化者则维持,用以观察台商的一般发展趋势。这几个项目呈现出两极化的发展,除了"固定资产净值"有 25%、"留存收益"有 29% 的受访厂商回答增加外,其他各项目都有超过 30% 的厂商回答"增加",表示这些厂商的资产与经营并不受全球经济局势或产业政策的调整等因素的影响。但是相同的各个项目也有超过30% 的厂商回答"下降",这表示在这些时段里经营有困难的厂商也是相当多。进一步来看,针对好几项的问题,回答"增加"的厂商要比回答"下降"的厂商来得多,例如产业值(增 44%;减 41%),应缴所得税(增 44%;减 32%)和资产总值(增 38%;减 32%)等。另外几项则是下降者比增加者多,例如,利润总额(增 35%;减 51%),留存收益(增 29%;减 47%),固定资产净值(增 25%;减 41%),以及出口额(增 38%;减 45%)。值得留意得是固定资产净值、资产总值各有三分之一左右的厂家回答变动不大。

这几个题目的观察,使我们了解一件事,厂商受到影响甚大,但并不是所有的厂商在经营与资产方面都受到影响而"下降",还有相当比例之厂商回答在这段时间里"增加"了产值、利润与收入,值得留意的是往增加部分发展者,和往下降的方向走去之厂商比例都相当高(超过 30% 者用黑体字标示)。下面将继续分析哪些性质的厂商下降哪些厂商反而增加。

2.销售与市场

第(9)项至第(18)项是关于销售与市场,内容包括销售的地区,如产品内销比例、销往贫穷落后国家、销往发展中国家、销往发达国家等,这可以让我们分析受到输出地区的影响有多大。例如发达国家之市场究竟对台商出口生意的影响有多大。另外,不同性质产品的销售比例如何,例如自主品牌市场、OBM、ODM、OEM 以及 OAM 产品的销售比例,可以让我们了解台商所生产的产品性质及其市场之变化,以及在这样的经济变化中怎样的产业性质才拥有市场潜力。

在这几项中,最值得留意的是大部分厂商都回答"不变",市场端的影响在"销往贫穷落后国家"的变化最少(73%),然后是"销往发展中国家"(61%)和"销往发达国家"(47%),看起来"销往发达国家"的市场有比较大的变化,但是却也不能从这里推论出因为发达国家的经济影响了台商的出口市场。细看厂商的回答,26%的台商指出这段时间他们在"销往发达国家"的部分有增加,另外,27%的台商则指出这段时间他们在"销往发达国家"的部分是下降的。合起来计算,这段时间73%的台商"销往发达国家"的部分为增加或不变。我们将会进一步分析,哪种性质的厂商在这个市场的销售是下降或增加。

在这几项问题中,有三项回答增加的厂商比回答下降的厂商要多许多,例如产品内销比例(增45%;减18%)、自主品牌市场影响力(增37%;减14%)、OBM销售额占总销售额比例(增32%;减17%)。显示这段时间内销比例确实有增加,同时自主品牌(OBM相似)的销售比例也是有所增加。严格来看,内销、自主品牌、OBM三个项目可能是指向同一个方向。此外,特别值得注意的是"OEM销售额占总销售额比例"的变化,资料显示"增加"和"下降"的比例(增25%;减21%)非常相近,甚至还略有增加,显示这段时间并没有造成OEM这种生产模式根本的改变。

3.技术与研发

台商在这部分的回答基本上偏向于没有改变和增加,增加最多的是"新产品数量"(51%)、"新产品研发速度"(51%),其次是"新产品销售额占总销售额比例"(49%),这三者有高度的关联性,"新产品"是这段时间经营的焦点。把回答"不变"(原来就在做新产品)的部分加进来,83%—88%的台商都重视"新产品"相关的业务,回答"下降"的全部只有12%—17%。我们也会进一步了解怎样性质的产业落在"下降"的部分。

与此相关的"研究人员比例""技术研发专案的数量"也是呈现出相同的发展方向,表示86%的台商在这方面加以重视。

4.社会与环境

这个部分的讨论包括工作环境及社会成本等多项,相对于前述多项问题,这部分有非常明显的变化,以下几项有相当多的受访台商表示有增加(前项),如果加上原来就在做的(后项)则比例更高,"安全生产成效"(55%,41%)、"节能成效"(57%,37%)、"减排成效"(56%,37%)。这几项可能要和早期台商在内地设厂时期的宽松标准对应起来讨论,工安、节能、污染各项要求的水准提高,相对的也带来成本的增加。我们会再分析这部分的要求提升所带来的成本增加是否和前述"资产与利得"有相关联性。

另一部分也和早期台商到内地大投资时深具吸引力的丰沛与低廉的劳动力供给有关。随着市场的变化,工人权利观的觉知,政府部门对劳动条件的重视,工人的薪资与相关福利都有大幅的变化。受访的台商中有96%表示"工人平均福利待遇"增加,相同的也有93%的受访台商表示"管理层平均福利待遇"增加。这方面的支出增加台商很大的负担,将会造成台商在其他方面的新作为,例如自动化等。与此相关的便是"就业岗位总数",回答"增加"的台商只有24%(回答"不变"的为32%),特别值得留意的现象是,在这段时间有44%的台商回答"就业岗位总数"有所下降,推测与产业性质的转变,特别是若干劳动密集型产业在空间上的移动有关。

5.小结

整体看来,2008—2011年之间,东莞台商所受到的影响,来自内地内部的因素要比来自世界经济的冲击更大。特别是在2008年金融风暴还没有发生影响之时,广东政府已经提出的"腾笼换鸟"方针。国际经济局势的影响方面,不同产商之间有得有失,有些厂家因此而更加得以发展,经营更加蓬勃,市场、产品、研发都有进步,同时也相当合乎当地政府的期待,迈向产业升级的目标。真正受到影响的台商,可能是在国际经济局势的影响之下,各项指标都回答"下降"的厂商,另外社会与环境指标中的能源、工安,劳工福利方面的要求对他们也可能造成沉重的负担,这些可能正是政府部门想要改变的产业。正如彭涟漪(2010)所提到的那样,"广东惠州台商投资企业协会会长张秋进指出,新劳动合同法、工资及招工、环保要求升高等问题,已造成广东省约一成台商出走或歇业"。"我们的会员有一半想要结束工厂、返台养老,或是移到东南亚,而且3—5年内会采取行动"。

六、结语:淘汰、转型或升级?

从世界体系的角度来看,企业的迁移、转型与升级是个复杂的政治经济问题。东莞的台商在二十几年前带着商品链末端的厂房进驻当时尚处于改革开放初期的内地,以"三来一补"的加工出口成为内地经济的动能,确立中国成为世界工厂的地位。随着内地资源的开发逐渐耗竭,劳动力的成本逐步上扬,发展也面临了瓶颈。早在 2006 年广东省在"十一五"的规划下,即启动了产业升级的道路,背后的原因之一是珠三角地区在内地经济地位的滑落,长三角凭借 IT 制造业,成为内地经济发展的动脉,超越从改革开放以来就是桥头堡的珠江三角洲。另外一个原因就是内地环境污染促使中央政府开始扬弃过去二十几年以传统制造业创造就业出卖劳力的发展模式。这两股力量引出广东省的"腾笼换鸟"政策,希望将旧的高污染、高耗能产业,转移到东西两翼以及北部山区,其背后当然跟整个中央的产业发展政策有关。这样的政策打破夕阳台商与地方政府长久以来的政商结盟关系,原本优渥的政策从本地移除,转到更偏远的地方,迫使台商在迁出与关厂之间做选择。

另外,所谓的"腾笼换鸟"就是希望引入的企业能够像鸟一样带动珠三角新一波的产业起飞,这除了政策的主观愿望之外,也包含被引导企业的客观能力。东莞的台商是否有升级的能力,用理论的术语来说,就是台商有没有向商品链两端移动的能力。根据调查发现,台商近年来有计划地将资本投入研发,就是希望提升企业在商品链与价值链上的位置,通过研发能力来提升企业的获利。然而,比较少人注意而台商也比较少思索的是往品牌端移动的可能性。这或许是囿于传统的制造思维,不熟悉国际品牌市场的竞争策略,因此会习惯性地往制造研发来思考。

然而,当 2008 年金融风暴造成市场经济不景气之际,台商也必须将注意力随着政府的政策转移到内需市场。过去台商受对外投资的限制,基本上是"两头在外"的产业,也就是原料来自进口,而产品也随之出口。近十年来,中国内地的内需市场引起各方的关注,台商自然不能置身于这股浪潮之外。产业的升级除了生产技术之外,也需要包装与行销的升级,将原本代工的产品转为附加价值比较高的品牌产品,此时只要有一个适当的"途径"或许就可以让所谓的"台商产品"产生一种迥异于过去的形象。

参考资料:

1.王忠宏、贾涛:《广东以产业转移促进产业转型升级调研报告》,《广西经济》2012 年第 4 期。

2.吴晓峰:《从"腾笼换鸟"分析东莞市经济产业转型》,《特区经济》2011

年第 11 期。

3.宋恩荣:《珠三角及长三角加工出口对总产值及就业的贡献》,(香港)沪港发展研究联合所 2010 年,网址:http://www.cuhk.edu.hk/shkdi/OP/OP22.pdf,访问日期:2013 年 4 月 29 日。

4.邢幼田:《台商与中国大陆地方官僚联盟:一个新的跨国投资模式》,《台湾社会研究季刊》1996 年第 23 期。

5.施振荣:《全球化的生产与行销》,(台北)大块文化 2000 年版。

6.《广东"腾笼换鸟"路线图》,《商务周刊》2008 年。

7.张公嵬:《珠三角产业转移与产业集群升级路径分析》,《现代管理科学》2008 年。

8.张家铭:《台商在苏州:全球化与在地化的考察》,(台北)桂冠图书股份有限公司 2006 年版。

9.陶红武:《金融风暴下我国出口企业的困境与出路》,《黑龙江金融》2009 年第 11 期。

10.彭涟漪:《迈向新广东,先过四个大阵痛》,《远见杂志》2010 年,网址:http://www.gvm.com.tw/Boardcontent_16650.html,访问日期:2013 年 4 月 30 日。

11.《朝鲜日报》:《中国经济现场报道:广东"腾笼换鸟"不易　再向制造业求助》,2013 年,网址:http://cn.chosun.com/big5/site/data/html_dir/2013/03/05/20130305000026.html,访问日期:2013 年 4 月 30 日。

12.童振源:《从渐进三通到 ECFA:两岸经贸关系制度化的发展与影响》,《中国经济分析报告》2011 年。

13.童振源:《全球金融危机与两岸经贸关系展望》,《战略安全研析》2009 年。

14.黄健群:《后金融海啸时期东莞产业现况》,《大陆台商简讯》2009 年,网址:http://www.cnfi.org.tw/cnfi/ssnb/203-5-9811.html,访问日期:2013 年 4 月 29 日。

15.杨友仁、夏铸九:《跨界产生网络之在地镶嵌与地方性制度之演化:以大东莞地区为例》,《都市与计划》2005 年第 32 期。

16.刘雅灵:《强制完成的经济私有化:苏南吴江经济兴衰的历史过程》,《台湾社会学刊》2001 年第 26 期。

17.潘美玲:《技术、社会网络与全球商品链:台湾制造业部门间生产组织的差异》,2001 年。

18.张维安:《台湾的企业》,(中华台北)联经出版事业股份有限公司 2001 年版。

19.潘毅:《中国女工——新兴打工阶级的呼唤》,(香港)明报出版社 2007 年版。

20.郑永年:《市场经济与广东的改革开放》,《开放时代》2012 年第 238 期。

21.郑海鉴:《两岸生产促进中心辅导中小企业转型之研究》,淡江大学中国研究所 2010 年。

22.郑陆霖:《一个半边陲的浮现与隐藏:国际鞋类市场网络重组下的生产外移》,《台湾社会研究季刊》1999 年第 35 期。

23.龚宜君:《半边陲之台湾企业在世界体系的镶嵌》,《台湾东南亚学刊》第 1 期。

24.瞿宛文、安士敦:《超越后进发展》,(中华台北)联经出版社 2003 年版。

25.瞿宛文:《台湾后起者能自创品牌升级吗?》,《台湾社会研究季刊》2006 年第 63 期。

参考文献

Amsden A.(1989),*Asia's Next Giant：South Korea and Late Industrialization.*

Arash,A.and Wagner,S.M.(2011),"Industrial upgrading,exploitative innovations and explorative innovations ",International Journal of Production Economics,Vol.130,No.1,pp.54-65.

Bell,M.and Pavitt,K.(1993),"Technological accumulation and industrial growth：contrasts between developed and developing countries",Industrial and Corporate Change,Vol.2,No.2,pp.157-210.

Bell, M. and Albu, M. (1999), "Knowledge systems and technological dynamism in industrial clusters in developing countrie's",World Development,Vol. 27,No.9,pp.1715-1734.

Berger,S.(2005),How We Compete：What Companies Around the World Are Doing to *Make it in Today's Global Economy*,Crown Business.

Chaminade,C.and Vang,J.(2008),"Globalisation of knowledge production and regional innovation policy：Supporting specialized hubs in the Bangalore software industry",Research Policy,Vol.37,Issue 10,pp.1684-1696.

Cohen,W.M.and Levinthal,D.A.(1989),"Innovation and Learning：The Two Faces of R & D",The Economic Journal,Vol.99,No.397,pp.569-596.

Cohen,W.M.and Levinthal,D.A.(1990),"Absorptive Capacity：A New Perspective on Learning and Innovation",Administrative Science Quarterly,Vol.35, No.1,Special Issue：Technology,Organizations,and Innovation,pp.128-152.

Dosi,G.(1988),"Sources,Procedures,and Microeconomic Effects of Innovation",Journal of Economic Literature,Vol.26,No.3,pp.1120-1171.

Dutrenit, G. (2000), *Learning and Knowledge Management in the Firms: From Knowledge Accumulation to Strategic Capabilities*, Cheltenham, UK: Edward Elgar, p.330.

Ernst, D., Mytelka, L. and Ganiatsos, T. (1998), "Export performance and technological capabilities-a conceptual framework", in Ernst, D., Ganiatsos, T., and Mytelka, L. (Eds): Technological Capabilities and Export Success-Lessons from East Asia, Routledge Press, London, Chapter I.

Ernst, D. and Kim, L. (2001), "Global production networks, knowledge diffusion and local capability formation: a conceptual framework", East-West Centre working paper 19, East-West Centre, Honolulu.

Ernst, D. (2002), "Global production networks and the changing geography of innovation systems: implications for developing countries", Economics of Innovation and New Technologies, Vol.11, No.6, pp.497-523.

Ernst, D. (2008), "The New Geography of Innovation: Asia's Role in Global Innovation Networks", Special USAPC Presentation on Feb 14, 2008, The East-West Center in Washington.

Ernst, D. (2011), "Industrial Upgrading Through Low-Cost and Fast Inno-vation-Taiwan Experience", East-West Center Working Papers.

Ernst, D. (2012), "Beyond the 'Global Factory' Model: Innovative Capabilities for Upgrading China's IT Industry", menu script.

Gereffi, G. Fonda, S. (1992), "Regional Paths of Development", Annual Review of Sociology, Vol.18, pp.419-448.

Gereffi, G. (1995), "Winners and Losers: How Sectors Shape the Developmental Prospects of States.by D. Michael Shafer", American Journal of Sociology, Vol.101, No.2, pp.506-508.

Gereffi, G. (2001), "Shifting governance structures in global commodity chains, with special reference of the internet", American Behavioral Scientist, Vol.44, No.10, pp.1616-1637.

Gereffi, G. and Kaplinsky, R. (2001), "The value of value chains: spreading the gains from globalisation", IDS Bulletin, Vol.32, No.3.

Gibbon, P. (2001), "Upgrading primary production: a global commodity chain approach", World Development, Vol.29, No.2, pp.345–363.

Guerrieri, P., S. Iamarino and C. Pietrolli (eds.), (2001), *The Global Challenge to Industrial Districts. Small and Medium-Sized Enterprises in Italy and Taiwan*, Aldershot: Edward Elgar.

Humphrey, J. and Schmitz, H. (2004), Chain Governance and Upgrading: Taking Stock, Local Enterprises in the Global Economy: Issues of Governance and Upgrading, pp.349–381(from Web of Science).

Hobday, M. (1994), "Export-led Technology Development in the Four Dragons: The Case of Electronic Development and Change", Vol.25, pp.333–361.

Hobday, M. (1995), Innovation in East Asia: The challenge to Japan. Cheltenham: Edward Elgar.

Kim, Linsu. (1997), Imitation to innovation: the dynamics of Korea's technological *learning*, Harvard Business School Press.

Kim, Linsu. (1998), "Crisis Construction and Organizational Learning: Capability Building in Catching-up at Hyundai Motor", Organization science, Vol.9, No.4, pp.506–521.

Lall, S. (1990), "Building International Competitiveness: New Technologies and Capabilities in Developing Countries", OECD Development Centre, Paris.

Lall, S. (1992), "Technological capabilities and industrialisation", World Development, Vol.20, No.2, pp.165–186.

Lall, S. (2001), *Competitiveness, Technology and Skills*, Cheltenham: Edward Elgar.

Lundvall, B. A. (1992), *National Systems of Innovation*, Frances Pinter, London.

Nelson, R. and Winter, S. G. (1982), *An Evolutionary Theory of Economic Change*, Harvard University Press, Cambridge, Mass.

Nelson, R. R. (2003), The Changing Institutional Requirements for Technological and Economic Catch up, Columbia University.

OECD(2007a), Enhancing the Role of SMEs in Global Value Chains, Tokyo, OECDGlobal Conference 31 May-1 June 2007, Tokyo, OECD Background Report, Paris.

OECD (2007b), Final Draft, Synthesis Report on Global Value Chains, DSTI/IND(2007).

Porter, M.E. (1985), *Competitive advantage: creating and sustaining superior performance*, Free Press.

Porter, M.E. (1990), The Competitive Advantage of Nations, Free Press, New York.

Porter, M.E. and Stern, S. (1990), "National innovative capacity", The Global Competitiveness Report.

Rigas, A., Villavicencio, D. and Zhao, W. (2011), "L'apprentissage Technologique Etles Savoirs Productifs Collectifs des Entreprises: Réflexions à partir de travaux empiriques(Venezuela, Mexique et Chine)", menu script.

Rosenberg N. (1976), *Perspectives on Technology*, Cambridge: Cambridge University Press.

Sahal D. (1981), *Patterns of Technological Innovation*, London: Addison-Wesley Publishing Company Inc.

Schmitz, H. (1995), "Collective Efficiency: Growth Path For Small-scale Industry", Journal of Development Studies, Vol.31, No.4, pp.529-566.

Von Hippel, E. (1988), *The Sources of Innovation*, Oxford University Press, New York and Oxford.

Zeng, M. and Williamson, P.J. (2007), Dragons at your Door: How Chinese Cost Innovation is Disrupting Global Competition, Harvard Business School Press, Boston.

高柏:《经济意识形态与日本的产业政策:1931—1965 年的发展主义》,安佳译,上海人民出版社 2008 年版。

黄先海、陈晓华、刘慧:《产业出口复杂度的测度及其动态演进机理分析——基于 52 个经济体 1993—2006 年金属制品出口的实证研究》,《管理世界》2010 年第 3 期。

林毅夫、李永军:《比较优势、竞争优势与发展中国家的经济发展》,《管理世界》2003 年第 7 期。

谢伟:《发展中国家技术学习过程的四个模式》,《科学管理研究》2001 年第 6 期。

杨小凯、张永生:《新兴古典发展经济学导论》,《经济研究》1999 年第 7 期。

郁建兴、石德金:《发展型国家:一种理论范式的批评性考察》,《文史哲》2008 年第 4 期。

林涛、谭文柱:《区域产业升级理论评论和升级目标层次论建构》,《地域研究与开发》2007 年第 5 期。

童昕、王缉慈:《全球商品链中的地方产业群——以东莞的"商圈"现象为例》,《地域研究与开发》2003 年第 1 期。

文嫮、曾刚:《嵌入全球价值链的地方产业集群发展——地方建筑陶瓷产业集群研究》,《中国工业经济》2004 年第 6 期。

梅丽霞:《基于全球价值链视角的制造业集群升级研究》,华中科技大学博士学位论文,2005 年。

李强:《"丁字型"社会结构与结构紧张》,《社会学研究》2005 年第 2 期。

陆学艺:《中国社会阶级阶层结构变迁 60 年》,《北京工业大学学报》2010 年第 3 期。

李春玲:《中国当代中产阶级的构成及比例》,《中国人口科学》2003 年第 6 期。

李春玲:《中产阶级的消费水平和消费方式》,《广东社会科学》2011 年第 4 期。

杨为勇:《出口转内销的思考》,《消费导刊》2009 年第 7 期。

丘海雄、徐建牛:《市场转型过程中地方政府角色研究述评》,《社会学研究》2004 年第 4 期。

周飞舟:《生财有道:土地开发和转让中的政府和农民》,《社会学研究》

2007 年第 1 期。

曹正汉、史晋川:《中国地方政府应对市场化改革的策略:抓住经济发展的主动权》,《社会学研究》2009 年第 4 期。

王珺:《增长取向的适应性调整:对地方政府行为演变的一种理论解释》,《管理世界》2004 年第 8 期。

张静:《基层政权:乡村制度诸问题》,上海人民出版社 2007 年版。

王缉慈:《创新的空间——企业集群与区域发展》,北京大学出版社 2001 年版。

"橄榄型"收入是构建和谐社会必由之路,http://finance.sina.com.cn/roll/20060531/0337718657.shtml。

从金字塔型到橄榄型:中国收入阶层结构亟需转变,http://news.sohu.com/76/83/news207098376.shtml。

珠三角积极探索具有广东特色产业转型升级新路,http://news.cnwest.com/content/2011-05/22/content_4621327.htm。

后　　记

本项研究获得广东省政府规划纲要办、广东省社科基金的资助和中山大学"争创一流计划"出版资助。东莞市、惠州市、中山市和顺德区给予大力支持。本书是中山大学珠三角改革发展研究院的研究团队通力合作的结果。赵巍参与了问卷设计以及第一、二章的撰写;丘翠微参与研究计划的撰写以及问卷设计、回收、数据输入分析,负责行政和财务管理以及内外沟通协调;刘溯源参与了问卷设计、审核、整理和问卷指标数据的分析和数据报告以及第一、二、四章的撰写;黄嘉文参与了研究框架设计,第五章指标体系和第三、四章的撰写,并成功参与全书文字的修改和地区报告的撰写;楼晓玲参与了第一章文献综述的撰写;付光伟参与了背景报告的撰写;丘晴负责问卷设计、第六章产业转型升级政策评估的撰写和第五章宏观区域指标体系的设计;郭惠武负责第四章第二节的撰写。李敢、刘甘霖、刘伟强、蔡少文、徐攀峰、孙玉华、廖蓝天、张宇翔、毛素梅、黄颖欣、郑洪生、刘孟宇等博士、硕士研究生以及行政人员都为本项研究和本书的写作作出了贡献。

责任编辑:孔　欢
版式设计:董晋伟
责任校对:文　浩

图书在版编目(CIP)数据

中国制造的腾飞:珠三角产业转型升级的实证研究/丘海雄,于永慧 编著.
　—北京:人民出版社,2018.8
ISBN 978－7－01－016307－9

Ⅰ.①中… 　Ⅱ.①丘…②于… 　Ⅲ.①珠江三角洲-产业结构升级-研究
　Ⅳ.①F127.65

中国版本图书馆 CIP 数据核字(2016)第 128574 号

中国制造的腾飞

ZHONGGUO ZHIZAO DE TENGFEI

——珠三角产业转型升级的实证研究

丘海雄　于永慧　编著

人民出版社 出版发行

(100706　北京市东城区隆福寺街 99 号)

天津文林印务有限公司印刷　新华书店经销

2018 年 8 月第 1 版　2018 年 8 月北京第 1 次印刷
开本:710 毫米×1000 毫米 1/16　印张:34
字数:572 千字　印数:0,001-2,000 册

ISBN 978－7－01－016307－9　定价:76.00 元

邮购地址 100706　北京市东城区隆福寺街 99 号
人民东方图书销售中心　电话 (010)65250042　65289539